승부의 신
THE MANAGER

승부의 신

마이크 카슨 Mike Carson 지음 | 김인수 · 이주민 옮김

세 계 최 고 감 독 들 의 심 장 뛰 는 리 더 십

Inside the Minds of Football's Leaders

THE
MANAGER

RHK
알에이치코리아

차 —— 례

상대방보다 한발 더 앞서고 더 뛰어난 실력을 선보이며 더 많은 노력을 기울이려는 경쟁과 치열한 승부가 끝없이 펼쳐지는 곳. 성공을 향한 의지는 단지 시작에 불과할 뿐 수많은 작은 차이들이 모여 승패를 판가름하는 곳. 조직의 분위기, 작전 실행과 훈련에 대한 투자가 중대한 역할을 하는 곳. 수치로 결과를 판단하며 인재는 구하기도 힘들고 유동적이어서 그 수요가 점점 증가하는 곳. 이곳이 바로 프로 축구의 세계다. 흡사 우리에게 익숙한 기업 경영의 세계와도 같지 않은가? 이 영역을 공개하는 보기 드문 책이 나왔다. 세계에서 손꼽히는 축구 클럽 감독들의 시각을 담아낸 이 책은 이런 질문에 대한 해답의 실마리를 제공한다. 이들은 어떻게 역경을 헤쳐나가고, 엄청난 성공을 거두기 위해 팀에게 어떤 방법으로 동기를 부여하며 부진을 떨쳐내는가? 이 책을 통해 그동안 베일에 가려졌던 감독들의 진정한 역할을 엿보는 기회를 얻을 것이다.

루이스 조던 Louis Jordan
딜로이트 Deloitte 컨설팅의 부회장 겸 파트너

좋은 지도자가 되기 위해서는 어떤 자질이 요구되는가? 사업이든 축구든 성공을 거두고 싶다면 지도력을 갖춰야 한다. 시중에는 난해한 용어로 가득한 리더십 관련 서적들이 하루가 멀다 하고 쏟아져 나온다. 하지만 진정한 리더십의 기술을 배우기 위해서는 알렉스 퍼거슨 경이나 아르센 벵거, 조제 모리뉴 같은 거장들이 직접 전하는 말을 읽는 것보다 더 좋은 방법은 없다.

바클레이스Barclays 그룹은 전 세계 50여 나라에 걸쳐 15만 명 이상의 직원을 보유한 다국적 기업으로 효율적인 리더십은 바클레이스뿐만 아니라 모든 글로벌 기업들이 성공을 유지하는 데 가장 중요한 요소다.

2001년부터 프리미어 리그Premier League의 타이틀 스폰서이자 프리미어 리그 감독협회League Managers Association의 리드 스폰서인 우리 기업이 이 책을 후원하게 되어 매우 기쁘게 생각한다.

마이크 카슨은 이 책에서 축구 역사상 가장 성공적인 축구 감독들의 말을 인용했다. 하지만 진정한 리더십이 무엇인지, 어떻게 선수들의 능력을 최대한 뽑아내고 활용할 수 있는지에 대해선 감독마다 자신만의 시각을 지니고 있다. 그럼에도 위대한 감독들에게는 모두가 공유하는 공통적인 특질이 있다는 사실을 분명히 알 수 있다. 그것은 바로 경기에 대한 열정과 앞으로 나아가려는 추진력이다.

즐거운 마음으로 이 책을 읽기 바란다.

안토니 젠킨스Antony Jenkins
바클레이스 그룹 최고 경영자

축구 역사에 길이 남을 바클레이스 프리미어 리그와 프리미어 리그 감독협회는 1992년에 탄생한 이후로 21년간 이어져왔다. 우리 감독협회는 아흔두 개 잉글랜드 프로 축구 클럽의 전현직 감독들의 입장을 강화하고, 복지를 보호하며, 목소리를 대변하기 위해 열심히 노력하고 있다. 하나의 조직으로 뭉친 감독들은 매 순간 최선을 다해 경기에 임하면서 놀라운 지식과 경험을 차곡차곡 쌓아가고 있다. 감독협회는 오랜 기간에 걸쳐 힘겹게 회원들의 신임과 존경과 자신감을 얻어나갔다. 이 과정에서 이제껏 볼 수 없었던 그들의 지극히 사적이고 인간적인 부분에까지 다가가는 소중한 성과를 거뒀다.

기존 회원과 장래 회원의 교육과 발전은 창립 이래 우리가 짊어진 막중한 책임이 되었다. 이런 맥락에서 세계 최고 감독들의 공통된 특징을 유심히 살펴 밝혀내는 일 또한 우리 조직의 목표라 할 수 있다. 뭐니 뭐니 해도 가장 분명한 특징은 '리더십'이다. 훌륭한 지도자는 축구를 향한 열정과 성공하려는 의지가 불타오른다. 그리고 팀의 현 상황을 아주 정확하게 꿰뚫고 앞으로 가야 할 방향을 잘 인지하며 팀원들의 마음을 움직여서 자신을 따르게끔 만든다. 그들은 지식을 갈망하는 사람들로 열과 성을 다해 원하는 지식을 배웠을 뿐만 아니라 급변하는 시대 환경에 성공적으로 적응하려는 의지를 지녔다. 게다가 초보 감독 시절 시행착오를 겪으며 얻은 교훈들을 다른 사람들과 기꺼이 나눌 만큼 관대하다. 이런 의지를 바탕으로 감독협회는 모든 회원들이 경력의 첫 단추를 잘 꿸 수 있는 방법을 찾은 끝에 "견디자, 승리하자, 성공을 계승하자Survive, Win, Succeed"라는 조직적인 리더십 교육 프로그램을 운영하게 되었다.

우리의 첫 책이 이상적인 기준과 기대치를 제공했다는 점에서 매우 기쁘고 자랑스럽기까지 하다. 현직은 물론 전직 감독들이 1만5000번이 넘는 치열한 경기를 치러내며 국내외 주요 대회 우승컵을 차지하고 깨달은 비결 등이 이 책에 고스란히 담겨 있다. 이들은 축구 감독이란 일이 전통적인 의미의 '매니저' 업무를 뛰어넘는다는 점을 깨달았기에 성공에 한 걸음 다가갈 수 있었다. 또한 감독으로서 지도자, 아버지, 코치, 심리학자 등 다양한 역할을 매일 소화할 수 있는 능력이 있기에 성공할 수 있었다. 감독의 일은 복잡하며, 대중들이 일거수일투족을 하나하나 끊임없이 감시하는 환경에서 업무를 처리한다는 점에서 대단하기까지 하다. 매 시즌 그들은 특별한 기술을 선보이며 이상을 현실로 승화시킨다. 시즌마다 그들에게는 수백만의 꿈과 열망을 실현시켜야 하는 과제가 주어진다. 그리고 그들은 그 일을 해내고 만다.

아주 특별한 책이 나오기까지 수고를 아끼지 않은 모든 분들에게 감사드리며, 특히 끝없는 열정과 능력으로 이 책을 완성한 마이크 카슨에게 고마운 마음을 전한다. 이제껏 알려지지 않은 축구 감독들의 개인적인 생각과 프로 축구의 상징적이면서 신성한 영역인 탈의실에 대한 내용까지 독특한 통찰력이 가득한 이 책을 여러분께 적극 추천한다.

하워드 윌킨슨^{Howard Wilkinson}
프리미어 리그 감독협회 회장
www.leaguemanagers.com

머 ——— 리 ——— 말

축구는 영향력이 미치는 범위나 지지 기반의 규모, 사람들의 감정을
끌어모으는 능력에 있어 스포츠로서, 더 나아가 산업으로서 매우 독
특한 분야라 할 수 있다. 수 세기 동안 축구 경기는 숭고한 비전을
제시하고 엄청난 열정을 불러일으키며 우리에게 특별한 기억의 순
간들을 선사해왔다. 반면 고통과 분노를 불러일으키며 인간이 만든
재앙으로 간주되는 비극적인 측면도 있다. 전 세계 사람들을 인종과
민족, 지위에 상관없이 분열시키기도 하고 통합시키기도 한다. 통치
자, 노동자, 아이, 노인 할 것 없이 모든 사람이 즐기는 스포츠가 축
구다.

　잉글랜드의 경우 일선에서 축구를 이끄는 임무와 특권은 감독의
몫이다. 사실 감독의 역할 중에 경영의 비중은 낮은 반면 리더십의
비중은 점점 높아가는 실정이다. 프로 축구 상위 리그, 특히 유명한
잉글랜드 프리미어 리그 팀들을 이끄는 감독들은 정말로 특별하다.

그들이 하는 일은 치열하고 인간적이면서 기술적이고 대단히 중대하다. 팀의 성공과 클럽의 성장, 그리고 많은 이들이 행복을 위해 매우 중요한 역할을 한다. 또한 감독이 하는 일은 공개적으로 대중들의 많은 관심을 받는다. 그들의 움직임 하나하나가 술집에서 또는 사무실에서 사람들 입에 오르내리고, 그들의 일거수일투족이 모든 언론 매체에 공개된다.

나는 이 책이 여러 계층의 사람들에게 다가갔으면 한다. 일단 감독 지망생을 포함한 모든 감독들을 위해 이 책을 집필했다. 최고의 경기력을 보여주는 감독 30여 명의 지혜를 모아 그들의 통찰력을 제공하고자 했다. 다른 한편으로는 경영, 교육, 정치, 자선, 예술 등 인간 활동의 모든 부분에서 어떤 목적이나 성공 추구를 위해 타인 또는 팀을 이끄는 지도자들을 대상으로 이 책을 썼다. 사람들을 진두지휘하는 경영 지도자들이 지닌 뛰어난 강점들에 관심을 기울였으며, 리더십의 진정한 가치를 이 책에 담으려고 노력했다. 그렇다고 한 명의 감독이 모든 해답을 갖고 있는 것은 아니며, 여기 나온 감독들이 모두 성공 가도를 달리기만 한 것도 아니다. 그러나 이들의 경험과 연륜에서 나온 생각과 말은 동서고금을 막론하고 모든 지도자에게 리더십이 무엇인지를 설득력 있게 설명하는 데 도움을 준다. 더 나아가 나처럼 축구 감독들의 도전 의식에 매료된 사람들과 그 세계에 대해 궁금해하고 축구를 사랑하는 모든 팬들을 위해 이 책을 집필하게 됐다고 감히 말하고 싶다.

축구 감독들은 사람의 마음을 사로잡는다. 그들 대부분은 진정 타고난 지도자들이다. 어느 감독이 내게 이런 말을 한 적이 있다. "저보다 더 힘든 일을 하네요. 저는 이 일을 그냥 합니다. 선생님은 다 설명을 해야 하지만 저는 그저 직감에 따라 일을 처리하니까요."

겸손한 표현이었지만 그 말 속에서 진실에 다가갈 수 있는 중요한 의미를 느꼈다. 동시에 이 책의 매력이 거기에 있다는 생각도 들었다. 가장 극적이고 힘든 무대를 이끄는 감독들이 어떻게 생각하고 느끼며 행동으로 옮기는지를 눈앞에서 목격한 나는 이를 생생하게 전달하고자 했다.

특히 2012~2013 시즌에 감독들과 많은 대화를 나눌 수 있는 행운이 찾아왔고, 당시 심층 인터뷰한 내용을 책 곳곳에 실었다. 작업을 진행하면서 주제에 대한 내용을 설명하고 단순화시켜 독자들에게 실용적이고 유용한 지식을 선사하고자 했다. 지도자의 입장에 있는 독자라면 자기가 겪은 시련, 역경, 성공과 이 글에 나온 감독들의 경험을 비교해봐도 좋을 듯하다. 축구 팬의 입장에 있는 독자라면, 나와 마찬가지로 우리가 종종 비판해온 감독들이 짊어진 업무가 엄청나게 복잡하다는 사실을 이 책을 통해 인정하고 높이 평가했으면 한다. 축구 감독이나 코치인 독자에게는 위대한 감독들이 승리를 쟁취하는 과정을 배울 수 있는 인상적이고 흥미로운 기회가 될 것이다.

아울러 프리미어 리그 감독협회의 노고에 감사를 표하고 싶다. 회원들에게 전문적인 공간을 제공함으로써 감독들의 리더십을 한층 더 끌어올리는 계기를 마련해주었다. 책 출간에 발맞춰 감독협회가 시작한 리더십 모델은 현상을 잘 파악하고 있으며 중요한 가치를 지닌다. 이 리더십 모델이 진화를 거치며 다음 세대를 위해 매우 소중하고 전문적인 역할을 하리라 확신한다.

1998년부터 잉글랜드 여자 대표팀 감독을 맡은 호프 파월 Hope Powell 은 이 책이 나오기까지 많은 도움을 주었고, 축구뿐만 아니라 스포츠 리더십 면에서 큰 공헌을 해왔다. 한편 파월의 경우를 제외한 거의 모든 상황에서는 남성 대명사를 사용했다. 이유인즉 이 책이 남자들로 둘러싸인 프리미어 리그를 배경으로 탄생했기 때문이다. 이것이 축구를 비롯한 모든 영역에서 빠르게 성장하고 있는 여성 지도자들의 능력을 과소평가한다는 말이 절대 아니라는 점을 밝히고 싶다.

끝으로 이 프로젝트를 통해 감독들, 그리고 감독협회 관계자들과 함께 작업할 수 있어서 아주 뜻깊은 시간이었다는 인사를 전하고자 한다. 무엇보다도 그들의 겸허한 모습에 감동을 받았으며 귀중한 시간을 할애해가면서 놀라운 통찰력을 보여준 데 대해 무한한 감사를 드린다.

마이크 카슨 Mike Carson

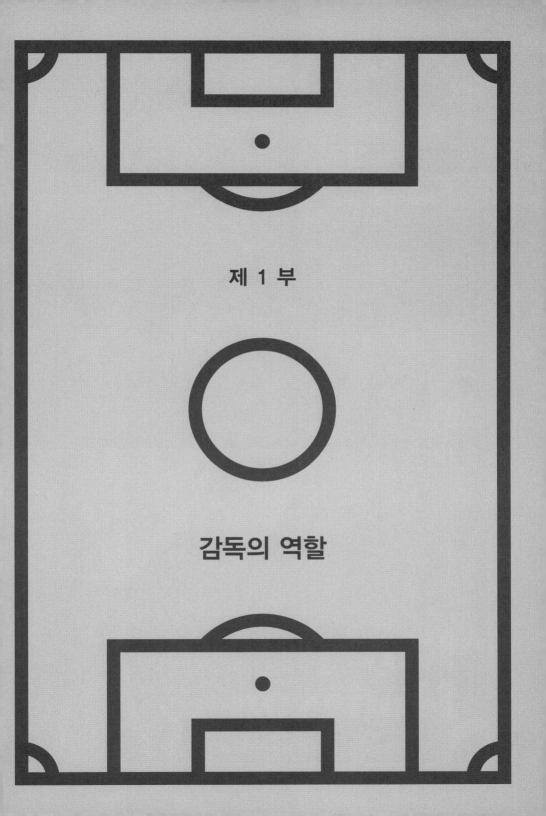

제 1 부

감독의 역할

로이 홋지슨

Roy
Hodgson

제 — 1 — 장

모든
이들의
경기

프로 축구는 전쟁이다. 잉글랜드 프리미어 리그라는 전쟁터에서 활약하는 스무 개 팀의 감독들은 매일 자신의 지도력에 대한 검증과 도전, 그리고 칭송과 조롱에 직면한다. 일반인들 중에는 자기가 감독이라면 더 잘할 수 있을 거라며 나서는 사람도 있다. 반대로 조용히 뒷전에서 지켜보며 큰 성공을 거둔 감독에게 찬사를 보내거나 실패한 감독에게 동정의 눈길을 보내는 사람들도 있다. 하지만 실제로 이들 감독들이 전체적으로 어떤 역할을 하는지 제대로 이해하는 사람은 거의 없다.

프리미어 리그 감독의 역할은 매혹적이고, 복잡하며, 힘들다. 판타지 풋볼 리그에서는 선수를 사고 팀을 선택하기만 하면 된다. 하지만 현실에서 감독은 닥쳐오는 난관 속에서 압박감을 관리하고 중심을 지켜나가야 한다. 모든 분야의 지도자들이 그렇듯 온갖 어려움을 이겨내고 승리할 수 있는 환경을 만들며 주위의 엄청난 기대에 보답해야 한다.

감독 주위에는 영향력을 행사하려는 사람들이 많다. 선수들은 물론이고, 구단주, 팬, 일반 대중, 언론, 그리고 요즘엔 에이전트까지 한몫 끼려 한다. 이렇게 지대하고 전체적인 관심 덕분에 프로 축구가 존재할 수 있긴 하다. 하지만 아무리 긍정적이고, 때론 반드시 필요하다고 해도 여러 분야의 관심과 참견이 감독들에겐 언제고 걸림돌로 작용할 여지가 있다. 그렇다면 감독들은 이런 어려움에 어떻게 대처할까?

로이 호지슨 감독

로이 호지슨Roy Hodgson은 국제적으로 상당히 명성이 높은 축구 감독이다. 그는 20대 초반부터 지도자 역할에 상당한 흥미를 보였고, 해외 활동에도 관심이 많았다. 스물아홉 살에 스웨덴에서 본격적으로 지도자 경력을 시작한 이후 37년 동안 여덟 개 나라에서 열여섯 개 팀을 이끌며 다양한 경험을 쌓고, 이를 활용했다. 스위스, 아랍에미리트, 핀란드, 그리고 마지막으로 자신의 조국인 잉글랜드에서는 국가 대표 사령탑을 맡기도 했다.

축구가 최고 인기 스포츠인 스웨덴에서는 할름스타드Halmstad BK, 외레브로Örebro SK, 그리고 말뫼Malmö FF에서 12년간 감독 생활을 하면서 새로운 사고와 스타일을 도입해 큰 성공을 거두고 축구의 개척자라는 찬사를 받았다. 말뫼 감독 시절에는 팀을 리그 우승으로 이끌었고 유러피언 컵European Cup에서 이탈리아 챔피언 인테르 밀란Inter Milan을 꺾으며 전례 없는 쾌거를 이룩했다. 스위스에서는 유럽 축구의 변방에 머물렀던 국가대표팀을 맡아 세계 무대에서 뛰어난 기량을 발휘하는 팀으로 변모시켰다. 호지슨의 지휘 아래 스위스 대표팀은 28년 만에 처음으로 월드컵 예선 통과는 물론 유로Euro 96 본선 진출에 성공했고 피파FIFA 랭킹 3위에 오르는 등 절정의 기량을 과시했다.

이후 호지슨은 이탈리아 세리아 아Seria A의 인테르 밀란, 그리고 잉글랜드 프리미어 리그의 블랙번 로버스Blackburn Rovers, 풀럼Fulham, 리버풀Liverpool, 웨스트 브로미치 앨비언West Bromwich Albion의 사령탑을 맡으며 지도력을 검증받았다. 그의 지도력은 특히 풀럼에서 가장 빛을 발했다. 2007 시즌 중반 풀럼에 합류한 호지슨은 강등 위기에 처한 팀을 구해냈으며, 다음 시즌에는 팀 창단 이후 최고 성적인 리그 7위로 순위를 끌어올렸다. 게다가 2010년에는 유벤투스Juventus와 독일 챔피언 볼프스부르크Wolfsburg를 꺾고 유로파 리그Europa League 결승까지 진출했다. 결승에서는 연장 접전 끝에 아틀레티코 마드리드Atlético Madrid에게 패했다. 그해 풀럼에서 거둔 성적으로 지도력을 인정받은 호지슨은 프리미어 리그 동료 감독들이 뽑은 올해의 감독으로 선정됐다. 국내보다는 해외에서 더 많은 명성을 쌓아왔던 호지슨은 2012년 파비오 카펠로Fabio Capello의 뒤를 이어 잉글랜드 국가대표팀의 수장에 오르며 실력과 지도력을 인정받았다.

호지슨의 철학

호지슨은 생각이 깊고, 집중력이 강하며, 간단하고 명확한 원칙에 따라 팀을 운영하는 지도자다. "감독은 축구팀을 지도하기 위해 고용된 사람이다. 감독에게는 팀 지도가 가장 중요한 일이다. 따라서 나는 닥쳐올 힘든 도전에 선수들이 준비를 갖출 수 있도록 팀에 집중한다. 그다음에 다른 사람들을 생각한다. 구단주가 날 고용했다. 그리고 축구를 사랑하는 팬들이 있기에 나와 선수들이 활동할 수 있다. 이 점을 절대 잊어서는 안 되지만, 그렇다고 팬이나 회장만을 위해서 일할 순 없다. 내가 맡은 일을 잘해내 승리를 거둘 때 모든 이들을 만족시킬 수 있다." 단순한 집중. 팀이 먼저, 그다음으로 여러 관계자들에게 돌아가며 진심 어린 관심을 보인다.

하지만 말로는 멋있게 들리는 이 방법의 이면에는 수많은 어려움이 도사리고 있다. 이토록 역동적인 환경에서 지내는 삶의 현실은 과연 어떨까? 호지슨을 비롯해 성공을 거둔 감독들은 이 험한 지형에서 어떻게 길을 찾아나가는 것일까?

여러 명의 사공들

비즈니스에서는 이들을 주주라고 한다. 축구에서는 아마도 관계자라 부를 수 있지 않을까. 이름이야 어찌 됐건 이런 사람들은 축구라는 경기가 시작할 때부터 늘 존재했으며 저마다의 의견을 지니고 있다.

1970년대를 간단히 살펴보자면 회장, 선수, 팬, 그리고 언론이 관계자의 주를 이루었다(축구연맹도 있긴 했지만 감독의 일상에 직접적으로 끼치는 영향은 미미했다). 요즘도 관계자들의 축을 이루는 주체에는 변한 게 별로 없다. 변한 건 이들이 끼치는 영향력의 세기다. 회장을 예로 들어보자. 종종 현금이 왕 대접을 받는 세상에서는 돈줄을 쥔 사람이 강력한 힘을 지닌다. 따지고 보면 감독 채용(또는 해고)의 최종적 책임은 결국 구단주의 몫인데다 강력한 힘을 갖춘 새로운 유형의 구단주들은 그 어느 때보다 극적인 모습을 연출하며 유명 인사의 반열에 오르고 있다.

자신의 권리를 더욱 강력하게 주장하는 이들은 또 있다. 감독에게 조심스럽게 급여 인상 얘기를 꺼내던 선배 선수들과 달리 요즘의 일류급 선수들은 에이전트를 내세워 수백만 파운드가 걸린 계약에서 우위를 점하려 한다. 술집이나 음식점에서 자기들끼리 얘기를 나누던 대중들은 이제 소셜 미디어를 통해 영향력을 행사한다. 예전에는 축구 규범의 수호자 역할을 하던 언론은 감독을 자를 정도로 큰 영향력을 지니게 됐다. 감독들 입장에서는 자신을 둘러싼 상황이 점점 불리해지고, 힘들어지고 있으며, 때론 감당하지 못할 정도로 변하고 있다는 뜻이다. 중심을 유지하고, 자신을 이해하며, 중압감을 관리하고, 자신을 재창조하는 일이 그 어느 때보다 중요해졌다.

권력의 중심

세계적으로 유명한 축구 클럽들은 전통적으로 감독을 권력의 중심으로 여긴다. 호지슨은 이 점을 마음에 들어 했으며, 그것이 감독의 특권이라고 생각한다. "지도자는 자기가 중심이 되는 위치에 도달할 때 성공에 대한 보상이 이루어졌다고 생각한다. 즉 경기에서 이기는 팀을 필요로 하는 축구 클럽의 구단 이사회에서 팬에 이르기까지 모든 이들이 기대와 희망을 갖고 찾는 사람이 바로 자신일 때 말이다. 그런 팀을 만들고, 그런 팀을 결성하는 것이 감독이 해야 할 일이다. 축구에서 그보다 더 중요한 일은 없다. 축구 클럽이라면 주말마다 경기에 나가 승부를 결정짓는 일보다 더 중요한 일이 있을 수 있는가? 오늘날 맨체스터 유나이티드Manchester United는 세계적인 클럽으로 성장했으며, 주식 상장으로 수억 파운드를 벌어들이기도 했다. 하지만 기본적으로 매주 토요일마다 붉은색 유니폼을 입고 운동장을 달리는 열서너 명의 선수들이 그 중심에 있기에 가능한 일이었다. 맨유가 2부나 3부 리그로 내려간다면 아무리 상업적인 수완을 발휘한다 해도 모든 것은 순식간에 사라질 것이다. 그러므로 이 모든 성공의 한가운데 있는 인물은 알렉스 퍼거슨Alex Ferguson 감독이라 할 수 있다. 그 오랜 시간 동안 맨유 비즈니스의 핵심을 관리해온 사람이 바로 그이기 때문이다."

26년이 넘는 시간 동안 올드 트래퍼드Old Trafford에서 사령탑을 맡은 알렉스 퍼거슨 경도 감독이 지휘권의 중심에 있다는 사실을 누구보다 잘 보여주었다. "맨체스터 유나이티드에서 일을 시작했던 순간을 늘 기억하고 있습니다. 마틴 에드워즈Martin Edwards 회장은 내게 맨유에서 가장 중요한 사람이 감독이라고 했습니다. 그게 우리 팀의 운영 지침이라고 말했죠. 맨유에서 모든 결정은 감독의 생각에 따릅니다. 제가 감독으로 일하면서 클럽 운영에 관해 이사회에서 제 결정을 뒤집은 적이 단 한 번도 없습니다." 퍼거슨의 동료이자 맞수인 아스널Arsenal의 아르센 벵거Arsène Wenger 감독은 그보다 한술 더 뜬다. "장악력이 없는 감독의 미래는 상상할 수 없습니다. 감독의 자질을 결정짓는 기본이 장악 능력이기 때문입니다. 팀 장악력을 빼고 감독을 판단하는 일이 가능합니까? 나는 감독이 클럽 내에서 강력한 길잡이 역할을 해야 한다고 믿습니다. 선수들에게 감독이 권한을 쥐고 있을 뿐만 아니라 완전한 장악력을 지닌 사람이라는 생각을 심어줘야 합니다. 축구 클럽에서 가장 중요한 사람이 감독이 아니라면 왜 상황이 어려워질 때 감독을 해고하겠습니까?"

축구 클럽의 운영 모델이 무엇이든 그 중심에 감독이 있다는 사실에는 변함이 없다. 호지슨은 국가대표팀 운영에도 이 같은 책임이 따른다고 생각한다. "국가대표팀 감독에게도 나름대로의 어려움이 있습니다. 가장 어려운 점은 운동장에서 선수들과 매일 함께할 수 없다는 거죠. 선수들을 자주 볼 수는 없는데, 봐야 할 선수들은 많습니다(뽑을 선수가 많다는 뜻은 아니다). 게다가 시간적인 어려움도 있습니다. 경기와 경기 사이에만 시간을 낼 수 있는데, 그 시간을 어떻게 적절히 활용하느냐가 문제입니다. 맡은 바 임무에 모든 걸 바치고, 그동안 쌓은 지도자 경험을 제가 대표팀을 맡은 국가와 축구연맹에 전하는 일이 즐겁습니다. 미래 지도자를 생산해낼 수 있는 지도자 양성 교육이나 프로그램을 통해 관심 있는 사람들을 돕는 일에 참여하고 싶습니다."

선수 선발, 부상, 뛰어난 성적, 부진 등 무슨 일이 발생하든 구단주, 선수, 언론, 팬이 한결같이 바라보는 사람은 감독이다. 감독은 클럽 성공의 열쇠를 쥐고 있을 뿐만 아니라 감독의 명확하고 강력한 철학은 자신의 팀을 넘어 다른 여러 팀들에게도 영향을 미친다. "감독의 사고방식이 클럽 전체에 스며들어 오래도록 지워지지 않고 남아 있기도 합니다. 자신만의 철학으로 팀에 독특한 스타일을 도입하고 자부심을 불어넣은 걸출한 지도자들이 있죠. 군대, 사업, 정치 등 분야에 관계없이 자신만의 개성과 철학으로 지워지지 않는 발자국을 남긴 우상적 지도자들 말입니다." 축구 코치로 첫발을 내딛고 감독 자리에 오른 사람들은 이제 자신이 복잡한 비즈니스의 한가운데서 있다는 사실을 깨닫는다. 코치에서 지도자가 된 것이다.

제라르 울리에^{Gérard Houllier} 감독은 이 점을 강조한다. "경기에서만 이기면 그만이라고 생각했던 시절도 있었죠. 이제는 상황이 변해서 경기장 밖에서도 이겨야 하는, 그러니까 상업적으로도 성공해야 하는 시대가 됐습니다. 상업적으로 성공하면 큰 수익을 얻고, 그래야 더 좋은 시설과 직원을 구하고, 더 좋은 선수를 영입해 다시 더 많은 수익을 벌어들이는 겁니다. 물론 기술적인 면도 중요하고요. 이 모든 것이 좋은 인간관계에 기본을 두고 있습니다. 제가 생각하는 좋은 클럽이란 선수들과 그 가족들을 보살피고 직원과 코치 등 모든 이들을 돌볼 줄 아는 클럽입니다. 저는 성공 여부가 인간적인 분위기에 달렸다고 생각합니다. 그리고 그 중심에 서 있는 사람이 감독이죠." 사람을 가장 중요하게 여겨야 한다는 말은 어느 조직에나 통용되는 가르침이다. 아무리 이해 당사자의 관계가 복잡하게 얽힌 상황에서도 자기 사람을 먼저 신경 쓰는 지도자는 성공을 위한 준비를 갖춘 사람이다.

상석에 앉은 사람

"감독에게 가장 중요한 것 중 하나는 클럽 구단주와의 관계다." 스토크 시티^{Stoke City} 감독을 지냈던 토니 풀리스^{Tony Pulis}가 한 말이다. 돈 내는 사람이 메뉴를 결정하는 건 당연한 일이 아니냐고 생각해버리면 그만일까? 아니면 잘 돌아가는 클럽을 구단주가 망쳐놓을 위험성이 있다는 뜻일까? 어떤 경우가 됐든 구단주의 신임을 얻는 감독은 자신의 철학대로 밀어붙일 수 있는 활동 영역과 선수 자원의 폭이 넓어진다. 신임을 얻지 못하면 구단주가 개입할 가능성이 높아진다.

결국 축구 클럽의 주인은 구단주 아니던가. 감독의 권한이 시험대에 오르면 감독과 회장 또는 구단주와의 관계도 큰 위험을 맞이할 확률이 높다.

강력한 구단주의 등장

2003년 로만 아브라모비치^{Roman Abramovich}가 첼시^{Chelsea}를 인수하면서 10여 년간 소위 명문 구단의 인수가 이어졌다. 맨체스터 시티^{Manchester City}는 셰이크 만수르^{Sheikh Mansour}가 이끄는 아부다비 유나이티드 그룹^{Abu Dhabi United Group}이 인수하면서 유럽의 새로운 강자로 부상했다. 파리 생제르맹^{Paris Saint-Germain}과 말라가^{Malaga}를 비롯해 다른 팀에도 큰손들의 투자가 이루어졌다. 프리미어 리그의 다른 팀들도 개인은 아니지만 주요 인물들이 이끄는 거대 조직이 소유하고 있다. 구단주, 회장이 구단 운영에 필요한 자금을 관리한다. 선수 영입과 연봉 지급에 필요한 모든 자금줄을 쥐고 있다는 말이다. 다른 사람들과 마찬가지로 알렉스 퍼거슨 감독도 이런 현실에 대해 복잡한 심경을 드러낸다. "예전에는 관중석에서 응원하던 팬들이 나중에 크게 성공하면 자기가 좋아하는 구단을 사고 싶다고 꿈꾸던 시절이 있었습니다. 하지만 이제 그런 시절은 사라졌습니다. 대신 여러 의도로 축구 클럽을 인수하는 사람들이 생겨났습니다. 돈을 벌기 위해 또는 명예를 얻기 위해서죠. 세계 최고의 리그가 될 수 있다는 점에서 더 많은 돈이 들어오는 건 좋은 일입니다. 그러나 축구라는 경기의 기본 구조가 무너지지는 말아야 한다는 점과 연봉에 대한 부담감이 터무니없이 가중되지 말아야 한다는 점, 이 두 가지는 매우 중요하다고 봅니다. 연봉이 한 번에 너무 많이 오르면 선수들이 동요할 수 있기 때문입니다. 예를 들어 어느 선수가 지금 1이라는 연봉을 받는

데 다른 구단에서 5라는 연봉을 제시받는다면 아마 기존 구단에 남는 조건으로 3을 요구할 수 있겠죠. 그럼 이 선수의 연봉은 1에서 3으로 오르고, 이는 바로 다른 선수의 연봉 인상으로 이어집니다. 구단 입장에서는 선수 관리에 엄청난 부담감을 느끼게 되는 거죠.”

퍼거슨 경의 지적대로 엄청난 액수의 돈은 불안을 야기할 수 있다. 하지만 감독의 입장에서 보면 투자가 많아질수록 특별한 상황을 창조해낼 수 있는 가능성도 커진다. 카를로 안첼로티^{Carlo Ancelotti} 감독은 구단의 주인이 바뀐 파리 생제르맹에서 자유를 만끽했다고 밝힌다. “최근에 새로운 구단주가 오면서 모든 게 바뀌고 있습니다. 교체한 선수가 열두 명입니다. 구단주의 야심이 대단합니다. 팀을 새로이 정비해 유럽에서 경쟁력을 갖춘 팀을 만들고 싶어 하죠. 대단한 도전입니다. 구단주는 젊고 야심만만한데다 아주 침착한 성격으로 경기에서 진다 해도 두려워하거나 걱정하지 않습니다. 앞을 내다보는 거죠. 정해놓은 목표에만 집중합니다. 미래에 강한 팀을 만들겠다는 목표죠. 이런 걸 언론에 일일이 설명하기는 힘듭니다. 우리가 오늘 이기지 못하면 미래도 없는 걸로 생각하는 게 언론이니까요. 첫 시즌에는 챔피언스 리그^{Champions League} 진출을 목표로 삼았습니다. 그다음으로 여름에 선수를 몇 명 더 영입해서 팀을 강화하고, 향후 5년간 투자를 이어가면서 새로운 훈련 시설을 갖추는 겁니다. 목표가 딱 정해져 있습니다. 오늘 경기에서의 승패는 중요하지 않습니다. 사실 이런 경우는 흔치 않죠. 이런 목표가 나중에라도 흔들리지 않기를 바랄 뿐입니다.” 결국 파리 생제르맹은 안첼로티가 지휘봉을 잡은 두 번째 시즌에 프랑스 리게 앙^{Ligue 1} 우승이라는 업적을 달성했다. 구단주와 감독이 진정으로 비전을 공유하고, 그 비전 구현에 필요한 책임감을 나누어 짊어지며, 성공으로 향하는 길이 무엇인지 명확히 알고 있었음을 보여주는 좋은 예다. 지도자는 이런 환경에서 큰 힘을 얻는다. 목표가 명확하고 신뢰가 더해진 상황에서 감독은 자신감을 가지고 자신의 철학을 펼쳐나간다. 그러면 조직 전체도 목표가 생기고 안정을 찾을 수 있다.

로이 호지슨도 구단주 또는 회장이 대중의 높은 관심을 받고 거대한 자본을 갖춘 사람으로 바뀌는 상황을 보면서 두 가지 중요한 점을 깨달았다. 첫째는 여전히 관계의 게임이 존재한다는 점이고, 둘째는 이 관계를 올바르게 이끌어야 할 일차적인 책임이 구단주에게 있다는 점이다. "예전에는 축구 클럽의 회장이 주로 현지 사람이었습니다. 그 축구 클럽을 응원하고 자연스럽게 애정을 느끼면서 자란 사람들이 현지에서 사업가가 된 다음 구단을 인수하는 경우죠. 물론 이런 분들도 감독과의 사이는 좋을 수도 나쁠 수도 있고, 서로 관심이 없는 경우도 있습니다. 오늘날의 구단주들처럼 말입니다. 그 점에선 변한 게 없어요. 이건 구단주와 감독 또는 코치의 성격에 따른 문제이니까요. 변한 건 일부 구단주들이 투자하는 자본의 크기입니다. 이런 구단주들이 클럽의 성공을 바란다면 매우 현명하게 감독을 선택하고 함께 노력하면서 감독에게 필요한 것들을 지원해야만 합니다. 팀이 성공해야만 구단주가 성공할 수 있는데, 팀의 성공은 선수들을 이끌고 관리하는 감독을 통해 탄생하니까요. 팀을 만들어 가는 사람, 즉 최고의 선수들을 영입하고, 그 선수들을 성공이라는 목표를 향해 지도하고 이끄는 사람이 바로 감독입니다."

현대 축구에서 강력한 구단주가 중요한 역할을 한다는 점은 인정해야 한다. 하지만 진정으로 성공하고 싶다면, 구단주와 이상을 함께 품고 열정으로 그 이상을 추구해서 결과물을 이끌어내고, 모두의 기대 속에서 직업적 책임을 이행할 수 있는 감독이 필요하다.

에이전트

지난 20년간 축구계에서 나타난 변화는 클럽 회장에게만 국한되지 않는다. 해리 레드냅Harry Redknapp은 선수들의 에이전트가 감독에게 위협적인 존재로 떠오르고 있다고 믿는다. 에이전트의 부상은 선수와 감독 사이의 신성한 관계뿐만 아니라 감독과 구단주 사이의 안정적인 관계를 해칠 수 있다. "선수들이 문제가 있으면 감독을 찾아와 '감독님, 왜 저는 뛰지 못하는 겁니까? 저도 경기에 출전하고 싶습니다. 제가 뭘 잘못하고 있나요? 제게도 기회를 주십시오'라고 감독에게 직접 얘기하곤 했습니다. 하지만 이젠 더 이상 감독을 찾아오지 않습니다. 대신 에이전트가 회장에게 바로 전화를 걸어 감독의 출전 선수 선발에 문제가 있다고 불평하죠. 감독의 방문을 두드리는 선수는 거의 없고 모든 문제를 에이전트를 통해 처리합니다. 에이전트는 감독이 아닌 클럽 회장과 관계를 쌓습니다. 그 사람들도 바보가 아닌 다음에야 모를 리가 없죠. 구단주는 주인이고 감독은 언젠가 떠날 사람이란 걸. 위험하지만 늘 일어나는 일입니다. 이적 시장에서 선수를 찾는 클럽 회장들이 점점 늘어나고 있어요. 과거 같으면 팀에서 선택한 선수가 구단에 도착한 후에야 회장이 '아, 어느 선수가 왔구나' 하고 알 정도였는데, 지금은 사정이 완전히 다릅니다." 이런 분위기일수록 감독과 구단주가 더욱더 빈틈없는 관계를 유지해야 한다.

순조로운 관계

구단주와 감독의 관계는 클럽의 흥망성쇠가 달려 있다고 할 수 있을 만큼 중요하다. 제라르 울리에는 이들의 관계가 팀 성적에 직접적으로 얼마나 큰 영향을 미칠 수 있는지 말해준다. "시즌 중반에 어느 팀 감독으로 부임했던 순간을 아직도 기억합니다. 부임하고 몇 달이 지났는데 왠지 손발이 맞지 않는다는 느낌, 선수들이 내가 원하는 플레이를 하지 않는다는 느낌이 들더군요. 특히 잉글랜드 프리미어 리그에서는 선수들이 특정 감독을 위해 플레이 하는 면도 어느 정도 있으니까 제가 팀에 새로 오면서 몇 가지 바꾼 것 때문에 선수들이 마음에 들지 않아 그러나 싶었죠. 그래서 제가 이사회에 가서 일종의 조치를 취해야 할지도 모르겠다고 설명을 했습니다. 그때 이사 중 한 분이 벌떡 일어나더니 이렇게 말하더군요. '자, 울리에 감독. 우리 이사들이 세상에서 제일 잘난 사람들은 아니지만, 그래도 두 가지 자질은 갖추고 있습니다. 인내와 믿음입니다. 우리는 참을성 있게 기다릴 거고 또 감독을 믿고 모든 걸 맡길 겁니다.' 그래서 이사회를 나온 후 코치들에게 돌아가서 말했죠. '이제부턴 우리 팀도 이기기 시작할 겁니다.' 그리고 정말 승리했습니다. 이사회에서 감독에게 더 많은 믿음을 주면 줄수록 감독은 팀 운영에 확신과 힘을 더할 수 있습니다." 마틴 오닐^{Martin O'Neill} 감독도 이 말에 적극 동의한다. "구단주와 감독의 관계는 그 무엇보다 중요하며, 그 관계는 절대 훼손될 수 없다고 믿습니다." 한편 이 관계는 감독에게 가장 큰 고통으로 다가올 수도 있다.

고통

닐 워녹^{Neil Warnock} 감독이 받은 상처 중에는 자신을 이해해주지 못하는 사람들에게서 받은 상처가 가장 컸다. "퀸스 파크 레인저스^{Queens Park Rangers}를 떠나면서 아밋 바티아^{Amit Bhatia} 부회장에게 이렇게 말했어요. '내가 팀을 위해 얼마나 노력했는지 제대로 알지 못하는군요.' 감독이 하는 일을 다른 사람들은 이해하지 못한다고 봐요. 물론 직책은 감독이지만 그와 동시에 클럽에서 일하는 모든 사람들에게 아버지이자 형제이고 친구이기도 합니다. 퀸스 파크 레인저스에서 저는 청소부까지 포함해서 모든 사람들을 챙겨주는 일종의 수녀원장 같은 존재였습니다. 사람들에게 각자 자신이 중요한 역할을 하고 있다는 생각을 심어줬습니다. 쉽지 않은 일이었죠. 무시하려는 건 아니지만, 대학에서도 이런 건 배울 수 없습니다. 감독들이 뒤에서 묵묵히 하는 일들은 다른 사람의 눈에는 보이지 않지만 정말 중요한 겁니다."

다른 관계들과 마찬가지로 구단주 또는 회장과 감독 사이의 관계도 한번 무너지면 다시 회복하기 힘들다. 워녹은 말을 잇는다. "제 경우에는 전적으로 믿을 수 있는 한 사람을 위해 일할 때가 일이 더 잘됩니다. 지도자 생활을 하면서 클럽 회장들과 사이가 틀어진 적이 몇 번 있긴 하지만, 그건 그 사람들이 제게 거짓말을 했기 때문이죠. 저는 감독이 클럽 회장에게 믿음이 가지 않는다면 그 구단을 떠나는 편이 낫다고 생각합니다. 제게 거짓말을 한 사람이나 믿음을 저버린 사람은 절대 다시 가까워질 수 없습니다. 제가 셰필드 유나이티드 Sheffield United를 떠날 무렵이었는데, 클럽 회장이 감독을 일찍 바꿨어야 했다는 말을 언론에다 하더군요. 회장에게 당장 전화를 걸었죠. 17년간 알고 지내면서 친구라고 생각했던 사람이 어떻게 그런 말을 할 수 있느냐고 물었습니다. 그랬더니 말이 와전됐다면서 자기는 그런 말을 한 적이 없다고 하더군요. 그래서 내가 라디오에서 직접 들었다고 말해버렸죠."

자신의 진가를 제대로 인정 또는 평가받지 못하는 데서 오는 고통은 감독들에게 큰 아픔을 안겨준다. 이런 경우 많은 감독들이 스스로를 지켜야 한다고 생각한다. 샘 앨러다이스 Sam Allardyce도 그렇게 생각한다. "블랙풀Blackpool 감독을 하면서 절대 감상적 기분에 빠지지 말고 준비가 되면 언제든 떠나야 한다는 사실을 배웠습니다. 플레이오프에서 패하면 경질될 수도 있겠지 하는 생각을 했습니다. 부임하던 해에 팀 성적이 끝에서 네 번째여서 간신히 살아남았죠. 그다음 시즌에는 11위, 그다음은 플레이오프에서 3위로 마감했어요. 단 몇 점차로 자동 리그 승격에 실패하고 플레이오프에서 패하면서 저도 잘렸죠. 그때 생각했습니다. 이제부터는 떠나야 할 때 떠나야만 한다고. 감정에 휘둘리지 말고, 사람들의 부탁에 혹하지 말자고요. 그래서 볼턴Bolton과 노츠 카운티Notts County에서는 그렇게 했습니다."

상대가 일류 클럽이나 유명 구단주가 아니라도 감독은 고통 받을 수 있다. 앨러다이스는 하위 리그에서 노력하는 젊은 감독들이 더 걱정된다고 한다. "구단주나 회장과 갈등을 겪다보면 뒤도 돌아보지 않고 뛰쳐나오고 싶을 때가 있습니다. 하지만 감독으로서 성공하겠다는 마음에 참고 지낼 수밖에 없었죠. 잔인하죠. 감독이라면 대부분 똑같은 고통을 겪을 겁니다. 냉혹함, 따돌림, 방해, 위협 같은 고통이요. 출세하기 위해 노력하는 감독들 앞에 펼쳐진 세상은 잔인하고 냉정합니다. 하지만 그런 세파를 견디고 나면 결국 좋은 지도자로 거듭나는 겁니다."

사업, 정치 또는 다른 종목의 스포츠에서처럼 축구에서도 클럽 회장과 감독의 관계는 언제 터질지 모르면서도 여전히 존재할 수밖에 없는 중요한 관계다. 모든 관계가 지속되기 위해서는 상호 신뢰와 노력이 필요하다. 그리고 양쪽 모두 종종 감정에 휘말릴 수 있는 인간이라는 사실을 잊지 말아야 한다.

안정

축구 클럽의 재정과 관리를 포함한 모든 분야에 걸쳐 회장은 감독과 팀에게 안정감을 심어줄 수도 있고, 불안감을 불러일으킬 수도 있다. 토니 풀리스는 스토크 시티가 예상을 뛰어넘는 선전을 펼쳤던 이유가 회장과 감독의 좋은 관계 때문이라며 적극적으로 설명한다. "저와 피터 코츠^{Peter Coates} 구단주 사이의 관계가 팀 성적에 대단히 중요한 영향을 끼쳤습니다. 구단주는 절 믿어주고, 저도 구단주를 믿는 사이입니다. 구단주가 스토크 출신의 사업가라는 점이 팀 발전에 상당히 중요한 역할을 했죠. 피터 구단주는 스토크 시티를 되살리겠다는 꿈도 있었지만 팀과 지역사회가 더 가까워져야 한다고 믿었습니다."

하워드 윌킨슨^{Howard Wilkinson}은 셰필드 웬즈데이^{Sheffield Wednesday}와 리즈^{Leeds}에서 아주 대조적인 경험을 했다. "당시 셰필드 웬즈데이는 1부 디비전^{First Division}에서 5위 아니면 6위를 기록 중이었는데, 2부 리그의 꼴찌였던 리즈가 제게 접근을 했죠. 셰필드 웬즈데이의 이사회가 팀을 벼랑에서 구해내기는 했지만 팀은 한계에 다다른 상태였습니다. 그래서 제가 말했어요. '지금은 투자를 해야 할 때입니다. 이젠 더 이상 쥐어짤 게 하나도 없습니다. 다 말라버렸다고요. 내년에도 똑같은 팀으로는 더 이상 할 수 있는 게 없습니다.' 그랬더니 이사회에서는 방침상 투자를 할 수 없다고 하더군요."

"리즈가 제게 감독직 제안을 해왔을 때 그쪽 회장을 서너 번 만나봤습니다. 만날 때마다 오래 대화를 나눴죠. 회장이 자기 자금으로 팀을 운영하는데다 팀이 하나 있는 도시여서 저는 기회가 있겠다 싶었죠. 만난 자리에서 제 얘기가 길더라도 다 듣고 좋다고 하면, 제가 아니라 회장이 좋다고 하면 가겠노라고 했습니다. 그리고 제가 원하는 것과 제 생각에 그쪽에서 해줄 수 있는 것들에 대해 설명을 했죠. 지금 생각하면 터무니없는 소리 같지만, 어쨌든 첫 5년 동안은 계획이 이렇고 두 번째 5년 동안은 저렇고 설명하면서 팀 승격, 리그 우승, 축구 아카데미 설립 등 다 얘기했습니다. 성공적인 클럽을 만들려면 어떻게 팀을 운영해야 하는지 분명히 보이기 시작하더군요. 회장이 다 듣더니 좋다고 했습니다. 그렇게 해서 새로운 실험을 하게 됐는데, 결과는 성공적이었습니다." 흔치는 않지만 장기 비전을 정하고 믿음 속에서 꾸준히 실천을 거듭하면 클럽에 특별한 안정감이 찾아온다는 예라 할 수 있다.

장기 비전의 공유는 관계를 오래 유지할 수 있는 확실한 방법이며 조직이나 팀에 안정감을 심어준다. 뉴캐슬 유나이티드^{Newcastle United}와 맨체스터 시티에서 사령탑을 지냈던 케빈 키건^{Kevin Keegan}은 뉴캐슬 유나이티드의 구단주였던 존 홀 경^{Sir John Hall}이 했던 감격적인 말을 잊은 적이 없다. 존 홀 경은 그에게 전화를 걸어 이렇게 말했다. "우리 축구 클럽을 구할 수 있는 두 사람이 지금 대화를 나누는 겁니다." 풀리스도 이와 비슷한 경험을 했다. "플리머스 아가일^{Plymouth Argyle} 감독으로 있을 때 시즌을 막 마친 다음이었는데, 당시 감독 생활이 즐거웠던 때였습니다. 가족과 함께 휴가를 보내던 중에 피터 코츠가 전화를 걸어 이렇게 말하더군요. '내가 스토크 시티 구단을 인수하려고 하는데, 한 가지 조건이…… 당신이 나와 함께해준다는 거야.' 그리고 스토크 시티에 대한 자신의 비전과 팀을 제대로만 꾸려간다면 어떤 결과를 달성할 수 있는지 자기 생각을 말해주더군요. 사실 피터 코츠 구단주는 회장으로 있을 때도 몇 년 동안 제대로 대우받지 못했거든요. 그런데도 구단주 될 사람이 저 정도 배짱이 있다면 나도 이 정도 용기는 있어야겠다는 생각을 했습니다. 사실 우리 두 사람 모두 클럽에서 반길 정도로 유명인은 아니었지만, 어쨌든 코츠의 비전을 듣고 나니 고개가 끄덕여지더군요."

확실한 이해와 책임의 명확한 구분 또한 큰 차이를 불러온다. 앨러다이스가 볼턴에서 성공적인 관계를 유지할 수 있었던 것은 명확성이 전제됐기 때문이다. 1999년 그와 오래된 친구이자 동료인 브렛 워버튼Brett Warburton이 부회장, 그리고 필 가트사이드Phil Gartside가 회장 자리에 오르면서 그들은 명확한 기본 원칙을 세웠다. "필은 새 경기장 건설과 인프라를 담당하고, 저는 축구에 전념하기로 했죠. 이게 말처럼 그리 쉬운 일이 아닙니다. 구단이 엄청난 빚더미에 올라 있어서 대대적인 사업 구조 조정과 함께 새로운 이사회가 필요했거든요. 그 사람들은 사업을 되살리고, 저는 축구를 되살렸습니다. 그러면서 배우게 된 비즈니스 용어도 나중에 팀에 투자 요청을 할 때 요긴하게 쓰이더군요. 성공을 기반으로 사업을 만들어가고 예산 내에서 활동해야 한다는 걸 알았습니다. 만약 제가 1년에 250만 파운드의 가치를 구단에 더했다고 생각한다면 구단에서 그만큼 축구에 재투자해주기를 기대하는 거죠."

그리고 불안정

위가 불안정하면 아래에 근심이 생겨나고 어려움이 커진다. 불안정은 지도자의 활동을 제약하는 불필요한 요소다. 월터 스미스Walter Smith는 1998년 레인저스Rangers에서 에버턴Everton으로 팀을 옮겼지만 곧 힘든 상황을 맞이했다. "제가 합류하기 전에 팀 성적이 하위권을 헤매고 피터 존슨Peter Johnson 구단주도 재정적 어려움을 겪고 있었습니다. 구단주가 솔직하게 얘기한다면서 팀 성적만 올라가면 팀에 투자할 자금이 생긴다고 하더군요. 그런데 두 달 반 정도 지나서 저랑 상의도 없이 선수를 팔아버리는 겁니다. 그러고는 얼마 지나지도 않아서 구단을 매각하고 떠나버렸어요. 그제야 구단 재정난이 얼마나 심각했는지 알 수 있었지요."

"구단주가 그렇게 떠나자 데려왔던 선수들 대부분을 팔아야 했습니다. 그때는 이적 시장이란 게 없었으니까 떠나간 선수 자리를 메우려면, 어쨌든 또 선수들을 데려와야 하는 겁니다. 그러다 구단 주인이 바뀌었죠. NTL 정보 통신^{Communications}이 구단 인수에 참여한다는 소리가 있었습니다만, 그것도 두 달가량 지나서 무산되면서 재정 상태가 힘들어졌습니다. 그때부터 슬슬 걱정이 되더군요. 몇 개월 지나면 괜찮아질 문제가 아니란 생각이 들었어요. 에버턴에서 3년 반 정도 감독으로 있었는데, 그때는 정말 전쟁의 연속이었습니다. 당시엔 몰랐는데, 지금 생각해보니 재미있었던 시절 같기도 하네요."

축구는 모든 이들의 감정을 깊숙한 곳에서부터 뒤흔들어놓는다. 선수들과 코치, 그리고 팬들 모두 자부심, 절망, 강한 애착, 그리고 형언하기 힘든 기쁨을 느낀다. 또한 분노와 원망, 고통도 느낀다. 앨러다이스는 축구 클럽의 구단주나 사업체 지도자들이 주위의 이런 감정에 휩쓸리기 쉬운 사람이라는 사실과 그럴 경우 때때로 나쁜 결과를 초래한다는 사실을 알게 됐다. "그 사람들도 우리와 비슷합니다. 축구를 보면 아드레날린이 치솟고, 사랑하게 되고, 그러다가 관여하고 싶어지고, 결국 구단을 인수하게 됩니다. 잘나가던 사업가들이 인생에서 전혀 맛보지 못했던 새로운 경험을 하는 거죠. 하지만 아차 하다가 발을 잘못 디딜 수 있단 말입니다." 업무와 관련해 발생하는 여러 감정 속에서도 자신의 생각과 균형감, 그리고 장기적 비전을 명확하게 유지하는 것은 어느 분야의 지도자에게든 힘든 일이다.

위태로운 관계

구단주와 감독의 관계가 좋으면 인생도 즐겁다. 하지만 성공은 순식간에 사라지기도 한다. 로베르토 만치니Roberto Mancini가 부임하고 맞은 두 번째 정규 시즌, 맨체스터 시티는 프리미어 리그에서 상위권을 유지하고 있었다. 3월 말에 팀이 약간의 실수를 저지르자 주위에서 상당한(실제로든 기분 탓이든) 압박감이 밀려왔다. 이런 때가 관계의 진정성이 시험대에 오르는 순간이다. 안첼로티는 당시 만치니를 짓누르던 중압감의 무게를 이해한다. "모든 사람들이 만치니에겐 우승밖에 길이 없다고 했습니다. 올해에 우승하지 못하면 큰 문제가 생길 수도 있다는 거죠. 그런데 일주일 전에 구단주가 와서 팀의 활약에 만족한다는 말을 해준 겁니다. 축구 경기에서는 한 팀만이 이길 수 있다는 게 문제입니다." 안첼로티 자신도 힘든 경험을 했다. 첼시 사령탑에 오른 그는 '완벽한 준비'를 갖춘 팀을 물려받았다. 리그 우승과 컵 우승으로 더블을 달성했지만 두 시즌 후에 경질되고 말았다. 그는 첼시에서 고통스러웠다는 사실을 인정하면서도 냉정을 잃진 않는다. "기분이 좋진 않았죠. 전 최선을 다했다고 생각하지만, 구단주는 더 많은 걸 원했기 때문에 문제가 있었습니다. 흔히 있는 일이긴 하지만 거기서 제가 할 수 있는 일은 더 이상 없었습니다." 그토록 극심한 압박감 속에서 성공적으로 리더십을 펼친다는 것은 대단한 성취라 할 수 있다.

저 높은 곳으로 이끄는 기술

대부분의 조직이 마찬가지겠지만 축구에서도 감독이 팀에 안정감을 불어넣으려면 자기 역할을 제대로 해내야 한다. 즉 팀을 위로 이끌어야 한다. 지도력이란 느닷없이 영웅이 등장해 '나를 따르라'고

외치는 모습과는 거리가 멀다. 대신 전반적으로 힘을 내도록 격려하고, 용기를 북돋우는 고무적 역할과 좀 더 가깝다. 고무적 역할을 하려면 자기의 위치를 당당히 주장하고, 밑에서 일하는 사람들에게 자신감, 믿음, 열정, 헌신의 마음을 고취시키는 것이 중요하다. 호지슨은 고무적 역할에 존중과 실용주의가 우선해야 한다고 믿는다. "윗사람은 위에 있을 만한 이유가 있기 때문에 그 자리에 있다는 생각, 설사 자격이 부족하다 해도 그건 어쩔 수 없는 일이라는 생각을 하면서 일해야만 합니다. 윗사람이 주위에서 함께 일하는 사람들에게서 가장 필요한 것 세 가지를 꼽으라면 그건 능력, 근면, 의사소통이라고 할 수 있죠. 저도 축구 클럽에 가면 '이 팀을 어떻게 끌어올릴까' 하는 심각한 생각은 절대 하지 않습니다. 내가 돈을 받는 이유, 내가 해야 할 일에 대해 늘 집중하죠. 거기서 능력과 부지런함이 생겨납니다. 그리고 의사소통에 있어서는 신속한 의사 결정이 가장 중요합니다. 결정을 내려야 할 일들이 매일 여기저기서 밀려듭니다. 이때 클럽을 내 소유로 생각하지 말아야 한다는 점, 그리고 다른 사람의 질문을 영역 침해로 받아들이지 말아야 한다는 점을 명심해야 합니다. 위에 있는 사람들은 구단의 생존을 책임지고 있습니다. 그 사람들이 당연히 물어볼 수 있는 거죠. 클럽 회장도 저와 같은 생각을 한다고 생각하기 때문에 늘 윗사람과 연락을 잘하며 지내려 합니다. 제가 강제로 할 수 있는 부분은 없지만, 회장이 전화를 걸어 팀에 대해 이것저것 물어보는 게 저는 좋습니다. 그 사람들도 알아야 하니까요."

올바른 사람 선택하기

여느 지도자들과 마찬가지로 축구 감독들도 자기만의 스타일이 있다. 구단주와 감독의 관계는 다양한 형태로 발생하고, 주위 환경은 늘 바뀐다. 그래도 한 가지 분명한 것은 성공적인 구단주는 뛰어난 지도자, 자연적으로 끌리는 지도자를 선택한다는 점이다. 그리고 성공적인 감독은 일단 임명받고 나면 클럽 전체의 이익을 위해 그 관계가 잘 유지되도록 힘을 쏟는다. "구단주들은 팀에 엄청난 투자를 하고 있습니다." 호지슨은 말을 잇는다. "그러니 출생지에 관계없이 경력이 뛰어난 유명한 감독을 찾는 건 당연한 일이지요. 프리미어리그라고 해서 잉글랜드 출신이 유리하냐 아니냐를 따지지 않는 풍토로 변한 건 잘된 일이라고 생각합니다. 이젠 이탈리아나 프랑스 출신이라고 해서 유리하다 불리하다를 따지지 않습니다. 출신 국가에 상관없이 성공할 수도 실패할 수도 있는 거죠. 하지만 문화적 배경이 다른 데서 오는 흥미로운 차이점들이 있긴 합니다. 선수들의 신체 단련이나 전술적인 면에서 축구팀을 지도하고 감독하는 일 자체는 별 차이가 없지만 각자 요구하는 리더십 기질과 특성, 그리고 팀을 성공으로 이끄는 능력은 문화마다 다를 수 있거든요. 호지슨도 그렇고 저도 그렇고 각자의 스타일을 살려 1970년대와 1980년대에 스웨덴에서 성공을 거두었죠. 마찬가지로 프랑스의 벵거 감독과 이탈리아의 만치니 감독은 현재 잉글랜드에서 활약하고 있고요."

호지슨은 프리미어 리그에서 다른 나라 출신의 유명 감독들을 영입하는 것에 긍정적인 태도를 취하지만 이들이 자기 의사를 효율적으로 전달할 수 있어야 한다는 점을 강조한다. "감독의 업무는 의사소통의 비즈니스라 할 수 있습니다. 하위 리그 감독들은 교육자에 가깝죠. 하지만 프리미어 리그에서는 최고의 기량을 갖춘 선수들과 함께 일합니다. 상위 리그에서 활동하는 영광을 누리면서 제가 할 일은 선수들마다 지닌 능력과 기술을 하나로 잘 섞어서 그것을 오로지 팀을 위해 사용할 수 있도록 만드는 겁니다. 그 과정에서 자신의 지도력에 큰 어려움이 닥치기도 하죠. 팀에 중요한 역할을 해줘야 할 선수가 이기적인 행동을 한다거나 팀보다 개인을 우선시하는 태도를 보이니까요. 개인 성적에만 신경 쓰는 선수들 때문에 심한 경우엔 팀 전체의 연대감마저 무너질 수 있습니다. 실제로 개인을 위해 팀을 이용하는 선수들이 있거든요. 선수들은 두 가지 유형이 있습니다. 하나는 자신의 능력을 바쳐 팀을 돋보이게 하려는 선수, 다른 하나는 자신이 돋보이기 위해 팀을 이용하는 선수입니다. 두 번째 유형의 선수들에게는 의사소통이 정말 중요합니다. 그 선수에게 잘못된 길을 가고 있다는 사실을 깨우쳐줘야 하니까요."

여러 이익집단의 한가운데 있는 사람에게는 뛰어난 의사소통 기술이 필요하다. 안목이 있는 구단주라면 감독을 임명하기 전에 이 점을 먼저 확실히 하고, 임명한 후에는 자신이 선택한 감독을 믿고 그가 모든 능력을 전적으로 발휘할 수 있는 환경을 제공해줄 것이다.

협회

감독은 구단주나 회장 외에 축구협회도 상대해야 한다. 여러 나라에서 네 차례의 국가대표 감독과 열두 개 축구 클럽의 감독을 지낸 호지슨은 협회와의 관계에 대해 누구보다 잘 알고 있다.

"축구협회The Football Association 회장도 축구 클럽의 회장과 거의 비슷합니다. 다만 협회 회장을 뒤에서 받쳐주는 큰 조직이 클럽 회장에겐 없는 경우가 많죠. 잭 워커Jack Walker는 블랙번을 인수해서 오늘날 우리가 알고 있는 클럽으로 만들었고, 모하메드 알 파예드Mohammed Al Fayed는 풀럼, 제러미 피스Jeremy Peace는 웨스트 브로미치 앨비언에 기여했죠. 이렇게 클럽의 대주주로 자기 입맛에 맞는 사람을 데려오고 하고 싶은 일을 마음대로 할 수 있었던 클럽 회장들과 데이비드 번스타인$^{David Bernstein}$ 협회 회장은 좀 다르다고 할 수 있습니다. 데이비드 회장은 협회에서 축구 경기의 모든 면을 대표하는 위원회를 상대해야 합니다. 대표 위원회는 클럽 잉글랜드$^{Club England}$라는 소규모 위원회를 만들어서 운영상 발생하는 문제를 즉시 처리하고 대표 위원회에 제출할 공식 의견서를 작성하는 일을 하도록 하죠. 사업체에의 임원진과는 다른 겁니다."

회장이 영향력을 행사할 수는 있지만 주위에서도 회장과 같은 태도를 취하겠다는 공감대가 형성돼야만 가능한 일이다. 호지슨은 스위스 국가대표 감독 시절 스위스 축구협회가 보여준 진보적 사고방식에 고마움을 느낀다. "스위스는 내가 감독으로 부임했던 1992년 당시 시대를 앞서가고 있었어요. 다른 나라와 마찬가지로 스위스에도 축구협회가 있어서 장애인 스포츠부터 아마추어 축구 등 스포츠의 전반적인 부분을 담당했습니다. 차이가 있다면, 다른 나라에서는 대부분 협회와 프로 리그가 하는 일에 차이가 많지만 스위스에는 리그 축구, 아마추어 축구, 그리고 프로 하위 리그 대표자들로 함께 구성한 위원회가 있습니다. 중요한 역할을 하는 이 네 명과 제가 정기적으로 만나서 제 일을 최대한 효율적으로 할 수 있는 방법을 결정하기 때문에 매우 효과적인 방법이었죠." 별것 아닌 듯 들릴 수도 있겠지만 실제로 이 위원회의 효과는 대단했다. "예를 들어 최종 예선전이나 친선 경기 전후로 선수들을 소집할 권한을 주었기 때문에 최종 예선전이 열리는 기간에도 대여섯 번 정도 선수들이 모일 수 있었죠. 선수들이 일요일에 자기 프로 팀에서 경기를 하고 나면 수요일 아침까지는 제가 선수들을 지도할 수 있으니까 시즌 중에도 규칙적으로 이틀 정도는 모일 여유가 있었어요. 국가대표팀을 위해 각 분야가 협력한다는 건 바로 이걸 두고 하는 말이죠. 프로 클럽에게도 협조를 부탁했더니 1년에 세 번에서 다섯 번 정도 우리가 선수를 소집할 수 있도록 허락해주더군요. 그리고 선수들이 모일 때는 제가 선택한 스위스 여러 도시에 가서 훈련을 했죠. 꼭 취리히나 제네바에서 만나는 게 아니라 베른^{Berne}이나 바젤^{Basel}에도 가는 겁니다. 국가대표팀이 여러 지역에도 함께 관심을 보인다는 점을 홍보하는 의미였죠. 계획이 아주 순조롭게 진행됐고, 저도 선수들에 대해 더 많은 걸 알 수 있는 기회가 됐습니다. 물론 관중석에서 선수가 뛰는 모습을 한두 번 보고 필요한 선수인지 아닌지 판단해야 하는 경우도 있었고, 독일이나 이탈리아 등 외국에서 뛰는 선수들은 모일 기회가 많이 부족했죠. 그래도 전체적으로 협회가 큰 도움이 됐습니다."

호지슨이 하는 말의 요점은 분명하다. 주위 단체들이 제대로 돌아가야 감독도 제 임무를 다할 수 있다. 적절한 지원과 여건 조성 없이 권한만 있는 감독은 맡은 일을 성공적으로 해낼 수 없다.

생명소

잉글랜드 프리미어 리그는 세상에서 가장 흥미진진한 축구 드라마가 펼쳐지는 곳으로 널리 알려져 있다. 매주 열리는 열 경기의 평균 관중이 3만5000명을 넘어서고 경기 실황 중계나 하이라이트 프로그램의 시청자가 전 세계적으로 수억 명에 이른다. 세계 인구 70억 명 중 47억 명이 프리미어 리그를 보는 것으로 추정되고 있다. 자기가 응원하는 팀을 위해 엄청난 에너지를 쏟아붓는 진정한 팬들이라면 이들이 축구의 생명소라는 호지슨 감독의 말을 고맙게 받아들일 것이다. 호지슨은 축구 서포터스들을 존중하며 그들에게 애정마저 느낀다. "제가 일하면서 항상 생각하는 세 가지가 있습니다. 팬들은 자기들이 뭘 찾고 있는지 알고 있다는 것, 축구가 어떤 것인지 이해한다는 것, 그리고 자기 팀이 잘되기를 바란다는 것이죠. 한마디 더 보태자면, 팬들이 있기에 우리 축구가 존재하는 겁니다. 우리가 현재의 수준을 유지할 수 있는 건 팬들이 지불하는 입장료보다도 팬들의 존재 그 자체 때문이고, 팬들도 그 점을 알고 있습니다. 프리미어 리그 경기를 보면 빈자리가 없잖습니까. 세리아 아 경기에는 여기저기 빈자리가 많이 보입니다. 아니면 리그 컵 경기를 보세요. 관중들이 거의 없어요. 이것만 봐도 팬들이야말로 우리를 지탱해주는 생명소라는 사실을 알 수 있죠. 자동차부터 음료수까지, 축구에 그 많은 후원 업체가 활동하는 이유는 그 많은 사람들이 경기를 보고 싶어 하고 경기에 애정을 느끼기 때문 아닐까요." 이런 기본적인 이해를 기본으로 호지슨은 매우 간단한 원칙에 따라 팀을 꾸려간다. "축구 경기에서는 팀에만 집중합니다. 팬들이 보고 싶어 하는 주인공은 제가 아니라 선수들입니다. 팬들도 팀을 돌볼 감독이 필요하다는 점은 인정하지만, 그렇다고 일요일 오후에 감독을 보기 위해 경기장에 오는 건 아니거든요. 팀에 대해, 선수들에 대해, 아니면 어떤 철학이나 계획에 대해서 얘기할 때 정도만 관심을 받는 게 감독입니다."

호지슨의 이런 사고방식은 중요한 의미를 지닌다. 모든 조직에는 중요한 목소리를 내고 영향력을 행사하는 이해 당사자들이 있다. 그러면서 자기가 세상의 중심이라는 지도력의 함정에 빠져들기 쉽다. 호지슨은 겸손하고 실용주의적이다. 팬들의 애착심을 두려워하는 대신 존중과 배려심이 담긴 마음으로 고맙게 받아들인다. 그의 생각이 옳다. 클럽을 위해 기울이는 서포터스의 열정에는 엄청난 힘이 숨어 있다.

팬들의 무한한 애착심은 조직은 물론 감독에게도 압박감을 줄 수 있다. 벵거는 이 압박감이 그 무엇보다 무겁게 느껴진다고 한다. "토요일 저녁 경기에서 패하고 집으로 돌아가는 길에 팬들을 생각하면 마음이 무겁습니다. 게임에 졌다고 눈물을 흘리는 팬들의 모습이 제일 마음에 걸리거든요. 팬들을 실망시켰다는 생각이 가장 큰 부담으로 짓누르죠. 클럽에 오래 몸담을수록 책임감과 부담도 커지더군요." 벵거의 말이 옳다. 감독과 팬의 관계가 깊어질수록 감독이 느끼는 부담감도 무거워진다. 그렇지만 이런 압박감이 감독에게 긍정적으로 작용하는 특별한 경우도 있다. 안드레 빌라스 보아스^{André Villas-Boas}가 그랬다. "페프 과르디올라^{Pep Guardiola} 감독이 바르셀로나에서 그랬듯 저도 포르투^{Porto}에서 정말 대단한 도움을 받았습니다. 팬들이 자기가 좋아하는 팀을 응원하듯 과르디올라나 저나 둘 다 각자 좋아하는 팀의 감독을 맡았거든요. 그런 경우엔 팬들의 행동을 정확히 이해하고, 어떻게 사람들의 마음에 다가가서 어떻게 그들을 움직이고, 어떤 방식을 사용해야 할지 알 수 있습니다. 제 말 한마디 한마디가 사람들에게 감동을 주고 제가 원하는 방향으로 팀을 좀 더 가까이 이끌 수 있습니다. 위대한 감독들은 다른 팀이나 다른 나라에 가서도 이런 능력을 똑같이 발휘할 수 있습니다. 여러 상황에 적응하면서 최대의 성공을 이끌어내는 감독 중에 조제 모리뉴^{José Mourinho}가 최고라고 할 수 있겠네요. 감독이라고 모두 이렇게 할 수 있는 건 아니거든요."

워녹에게 팬들은 걸림돌이자 디딤돌이었다. "리즈 유나이티드, 퀸스 파크 레인저스, 크리스털 팰리스^{Crystal Palace} 등 최근에 제가 맡았던 팀 서포터스 모두 제게 이런 말을 했죠. '처음부터 당신을 감독으로 원하진 않았지만 당신이 이 팀에 와줘서 기쁘다'라고요. 그런 말을 들으니 기분이 좋더군요. 처음에는 닐 워녹이란 감독이 입에서 불을 뿜어대고 귀에선 연기가 나올 정도의 성격이란 걸 언론에서 보고 듣고는 마음에 들지 않았던 겁니다. 하지만 제 스타일을 보고 난 후에는 저를 이해하고 상당히 좋아해줬어요. 보통 사람들을 기쁘게 해주고 기대감에 가슴 설레게 만드는 일이 전 정말 좋아요. 제 인생 최고의 순간이라면 퀸스 파크 레인저스 감독으로 크리스털 팰리스를 다시 찾았을 때입니다. 제가 팰리스를 떠날 때 구단이 거의 파산 직전이었기 때문에 팬들의 야유가 쏟아질 걸로 생각했거든요. 그런데 경기장 안으로 들어서는 순간 관중들이 모두 일어나 박수를 쳐주는 겁니다. 그 일은 평생 잊을 수 없어요. 그보다 더 감동적인 순간은 없었어요. 팰리스 팬들이 제게 인생 최고의 감동을 선물해줬어요." 워녹은 힘든 상황이 닥쳐도 서포터스들에게서 힘을 얻는다고 한다. "퀸스 파크 레인저스 팬들이 저를 전적으로 지지했다는 사실을 알고 있었고, 응원 메일을 보내주는 것도 정말 고마웠어요. 혹시 제가 감독직을 유지하면서 팀이 꼴찌를 하고 강등당했더라도 팬들은 여전히 저를 믿어줬을 겁니다. 하지만 제가 있었더라면 강등당할 위험도 없었고, 중위권 정도는 유지했을 겁니다. 새로 온 구단주보다 팬들이 저와 팀에 대해 더 잘 알고 있었죠. 그래서 저는 팬들의 선택이 옳았다고 생각하죠."

토니 풀리스는 다시 스토크 시티 감독으로 복귀하면서 팬들의 응원을 기대하지는 않았지만 결국 상황을 반전시켰다. 이젠 클럽 문화를 형성하는 데 팬들이 큰 몫을 해주고 있다. "2008년에 팀이 프리미어 리그로 승격되고 모두들 우리가 다시 강등당할 거라고 했습니다. 우리는 오히려 이런 점을 이용해 팬들을 하나로 묶어놓았죠. '자, 모두가 우리 팀을 우습게 보고 우리에게 기회가 없을 거라고들 합니다. 하지만 우리가 하나로 뭉치면 우리에게도 기회는 있습니다.' 팬들은 제 말을 믿었고, 흔들리지 않았습니다. 결국 다섯 시즌 연속 프리미어 리그에 잔류했죠. 150년의 구단 역사상 처음으로 최고의 리그에서 5년 연속 중위권을 유지하는 대기록을 달성한 겁니다. 주요 컵 대회 4강에 네 차례, FA 컵 준결승에 한 차례, 그리고 FA 컵 결승에도 한 차례 진출했습니다. 스페인의 강호 발렌시아Valencia에게 패하긴 했지만 유러피언 컵에서도 선전했고요. 내 머릿속엔 늘 '세상에 대항하라'는 생각이 들어 있었나 봅니다. 팬들도 정말 멋졌고, 그때의 돌격대 정신은 영원히 사라지지 않을 거예요. 클럽에도 끈끈한 유대감이 넘쳐납니다. 스토크 시티 훈련장에 오면 청소원, 장비 담당, 매점 직원, 선수 할 것 없이 모두가 하나라는 사실을 알 수 있죠."

대규모 스포츠 조직에서 팬과 감독이 직접 의사소통을 하는 일은 거의 없다. 하지만 많은 사람들과 직접 교류하는 행동은 멋진 결과를 불러오기도 한다. 2009~2010년 브리티시 항공사British Airways에서 파업이 발생하자 윌리 월시Willy Walsh 최고 경영자는 주요 고객들 모두에게 이메일을 보내 회사의 입장을 설명하고 신속한 조치를 취해 안정을 되찾겠다고 약속했다. 퍼거슨 경도 시즌 막바지에 대형 스피커 시스템을 사용해 올드 트래퍼드에 모인 관중들에게 가끔 연설을 했다. 하지만 인터넷의 등장 이전에 감독이 팬과 의사를 교환했던 사례 중 가장 재미있었던 예는 노팅엄 포리스트Nottingham Forest의 브라이언 클로프Brian Clough가 아닌가 싶다. 그는 서포터스들이 너무 거친 용어들을 사용한다고 생각했다. 어느 날 경기장에 도착한 관중들

은 '신사 여러분, 욕은 삼가 주시기를 부탁드립니다. 브라이언'이라
고 쓴 친필 호소문을 보게 됐다. 그날로 서포터스의 욕설이 많이 사
라졌다고 한다. 간단한 메시지 하나가 감독과 팬 사이에서 팽팽한
긴장 상태를 유지하던 관계 개선에 큰 도움을 주었다.

　　팬들은 압박을 가하기도 하고 격려를 전하기도 한다. 감독은 팬
을 위해 일하며, 팬은 구단의 생명소 역할을 한다. 개인적으로 대화
를 나누기엔 그 수가 너무 많으며, 감독의 경력과 구단의 운명에 지
대한 영향을 끼친다. 고대 로마에서는 백성의 힘을 두려워한 황제들
은 백성들과 거리를 두었다고 한다. 비즈니스에서도 그럴 수 있겠지
만, 축구에서 위대한 지도자는 가능한 한 모든 방법을 자유롭게 사
용해 더 많은 관중들과 교류하며 팬들을 괴로움이 아닌 즐거움의
대상으로 받아들인다.

대화 통로

클로프 감독같이 대중과 직접 교류를 하는 몇몇 사례를 제외하곤
축구 지도자들이 대중과 교류할 수 있는 방법은 언론 내지는 미디
어를 통해서뿐이다. 프리미어 리그 감독들과 언론 사이에 흐르는 긴
장감은 생각보다 엄청나다. 직접 그라운드를 누비는 선수들 외에 감
독만큼 팀 속사정(경기 전술, 선수 부상, 팀 분위기 등)에 대해 잘 아는
사람은 없다. 게다가 겪었던 사건도 많고 인용할 말도 많다. 짧게 말
해 감독은 팀 지휘권의 중심을 차지하는 사람이고, 언론이 가장 애
기하고 싶은 대상이다. 다른 관점에서 보자면 감독과 대중을 연결할
수 있는 가장 강력한 수단이 언론이다. 인터뷰와 기자회견을 통해

감독은 자신의 소감과 생각은 물론 비전까지도 표현할 수 있다. 호지슨은 미디어를 팬들과 소통할 수 있는 가장 효과적인 수단으로 평가한다. "모든, 특히 티브이™ 기자회견은 그 중요성이 엄청납니다." 언론은 감독이 필요하고, 감독은 언론이 필요하다.

어려움: 극성, 침해, 세력, 그리고 압박

관계의 긴장감은 점점 열기를 더해간다. 30년 전의 감독이 재미있는 해설자였다면 오늘날은 드라마의 주인공이다. 퍼거슨 경은 그 이유를 이렇게 설명한다. "언론 때문이다. 요즘 언론은 32라운드를 거치며 벌이는 경기 내용에는 관심도 두지 않는 못마땅한 존재다. 예전에는 언론이 경기 기록에 관심이 있었지만 요즘엔 경기 결과에만 중점을 둔다. 신문 판매 부수를 늘리는 데만 신경 쓰고 감독만 쫓아다닌다. 결국 경질되는 사람은 감독밖에 없다는 사실을 알고 있으니까 그런 것이다. 그러니 언론은 감독이 성공을 하느냐 못하느냐만 바라본다. 하지만 클럽의 핵심 멤버로서 감독이 받아들여야 할 부분이기도 하다."

미디어는 이제 팀 활력에도 직접적으로 영향을 끼치고 있다. 케빈 키건은 리버풀 감독을 맡던 1970년대 이후로 상황이 어떻게 변했는지 설명한다. "선수들과 언쟁이 벌어질 수도 있죠. 훈련을 하다 보면 과격해지기도 하거든요. 하지만 외부인들이 그 일을 알 수는 없었습니다. 당시에는 입단속 하기가 훨씬 더 쉬웠죠. 트위터나 페이스북도 없었고, 언론도 다루기가 지금보다 훨씬 더 수월했어요. 같이 버스를 타고 원정을 다녔던 기억도 납니다. 하지만 상황이 많이 변했습니다. 어떻게든 기삿거리를 찾아오라고 편집장이 기자들을 다그치는 게 가장 큰 이유라고 생각해요. 그러면서 선수들도 언론을 믿지 않게 됐고요. 별일도 아닌데 마치 큰일이라도 난 것처럼 기사 제목을 뽑아내잖습니까. 선수들도 기자들에게 '변명하지 마세요. 당신이 직접 쓴 기사니까'라고 말해버려요. 언론과는 얘기도 하고 싶지 않고 차라리 주위에 없었으면 좋겠다는 생각들을 많이 하는 것 같습니다."

앨러다이스는 언론이 사실과 관계없이 감독에게 꼬리표를 달 수도 있다는 사실을 씁쓸하게 받아들인다. 언론은 그에게 전략이 부실한 감독이란 꼬리표를 달았으며, 이로 인해 팬들과 마찰도 발생했고, 동료 감독들과 언쟁을 벌이기도 했다. "사실 우리 축구 스타일 때문이 아닙니다. 성공이라는 말을 멋대로 재단하는 건 적절하지 않아요. 동료 감독들이 볼턴 원더러스^{Bolton Wanderers}에게 패하고 팬히 난처해서 한 말 때문에 시작이 됐다고 생각합니다. 우리는 볼턴이 다른 스타일에 적응할 수 있는 훌륭한 팀, 승리를 거둘 수 있는 팀이라는 사실을 알고 있었습니다. 불행한 일은 언론이 그런 식으로 기사를 썼고, 기사가 나왔으니 사람들이 사실로 받아들인다는 점이죠. 모리뉴 감독은 아무 말도 없었습니다. 모리뉴는 그런 스타일로 리그 우승을 하잖습니까! 우리도 모리뉴 감독의 경기를 보면서 우리와 축구 스타일이 비슷하다는 얘기를 많이 했죠(그쪽 선수들이 우리 선수들보다 낫긴 합니다. 우리는 좋은 선수들이고, 그쪽은 뛰어난 선수들이죠). 어쨌든 그런 꼬리표가 붙는다는 건 가슴 아픈 일입니다. 이제는 어딜 가기만 하면 가장 먼저 '어떤 스타일의 축구를 하실 겁니까?'라는 질문을 듣습니다. 그러면 제가 이렇게 되묻죠. '감독이 새로 오면 늘 이런 걸 묻습니까?' 젊은 감독들도 이런 현상에 대해 잘 알고 있습니다. 특정한 꼬리표가 붙는 걸 정말 싫어하죠. 감독이라면 자신의 이미지를 스스로 구축하는 수밖에 없습니다." 개인이든 조직이든

한 번 무너진 이미지를 되살리기는 굉장히 어렵다.

워녹은 언론이 가장 좋아하는 감독 중 한 명이다. 그는 거칠고 거리낌이 없으며 다른 사람의 의견에 언제든 거부 의사를 밝힐 만큼 직설적이라는 말과 함께 강심장이라는 평을 받고 있다. 그중 일부는 사실과 다르다. "제 성향이 그보다는 좀 복합적이죠. 언론이 하는 말에 저도 그렇고 퍼거슨 경도 그렇고, 우리 모두가 상처 받습니다. 처음 감독직을 시작했을 때는 잘못된 기사가 나오면 구단 소식통인 척하면서 신문사마다 전화를 걸까도 생각했습니다. 나이가 들면서 언론사는 신문을 팔아먹어야 한다는 것도 알게 되고 사람들에 대해서도 배우게 됐죠. 앞에서는 절대 실망시키지 않겠다고 하던 사람들이 내가 돌아서자마자 누명을 씌운다는 것도 알게 됐습니다. 요즘 젊은 감독들에게는 믿을 상대가 없다는 게 참 실망스럽기도 하고 슬픈 일이죠. 제가 초보 감독 시절에는 지역 언론인들과 함께 버스 타고 경기장에 가기도 했었는데…… 이제 그런 건 꿈도 못 꿀 상황이 돼버렸어요. 퀸스 파크 레인저스에서 몇 달 지나고 열렸던 기자 회견이 기억나네요. 기자들이 대여섯 명 정도 있었는데, 어떤 기자가 '감독님, 오프 더 레코드로 할 테니 이 문제에 대해서 솔직히 말씀해 주시겠어요?'라고 하더군요. 그래서 제가 천천히 심호흡을 하고는 모인 기자들을 둘러보면서 말했죠. '오프 더 레코드? 이 자리에 모인 쓰레기 같은 기자들을 한번 보세요. 돌아서면 바로 없는 말을 지어낼 사람들이 무슨 놈의 오프 더 레코드?' 기자들이 원래 그렇잖아요. 말로는 오프 더 레코드라고 했지만 제가 한마디만 해도 아마 바로 달려들었을 겁니다. 제 말에 모두들 웃음을 터뜨리는 바람에 분위기는 좋았죠. 분위기를 편하게 만드는 게 좋아요. 하지만 그 기자들 모두 제 마음이 어땠는지는 알고 있었을 거예요."

윌킨슨은 언론 앞에서 많은 부담감을 느꼈다고 실토한다. 질문에 대한 생각을 하느라 답변하기까지 시간이 오래 걸린다는 게 그 이유였다. "제가 생각해도 라디오나 티브이 방송에는 나가지 못할 정도로 제 대답이 느렸어요. 선수들도 제 대답을 들으려면 한나절은 걸린다며 농담을 할 정도였으니까요. 게다가 기자들이 시간을 충분히 주지도 않으니 대답할 때마다 잔뜩 긴장이 되죠."

그는 30년 전에 비해 많이 힘들어진 상황에 대해서도 언급한다. "눈에 보이는 범위가 급격히 변했어요. 요즘엔 모든 것이 훨씬 더 커지고 더 즉각적입니다. 이상하게 들릴 수도 있지만, 시청자나 독자들에게 돌아가는 정보가 오히려 더 줄어들었다는 생각을 가끔 합니다. 감독이 자기 역할을 하는 법을 배웠기 때문이죠. 이젠 인터뷰를 하면 무슨 질문이 올지 다 알고 있는 것 같아요. 사실 언론이야 감독이 게임에서 지면 더 좋아하죠. 론 그린우드^{Ron Greenwood}와 함께 1980년 유러피언 챔피언십에 갔을 때 신문기자들하고 티브이 관계자들 모두 세 번 정도 함께 저녁을 먹었습니다. 그 자리에서 기자들 질문에 답변을 하고 나서 이런저런 이유가 있으니 기사에는 내지 말아달라고 얘기했죠. 당시 기자들은 중요한 기사도 많이 썼고, 뭐랄까, 사실 내지는 진실에 가깝게 글을 썼어요. 요즘엔 각 클럽마다 기자실을 두고, 아주 좋은 클럽들은 대변인 같은 사람도 두고 있던데. 완전히 다른 세상이 됐죠."

"댄스 대회에서 심판들이 참가자들 주위를 돌아다니다가 춤추는 사람의 어깨를 두드리면 그만 추고 나가야 하잖아요. 언론을 상대하는 일도 그와 비슷해요. 대중의 의견을 많이 반영한다는 점에서 언론이 댄스 대회 심판처럼 감독을 평가하니까요. 셰필드 웬즈데이 감독으로 있을 때 지역 라디오에서 여론이 어쩌고저쩌고하는 방송이

나올 때가 있었습니다. 그래서 제가 언론 담당실로 가서 실제로 그런 의견을 남긴 사람이 몇 명이나 되는지 확인해봤죠. 스물여덟 명이었던 걸로 기억해요. 나중에 회장 자리에 오르고 나서 셰필드 주위를 걸어가는데 꽤 많은 사람들이 내게 와서 감사의 인사를 전하는데 기분이 이상하더군요. 팀을 위해 수고했다며 고맙다고 하는 사람들에게 이렇게 말해주고 싶었습니다. '이렇게 생각하는 사람들이 예전에 좀 많이 모여서 여론이라며 안 좋게 떠들어대던 사람들 코를 납작하게 해줬으면 얼마나 좋았을까'라고요. 언론과의 관계가 변해가는 모습이 보기 안 좋아요. 언론이 아무리 그래도 지금도 훌륭한 감독들이 존재한다고 생각합니다. 언론을 자기 인생에 개입시키지 않는 거죠. 알렉스 퍼거슨은 언론을 활용했고, 아르센 벵거도 마찬가지예요. 훌륭한 감독은 언론에 휘둘리기보다 활용하는 사람들입니다."

암호 해독: 수용, 단순함, 그리고 겸손 유지하기

아스널을 이끄는 아르센 벵거 감독은 미디어와 안정적이고 생산적인 관계를 유지하는 듯하다. 비결이 뭘까? 가장 중요한 사실은 언론이 꼭 해야 하는 일을 인정하고 한결같은 태도로 언론을 상대한다는 점이다. "두 가지 원칙으로 언론에 대처하기에 가능한 일입니다. 첫째, 그 사람들이 하는 말을 받아들여야만 합니다. 저는 언론을 존중합니다. 누가 나보고 나쁜 감독이라 부르고, 여기저기 실수를 저질렀다고 지적하면, 그 말이 제 직업과 관련된 이상 듣습니다. 개인사를 들춰내면 얘기가 달라지지만요. 가끔 그런 일도 있거든요. 둘째, 언론도 저와 마찬가지로 자기가 해야 할 일을 한다고 생각합니다. 기자라는 직업이 결코 쉬운 일은 아니죠. 요즘처럼 경쟁이 심한 사회에서는 기사를 잘 써서 신문 한 부라도 더 팔아야 하는데, 그것도 점점 힘들어지고 있잖습니까."

　스코틀랜드의 지휘봉을 잡았던 월터 스미스는 언론을 대하면서 절제 있는 태도를 유지하는 것으로 정평이 나 있다. 그의 이런 태도는 도를 넘을 정도로 유별난 주위의 관심 때문에 생겨났다. "스코틀랜드 언론의 열기는 대단합니다. 영국의 일부로 인구는 500만 명 정도밖에 안 되는데 신문사, 티브이 방송국, 라디오 방송국 등 모든 걸 다 갖추고 있어요. 그러니 경쟁 열기가 과열 양상입니다. 전 그에 대처할 방법을 찾아야만 했습니다. 언론을 대할 때면, 특히 스코틀랜드에서는 너무 높지도 않고 너무 낮지도 않은 자세를 취하려고 늘 노력했습니다. 그게 중요하다고 생각했으니까요. 언론 입장에서는 좀 지루하다고 느낄 수도 있겠지만, 어쨌든 전 늘 중용을 지키고자 했습니다."

　호지슨이 언론을 대하는 자세는 늘 그렇듯 긍정적이고 깔끔하다. "저는 먼저 저 자신에 대해 걱정하지 않습니다. 언론을 어떻게 상대할지, 일반 대중들이 어떻게 생각할지 저 스스로 걱정을 지나치게 하다보면 제가 정말로 해야 할 일은 흐지부지될 것 같으니까요. 선수들을 지도하고 감독해서 팀을 준비시키는 진짜 일 말입니다. 내게 주어진 진짜 업무에 늘 집중해야 합니다. 하지만 언론과 얘기해야 할 시간이 오면 그때는 또 최선을 다해서 언론을 대하고 내 조직을, 그게 구단이든 국가든 제대로 대변해야죠. 마지막으로 기자회견은 서포터스들, 중요한 사람들이죠. 그들과 대화를 나눌 수 있는 기회로 활용합니다. 저는 팬들도 저만큼이나 축구를 사랑하고 축구에 대한 열정을 지니고 있다고 생각합니다. 제게 기자회견장은 싸우는 곳이 아니라 토론을 하는 곳이라고 하는 게 맞겠네요."

흥미롭게도 감독들은 언론의 태도가 나라마다 다르다는 점을 알고 있다. 프리미어 리그에서 잉글랜드 출신이 아닌 감독들이 다른 방식으로 언론을 대하는 이유를 알 수 있다. 카를로 안첼로티는 전술적인 면을 많이 따지는 이탈리아나 프랑스보다 잉글랜드 언론을 더 좋아한다. "저는 기자들과 농담하기도 좋아하고, 그래서 언론과 문제를 일으킨 적은 한 번도 없었습니다. 어떤 감독들은 너무 심각해 보이기도 하더군요. 축구는 결국 게임입니다. 이런 이유 때문에 잉글랜드 분위기가 마음에 들어요. 잉글랜드에서 축구는 매우 중요한 위치를 차지하지만 분위기도 아주 좋아요. 잉글랜드 언론은 전술에는 큰 관심을 보이지 않으니까 감독이 느끼는 중압감도 덜합니다. 대신 사생활에, 특히 타블로이드 신문들이 사생활에 관심이 많더군요. 이탈리아나 여기 프랑스에서는 언론이 전술적인 면에 관심이 많습니다. 이탈리아 기자회견장에서 기자들이 항상 물어보는 게 라인업입니다. 감독이 라인업에 대해 어떻게 생각하는지 어떤 선수가 출전하고 못하는지를 끊임없이 물어봅니다. 기자들이 라인업을 알아야 출전 선수에 대해 이해하기도 하고, 그렇지 못한 선수에게 압박감을 줄 수도 있겠지요. 프랑스도 마찬가지입니다. 저는 기자회견에서 농담도 하고 가벼운 분위기를 유지하는 게 좋습니다."

물론 언어 문제도 빠질 수 없다. 질문하는 기자 입장에선 영어가 모국어가 아닌 감독에겐 아무래도 심한 질문은 삼가는 경향이 있다. 그래도 호지슨은 대중들에게 전하는 영향력을 극대화하려면 감독이 그 나라 언어를 어느 정도 알아야 한다고 생각한다. "사실 훈련장에서는 기술적인 면을 주로 다루니까 선수들과는 언어 장벽을 그리 크게 느끼지는 않지만 언론은 물론이고 다른 관계자들을 상대할 때는 문제가 커질 수 있죠. 외국에서 일할 때는 그 나라에서 쓸모 있게 써먹을 수 있는 정도로 언어를 배워야 합니다."

　　축구 지도자들은 대부분 언론을 진심으로 존중하고 고맙게 생각하는 마음을 지닌 듯하다. 물론 둘 사이에 이해관계가 상충되는 바람에 서로에게 고통을 주기도 하지만, 가장 중요한 점은 본심이 무엇이냐다. 자신의 생각을 대중과 나눌 수 있는 기회를 얻기 위해 언론과의 만남을 기다리는 감독, 언론이 하는 일을 존중하는 감독, 긍정적인 의도로 언론과 상호 교류하는 감독에게는 행운이 찾아올 것이다.

중심에 선 지도자

세계 초일류 축구계라는 거대 소용돌이 속에서 성공을 거둔 감독들은 주위의 이해관계자들을 다루는 일에 신중하다. 이런 감독들은 이들에게 어떤 방식으로 접근해야 하는지 알고 있으며 자신을 올바르게 이해시키는 일에 시간을 투자한다. 다음은 이들이 소중히 여기는 다섯 가지 마음 자세다.

1. 중심에서의 역할을 즐기라

　　핵심 인물이 된다는 것은 힘들면서도 굉장히 영광스러운 일이다. 이는 큰 어려움을 의미하지만 위대한 지도자는 이런 도전을 즐긴다.

2. 올바른 우선순위를 정하라

　　구단주, 회장과 좋은 관계를 유지하는 일이 가장 중요하다. 그다음으로 팀에 관심과 에너지를 쏟는다. 달리 표현하자면, 자신에게 가장 중요한 이해 당사자가 누구인지 먼저 파악하고 난 다음 자신이 해야 할 일에 최선을 다한다.

3. 비전을 세우고 공유하라

비전을 공유하면 구단주, 회장과의 관계가 깊어질 가능성이 높다. 감독은 먼저 공동 비전을 세운 후에 함께하는 사람들에게 그 비전을 전파해야 한다. 따라서 구단주는 그 역할에 어울리는 의사소통에 뛰어난 사람을 임명해야 한다.

4. 자신 외에 다른 집단도 연관돼 있다는 현실을 받아들이라

일류 감독들은 다른 이해 집단의 개입을 불쾌하게 여기지 않고 오히려 환영한다. 이들은 구단주, 협회, 서포터스, 미디어가 클럽에 개입할 권리가 있을 뿐만 아니라 중요한 역할을 하고 있다는 사실을 인정한다. 이러한 마음 자세는 관계를 다지는 데 도움을 준다. 훌륭한 감독은 상대 집단이 잘되기를 바란다. 팬들에게 훌륭한 기량을 선보이고, 구단주에게는 높은 투자수익률을 안겨주고, 언론에는 좋은 기삿거리를 제공하는 사람이 훌륭한 감독이다.

5. 그리고 나서 각각의 관계에 집중하라

앞에 있는 사람들에게 좋은 의도를 지니고 있으면 미심쩍었던 관계에 다시 집중하고 진심으로 관계 회복에 시간을 낼 수 있다. 그러기 위해서는 진정한 리더십이 필요하다. 게다가 결코 쉬운 일만은 아니다. 하지만 불만을 다스리고 참된 의도로 모든 관계를 대하는 감독이라면 가장 강력하고 든든하게 뒤를 받쳐주는 지원군을 얻게 될 것이다.

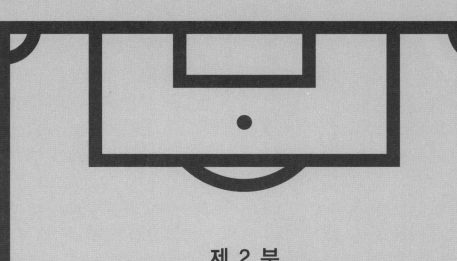

제 2 부

승리를 위한 환경 조성하기

카를로 안첼로티

Carlo
Ancelotti

제 — 2 — 장　　일대일의
예술

리더십의 핵심은 사람들에게 영감을 줄 수 있는 능력이 있느냐 없느냐에 달렸다. 영감을 준다고 하면 일반적으로 대중 앞에서 힘찬 연설을 하거나 구호를 외치는 모습이 떠오른다. 물론 그것도 맞는 말이긴 하다. 하지만 영감을 주는 리더십의 기본은 개인을 상대로 시작한다. 뒤에서 따르는 사람이 없다면 그를 지도자라 부를 수 없으며, 진정한 추종 세력은 무엇보다 개인적인 경험 내지 관계를 통해 영감을 얻는다.

근래에 위대한 지도자라고 할 수 있는 사람들에 대해 잠시 살펴보자. 넬슨 만델라^{Nelson Mandela}는 군중을 잘 다뤘지만, 그것도 사람들이 그 자리에 모여 위대한 인물을 면전에서 보고 있을 때 효과가 있었다. 미국의 전 대통령인 빌 클린턴^{Bill Clinton}은 수백만 명에게 영감을 준 인물이다. 하지만 그를 직접 만나본 사람들의 말을 들어보면, 클린턴 전 대통령의 힘은 일대일로 만나 상대에게 영감을 주는 능력에서 나온다고 한다.

축구도 이와 다를 바 없다. 축구 감독이 자신의 지도력을 가장 잘
표현할 수 있는 대상은 선수들이다. 영감을 받은 선수가 단 한 명만
있어도 그 선수는 팀을 살릴 수 있다. 지난 2001년 10월, 그리스와
의 2002년 한일 월드컵 유럽 예선에서 활약했던 잉글랜드의 데이
비드 베컴^{David Beckham}을 기억하는가? 그가 보여준 것은 절묘한 프리킥
기술뿐만이 아니었다. 모든 에너지를 쏟아부으며 그라운드 전체를
누비는 모습, 승리를 위해 필사적으로 달리는 그의 모습에 동료 선
수들은 영감을 받았다. 팀에서 가장 중요한 역할을 하는 요소는 개
인이다. 바꿔 말하면 자극을 받지 못한 선수 한 명이 팀 전체를 수렁
으로 이끌 수도 있다. 시간은 흘러가고 압박감이 짓누르는 상황에서
의욕이 떨어진 선수 한 명이 고개를 숙이는 순간 팀 전체의 노력은
물거품이 되기도 한다. 게다가 경기장을 벗어나서는 선수들끼리 파
벌을 형성하면서 팀을 무너뜨리기도 한다.

위대한 축구 감독들은 팀 내에서 발생하는 실망과 분노, 파벌, 그
리고 공개적인 저항에 대처하는 방법을 알고 있다. 그리고 그 대응
방법은 개인에서 시작해서 개인으로 끝난다. 즉 일대일이다.

카를로 안첼로티 감독

잉글랜드에서는 카를로 안첼로티 하면 첼시에서 큰 성공을 거두었
으면서도 단명한 감독으로 잘 알려져 있다. 안첼로티는 첼시 감독
시절 리그 우승과 컵 우승으로 더블을 달성했다. 하지만 이건 안첼
로티 경력의 일부에 지나지 않는다. 그는 1976년부터 1992년까지

16년간 선수 생활을 했으며, 1986년과 1990년에는 조국 이탈리아의 국가대표 선수로 월드컵에 참가했다. 이탈리아 리그의 파르마Parma에서 선수 생활을 시작해 뛰어난 기량을 선보인 안첼로티는 명문 구단 로마Roma로 옮겨 간 후 리그 우승과 네 차례의 이탈리아컵 우승을 차지했고, 1980년대 후반 최고의 영광을 안겨준 밀란Milan으로 이적해서는 5년간 리그 우승 2회와 유러피언 컵 우승 2회를 달성했다. 밀란을 마지막으로 지도자로 변신해 그가 쌓은 업적은 선수 시절의 업적을 능가한다. 레지나Reggiana, 파르마, 유벤투스에서 5년 동안 감독 경험을 쌓은 안첼로티는 밀란의 사령탑에 오르며 성공가도를 걷는다. 2001년부터 지휘봉을 잡은 그는 2003년과 2007년 두 차례나 챔피언스 리그 우승에 성공했다. 밀란을 떠나 첼시로 오면서 그의 경력은 더욱 화려해졌다. 그리고 2012년 파리 생제르맹의 감독이 되면서 선수단을 키우는 최고의 조련사로 자리 잡았다.

안첼로티의 철학

카를로 안첼로티가 따르는 신념은 간단하다. 선수들을 하나하나 이해하라. 이 말은 일대일의 예술을 그대로 표현한다. 이런 신념은 그의 철학의 근간을 이루고 있으며, 그는 이 신념을 꾸준히 지켜간다. "확실합니다. 감독이라면 축구에 대한 구상이 있겠죠. 그 구상을 현실에서 펼칠 수 있는 유일한 방법은 다른 사람들에게 설명하는 것뿐입니다. 그러면 선수들이 경기장에 나가 감독의 구상대로 플레이를 펼치겠죠. 그렇기 때문에 선수와 감독의 관계는 최상의 상태를 유지해야 하는 겁니다."

요구

축구는 세력권을 다투는 비즈니스다. 우리들, 팬들이 그렇게 만든다. 우리의 헌신에 따라 어떤 구단인지가 정해진다. 그리고 많은 경우 클럽이 우리를 규정짓는다. 상대방이 다른 팀을 응원하면 그 사람을 바라보는 눈초리가 달라진다. 마찬가지로 팀에도 한 선수가 들어오면 그도 일종의 역할 내지는 책임을 떠맡는다. 구단에서는 급여를 충분히 지급하고, 그 대가로 그 선수의 기술뿐만 아니라 소속감 또는 충성심도 요구한다. 전 세계 어디를 봐도 팬들이 선수들에게 열정과 헌신을 요구하며 깃발을 흔드는 모습은 똑같다. 팬들은 선수를 '우리 중의 한 명'으로 바라보기 때문이다.

선수들의 충성심 이끌어내기

선수들이 충성을 바치도록 만드는 사람도 감독이고, 불만을 터뜨리도록 만드는 사람도 감독이다. 하지만 감독이 특정 분위기를 처음부터 만드는 경우는 거의 없다. 팀을 완전히 재건하는 특수한 경우가 아니라면 신임 감독은 이전 감독이 지휘하던 팀을 그대로 물려받는다. 기존 팀 그대로, 선수들의 기대감 그대로, 그리고 모든 복잡한 문제 그대로 받아들이며 클럽에 합류한다. 팬들은 물론이고, 선수들도 신임 감독을 놓고 각자 다른 생각과 기대를 한다. 팀에 꼭 필요한 감독이 왔으니 이 지옥에서 벗어날 날도 멀지 않았다고 희망에 찬 선수가 있는가 하면 지난번 감독보다 나을 것도 없고 그만큼도 못할 거라며 개탄하는 선수도 있다.

안첼로티는 로만 아브라모비치가 구단주로 있는 첼시로 오면서 중요한 순간을 맞이했다. 조제 모리뉴 감독은 프리미어 리그에서 첼시에게 수차례 우승컵을 안겨주고도 2007년 9월에 팀을 떠나야만 했다. 그 후 다음 두 시즌 동안 유럽 축구계에서도 가장 책임이 막중하다고 할 수 있는 자리에 세 명의 유명 감독을 영입했다. 하지만 아브람 그랜트Avram Grant와 루이스 펠리프 스콜라리Luis Felipe Scolari는 한 시즌을 다 채우지도 못하고 떠났고, 휘스 히딩크Guus Hiddink 역시 FA 컵을 차지하고 많은 인기를 얻었지만 러시아 대표팀 감독직 수행을 위해 떠나고 말았다. 안첼로티가 팀을 맡을 당시 첼시 선수들의 가슴속에는 용기를 북돋아주던 모리뉴 감독에 대한 충성심과 떠나버린 히딩크 감독에 대한 아쉬움이 깊이 자리 잡고 있었다. 모리뉴 감독은 떠나고 여러 감독들이 거쳐갔지만 많은 선수들이 여전히 모리뉴에 대한 애정을 간직하고 있었다. 그사이 모리뉴 감독에 비해 안정감이 덜했던 감독들이 부임하면서 많은 변화를 시도했을지도 모른다. 자기가 원하는 분위기를 갖추기 위해 모든 것을 바꿨을 수도 있고, 향수에 젖어 있는 선수들을 내보내서 모리뉴의 냄새를 싹 지워버리려 했을 수도 있다. 그것도 아니면 신격화된 모리뉴의 후광에 가려 있어도 그만 없어도 그만인 감독으로 지냈을 수도 있다. 그러나 안첼로티는 다른 방법을 선택했다. 선수들 속으로 들어갔다. 선수들에게 시간을 투자했다. 선수들에 대해 선수로서뿐만 아니라 사람으로 알아가기 시작했다. "이런 관계를 구축하기가 쉽지는 않지만 매우 중요한 일입니다. 선수들의 위도 아니고 뒤도 아닌 선수들과 같은 수준을 맞추어야 했습니다. 선수들도 문제가 있고 어려움을 겪는 보통 사람이라고 생각했지요. 저는 좋은 관계를 유지하는 것이 결과를 이끌어내는 가장 좋은 방법이라고 생각합니다." 8개월 후 첼시는 잉글랜드 챔피언 자리에 올랐다.

선수도 사람이다

안첼로티가 주장하는 바는 명확하다. 선수를 그저 자산으로만 다뤄선 안 된다. 그들은 독립된 인격체다. 인격체에겐 감정, 관심 분야, 신념, 관점, 욕구, 그리고 두려움이 있다. 이런 점들을 알아내는 것만도 매우 힘든 일인데, 하물며 선수들의 복잡하고 미묘한 문제를 처리하기가 얼마나 어려운지는 말할 나위가 없다.

밀란에서 있었던 일을 살펴보자. 상당히 유명한 선수가 제대로 실력 발휘를 못하고 있었다. 겉으로는 특별한 이유가 없는 듯했지만 안첼로티는 무언가 잘못되고 있음을 알아챘다. "그런데 그 선수가 내게 와서 문제가 있다고 말하더군요. 결혼을 해야만 하는 상황인데 자기는 결혼식에 가기 싫다는 겁니다. 그 문제에 대해 함께 대화를 나누다 마지막에 제가 그랬죠. 마음이 가는 쪽으로 결정을 내리고 그대로 실행하라고요. 그 선수가 저를 찾아왔다는 사실이 무척 기뻤습니다. 결국 그 선수는 그 여자와 결혼하지 않았고, 저와는 아직도 친구로 지냅니다." 안첼로티는 선수들이 자기에게 다가올 수 있는 분위기를 만들었고, 그 방법은 효과가 있었다. 쉽게 찾아올 수 있는 분위기 조성과 간단한 조언만으로도 많은 것이 달라질 수 있다.

안첼로티는 개개인의 특성을 존중하고, 그에 맞춰 선수들을 다룬다. "선수들도 성격이 다 다릅니다. 존 테리^{John Terry}는 아주 개방적이고, 프랭크 램파드^{Frank Lampard}와 애슐리 콜^{Ashley Cole}은 좀 내성적이고 조용한 편이죠. 프랭크와는 제가 거기서 일하면서 관계가 많이 좋아졌습니다. 처음에는 어색했지만 끝에는 좋아졌어요. 임기가 끝날 즈음에는 저녁도 같이 먹었죠. 파티도 하면서 같이 즐거운 시간을 보내기도 했습니다. 아주 좋았어요."

축구는 가마솥

분야에 관계없이 지도자들은 관계와 관계 속에 가장 큰 어려움이 도사리고 있음을 알게 된다. 관계를 형성하고, 유지하고, 발전시키고, 보존하는 일은 쉽지 않다. 비즈니스 리더들은 대부분 가장 힘들고 시간도 많이 들여야 하는 일이 인간관계라고 한다. 축구가 비즈니스와 다른 점이라면, 대중들이 감시의 눈초리로 바라본다는 점이다. 모리뉴 감독과 크리스티아누 호날두^{Cristiano Ronaldo}가 계약과 관련해 나눈 대화는 세계적인 뉴스거리가 됐다. 독일팀과의 경기에서는 몸을 풀라는 만치니 감독의 지시를 카를로스 테베스^{Carlos Tevez}가 거부한 사건이 싱가포르에서 대서특필되기도 했다. 2000년에 퍼거슨 경은 금요일 훈련에 불참했다는 이유로 리즈와의 중요한 경기에서 베컴을 제외시켰다. 퍼거슨 경은 나중에 자신의 자서전 『무한 인생 경영^{Managing My Life}』에서 "베컴 주위를 둘러싼 눈길과 관심 때문에 그를 경기에서 제외시킨 내 결정이 약간은 과장되게 보이는 면이 있다"고 완곡하게 표현했다. 누구나 안을 들여다볼 수 있는 환경에서 관계를 유지하기는 어렵다.

안첼로티는 감독이 구단의 전적인 지원을 받을 때 힘든 관계도 풀어갈 수 있다고 생각한다. "아주 어려운 문제죠. 때로는 선수가 자기 감독을 위해 문제를 일으키기도 합니다. 하지만 감독이 요구하는 사항을 이해하지 못하는 선수는 최상의 리그에서 뛸 수 없다는 걸 자신도 알고 있습니다. 감독들은 선수를 경기에서 제외시킬 수도 있으니까요. 그렇지만 감독이 강력한 결정을 내리려면 구단의 지원이 있어야만 합니다. 구단의 지원을 받지 못하는 감독은 죽은 목숨이나 다름없으니까요. 설사 감독이 실수를 하더라도 구단이 받쳐주면 그 감독은 구단을 떠나는 순간까지 강력한 권한을 유지하는 일인자의 자리에 남을 수 있습니다. 감독과 구단주 사이의 관계가 나빠지면 선수들도 바로 눈치챕니다. 그러면 팀 분위기도 쉽게 망가지죠. 유벤투스에 있을 때 그런 경험을 했는데요. 거기서는 늘 제가 일인자라는 생각을 했고, 구단의 신임도 두터웠습니다. 결국엔 제가 실력이 충분치 않다는 이유로 구단이 저를 해고했지요. 하지만 제가 구단을 떠나는 순간까지 구단과 저는 아무런 문제도 없었기 때문에 괜찮습니다. 선수들도 그 점을 알고 있었고요. 어려운 시기에도 좋은 관계를 유지하려면 그런 게 중요하죠." 구단 이사회의 행동과 말에 따라 감독의 마음은 무거워질 수도 가벼워질 수도 있다. 비즈니스 또는 축구의 어느 기구도 이와 다를 바 없으며, 강인한 지도자라면 이에 대한 준비를 갖출 것이다. 내리는 결정마다 모든 외부인들이 철저히 감시하는 환경에서 구단이 보내는 지지는 감독이 선수들과 일대일 관계를 쌓아가는 데 튼튼한 발판 역할을 해준다.

주위 세상은 변하는 중

축구 선수들을 이끄는 직업은 쉬운 일이 아니다. 감독과 선수들 사이에는 대부분 세대 차이가 존재한다. 사실 지도자와 팀원 사이에 세대 차이가 존재하지 않는 관계는 별로 없다. 섕클리Shankly와 버즈비Busby, 그리고 머서Mercer가 활약하던, 연륜에 저절로 경의를 표하던 시절은 더 이상 존재하지 않는다. 지도자가 소중하게 여기는 가치와 행동이라고 해서 모든 선수가 다 따르고 본받는 건 아니다. 닐 워녹의 말을 들으면 이해가 간다. "경기장에 도착하면 선수들은 버스에서 내려 바로 탈의실로 들어갑니다. 음악 소리가 쩌렁쩌렁 울리는 이어폰을 귀에 꼽고 팬들을 그냥 지나쳐서 말이죠. 저는 마지막에 내리는데, 필기도구를 챙겨서 내립니다. 그리고 버스 주위에서 20~

30분 동안 팬들에게 사인을 해줍니다. 저는 바로 안으로 들어가서 시끄러운 음악을 듣는 것보다, 그럴 시간도 없지만, 이런 게 더 좋아요. 사람들과 얘기하는 편이 차라리 낫죠."

진정한 인생 길잡이 없이 자란 축구 선수들은 자기가 속한 사회보다 좀 더 나은 무언가를 보고 배울 기회가 적다. 알렉스 퍼거슨 경은 선수들의 강인함과 끈기가 줄어드는 사회로 변하고 있다고 지적한다. "요즘 우리가 대하는 사람들은 그 어느 때보다 연약하다. 우리 세대와 달리 과보호를 받고 자랐다. 자식의 성공을 통해 자신의 인생을 살아가는 부모들이 종종 과잉보호로 흐른다. 또 부모나 자식이나 점점 더 많은 걸 원하면서 예전보다 훨씬 이른 나이에 에이전트를 찾아 나선다. 열여섯 살 내지 열일곱 살 정도의 선수들을 관리하는 에이전트가 점점 늘어난다. 심지어 열네 살, 열다섯 살밖에 안 된 어린 선수들 장래에 부모를 빼고 직접 관여하는 에이전트도 본 적이 있다. 규정에 그렇게 하지 못하도록 돼 있는데도 말이다. 그러니 이렇게 온실 속에서 자란 화초 같은 선수들을 만나보면 예전에 비해 얼마나 나약한지 알 수 있다."

토니 풀리스도 이런 의견에 공감하면서 이런 현상이 축구에 어떤 영향을 미치는지 설명한다. "현 사회는 내가 처음 감독을 시작했을 때와 비교해 엄청나게 달라졌다. 그리고 그에 맞춰 내 지도 스타일도 진화했다. 옛날에는 어떤 선수에게 할 말이 있으면 선수들이 다 모인 자리에서 했다. 좋지 않은 얘기여도 개의치 않고 말해버렸다. 이제는 할 말이 있으면 선수를 따로 불러 개별적으로 얘기한다. 아마도 사회 전체가 그렇게 변했겠지만, 20년 전에 비하면 지금은 내 얘기를 사적인 감정이 있는 것으로 오해하는 선수들이 많다. 이제는 지도자도 그런 변화에 적응해야 한다고 본다." 풀리스가 말하는 일대일의 예술은 그 어느 때보다 중요한 사항이 되었다.

첫 번째 해결책: 당신의 사람들을 이해하라

사람을 이해하는 부분에 있어서 안첼로티를 따라올 사람은 없다. 그는 온화하고 관대하며 정이 깊은 남자다. "전 모든 경험을 통해 인격이 만들어진다고 믿습니다. 부모님과의 관계가 현재의 자신을 만드는 거죠. 자식에게 부모는 가장 중요한 스승이니까요. 부모가 자식의 인격을 형성시키니까, 그런 면에서 보면 감독도 인격을 갖추는 게 중요하다고 생각합니다."

안첼로티의 이런 믿음은 어려서부터 깊이 뿌리를 내렸다. 그는 이탈리아 지방에 있는 농장에서 부모의 사랑을 듬뿍 받으며 안전하고 편안한 환경에서 자랐다. "상당히 조용하고 차분한 가족이었죠. 할머니와 할아버지, 그리고 아버지, 어머니, 여자 형제와 함께 살았는데 아주 좋았습니다. 그때 많은 것들을 배웠죠. 아버지는 단 한 번도 큰소리를 낸 적이 없었습니다. 아주 조용하고 차분한 분이었어요. 아름다운 어린 시절을 보냈습니다." 그렇게 어린 시절을 보낸 안첼로티 역시 차분함이 물씬 풍기는 모습으로 축구계의 중심에 서 있다. 그의 밑에 있는 선수들이 그를 위해서라면 불 속이라도 뛰어들 태도를 보이는 데는 그의 차분함도 한몫했음이 분명하다.

충성심 이끌어내기

스티븐 코비Stephen Covey의 베스트셀러 『성공하는 사람들의 7가지 습관 The Seven Habits of Highly Effective People』에는 아시시의 성 프란체스코San Francesco d'Assisi

의 명언이 담겨 있다. "나를 이해받기보다는 남을 이해하게 하소서."
사람들을 이해하는 데 쏟는 투자가 어떻게 충성심을 키우는지 알아
내는 일은 어렵지 않다. 그렇지만 어디서부터 시작해야 할까? 사람
이란 복잡한 생명체다. 먼저 선수의 장점에서부터 시작할 수 있다.
그 선수의 장점이 어디에 있는지 알아내고, 그 장점에 집중해서 최
대한의 효과를 거두기 위해 그 장점들을 활용하는 것이다. 닐 워녹
의 철학은 평범한 선수를 좋은 선수로 만들고 좋은 선수는 위대한
선수로 만드는 것이다. 그는 이것을 개인 스스로의 도전이라고 생각
한다. "저는 다른 사람들이 거들떠보지도 않는 선수들을 최대한의
능력을 발휘하도록 만드는 일이 즐겁습니다. 모든 사람들이 저 선수
는 이래서 안 되고 저 선수는 저래서 안 된다고 말할 때 저는 그 선
수가 할 수 있는 게 뭔지를 봅니다. 그리고 그 선수가 어떤 사람인지
도 봅니다. 선수의 기질이나 성격 말입니다. 서로 다른 특징을 지닌
선수들로 팀을 꾸리길 좋아합니다. 1986년에 처음으로 감독직을 시
작할 때 맡았던 스카버러Scarborough는 누가 봐도 꼴찌에다 강등이 제
일 유력한 팀이었습니다. 그때 선수들을 스무 명 정도 팀에 데려가
서 계획을 세웠죠. 돈 주고 데려온 선수는 하나도 없었어요. 다른 구
단에서 내놓은 선수들이었으니까요. 그래도 저는 그 선수들이 각자
할 수 있는 일이 있을 거라 믿었습니다. 자기만의 장점이 있는 법이
니까요. 상대방이 할 수 없는 부분에만 정신을 팔지 말고 잘하는 부
분을 찾아내 노력을 더하면 발전할 수 있는 기회가 더 커지죠."

남들이 다 아니라고 만류하는 상황에서 누군가의 진가를 확인하
기란 그리 쉬운 일이 아니다. 하지만 그 결과는 엄청난 축복으로 돌
아올 수 있다. "셰필드 유나이티드 감독 시절에 폭넓은 플레이를 펼
칠 선수를 찾고 있었죠. 예전에 포츠머스Portsmouth에서 마이클 브라

운^{Michael Brown}이라는 선수를 본 적이 있었어요. 맨체스터 시티 선수로 등록돼 있었는데, 포츠머스에서 임대로 뛰고 있더군요. 그런데 별명이 악동이었어요. 포츠머스에서도 훈련 태도가 마음에 들지 않는다고 돌려보내고 싶어 하더라고요. 포츠머스에서는 옆으로 폭넓은 플레이보다는 위아래로 움직이는 플레이를 하고 있었고요. 그 선수를 보러 갔죠. 그리고 운동장에서 뛰는 모습을 보면서 태도가 어떤지도 확인하고요. 한번 물면 절대 놓지 않는 작은 불도그 같다는 인상을 받았는데, 그 젊은 선수에게서 뭔가 끌리는 게 있더군요. 맨체스터 시티도 포츠머스도 원치 않는다기에 우리가 임대로 데려왔다가 두어 달 지나서 계약을 해버렸습니다. 결과부터 얘기하자면, 시즌 끝날 때 그 선수가 아마 스물세 골인가 기록했고, FA 컵과 리그 컵 준결승까지 올라간 것도 그 선수 덕분이었죠." 자기 팀 소속도 아니었던 선수를 알아보고 그 선수의 장점에 집중했던 워녹은 자신의 믿음을 현실에서 증명할 수 있었다. 그 선수는 자신이 생각했던 한계를 뛰어넘어 더 훌륭한 선수로 발전했다. "브라운은 나중에 토트넘으로 가서 수백만 달러의 몸값을 받았습니다. 다른 팀에서 내쫓기고 갈 곳이 없는 선수를 제가 스타 선수로 키워낸다는 건 기분 좋은 일이죠." 여기에서 워녹은 우리에게 소중한 가르침 하나를 전달한다. 지도자는 주위 사람들의 반대 의견에 부딪치는 상황에서도 자신의 판단을 따를 수 있는 마음의 준비를 갖춰야 한다.

선수를 이해한다는 자체가 감독에게 성취감을 줄 수 있다. 게다가 워녹은 선수를 이해하는 데서 충성심이 시작된다고 믿는다. "지금 브라운은 리즈 유나이티드에 와서 저랑 같이 있죠. 발바닥에 땀나도록 뛰어다니면서요." 그렇다고 이해가 모든 문제를 다 해결하는 건 아니다. 수용이 필요하다. 수용이란 선수를 있는 그대로 받아들이며 그 선수의 한계나 약점 등 부족한 면에 대해 보이지 않는 곳에서 혹평하지 않는다는 말이다. 혹시 다른 사람들이 반대하더라도 선수에게 한 번의 기회를 줄 수도 있는 일이다. 이해와 수용 다음으로는 열린 마음이 필요하다. 자신의 생각이 잘못됐을 수도 있다고 인정하는 축구 감독은 성공할 확률이 더 높다. 월터 스미스도 이 말에 동의한다. "새로운 팀에 가면 선수들이 어떻게 반응하는지 눈여겨봅니다. 감독이 멀리서 바라보며 가졌던 선입관을 싹 바꿔놓는 선수들이 있을 수 있거든요. 때로는 새로 온 감독이 어떤 선수에게서 예상을 뛰어넘을 정도로 긍정적인 반응을 이끌어내는 경우도 있죠."

선수도 인간

감독이라면 반드시 선수의 행동에 숨어 있는 의미를 이해하려는 노력을 해야 한다. 샘 앨러다이스도 그런 경험을 했다. "게임에서 제기량을 발휘하지 못하는 선수는 훈련 캠프 내부보다는 외부에 문제가 있는 경우가 많습니다. 제가 선수 시절에 모시던 이언 그린$^{\text{Ian Green}}$ 감독이 가르쳐준 겁니다. 생각해보면 그분이야말로 진정한 사나이요, 동기부여의 달인이었어요. 언제, 어디서, 뭘 해야 할지 늘 알고 있었어요. 일이 있을 때마다 감독님이 어떻게 다 알고 있는지 선수들이 모두 놀라곤 했다니까요. 그게 다 경험 덕분일 거라 생각했죠. 집에 무슨 일이 있느냐, 잠을 제대로 못 잤느냐 등 사소한 것 같아도 중요한 질문들을 했습니다."

요점을 정리하자면, 첫째, 감독은 주위에서 일어나는 일들을 잘 알고 있어야 한다. 징후를 파악하고 속사정을 알아낼 용기가 있어야 한다. 둘째, 개인별 특성에 따라 문제를 다뤄야 한다. 역시 이를 위해서는 이해가 먼저 필요하다. 안첼로티는 자신이 상대하는 모든 선수들의 특성을 파악하기 위해 시간을 투자한다. "밀란 감독 시절에는 선수 보고서가 있어서 내가 어떤 유형의 선수를 대하는지 이해하는 데 도움이 됐습니다. 상당히 흥미로웠죠. 예를 들어 어떤 선수가 실수를 저지르면 개인적으로 불러 얘기해야 합니다. 하지만 중요한 건 선수들마다 어떤 식의 의사소통을 좋아하는지 파악해야 한다는 거죠. 다른 사람들 앞에서 얘기하는 걸 싫어하는 선수들이 있지만 여러 사람 앞에서 얘기를 들어도 아무 문제가 없는 선수들도 있으니까요. 가끔은 다른 선수들도 들으라는 의미에서 일부러 선수들을 모아놓고 얘기할 때도 있고요. 리더십에서 힘든 게 이런 점입니다. 하지만 선수에 따라 어떤 의사소통 방식을 택할지 아는 건 중요합니다. 말로만 해도 집중해서 듣는 선수가 있는 반면에 손이나 팔을 붙잡으면서 말을 해줘야 좋아하고 집중하는 선수들도 있죠. 이것저것 신경 쓰지 않는 선수들도 있고요. 감독이 선수의 능력을 최대한 끌어올리기 위해서는 선수 한 명 한 명에 대해 알고 있어야만 합니다."

이언 그린이나 안첼로티 같은 축구 감독들은 여러 기술적인 면에 경청이라는 지극히 중요한 요소를 추가한다. 이들은 다른 사람의 말을 귀 기울여 들으려면 노력과 집중이 필요하다는 점을 이해한다. 상대방의 얘기를 자신의 얘기처럼 받아들이고 공감하는 감독은 상대방의 말만 듣는 게 아니다. 대화 태도, 얼굴 표정, 신체 언어 등을 통해 오히려 말로 표현하지 않는 부분을 듣고 숨은 의미를 찾아내려 한다. 결론적으로 선수들은 젊은 앨러다이스 감독이 자신을 진심으로 아껴준다고 생각하고 더욱 존경하게 됐다.

다른 사람의 말을 경청함으로써 생기는 기적은 축구에만 있는 게 아니다. 몇 년 전 잉글랜드에서 빌이라는 한 미국인 젊은이가 동료들과 함께 저녁을 먹기 위해 작은 식당을 찾았다. 그들이 식당에 자리를 잡고 얼마 지나지 않아 빌 클린턴 전 대통령 일행이 들어와 옆자리에 앉았다. 클린턴은 당시 옥스퍼드 대학을 다니던 그의 딸 첼시를 만나던 중 그 식당에 들른 것이었다. 런던에서 미국인을 만났다는 반가움에 두 일행은 이야기를 나누기 시작했다. 젊은 빌은 철저한 공화당원으로 클린턴에게 별 호감을 느끼지 못하고 있었다. 하지만 그 만남 이후로 생각이 바뀌었다. "30분 정도 대화를 나눴는데, 미국 전 대통령이라서가 아니라 여태껏 제 얘기를 그렇게 열심히 들어준 사람은 그분이 처음이었어요. 제가 얘기할 때 저한테 완전히 집중하는데, 30분 동안은 이 지구상에서 저 혼자만 존재한다는 기분이 들었습니다."

브렌던 로저스^{Brendan Rodgers} 감독은 모든 사람들이 '저를 소중한 사람으로 대해주세요'라는 문구를 이마에 새기고 다닌다고 한다. 지도자로서 클린턴의 장점은 이 문구를 읽고 이해했다는 점이다. 미국 전 대통령으로서 행동할 수도 있었지만 그러지 않았다. 대신 젊은 빌의 말을 잘 들어줌으로써 오랫동안 사라지지 않을 중요한 인상을 심어주었다. 경청할 줄 아는 지도자는 충성심뿐만 아니라 애정도 함께 얻는다. 다시 말해 직원들이나 선수들은 그런 지도자를 위해 기꺼이 더 많은 노력을 기울이며, 이는 조직이나 경기장에서 더 많은 승리를 거두게 된다는 뜻이다.

공감

안첼로티나 이언 그린이 말하고자 하는 것은 공감이다. 상대방에게 공감을 느끼기가 실제로는 매우 힘든 일인데도 많은 감독들은 공감을 그저 '나약함의 표시'라고 오해하고 신경 쓰지 않는다. 공감이란 단어는 두 가지를 의미한다. 첫째, 다른 사람의 마음과 세계관을 더 잘 이해하기 위해 그 사람의 입장이 돼본다. 상대방의 마음을 이해하면 함께 일하면서 훨씬 더 생산적인 결과를 불러올 수 있다. 둘째, 긍정적인 태도로 상대방이 처한 상황에 관심을 보인다. 이 역시 생산성 증가라는 뜻밖의 즐거움을 가져다준다. 사람은 자신을 이해해주는 사람을 위해 더욱 기쁜 마음으로 일하게 된다.

2007년경 잉글랜드 언론에 감동적인 이야기가 실렸다. 한 아버지가 암에 걸린 어린 아들을 데리고 케임브리지로 향하고 있었다. 유명한 애든브룩^{Addenbrook} 병원에서 수술을 받기 위해서였다. 그리고 간 김에 기억에 남을 추억을 만들기 위해 며칠간 고급 호텔에서 묵으면서 아름다운 도시를 둘러보자고 마음먹었다. 수술 전날 저녁 소년이 불안해하는 모습을 본 호텔 수석 웨이터가 그 아버지에게 무슨 일인지 물었다. 소년의 아버지는 아들이 수술을 받기 위해 머리를 모두 깎아야 했고, 그 때문에 사람들의 눈치를 본다고 설명했다. 수석 웨이터는 고개를 끄덕였다. 다음 날 아침을 먹기 위해 아버지와 아들이 식당에 들어서자 식당 직원 모두가 머리를 박박 깎은 모습으로 그들을 반겼다. 실제 있었던 이 이야기는 힘든 상황에서도 공감이 얼마나 큰 힘을 발휘할 수 있는지 보여준다. 그리고 진정한 공감에는 그만한 노력과 희생이 따를 수도 있다는 점을 일깨워준다.

호텔의 수석 웨이터처럼 안첼로티도 공감에는 노력과 희생이 따른다고 믿는다. 이는 지도자가 인간적인 면을 보여주려는 기본적인 욕구와 관계가 있다. "선수들에게 감독이 어떤 사람인지를 보여줘야 합니다. 여러 사람과 함께 지내다보면 유달리 좋은 관계를 유지하는 사람도 생기고, 그렇지 못한 사람도 생기기 마련이니까요. 자기 성격이 어떤지를 보여줘야 믿음을 쌓을 수 있고, 저도 그랬기 때문에 힘든 결정이나 의외의 결정을 내릴 때도 우정을 유지할 수 있는 겁니다." 안첼로티는 자신의 두려움이나 걱정을 다른 사람들에게 드러내 보이는 것을 두려워하지 않는다. 그래서 선수들은 그가 개방적이고 중심을 잃지 않는 성격이라는 점을 알고 그에게 쉽게 다가간다. 안첼로티는 관계에 한계를 두지 않는다. "내가 하는 일과 내리는 결정을 존중해준다면 그 선수와는 친구도 될 수 있죠. 혹시 일터가 바뀌더라도 여전히 친구 관계는 유지할 수 있기 때문에 중요한 문제라 할 수 있어요." 그러나 이런 관계를 누구나 따라 하기는 힘들다. 실제로 많은 감독들이 이런 관계 형성에 상당한 위험과 어려움을 느낀다. 잘못하면 지도자는 선수들의 존중심을 잃고 나쁜 결과만 불러올 수 있다. 감독으로서의 위치와 명성에 회복이 힘들 정도로 큰 피해를 받을 수도 있다.

두 번째 해결책: 단호함 내지 강인함을 키우라

공감과 나약함은 다르다. 동료 감독들보다 두각을 나타내는 축구 감독들은 공통적으로 단호함을 지니고 있다. 안첼로티는 이런 예를 든다. "예전에 같이 운동장을 누볐던 선수가 있었는데, 한 팀에서 저는 감독, 그는 선수로 만난 적이 있습니다. 선수 시절에 맺었던 관계를 제가 어떻게 전환시킬 수 있었을까요? 계속 친구 사이로 지내긴 했지만 제 역할이 달라졌기 때문에 그들도 저를 존중해주죠. 전 더 이상 선수가 아니라 감독이니까요. 제 결정을 따를 수밖에 없죠. 가끔은 쉽지 않은 일이긴 하지만요. 선발 명단에서 빠졌다고 내게 와서 따지던 선수들도 있었습니다. 왜 자기를 출전시키지 않느냐, 친구

사이에 어떻게 이럴 수 있느냐고요. 그럼 제가 그러죠. '그래, 우리 친구 맞아. 그리고 앞으로도 친구로 지낼 거야. 하지만 넌 오늘은 벤치를 지켜야 돼.'" 동료들을 이끌려면 일대일의 예술, 특히 자기 메시지를 어떻게 전달하느냐가 아주 중요하다.

단호함을 가장 잘 보여준 감독을 꼽으라면 알렉스 퍼거슨 경을 들 수 있지 않을까. 그의 결단력은 자신이 내린 결정에 대한 깊은 믿음에서 나오는 것인데, 글래스고Glasgow의 조선소 노동자로 일하면서부터 단호한 결단력을 키웠다. "나는 노동조합에서 소위 직장 위원으로 일했다. 내겐 약한 사람들을 보살피거나 보호해야 한다는 강한 책임감이 있었다. 결정을 내리고 그들 옆에 서야 했다. 노동조합이 강력한 힘을 발휘하던 시절 공산주의의 영향을 많이 받았지만, 그래도 두세 번 정도 파업을 벌이기도 했다. 물론 정당한 이유가 있었다. 당시 칼 맥케이Cal McKay라는 아주 견실하고 훌륭한 분이 나의 멘토가 돼주었다. 모든 분야에 관해 넓고 깊은 지식을 지닌 똑똑한 사람이었지만 내게 자기 생각을 강요하진 않았다. 그는 공산주의 신념이 강했고, 나는 사회주의자였지만 그건 중요하지 않았다. 내게 큰 영향을 준 건 그분의 강인한 성격이었다. 나는 어떻게 결정을 내려야 하는지 배웠고, 그런 강인한 성격 덕분에 감독이 될 수 있었다." 강인함이란 전문 지식과 의사 결정 능력, 그리고 자기 확신에서 나온다. 지도자에게 매우 중요한 자질이 강인함이다.

강인함도 충성심을 키운다

축구 감독들은 충성심을 소중하게(어쩌면 가장 소중하게) 여긴다. 무슨 일이든 위급한 상황이 닥치면 감독은 선수들이 그 상황을 헤쳐나오기를 바란다. 앞서 우리는 상대방에 대한 이해가 수용, 열린 마

음과 만나 충성심을 이끌어낸다는 점을 확인했다. 그렇다면 강인함
도 그렇게 할 수 있을까?

1992년 믹 매카시Mick McCarthy는 밀월Millwall에서 그의 선수 생활을 끝
낼 준비를 하고 있었다. "그날이 일요일 저녁이었는데, 밀월이 6 대
1로 패한 날이었어요. 아마 포츠머스에서였을 겁니다. 그러고는 친
한 동료 존 콜커훈John Colquhoun하고 바에 가서 다음 주 홈에서 열릴 포
트베일PortVale과의 경기에 대해 얘기를 나눴습니다. 출전 선수 명단을
어떻게 짤 건지 뭐 그런 얘기 말이죠. 실제로 우리가 명단을 정할 수
는 없었지만 어떤 면에서는 모두가 감독보다 더 잘 알고 있었으니
까요. 마침 브루스 리오치Bruce Rioch 감독 경질설이 나돌던 때라 상황
이 재밌었습니다. 그때 존이랑 이런 대화를 나눴던 것 같아요."

> 나: 우리 팀은 이렇게 저렇게 하고, 나는 여기서 뛰면서 뒤에 네 명하
> 고…… 너는 라이트 윙에서 뛰면 되겠네. 넌 어떻게 생각해?
> 존: 네가 중앙 수비수 맡고…… 폴 스티븐슨Paul Stevenson이 라이트 윙으
> 로 가고.
> 나: 뭐야? 자기가 명단을 짜면서 자기 이름을 빼는 거야?
> 존: 나도 뛰고 싶은데, 요즘 허리가 불편해서 좀 힘들어.
> 나: 웃기네. 자기가 출전 선수를 정하면서 자기 이름을 빼다니……

"성패트릭 기념일이었으니까 3월 17일 화요일이었네요. 버Burr 회
장이 브루스 감독이 경질됐다고 제게 알려줘서 회장을 만났고, 다음
날에도 다시 만나기로 했어요. 그날 오는 길에 팀 동료 이언 에번
스Ian Evans를 만나서 제가 얘기를 했죠. 이언은 나중에 제 보조로 오랫
동안 일했어요. '내 생각인데, 구단에서 감독직을 제안할 것 같아.'

그러니까 이언이 나를 똑바로 쳐다보면서 '구단에서 너한테 빚진 거 있어? 어쩌면 밀린 돈 다 갚으려는 걸 수도 있지. 너 한동안 출전도 못했는데……'라는 겁니다. 그 말을 듣고 내가 감독이 될 건지 아니면 잘릴 건지 고민을 했죠. 그러고 다음 날, 그러니까 수요일에 감독 자리에 올랐고, 목요일에 처음으로 선수들과 훈련을 했어요. 금요일에도 훈련을 한 다음 출전 선수 명단을 짜야 했습니다. 오른쪽에 폴 스티븐슨을 기용하기로 했죠. 그런데 존 콜커훈이 제게 오더니 왜 자기 이름이 빠졌느냐고 묻더군요. 제가 그랬죠. '넌 네가 짜는 명단에도 자기 이름을 안 넣으면서 내가 짜는 명단에 이름이 들어가 있길 바라는 거야? 말도 안 돼!' 화요일까지 선수였던 내가 금요일에는 감독이 돼서 출전 선수 명단을 짜면서 친구 이름을 제외시킨 겁니다. 쉽지 않은 결정이었죠." 매카시의 말투는 가볍지만 그 속에는 강인한 결단력이 꿈틀거린다. 그렇다면 충성심은? "존과 저는 오랫동안 친구로 지내왔고 지금도 친구죠. 좋은 친구."

그렇다면 콜커훈의 입장에서는 자기를 명단에서 제외한 매카시와 왜 계속해서 의리를 지키고 있는 것일까? 두 가지 이유를 델 수 있다. 첫째, 신뢰할 수 있기 때문이다. 일반적으로 신뢰성이나 믿음성이라고 하면 시간을 잘 지키거나 기복 없이 꾸준한 플레이를 하는 선수를 생각한다. 거미손으로 골문을 지키는 듬직한 수문장에게 사람들은 박수를 보낸다. 하지만 좋은 지도자가 되기 위해선 약속을 지키느냐 마느냐가 더 중요하다. 지키지 못할 약속은 하지 않아야 한다. 매카시가 콜커훈의 말에 화가 났다면 틀림없이 아픈 허리가 정상이 되면 바로 출전시켜주겠다고 약속했겠지만 그는 그런 식으로 말하지 않았다. 그의 행동에는 일관성이 있었다. 일관성 있는 축구 감독은 생각과 믿음, 말, 행동이 모두 일치한다. 매카시는 콜커훈의 몸 상태가 완전하지 않다는 사실을 알고 있었다. 콜커훈 또한 매카시가 그 사실을 인지하고 있음을 알았다. 콜커훈을 출전 선수 명단에서 제외할 때도 매카시는 일관성을 유지했다. 그리고 두 사람은 지금도 우정을 유지하고 있다. 일관성과 강인한 결단력은 의리를 쌓아준다.

결단력은 어디에서도 통한다

흔히들, 특히 경험이 충분하지 않은 지도자들이 강인한 결단력은 사람들에게 상처를 줄 수 있다고 생각한다. 하지만 반드시 그런 건 아니다. 중요한 점은 문제와 사람을 분리시켜 봐야 한다는 거다. 축구에서 예를 들자면, 선발 명단에서 어떤 선수의 이름을 제외시키는 일이 그런 경우다. 일반 조직에서는 부하를 승진에서 제외시키거나 프로젝트팀 명단에 포함시키지 않는 경우가 될 수 있다. 선수를 명단에서 제외시키면서 좋아하는 지도자는 없다. 하지만 개인보다는 클럽의 요구를 늘 먼저 생각할 수밖에 없다. 시야를 넓혀 좀 더 큰 그림을 바라본다면 전술적인 결정을 한결 쉽게 내릴 수 있다.

위대한 지도자는 힘든 결정을 내리면서도 여전히 튼튼한 관계를 유지한다. 그럴 수 있는 가장 큰 이유는 감독의 마음가짐이다. 힘든 결정을 내린다고 해서 반드시 관계가 손상되는 것이 아니라 오히려 관계를 구축하는 계기가 될 수도 있다는 사실을 인지하는 게 중요하다. 끈끈한 관계는 상호 존중을 기본으로 한다. 명단에서 제외된 선수가 감독을 평생 용서하지 않을 거라는 생각은 패배적인 사고방식이다. 승리의 사고방식을 지닌 감독은 이렇게 생각한다. "그 선수를 투입하면 이번 경기는 이기기 힘들어. 이기기 위해서는 출전 선수를 이렇게 짜는 게 정답이야."

월터 스미스는 결단성이 선수를 다루는 데 없어서는 안 될 요소라고 본다. "축구는 물건을 다루는 게 아니라 사람을 상대하는 겁니다. 선수들은 바보가 아니에요. 다들 감독이 하는 일을 지켜보고 있습니다. 그게 감독이라는 직업이죠. 레인저스 감독으로 부임한 첫해에 선수들이 이런 생각을 했을 겁니다. '저 감독은 이 상황을 헤쳐나와야 한다는 압박감에 무너질까 살아남을까? 우리를 이끌고 나아갈 수 있을까?' 저는 모두를 이끌고 힘든 상황을 벗어날 수 있다는 걸 보여주기 위해 끊임없이 노력해야 한다는 걸 깨달았죠. 상황을 판단하다보면 이건 도저히 안 되겠다 싶은 생각이 들면서 암울해지는 순간이 있습니다. 그래도 모든 사람들 앞에서는 내가 앞서서 처리할 수 있다는 모습을 보여줘야 한다고 생각합니다."

또한 감독은 자신의 결정을 뒷받침하는 근거를 댈 수 있어야 한다. 안첼로티의 경우처럼 설사 선수들이 다 이해하지 못하는 상황에서도 "평소에 선수들에게 동기부여에 대해 잘 설명하지 않습니다. 스물여덟 명의 선수들이 있는데, 게임 전에 이 열한 명은 왜 출전하고 나머지 열일곱 명은 왜 출전하지 못하는지 일일이 설명할 수가 없거든요. 그럴 시간도 없고, 그러고 싶지도 않고요. 하지만 선수가 와서 그 이유를 물으면 그땐 설명을 해줘야죠. 그게 쉬울 때도 있지만 때로는 아주 미묘한 부분을 고려해서 내린 결정이라 설명하기 까다로울 때도 있습니다. 또는 사실대로 얘기할 수 없을 때도 있어요. 저 선수가 너보다 잘하니까 넌 뛸 수 없다고 할 수는 없잖습니까. 잘못하면 선수가 아예 의욕을 상실할 수 있으니까 다른 방법을 사용해야겠죠. 물론 이때도 거짓말이 아닌 일관성 있게 행동하면서요."

다시 말하지만 자신이 내린 결정을 어떻게 전달하느냐가 중요하다. 하버드 경영대학원Harvard Business School에서는 '예, 아니요, 예Yes-No-Yes'

라는 유명한 협상 전략을 가르친다. 간단히 설명하자면 이렇다. "난 당신에게 '노'라고 말해야 한다. 왜? 내가 지금 '노'라고 말해야 나중에 더 큰 합의와 우호적인 관계에 도달할 수 있는 '예스'를 말할 수 있으니까. 이런 점을 명확히 해두면 '노'라고 말하기가 한결 쉬워진다. 이제 나는 '노'를 지나쳐서 당신에게 '예스'라는 다른 선택을 줄 수 있다." 축구 지도자에겐 이런 일이 일주일에 한 번씩 일어난다. "내일 경기 명단에는 자네 이름이 빠질 거야. 네가 이번 주 훈련 내내 좋은 모습을 보여주지 못했으니까. 이번엔 힘든 경기가 될 테니 최고의 컨디션을 유지하는 선수들로 팀을 꾸려야 해. 현재 상태를 봐선 다른 선수가 네 자리에서 뛸 거야. 다음 주에 수비 코치랑 매일 일대일 훈련을 하면서 최상의 기량을 보이도록 네가 준비해봐."

막바지를 향해 달려가던 2011~2012 시즌, 로베르토 만치니는 평소 라인업을 유지해가면서 맨체스터 시티를 우승으로 이끌었다. 선발로 나서지 못한 선수들 중에도 훌륭한 선수들이 있다는 사실을 그도 알고 있었지만 선발 열한 명이 좋은 활약을 펼치기 시작했으므로 그 탄력을 이어갈 필요가 있었다. 쉬고 있는 다른 선수들에겐 이런 말을 했을지 모른다. "지금이 여러분에게 쉽지 않은 순간이라는 걸 안다. 하지만 이걸 해내면 우리는 챔피언이 될 수 있다. 여러분도 다른 선수들과 마찬가지로 각자의 몫을 해내고 있다. 그리고 함께 챔피언 메달을 걸 수 있을 것이다, 이것만 이겨내면."

여느 지도자와 다름없이 축구 감독은 과제와 팀, 그리고 개인 사이에서 균형을 유지해야 한다. 그러다보면 팀의 요구 또는 과제의 요구가 더 큰 중요성을 띠는 순간이 있게 마련이다. 이런 원칙에 따라 투명하게 일을 처리하면 힘든 결정을 잘 내릴 수 있다.

강철 같은 정신 상태

최고의 기량을 겨루는 프로 축구에서 활동하는 감독들은 맡은 일을 잘해내면 즐거운 경험을 할 수 있다. 하지만 최악의 경우엔 인정사정없는 무자비한 현실을 경험한다. 감독은 강인한 정신력을 키워야 한다.

레딩^{Reading}에서 실패를 맛본 브렌던 로저스는 스완지^{Swansea}로 향하면서 이번이 마지막 기회가 될 수도 있다는 생각을 했다. "새로운 곳에 왔으니 제가 어떤 감독인지를 보여줘야 했습니다. 아직 제대로 해보지도 못했는데, 감독 생활이 막바지를 향하고 있었습니다. 얼마나 더 오래 할 수 있을지는 알 수 없었지만, 그동안 축구가 어떻게 돌아가는지는 배웠죠. 레딩에서 감독 생활을 하면서 축구란 승리의 법칙에 따르는 비즈니스라는 점을 알게 됐습니다. 레딩에선 제 축구 철학이 통하지 않았습니다. 지도자 생활을 하면서 처음 있는 일이었어요. 레딩을 떠나고 6개월 동안 자신을 돌아보는 시간을 보내고 스완지에 도착하니 다시 한 번 제 철학에 대한 믿음을 새로이 할 수 있었습니다. 그 어느 때보다 더 많은 믿음이 생겼어요. 저 자신도 예전보다 강해졌고 현실적이 됐습니다. 의사 결정에 있어 더욱 침착하고 신속한 모습을 보여야만 했습니다."

로저스는 자신의 원래 스타일에 강인함을 더할 필요가 있음을 깨달았다. "제 성격상 사람들에게 계속해서 기회를 주는 편이었습니다. 그런 점을 싹 없앤 건 아니고 좀 줄였죠. 너무 오랫동안 계속해서 무작정 기회를 주기만 했다고 생각했거든요. 그래서 제 기본 철학은 그대로 유지하되 세 가지를 바꿨습니다. 첫째는 좀 더 마음을 열고 의사소통에 임했습니다. 선수들을 어린애가 아닌 성인으로 대하고 선수들에게도 사나이답게 저를 대하도록 했습니다. 일이 생기면 몇 개월씩 기다렸다가 괜히 아는 척하지 않고 바로 솔직하게 얘기했습니다. 둘째는 제가 하는 일의 수준 내지는 충실도를 높였습니다. 공부하고 준비해서 작은 사항들까지 계획에 포함시키면 선수들도 그만큼 준비를 잘할 수 있으니까요. 마지막으로 더 큰 야망을 가졌습니다. 클럽의 성공과 선수들의 성공, 그리고 저 자신의 성공을 차례대로 이뤄가겠다고요. '이제 우리는 스타일과 강인함을 둘 다 갖췄다.' 우리 팀이 구호로 사용하는 문구입니다. 선수들에게도, 그리고 제게도 어울리는 말이죠." 로저스가 스스로 강인한 마음을 갖추면서 선수들을 대하는 모습에서도 강인함이 묻어 나온다. 로저스는 여전히 선수들에게 투자를 하고 있다. 어떻게 메시지를 전달하고 어떻게 의사를 교환할지, 자신의 비전과 준비한 내용을 선수들에게 어떻게 심어줄지 전보다 더 많은 시간을 투자한다. 그가 전하는 메시지는 조금의 모호함도 끼어들 틈 없이 명확하고 강력하다.

시간의 변화: 가치를 통한 강인함

끝없이 변하는 주위 환경에서 자신의 가치를 굳건히 고수하는 지도자들을 그리 어렵지 않게 볼 수 있다. 아주 좋은 일이다. 하지만 비판과 비난 속에서도 자기 가치에 따라 살기 위해서는 굳은 신념을 바탕으로 한 헌신의 노력이 필요하다. 1996년에 아스널에 합류한 아르센 벵거 감독은 축구계가 크게 변하는 모습을 지켜보았다. 자기 선수들을 이해하는 좋은 지도자의 입장에서 벵거는 선수를 예로 들어 설명한다. 하지만 그의 말 속에는 헌신이 담겨 있다. "솔직히 말해서 선수들은 일반 세상에서 많은 특권을 누리는 세상으로 온 것 아닙니까. 그래서인지 선수들을 바라보는 시각도 많이 달라졌습니다. 선수들은 돈을 많이 버니까 늘 잘해야 한다고 생각하는 분들이 있습니다. 하지만 그건 아니죠. 아무리 돈을 많이 벌어도 아침에 일어나면 목이나 무릎이 욱신거리고, 그날 기분이 좋을 수도 있고 나쁠 수도 있는, 무엇보다 선수들도 선수 이전에 사람입니다. 다른 곳도 그렇겠지만 아스널에서 우리가 하는 일은 모든 일의 중심에 전통적 가치를 지키고자 하는 겁니다. 다른 사람을 존중하고, 사람들에게 문제가 생기면 서로 결속하고, 선수 가족을 지원해주고, 약속을 지키는 것들 말입니다. 간단히 말해서 여기서는 옛 가치가 아직도 존중받고 있는데, 아마 그 때문에 사람들이 이 클럽에 관한 좋은 추억을 간직하는 것 같습니다." 일대일 지도력의 중심에는 이런 이해와 가치가 들어 있다.

그래픽 이퀄라이저

훌륭한 일대일 지도력을 쌓기 위해서는 네 가지 도전을 넘어서야 한다. 자기 사람들의 충성심을 이끌어내고, 그들의 인간적인 면을 이해하고, 자신이 속한 환경이 처한 상황을 파악하며, 주위 세상이 변화하는 본질을 이해해야 한다. 축구 감독들은 이런 도전에 맞서 공감과 강인함을 잘 혼합해 사용해야만 한다.

1. 공감

누군가를 깊이 공감하는 사람은 공감적 이해를 통해 상대방의 충성심을 이끌어낸다. 공감도가 높은 사람은 진심으로 상대방 얘기를 들어주고, 그들의 행동은 입에서 나오는 말보다 더 호소력이 있으며, 그들은 카리스마를 통해 시간의 변화를 뛰어넘는다.

2. 강인함

강인한 결단력을 갖춘 사람은 명확성과 객관성을 통해 충성심을 이끌어내고, 사과 대신 합리적인 근거를 바탕으로 올바른 결정을 내린다. 이런 사람은 압박감이 심한 상황에서도 명쾌한 답을 구할 때까지 여유를 가지며 자신의 깊은 신념을 고수한다.

이 두 가지를 어떻게 혼합해야 하는지에 대해 정해진 답은 없다. 대신 그래픽 이퀄라이저를 조절하듯 하면 된다. 소리의 특성이나 장소, 관중, 행사 내용에 따라 알맞은 음향 효과를 내도록 이퀄라이저를 조절한다. 지도력과 관련해서도 조직과 그 조직이 추구하는 가치에 따라 이를 적용할 수 있다. 사업적 도전(과제, 팀, 개인의 경쟁 욕구), 관련 인물(그 사람이 피드백을 통한 조심스러운 접근 방식을 좋아하는지 아니면 정면으로 맞서는 방법을 좋아하는지), 그리고 지도자 자신이 좋아하는 방식에 따라 조합은 달라진다.

감독들도 개인마다 자기가 좋아하는 성향이 다르다. 자기만의 독특함을 지니고 있으며 공감과 강인함에 대한 견해도 다르다. 뛰어난 지도자는 상황에 따라 필요한 주파수를 맞춘다. 제라르 울리에는 자기 자신에 대해 이렇게 얘기한다. "전 스스로 엄하고 냉정한 사람이라고 생각하지만 사실 애정이 많은 사람입니다. 이기기 위해선 엄한 사랑이 필요하죠. 전 때로는 인정사정 봐주지 않지만 그와 동시에 아주 너그러운 마음으로 기다려줄 줄도 압니다." 안첼로티는 공감도가 높은 감독이지만 그 속에 강인함을 지니고 있다. 퍼거슨 경은 아주 강하지만 그 내면에는 상대방의 입장을 헤아리는 마음이 들어있다. 둘 중 하나가 아닌 둘 다를 갖춘 경우다. 이 두 가지를 능숙하게 다루지 못하는 지도자는 진정한 성공에 도달할 수 없다.

아르센 벵거

Arsène
Wenger

제 ─ 3 ─ 장 경기장의
이면

실제로 경기장 위에서 보내는 시간은 짧다. 선수들이 필드 밖에서 보내는 생활, 즉 어떤 신념을 지니고 어떻게 행동하는지에 따라 그 선수가 어떤 사람인지, 그리고 궁극적으로 어떤 기량을 펼칠 수 있을지가 결정된다. 생각과 행동이 온전한 선수는 자신뿐만 아니라 클럽에 대한 명예를 높여준다.

성공을 위한 분위기 창출은 지도자에게 반드시 필요한 역할이다. 사람들과 일대일로 지도력을 펼치는 것이 물론 좋은 방도이긴 하지만 그것만으로는 부족하다. 먼저 비전을 세운 후에 선수들이 열심히 노력하면 그 비전을 달성할 가능성이 있다고 확실히 믿게 만들어야 한다. 올바른 행동은 비전 달성을 향한 여정에 도움을, 좋지 못한 행동은 피해를 불러올 것이기 때문에 자기 팀이 어떻게 행동하는지에 대해 고심해야 한다. 그리고 한 걸음 더 나아가 선수들이 스스로 결정하는 데 도움을 줄 수 있는 몇 가지 가치를 설정해놓아야 한다. 그리고 또 한 걸음 나아가 인간적인 욕구, 그리고 도중에 선수를 잃을 위험에 대해서도 깊이 생각해야 할 수도 있다.

이런 것들은 지도자에게 중요한 문제다. 직원 또는 심지어 이사급도 자신의 기본 욕구가 충족되지 않으면 회사를 떠난다. 그리고 때로는 이들의 이직이 조직이나 남아 있는 사람들에게 심각한 결과를 초래하기도 한다. 선수들은 경기에서 뛰지 못하면, 즉 발전 가능성과 소속감이 사라지면 클럽을 떠난다.

위대한 축구 감독들은 모든 단계에서 자기 선수들의 욕구를 충족시켜준다. 흔히 볼 수 없는 능력이라 할 수 있다.

아르센 벵거 감독

축구계에서 일관성과 우수성하면 떠오르는 이름이 아르센 벵거 감독이다. 그는 프랑스에서 8년간 선수 생활을 하면서 1978~1979 시즌에는 스트라스부르Strasbourg가 리그 우승을 차지하는 데도 기여했다. 하지만 자신의 진정한 목표를 찾은 곳은 축구 지도자 생활이다. 벵거는 8년 동안 모나코Monaco를 지휘하며 감독으로서 이름을 알리기 시작했다. 모나코 감독 시절 뛰어난 유망주 육성 정책으로 명성을 쌓았고, 팀은 리그 우승과 컵 대회 우승을 차지했다. 시야를 넓히고 식견을 높이고 싶었던 벵거는 1994년 모나코를 떠나 일본으로 가서 나고야 그램퍼스Nagoya Grampus를 이끌고 일왕배와 슈퍼컵 우승을 이뤄냈다.

1996년 브루스 리오치 감독을 떠나보낸 아스널은 벵거에게 감독직을 제안했다. 그로부터 17년이 지난 현재 벵거는 아스널 구단 역사상 최장수 감독 자리에 올랐고, 동시에 가장 성공적인 감독이라는 명예를 얻었다. 벵거가 하이베리Highbury에 합류하기 전까지 아스널이 리그 4위 이상을 기록한 횟수는 열여섯 시즌이었다. 하지만 벵거가 감독을 맡은 이후로는 열여섯 시즌 연속으로 4위 이상을 기록하고 있다. 또한 벵거는 역대 프리미어 리그에서 우승을 경험한 감독 여섯 명 중 한 명으로 프리미어 리그 우승 3회, 그리고 리그와 FA컵 더블 2회라는 누구라도 탐낼 만한 기록을 달성했다. 특히 2003~2004 시즌 아스널은 천하무적Invincibles이라는 별명과 함께 한 경기도 패하지 않는 진기록을 세우며 무패 우승이라는 신화를 이뤄냈다. 벵거는 현재 프리미어 리그에서 최장수 감독으로 활약하며 동료들 사이에서도 좋은 평판을 얻고 있다. 동료 감독들은 그의 넓은 식견과 정신적인 힘, 그리고 가치를 향해 최선을 다하는 모습에 박수를 보낸다.

벵거의 철학

벵거는 자신만의 명확한 철학과 신념을 지니고 있다. 그는 국제주의, 유망주, 형평성, 건강관리, 투명한 팀 이적과 급여 정책 분야를 지향한다. 또한 재미있고 공격적인 축구를 보여주고, 축구의 순수성을 유지하려고 노력한다. 작은 도시 출신인 그가 이렇듯 여러 면에서 통합적이고 진보적인 시각을 갖췄다는 점은 주목할 만하다. 그는 1949년 프랑스 스트라스부르에서 자동차 부품업과 요식업을 겸업하는 부모 밑에서 태어나 도시 남서부에 있는 두틀렌하임Duttlenheim에서 성장했다. 그가 자란 지역에서는 전쟁의 고통에서 벗어나려는 노력이 한창이었으며 국제주의, 특히 유럽과 독일에 대한 불신이 팽배했다. 그러나 어린 벵거는 자신만의 생각이 있었다. 그는 수용적인 태도를 지닌 소년이었다. "나는 늘 궁금한 게 많은 아이였다. 국경을 넘어 독일에 들어갔을 때 그들도 우리와 똑같은 문제를 안고 살아가는 사람들이란 사실을 깨달았다. 인생을 즐기고 싶어 했고, 행복해지고 싶어 했다. 독일 사람들도 우리와 마찬가지로 일을 하고, 집에 돌아오고, 인생을 즐기고 싶어 했다. 그렇게 난 흥미를 느끼면서 더 많은 것들을 알게 됐다. 절대적으로 선한 사람도 절대적으로 악한 사람도 없다는 것과 모든 사람이 행복한 삶을 살고 싶어 한다는 걸 깨달았다." 벵거가 조국 프랑스를 떠난 해는 1994년으로 그의 나이 마흔다섯이었지만 곧 프리미어 리그에서도 인정하는 탁월한 사상과 넓은 세계관을 펼쳐 보였다.

어려움: 개인행동

유로 2012에서는 잘못된 행동이 팀을 망쳤다는 소리를 듣는 두 나라가 있었다. 두 나라 모두 강력한 팀으로 출중한 기술을 갖춘 선수들을 보유하고 있었다. 폴란드와 우크라이나가 공동 개최한 이 대회에서 우승 후보로 거론될 정도였다.

능력과 위험성

네덜란드 국가대표팀은 상당한 기대를 받으며 대회에 참가했다. 지역 예선에서 10전 9승을 기록했을 뿐만 아니라 2010년 남아공 월드컵에서는 준우승을 기록하며 이미 실력을 입증한 팀이었다. 하지만 조별 리그에서 3전 전패를 당하며 꼴찌로 탈락하고 말았다. 윙어인 아르연 로번Arjen Robben은 나중에 팀 내에 '쟁점'이 있었지만 그게 그리 놀라운 일은 아니라고 전했다. "물론 내부 문제가 좀 있긴 하지만 팀 밖으로 새 나가지 않게 안에서 처리하죠. 우리는 거울만 쳐다보고 있어야 합니다." 하지만 국제 대회에서 67승을 기록했던 로날드 더부르Ronald de Boer는 대회에 참가하지도 않았지만 '쟁점'이 무엇이었는지 확신한다며 BBC 웹 사이트에 다음과 같은 내용의 글을 올렸다. "경기에서 판 페르시van Persie, 로번, 휜텔라르Huntelaar같이 멋진 시즌을 보낸 선수들의 개인플레이가 넘쳐났다. 이번 대회에서 스타가 되고 싶어 하는 선수들이 너무 많았다고 본다. 휜텔라르나 판 페르시는 프리미어 리그와 분데스리가에서 최고의 골잡이들인데, 국가대표팀에서는 제대로 활약을 못한다. 축구는 단체 스포츠다. 함께 만들어가야 하는데 이번 대회에서는 결속력이 보이지 않았다."

같은 대회에서 프랑스는 8강에 올랐지만 역시 불협화음으로 인해 무너졌다고 볼 수 있다. 프랑스 역시 우승 후보 중 하나로 지목받는 팀이었지만 압박감 속에서 무너지고 말았다. 2010년 남아공 월드컵에서 프랑스 감독을 지낸 레몽 도메네크Raymond Domenech(그 자신도 불협화음에서 자유롭지는 않다)는 BBC에서 이렇게 말했다. "큰 대회에서는 그 조직, 그 세대의 힘이 나타난다. 가장 두드러진 약점은 자기 발끝 외에 다른 걸 전혀 보지 못한다는 점이다." 유로 2012 2년 전인 2010년 남아공 월드컵 당시 레몽 도메네크 감독에게 모욕적인 말을 했다는 이유로 아넬카는 대표팀에서 퇴출당했으며 선수들은 훈련을 거부했다. 결국 프랑스는 조 최하위로 탈락하는 수모를 겪었다.

감독들은 선수들에게 세계 무대에서 활약해줄 것을 부탁한다. 그리고 세계 무대에서 성공하려면 반드시 자신에 대한 믿음을 가져야 한다. 하지만 자기가 모든 자질을 이미 갖췄다고 생각하는 선수 집단을 감독하기란 쉬운 일이 아니다.

하워드 윌킨슨은 재능 있는 선수들이 스스로 위험에 직면할 확률이 그 어느 때보다 높다고 주장한다. "재능에 대한 보상이 더 커지면서 상황이 훨씬 더 어려워졌어요. 천재적인 선수가 자신을 망칠 수 있는 기회가 더 늘어난 겁니다. 선수는 주머니에 돈이 생기면 뭘 할까 하는 생각을 하죠. 무슨 말을 할까? 얼마나 많은 사람들이 내 말에 영향을 받을까? 누가 날 알아볼 수 있을까? 이런 생각을 합니다. 요즘엔 게임을 끝내면 비행기에 올라타고, 뉴욕에 도착하면 나이트클럽에 가서 멍청한 행동이나 하고 놀다가 다시 비행기 타고 돌아오면 유튜브에 모든 게 다 올라가 있는 세상입니다. 수요일 저녁에 경기가 있는데……" 윌킨슨의 지적대로 그 선수가 50년 전에 축구를 했다면 아마도 토요일 저녁에 동료들과 비행기 대신에 버스라도 타고 나가서 놀았을 것이다. "나가서 맥주를 너무 많이 마시거나 싸움에 휘말릴 수도 있었겠죠. 그래도 예전에는 아주 심각한 정도가 아니면 기사가 나오거나 하진 않았습니다. 감독이 신문사에 전화해서 다음에 부탁을 들어줄 테니 이번에 좀 봐달라고 하면 그만이었으니까요."

이제 위험도만 높아진 것이 아니라 대중이 그 소식을 접할 기회도 높아졌다. 성공을 위한 환경 구축(그리고 그에 따르는 행동)이 이토록 힘들었던 적은 없었다.

인간은 빙산

처음 봐서는 일부분밖에 파악하지 못한다는 점에서 인간은 빙산과 같다. 다시 말해 눈에 보이는 것은 그 사람의 말과 행동에서 나타난 부분이다. 하지만 그 수면 아래에는 그 사람의 내면세계가 엄청나게 큰 덩어리를 숨기고 있다. 우리의 생각과 감정, 믿음, 가치, 욕구, 그리고 두려움 같은 것들이다. 빙산 아래쪽으로 내려가면 우리를 움직이는 힘을 발견하게 된다. 행동은 생각과 감정에서 나오며, 생각과 감정은 가치와 믿음에 의해 생겨나고, 더 깊이 들어가면 가치와 믿음은 욕구와 두려움에서 시작된다.

한편 빙산의 맨 꼭대기는 결과와 행동을 뜻한다. 개인의 행동은 자신과 다른 사람들에게 특정 영향을 초래하고, 이는 곧 감독의 관심사이기도 하다. 선수 한 명이 저지른 나쁜 행동이 팀 전체에 예기치 못한 문제를 일으킬 수도 있다. 감독에 대한 비방, 운동장에서 동료들과의 충돌, 폭음, 훈련 지각 내지 불참 등의 행동 모두 팀에 파문을 일으키는 원인이 된다. 작은 소동으로 끝날 수도 있지만 심각한 경우에는 팀 전체가 불화에 휩싸인다. 작은 소동이 걱정, 불안으로 이어지다 결국엔 경기력 저하로 나타나고 만다. 반대로 좋은 행동은 힘을 실어주는 결과로 나타난다. 이런 이유로 데이비드 모예스David Moyes 감독은 호주 국가대표 선수이자 에버턴에서 미드필더로 활약했던 팀 케이힐Tim Cahill을 가장 훌륭했던 선수 중 한 명으로 꼽는다. "런던 밀월에 있는 회장 사무실에서 케이힐과 만났죠. 성격이 굉장히 좋았어요. 항상 쾌활하고 열심히 하는데다 에너지가 넘치는 선수였죠. 뭘 생각할 때면 눈이 반짝거린다니까요. 늘 고마워하고 좀 더 잘해보려고 노력하는 모습에 모든 사람들이 좋아했습니다. 클럽 일도 많이 도와주고 프리미어 리그에서도 몇 년 동안이나 좋은 활약을 했잖습니까. 선수단에 정말 긍정적인 영향을 많이 끼친 선수였습니다."

위대한 결과를 탄생시키고 싶은 감독이라면 선수의 모든 면을 다룰 수 있어야 한다. 다루기 가장 확실한 부분은 역시 눈에 보이는 윗부분이다. 선수의 행동에 정면으로 맞서서 "다시는 하지 말라"고 말하는 것이다. 하지만 특별한 상황이 아니면 선수의 행동은 좀처럼 바뀌지 않는다. 어느 날 술을 들이붓고 싶은 유혹에 넘어갔던 선수라면 언젠가 또 그럴 날이 올 것이다. 여기서 지도자는 선수가 왜 그런 행동을 보이는지 그 이유를 알아내야 한다. 그 선수가 왜 폭음을 했을까? 화가 나서. 왜 화가 났을까? 경기에 출전하지 못하니까. 경기에 출전하지 못하면 왜 화가 날까? 경기에서 플레이 하는 걸 가장 중요하게 생각하니까. 왜 그걸 중요하게 생각할까? 인정받고 싶으니까. 이렇게 이유에 대해 생각해봐야 한다. 수면 아래 숨겨진 부분을 변화시켜야 눈에 보이는 부분도 달라진다.

다음으로 감독이 할 일은 선수를 위해 수면 아래 숨어 보이지 않는 부분을 다루는 것이다. 즉 그 선수가 지닌 감정, 가치, 포부, 욕구, 그리고 두려움에 대해 알아야 한다. 이렇게 해야 선수가 진정으로 변하고 팀 전체가 바뀐다. 벵거 감독이 선수들의 내면을 들여다보려 하고 자신이 믿는 바를 명백히 밝히고 규정해 선수들에게 실용 가치를 심어주려고 힘을 쏟는 이유가 바로 이 때문이다.

행동 뒤에 숨겨진 의미

바꿔야 할 행동이 무엇인지는 분명하다 . 이를 해결할 수 있는 지도자는 다른 일에 신경 쓰지 않고 오로지 성적을 내는 일에만 편안히 집중할 수 있다. 우리는 수면 아래 있는 요인들을 해결하는 것이 특정 행동 교정에 가장 좋은 방법이라는 걸 알고 있다. 하지만 그걸 어떻게 할 것인가?

1단계: 선수만이 아닌 사람을 만들어내라

벵거는 빙산이 여러 부분으로 나뉘어 있다고 생각하면서 행동을 바로잡고자 한다. 감정 단계에서 그는 선수들이 사회에 영향을 끼칠 수 있는 좋은 기회를 얻었다고 믿는다. "말을 하지 않고도 다른 사람들에게 감정을 나타낼 수 있다. 내가 선수 시절에 같이 뛰던 러시아 동료에게 멋진 패스를 받았던 일을 기억한다. 그에게 말로 요청한 적이 없지만 우리는 똑같은 감정을 공유하고 있었던 것이다. 마찬가지로 누군가와 함께 춤을 출 때도 서로 말은 없지만 음악에 맞춰 서로의 마음이 통하는 것이다. 스포츠가 환상적인 이유가 바로 여기 있다. 서로 말 한마디 하지 않아도 감정을 공유하게 해준다. 그러면서 그 감정이 나중에 내 생각을 전하고 싶은 마음이 우러나게 해준다. 상대방에게 멋진 감정을 느끼고 그 사람에 대해 더 알고 싶어지는 것이다."

"이런 면에서 난 세상 사람들이 함께 살아갈 수 있는 방법을 스포츠가 보여줄 수 있다고 생각한다. 세상은 모두가 함께 살아야만 하는 곳으로 점점 더 변하고 있다. 축구는 미래 세상의 축소판이다. 한 축구 클럽에 열여덟 개 나라의 선수들이 모여 함께 일을 한다. 서로를 믿으면서 함께 강력한 무언가를 창조해낸다. 이 얼마나 멋진 일인가."

벵거가 이런 생각을 하게 된 데는 일본에서의 경험이 큰 역할을 했다. "모든 사람들이 교육을 받으면서 열네 살 이전에 다른 문화권에서 6개월 내지 1년 동안 지내보는 게 좋겠다는 생각을 하게 됐다.

자신이 생각하던 인생관만이 정답이 아니라는 사실을 깨닫게 해주기 때문이다. 나도 일본에서의 경험 덕분에 마음을 더 열 수 있었다. 다른 문화마다 다른 장점이 있다는 사실을 스스로 발견할 필요가 있다. 태어나면서부터 익숙해진 문화권에 있으면 늘 마음이 편안한 건 사실이지만 그것이 유일한 삶의 방식이 아니라는 사실 또한 우리는 알고 있다. 스포츠가 그걸 해낼 수 있다."

벵거의 능력은 상대방을 온전한 인간으로 대하는 데 있다. 그는 선수들에게 관심을 갖는 이유가 그들의 축구 능력 때문만이 아니라 인간적인 면 때문이라고 말한다. 동시에 그는 사회를 변화시키는 데 도움이 되도록 각자의 재능을 보태라고 선수들에게 요구한다. 벵거의 이런 지도력에 화답한 선수도 있고, 아무것도 변하지 않은 선수도 있다. 하지만 중요한 점은 그가 강력한 믿음으로 무장하고 축구와 인생에서 누구도 부정할 수 없는 성공을 이뤄냈다는 사실이다.

사람을 중심으로 지도력을 펼치는 벵거의 방식은 현대에 잘 어울린다. 하워드 윌킨슨의 전통적인 지도 스타일은 전직 선수들의 농담거리가 된다. "예전에 제 밑에서 뛰던 선수들을 만나면 가끔 이런 소리를 합니다. '감독님, 요즘 선수들한테는 예전에 우리한테 했던 것처럼 못하시죠!' 그러면 제가 확실하게 말하죠. '왜 못해? 그때나 지금이나 사실을 사실대로 말하는데 뭐가 잘못됐나?' 물론 사회가 변하면서 선수들도 변했다고 하는 게 현명한 대답일 겁니다. 요즘 선수들은 더 예민해요. 그러니 메시지를 전달하는 방식도 바뀌어야겠지요. 좋은 감독들은 그렇게 합니다. 감독이란 직업이 자기 혼자만 즐겁고 마음대로 하라는 게 아니잖아요. 감독은 결과로 말하고 어떻게 그 결과를 달성하느냐에 모든 게 달렸죠. 그래서 오늘날엔 일대일이 더 중요하단 뜻입니다."

윌킨슨의 말은 백번 지당하다. 예전에 비해 진보한 사고를 지닌 요즘 감독들은 선수들의 감정 영역에 대처해야 필요가 있음을 알고 있다. 하지만 감정적 문제를 다루는 것은 시작에 불과하다.

2단계: 가치를 정립하라

가치 기준이 항상 변하는 세상에서 벵거는 일관성 있게 한길로 나아가는 감독으로 알려져 있다. 그는 삼총사 원칙을 지지한다. "스포츠란 자고로 트로피와 볼거리가 우선입니다. 그리고 또 하나가 바로 가치입니다. 그리고 단체 스포츠에서는 연대감도 중요하죠. 개인 경기가 단체경기로 변하는 대회에서 이런 연대감을 볼 수 있습니다. 골프의 라이더 컵 $^{Ryder\ Cup}$이 그렇잖습니까. 다른 스포츠로 변하는 거죠. 다 같이 플레이 하면서 일종의 감정이 더해지고, 함께 무언가를 추구한다는 느낌이 생겨나면서 갑자기 '나'가 아닌 '우리'가 중요해지죠. 인간은 혼자 있으면 아무것도 아니지만 팀 안에서는 훌륭한 것들을 이룰 수 있다는 점을 무의식적으로 느끼고 있습니다. 그래서 지도자는 '나'보다 '우리'일 때 더 많은 것을 얻을 수 있다는 사실을 사람들이 어렸을 때부터 이해할 수 있도록 돕는 겁니다. 인생에서 자아가 강한 시기, 그러니까 스무 살에서 스물두 살 사이에는 세상이 자기를 중심으로 돌아간다고 생각합니다. 사람이라면 보통 거치는 발전 단계이긴 하죠. 하지만 지도자가 이런 생각을 심어주는 데 중요한 역할을 할 수 있는 게 그 나이 때라고 전 믿습니다. 그래, 좋다. 너도 중요하긴 하지만 모두 함께 있는 우리가 더 중요하다는 생각을 심어주는 거죠. 그것이 단체 스포츠의 즐거움입니다."

데이비드 모예스는 강인한 감독으로 칭송받고 있지만 실제 그 힘은 규칙을 강요하기보다 자기 수양의 가치를 고취시키는 데서 나온다. "정신력이란 내면에서 나오는 것이지 외부에서 얻어다가 쌓을 수 있는 것이 아닙니다. 저는 존중심으로 사람들을 대하고 그 사람들도 저를 그렇게 대해주기 원합니다. 누군가 나를 실망시킨다면 그 사람과는 함께 일하는 관계를 유지하기가 힘들어지겠죠."

하워드 윌킨슨은 분위기를 확립하고, 가치를 통해 용기를 북돋우는 부분에 대해 이렇게 말한다. "잘되기만 하면 구단은 하나의 문화를 꽃피울 수 있는 온실이 됩니다. 사람들을 지켜보면서 단체 행동이 엄청난 영향력을 지녔다는 점을 깨달았습니다. 축구에서는 감독이 문화입니다. 훈련장이나 어디서든 제가 보고 싶은 모습이 나타나도록 만들어야 합니다." 모예스와 마찬가지로 윌킨슨도 가치를 세우면 규칙이 줄어든다는 점을 알아냈다. "되도록 규칙을 적게 만들자는 게 제 규칙입니다. 존중, 믿음, 공정함, 솔직함, 그리고 단체정신을 바탕으로 일하는 겁니다. 단체정신이란 우리 모두에게 성공할 수 있는 최상의 기회를 가장 많이 주는 방법으로 행동한다는 뜻입니다."

윌킨슨은 리즈에서 단체정신이 팀에 깊이 뿌리내렸던 순간을 기억한다. "어느 월요일에 주장을 필두로 네 명의 선수가 저를 찾아왔더군요. 당시 팀이 강등 위기에 있었죠. 팀에 토니 예보아Tony Yeboah라는 멋진 골잡이가 있었는데, 제가 그 선수에게 좀 엄하게 대했습니다. 혼자만 골을 넣는 것 같아 다른 선수에게도 기회를 주라는 뜻이었지만요. 그런데 선수들이 제게 그러더군요. '감독님, 토니에게 뭐라고 하지 마세요. 토니가 득점 기회에서 공을 받으면 기회를 놓치지 않는다는 걸 우리도 압니다. 토니가 골을 넣으면 우리도 좋습니다. 가장 힘든 일이 골을 넣는 건데, 토니는 그걸 해내잖습니까.'" 윌킨슨은 그 말을 듣는 순간 단체정신이 팀 전체에 스며들었다는 사실을 알고 무척 기뻤다. 그 누가 자기 일에 대해 뭐라 해도 그걸 도전으로 받아들이지 않고 개의치 않았다.

　가치가 얼마나 중요한지는 두말할 나위가 없다. 지도자가 설정한 가치를 잘 설명하고, 이를 구체적으로 나타낼 수 있다면, 선수들은 스스로를 통제할 뿐만 아니라 결국엔 자신의 믿음을 지켜내고, 그 믿음에 따라 행동할 것이다. 이를 달성하는 감독은 모든 선수의 사기를 드높일 수 있다.

　분위기 조성과 가치 구현에 대해 알렉스 매클리시^{Alex McLeish}는 애버딘^{Aberdeen}에서 알렉스 퍼거슨과 있었던 재미있는 일화를 들려준다. "퍼거슨 경을 무서워했다기보다는 무한한 존경심을 느끼고 있었죠. 퍼거슨 경이 게임을 진지하게 대했기 때문에 우리도 그랬습니다. 부상당한 선수들을 위해 다용도 운동기구 한 대를 설치했는데, 그 방에 당구대도 같이 있었어요. 그래서 선수들이 운동기구와 당구대를 같이 사용하곤 했습니다. 예를 들어 한 선수가 운동기구를 사용하면 다른 선수는 당구를 치다가 그다음에는 서로 바꿔서 하는 거죠. 퍼거슨 감독이 방에 올 때는 복도를 걸어오는 소리가 들렸기 때문에 들킬 염려도 없었고요. 그런데 어느 날 아침에 모두들 감독이 없다고 생각하고 평소와 다름없이 운동과 게임을 같이 하고 있는데, 감독이 행정 업무를 처리하느라 뒤에 남아 있었던 겁니다. 재활 운동을 시작하고 20분 정도 지났는데, 갑자기 감독이 방에 들이닥치면서 모두 현행범으로 걸릴 긴박한 순간이었죠. 그런데 당구를 치던 선수가 순간적으로 기지를 발휘했어요. 갑자기 큐대를 목 뒤에 걸고 앉았다 일어서기 운동을 시작한 겁니다. 감독이 그걸 보고는 웃더군요. 그래도 축구에 대한 진지함을 단 한 번도 잊은 적이 없는 분이었습니다."

2단계 반복: 믿음과 동기 유발로 이끌라

사고와 감정의 아래 단계에는 믿음이 깔려 있다. 우리가 진실이라 여기고 지켜나가는 것들, 즉 자신에 대한 믿음, 일에 대한 믿음, 동료와 목표에 대한 믿음 등을 말한다. 따라서 믿음은 행동의 우선순위를 정한다. 벵거는 이 분야의 달인이다.

그는 먼저 자신이 믿는 것이 무엇인지부터 알아본다. "나를 이끄는 힘은 경기에 대한 애정이다. 내가 하는 일과 축구에 대한 애정이다. 나는 평범한 수준에 머무르지 않고 가능한 한 높은 수준에 오르고 싶은 내적 욕구를 느낀다. 하지만 불행히도 가끔 만족스러운 결과를 얻지 못할 때는 내가 평범한 사람이란 생각도 한다. 하지만 인간은 누구나 우수한 경지에 오르기 위해 자신을 밀어붙이는 무언가를 마음속에 지니고 있다. 그것이 나의 동력원이다." 벵거는 경기에 대한 순수한 애정과 최고가 되기 위한 노력의 조합을 믿음으로 삼는다. 그리고 그 믿음은 그가 선수들에게서 찾고자 하는 모습에도 영향을 끼친다. "명문 팀에서 경력을 쌓아 성공하고 싶다면 반드시 자신의 능력을 믿고 경기장 밖에서도 그 믿음을 지켜나갈 수 있는 능력을 갖추어야만 한다. 대단한 능력을 지닌 선수가 뜻밖에 등장할 수도 있다. 하지만 현실을 바로 보지 못하고 더 이상 발전하지 못한다면 그 선수는 퇴출당할 것이다. 오래 남아서 활약하는 선수들을 보라. 경기에서뿐만 아니라 인생에서도 이런 압박감을 이겨낸 선수들이다. 경기장에 나가서 공을 찰 수 있다는 것이 자신에게 얼마나 중요한 일인지 깨달아야만 한다. 물론 나이와 관계없이 누구나 실수를 저지른다. 하지만 어느 때고 축구장으로 다시 돌아올 수 있는 이유는 가능한 한 최고가 되겠다는 깊은 소망과 애정이 있기 때문이다."

일단 동기부여가 되면 선수는 어떤 방해에도 집중력을 잃지 말아야 한다. "개인의 동기부여가 지속성을 유지할 수 있는지 없는지에 대해 별로 신경 쓰지 않습니다만, 비슷한 능력을 지닌 선수들 중에서 돋보일 수 있는 건 이 지속성을 유지할 수 있기 때문입니다. 성공을 유지하는 사람들을 분석해보면 성공이 저절로 이어지는 경우는 없습니다. 크게 성공했다 추락하기도 하는데, 다시 올라서려면 지속적으로 집중력을 발휘해야 합니다. 선수를 예로 들어볼까요. 금전에 의해 동기가 유발된 선수는 오래가지 못합니다. 축구만 잘하면 쉽게 부자가 될 수 있는 세상인데, 돈이 생기고 나면 그다음은 어떻게 합니까? 일류 선수들은 최고가 되겠다는 강력한 욕구를 지닌 사람들입니다. 우리 모두 그런 욕구에 동기가 유발됩니다. 공격수는 골을 넣고 싶어 안달이 나고, 수비수는 골을 허용하는 걸 죽기보다 싫어하죠. 하지만 이 두 사람은 똑같은 목표에 집중하고 있는 겁니다."

물론 넘치는 의욕은 동전의 양면과 같아서 선수들에게 부정적인 효과를 일으킬 수도 있다. 이 의욕이 올바른 방향으로 흘러갈 수 있도록 올바른 방법을 제공하는 것은 감독의 몫이다. 벵거는 매주 이런 상황을 맞이한다고 말한다. "경기에서 제외시킬 열네 명의 선수를 매주 금요일 아침마다 고르는 일은 감독에겐 고역입니다. 게다가 월요일 아침에 만나서 아무 일 없었다는 듯이 '좋아. 다시 시작해보자고. 우린 같은 배를 탄 한편이잖아'라고 말하기도 쉽지 않은 일이에요. 정말 힘든 일이죠. 출전 명단에서 제외된 선수나 부상으로 뛰지 못하는 선수는 자기가 쓸모없다고 느끼거든요. 우리 일 중에 가장 힘든 일, 그리고 클럽의 가장 중요한 일은 이런 선수들을 돌보는 겁니다. 프로 스포츠의 세계에서는 3월에 세계 5, 6위까지 올라갔다가 11월에는 500위까지도 내려앉는 게 자연스러운 일입니다. 그러니 경기에 출전하지 못하는 선수는 위험을 느끼고 거기서 어떻게 빠져나올 수 있는지 묻죠. 따라서 클럽 내에서는 한동안 자신의 실력을 입증하지 못해 걱정하는 선수들에게도 존중을 표하고 공로를 인정해주는 것이 중요합니다."

3단계: 소속감과 성취감을 창출하라

벵거는 마음속 가장 깊은 곳에서 선수들이 개인적으로, 그리고 팀으로서 소속감을 느낄 수 있도록 만들어야 한다고 생각한다. "모든 사람이 각자 최대한의 능력을 발휘할 수 있다고 믿음을 주는 팀, 그리고 모두가 구단과 팀의 이익을 위해 기여하고 있다고 믿음을 주는 팀을 만들어야 한다고 생각합니다. 사람은 소속감과 함께 자기가 어디까지 성취할 수 있는지 알고 싶은 마음이 있습니다. 조직에 속하게 되면 이 두 가지를 제대로 얻을 수 있습니다. 구단에 소속감을 느끼고, 그럼으로써 자신의 최대 능력을 발휘할 수 있다고 생각하는 겁니다. 성공할 수 있는 기회를 얻게 되죠. 불행히도 늘 그런 건 아닙니다만. 축구라는 경기가 완전히 다른 면을 지니고도 있으니까요. 감독 입장에서는 금요일마다 스물다섯 명의 선수 중에서 일부를 걸러내야 합니다. 출전 명단에 들어가지 못한 선수를 마치 실업자처럼 만드는 격이니 소속감에도 문제가…… 자신의 능력을 보여줄 수 있는 기회가 사라지니까요." 여기서 동기를 상실한 선수들이 게임 자체에 대한 의욕을 잃거나 패배 의식에 젖기도 하고, 심하면 다른 선수들까지 타락의 길로 빠뜨릴 수도 있다는 점을 조심해야 한다.

어떤 환경에 있든 감독은 팀에 소속감을 불어넣어야 한다. 뭔가 특별하고, 뭔가 친밀하고, 뭔가 크고, 뭔가 오래 지속할 수 있는 것에 대한 소속감을 느끼게 해야 한다. 특히 퍼거슨 경이 비밀 유지에 엄격했다는 점에서 맨체스터 유나이티드 라커룸의 일원이 된다는 것은 뭔가 특별한 것의 좋은 예가 될 수 있다. 퍼거슨 경은 비밀 유지가 선수들의 평안을 지키는 데 반드시 필요하다고 보았다. "라커룸 안에서 있었던 일은 라커룸 안에서 끝낸다는 클럽 체계가 세워져야 합니다. 안에서 무슨 소리가 오갔든 밖으로는 새어 나오지 말아야 합니다. 저는 처음부터, 그러니까 서른두 살 이후로 지금까지 그 생각에는 변함이 없습니다. 저와 선수들 간에 있었던 얘기는 절대 입밖에 내지 않습니다. 늘 비밀로 부쳤죠. 그럼으로써 믿음의 기초를 닦을 수 있는 것이고요. 선수들이 나를 믿을 수 있겠다고 느끼는 게 믿음의 기초가 되는 거죠. 인간에겐 그런 게 필요해요. 인간은 약하니까. 사실 요즘 사람들을 보면 예전에 비해 많이 연약해졌어요."

친밀감 또한 소속감을 키우는 데 필요한 요소다. 그렇다고 친밀감을 많이 과시할수록 효과가 좋다고는 할 수 없다. 케빈 키건은 선수들과 매일 함께하는 것만으로 가벼운 친밀감을 주면서 소속감을 이끌어낸다. "전 항상 같이 있습니다. 저와 코치들은 가장 먼저 와서 가장 늦게 퇴근하죠. 뭐가 좋고, 뭐가 잘되고, 뭐가 잘못되고 있는지 둘러보는 겁니다. 선수들이 식사할 때도 같이 식탁에 앉아서 선수들 대화를 엿듣는 게 아니라 그 분위기를 파악하는 거죠. 선수들이 운동장에서 훈련할 때도 제가 가고, 체력 단련하는 곳에도 제가 갑니다. 그럼 사람들이 저를 늘 함께하는 사람, 진지한 사람, 열과 성을 다하는 사람으로 받아들여주죠." 키건은 관계가 얼마나 중요한지 알지만, 그렇다고 너무 깊이 들어가지 말아야 한다는 점 또한 알고 있다. "사람들을 서로 믿게 만드는 게 비결입니다. 일단 믿음을 얻기 시작하면 그다음에 기회가 찾아옵니다. 동료도 서로 믿지 못하는 팀이 상대 팀을 이길 수는 없는 노릇이니까요. 그렇다고 굳이 사랑하며 지내야 한다는 말은 아닙니다." 그는 선수 시절 리버풀에서 존 토샥^{John Toshack}과 맺었던 관계에 대해서 이렇게 얘기한다. "존과 저는 훌륭한 파트너 관계였죠. 그렇다고 절친한 친구는 아니었고, 좋은 친구 사이였습니다. 둘이 같이 나가서 저녁을 먹은 적도 없고, 구단 일 외에는 같이 어울린 적이 한 번도 없습니다. 하지만 경기장에만 들어서면 둘도 없는 친구가 됐죠. 나는 존이 더 좋은 플레이를 하고 더 많은 득점을 할 수 있게 도와주는 플레이를 했고, 존도 제게 똑같이 했으니까요."

중요한 뭔가가 되려면 어떤 목적의식이 있어야 한다. 정성과 배려심이 담긴 목표를 설정하면 선수들이 소속감을 뭔가 가치 있는 일로 생각하게 된다. 하워드 윌킨슨은 이를 굳게 믿는다. "리즈에서 첫 번째 풀 시즌을 맞이하기에 앞서 제가 실제로 가장 먼저 했던 일은 선수들과 함께 앉아서 있는 그대로의 사실들을 얘기하는 것이었습니다. '2부 리그에서 벗어나려면 이만큼의 승점이 필요하고, 리그 우승을 차지하려면 이만큼의 승점이 필요하다. 그리고 그렇게 하려면 그만큼의 득점을 해야 하고, 실점은 그보다 적게 해야 한다. 지난 열 시즌을 살펴보면 우리가 활용해야 할 선수는 열여섯 명 정도다. 자, 그러니 여러분은 우리가 할 수 있는 게 뭐라고 생각하나? 뭘 하고 싶은가?' 그런 상황이 되면 선수들이 뭐든지 할 수 있다고 허세를 부리면서 무조건 이길 수 있다고 생각하는 분위기가 형성됩니다. 그럴 때 막판에 제가 나서죠. 선수들을 진정시키면서 자신들이 무슨 말을 하고 있는지 다시 한 번 상기시키는 겁니다. 말만 하는 게 아니라 실지로 온몸으로 보여줄 수 있도록 확인시키는 거죠."

마지막으로 뭔가 특별한 것에는 장기적인 안목이 수반되어야 한다. 데이비드 모예스는 먼 앞날을 내다보고 팀을 꾸린다. "그냥 일만 하는 선수가 아니라 제가 떠나는 여정에 함께할 수 있을 것 같은 선수들을 찾고자 했습니다. 가능하면 4, 5년 또는 6년을 저와 함께해도 좋겠다고 생각되는 선수들을 찾아 계약합니다. 제게는 그 선수들과 오랫동안 함께 일할 수 있다는 믿음이 있어야만 합니다. 솔직히 상당히 많은 선수들, 꽤 유명한 선수들을 만나보았지만 제가 함께할 수 없다는 결론을 내린 적이 많습니다. 선수들이 하는 얘기 중에 제가 듣고 싶지 않은 말들이 많아서 그런 결정을 내린 거죠. 그중 많은 선수들이 일류 선수가 되긴 했지만, 제가 보기엔 뭔가 부족하다는 느낌이 들었고, 그래서 거리를 둔 겁니다."

인간의 욕구라 하면 일반적으로 의식주 같은 기본적인 욕구를 떠올린다. 하지만 현실에서 우리가 이끌고 나가는 사람들에겐 그보다 단계가 높은 욕구가 필요할 것이다. 그리고 그 한가운데 소속감과 충족감이 자리하고 있다. 축구도 예외가 될 수는 없으며, 위대한 감독은 정면으로 맞서 그 욕구를 충족시킨다.

0단계로 돌아가기: 한계선을 정하라(그리고 그 선을 지키도록 하라)

행동 교정에 있어 보이지 않는 부분까지 다룰 필요가 있다는 점에서, 어쩌면 사람들이 인정하는 한계선을 정하는 간단한 행동만으로 모든 사람들이 용납 가능한 행동과 불가능한 행동이 무엇인지를 명확히 알 수 있다. 제라르 울리에는 한계 설정이 자신의 네 가지 기본 가치 중 하나라고 하면서 선수들에게 이렇게 말한다. "프로가 돼라. 경기장 안에서뿐만 아니라 밖에서도." 그는 두 가지 다를 강조한다. "선수는 자기 관리 면에서, 자기 일을 제대로 한다는 면에서 최고의 프로가 돼야 합니다. 그 일 때문에 살아가고, 그 일은 다른 직업들과 구분되는 것이니까요."

감독이 선수의 못된 짓, 신문에서나 볼 법한 범죄 행위를 다룰 일은 거의 없다. 데이비드 모예스는 그보다는 개인의 의지를 둘러싼 문제가 더 많다고 한다. "훈련 시간에 늦거나 하지 말아야 할 얘기를 언론에 흘리는 행위, 외국에 나가서 트위터에 이상한 글을 올리는 것 등이 문제가 될 수 있죠. 옛날에 비하면 전체적으로 선수들의 의식이 많이 향상됐다고 봅니다." 잉글랜드 여자 축구 대표팀 감독 호프 파월 또한 시간 엄수와 개인 의지를 강조한다. "전 시간 엄수에 철저한 편입니다. 식사나 회의에도 시간을 지켜야죠. 선수들도 아주 잘 따릅니다. 가끔 한 번씩 부드럽게 상기시켜주기만 하면 됩니다." 가볍게 상기시켜주는 것만으로 항상 충분할까? "물론 때로는 의도치 않은 일이 발생하기도 하죠. 그럼 선수들이 보통 '일부러 그런 건 아닌데……'라고 합니다. 그럼 제가 그러죠. '한 번만 더 그러면 다음 기회는 없어.' 더 이상 말이 필요 없죠."

미디어의 관심도 덜하고 단체 행동 방식도 다르다는 점에서 여자 축구는 남자 축구와 다르다. 하지만 성별에 관계없이 모예스는 선수 훈육에 있어 선수들에게 힘을 실어주는 방향으로 사회가 변하고 있다고 믿는다. "세월이 흐르면서 지도 방식도 달라졌습니다. 어쩌면 예전에는 좀 더 엄격할 필요가 있었죠. 하지만 요즘 선수들은 한계를 벗어날 수 없어요. 잘못하면 잃을 게 너무 많기 때문이죠. 자기 일이 자신에게 얼마나 중요한지 알거든요. 지금처럼 카메라 폰이나 즉각적인 매체 수단을 사용하는 세상에서는 과거보다 자기 관리에 더욱 신경을 쓸 수밖에 없습니다." 최상위 프로 리그에서 활동하는 축구 감독들은 이제 본보기를 보이고, 자기 수양을 강조하고, 선수의 책임감에 호소하는 방법을 사용한다. 안드레 빌라스 보아스는 일찍이 자신이 원하는 지도자의 유형을 정한 감독이다. "열린 사고를 지닌 지도자입니다. 이 말은 제가 선수들의 잘못에 대해 심하게 질책하는 대신에 선수들 자신이 책임감을 느끼고 자신의 행동에 책임을 져야 한다는 의식을 심어주겠다는 뜻입니다." 모예스도 그 말을 거든다. "운동장에는 대부분의 선수들이 지키는 기본 규칙이란 게 있습니다. 제가 중요하다고 생각되는 한두 가지를 선수들에게 언급하기도 하지만, 그래도 선수들이 스스로 알아서 지켜주기를 바라죠. 좋은 지도자라면 모든 일에 다 깊숙이 참견해서는 안 된다고 봐요. 심하다 싶은 경우에만 개입해서 행동을 취할 필요가 있습니다."

기본적으로 자기 수양에 필요한 분위기를 설정하는 사람은 지도자다. 이는 당연히 감독의 가치를 수용할 수 있는 선수를 뽑는 데서부터 시작한다. 모예스는 "자제력과 솔직함, 존중심을 보이는" 선수만 사인하려 한다. 제라르 울리에는 네 가지 기본 가치 중 존중심을 두 번째로 꼽는다. "존중이란 게 뭐냐면, 예를 들어 선수가 언론에다 대고 '내가 뛰어야 합니다'라고 말하면 안 된다는 겁니다. 경기에서 자기가 뛰어야 한다고 말한다는 건 함께 뛰는 동료들, 구단, 그리고 팀을 꾸리는 감독을 존중하는 마음이 없다는 얘기죠. 아무리 초보 감독 앞이라도 물건을 집어 던지는 행동 따위는 하지 말아야죠. 선수는 모든 것을 존중할 줄 알아야 해요. 존중심은 상당히 중요한 의미를 지닌 단어입니다."

존중심만큼이나 중요한 것이 한계 설정이다. 호프 파월은 국가대표의 의무를 다하기 위해 팀을 소집하면서 배려에 대한 의무를 생각한다. "선수들 자신의 보호를 위한 면이 크죠. 그래서 이건 괜찮고 저건 안 되고 하면서 제가 경계를 정해줍니다. 하지만 선수들도 성인이고 저도 그들의 엄마는 아니니까 자기들이 주인 의식을 지니고 알아서 책임을 지도록 해야죠. 좀 유치한 생각이긴 하지만, 뭔가 하지 말라고 하면 갑자기 더 하고 싶어지는 게 사람 마음이잖습니까.

그래도 선수들이 아주 잘합니다. 보통은 제게 물어보죠. 그럼 같이 협상을 하기 하지만, 결국엔 제가 일단 규정을 정하면 그걸로 끝이라고 확실히 못을 박죠." 마지막으로, 정한 규칙에 대한 실행과 제재가 중요하다. 대부분의 경우 모두가 이해하고 넘어간다. "평소에는 '잠깐만, 지금 뭐하는 거야?' 정도로 가볍게 말만 해도 선수들이 알아듣습니다." 모예스는 되도록 일을 조용하게 처리하는 게 좋다고 믿는다. "개인적인 생각으로는 가능한 한 선수들에게 벌금을 부과하지 않는 게 좋다고 믿고 있습니다. 그럴 수밖에 없었던 경우도 있긴 했지만 사람들 돈을 빼앗는 게 좋다고 생각하지는 않습니다. 벌금 부과가 선수들 훈육을 위한 최선의 방법은 아니니까요. 그보다는 그 선수를 주위에서 격리시키는 편이 더 좋은 것 같아요. 어떤 면에서는 그게 더 큰 벌이라고 생각하거든요. 언론이나 인터넷에서 말들이 많을 수도 있겠지만 자기가 뭘 잘못했는지 생각할 수 있도록 집으로 보내는 겁니다. 가족들에게는 왜 자기가 훈련에 참석 못하는지 설명해줘야겠죠."

마틴 욜 감독도 일단 정한 규칙은 지켜야 한다는 점을 분명히 한다. "시합 전과 시즌 전에 우리들만의 규칙이나 규정을 세우고 절대 어긋나는 일이 없어야 한다고 늘 얘기합니다. 예를 들어 선수들은 시간을 지켜야 합니다. 우리가 정한 규칙이므로 선수들이 단 1분도 늦는 걸 용납할 수 없습니다. 똑같은 옷을 입고 똑같은 양말을 신는 것도 마찬가지이고요. 운동장에 늘 검은 양말을 신고 오는 선수가 있었는데, 제가 이렇게 말했죠. '이건 개인이 아니라 단체 행동에 관한 문제야.' 선수가 기분이 상하더라도 감독은 분명한 태도를 취해야 합니다. 저는 그렇게 배웠어요."

모예스와 파월은 선수들과 부딪쳐야 할 땐 부딪치더라도 일단은 선수들에게 자율권을 주는 방식에 찬성표를 던진다. 벵거 또한 이 방법을 사용한다는 점은 그리 놀라운 일이 아니다. 그는 선수들에게 스스로 주인 의식을 갖고 운동장 안이나 밖에서도 기준을 따르도록 유도한다. "자신이 얼마나 잘하고 있다고 생각하는지 선수들에게 묻고, 그들이 뭐라고 하는지 주의 깊게 듣습니다. 자신에 대해 적절한 평가를 내리는 선수를 보면 가능성이 있겠다 싶죠. 또 선수들에게 어느 정도의 야망을 품고 있는지도 물어봅니다. 최고가 되고자 하는 마음이 얼마나 간절한지, 얼마큼의 대가를 지불할 준비가 돼 있는지를 알 수 있기 때문에 아주 중요한 질문이죠. 물론 축구 선수에겐 특별한 재능이 있어야 합니다만, 선수가 스무 살이 넘어가면 마음가짐이 무엇보다 중요해집니다. 그게 미래를 만들어주니까요."

하워드 윌킨슨은 갈등이 고조된 상태에서도 선수와의 대립이 순조롭게 해결됐던 순간을 정확히 기억한다. 그는 선수에게 자신의 내면을 들여다보도록 했다. "훈련에 지각하는 행동은 동료들을 존중하지 않는다는 뜻이라는 것을 선수가 깨우치게 했죠. '자, 너는 30분 늦게 훈련장에 왔다. 지금 여기에는 서른 명이 모여 있다. 우리 모두 시간당 돈을 받고 일하는 사람들이니 네가 우리 모두의 돈을 그만큼 써버린 거나 마찬가지다. 우린 해야 할 일이 있는데도 말이야.'"

여기서 지도자가 새겨들어야 할 점은 어떤 방법으로든 행동을 바로잡아야 한다는 것이다. 성격이 강한 지도자라면 잘못된 행동에 선뜻 맞설 것이다. 물론 주위에 다른 사람들이 있다거나 먼저 처리해야 하는 중요한 일이 있다거나 상황이 적절하지 못할 때는 (경기에서 종료 10분을 남겨두고 1 대 0으로 뒤진 상황이라면 선수의 행동을 바로잡기에 적절한 시간은 아니다) 즉각적인 대응을 할 수도 있다. 하지만 다루기 힘든 행동을 당장은 내버려둔다 해도 언젠가는 바로잡아야 한다. 단지 시간이 지나면서 행동을 바로잡기가 점점 힘들어질 뿐이다.

힘든 대화

힘든 대화를 나누는 것도 감독의 의무 중 하나다. 그리고 성공적인 감독은 꺼내기 힘든 얘기도 선수들에게 한다. 얘기하지 않고 지나가면 감정의 골은 깊어진다. 작은 오해가 큰 갈등을 불러온다. 강한 지도력이란 문제의 근본적 원인을 찾아내 해결하는 행동을 말한다.

글렌 호들Glenn Hoddle은 감독 입장에서 선수들과 힘든 대화를 나눠야만 할 때가 종종 있다. 그는 국가대표 감독 당시 그를 힘들게 했던 기억을 되살린다. "잉글랜드 대표팀 감독으로서 힘든 점은 자기 선수들이 아니라는 거죠. 렌터카를 빌리는 거나 같아요. 선수들과 늘 같이 있을 수가 없단 말입니다. 폴 개스코인Paul Gascoigne은 최고의 선수였죠. 부상을 많이 당한 건 알았지만 너무 탐나는 선수였기 때문에 1998년 프랑스 월드컵에 갈 수 있게 몸을 만들었으면 했어요. 제가 수도 없이 기회를 줬습니다. '이봐, 몸을 만들어야 해. 식단도 바꾸고……' 하지만 제가 직접 뭘 할 수는 없었죠. 그런데도 폴은 자꾸 이런저런 부상을 당하고 경기도 몇 번 결장하고…… 월드컵 최종 명단을 확정해야 하는 시기는 코앞에 다가왔는데, 폴은 여전히 몸 상태가 정상이 아니었어요. 월드컵 전에 모로코에서 열리는 경기에도 출전시켜야 했는데 말입니다. 폴은 천재적인 선수였고, 팀에 꼭 필요한 선수였습니다. 그래서 저도 명단에 포함시킬지 아니면 몸이 준비되지 않았으니 빼야 할지 마지막까지 고민이 많았습니다. 정말 가슴 아파하면서 결정을 했습니다. 온 국민이 원하는 선수를 명단에서 제외시키는 것보다 더 힘든 결정은 없더군요. 폴이 움직임이 느리다보니까 경기 시작 20여 분 후에 부상을 당한 겁니다. 결국 월드 컵에 데려갈 수 없다는 결론을 내렸습니다. 호텔 방에서 폴과 일대 일로 마주 앉아 사실대로 얘기를 했습니다. '잘 들어, 폴. 월드컵에 함께 갈 수 있다면 정말 환상적일 거라고 내가 1년 동안이나 계속 말했지. 자네도 지금 전성기를 맞았고 말이야. 그런데 자네는 내 말을 귀담아듣지 않았고, 난 이제 결정을 내려야만 하네.' 정말로 힘들고도 힘든 결정이었어요."

힘든 대화를 나누려면 준비가 필요하다. 데이비드 모예스는 이성적으로 결론을 내리고 나서 정서적으로 공감할 수 있는 방법을 준비한다. "팀 주장을 바꾸면서 나눠야 했던 힘든 대화가 기억납니다. 어느 지도자나 큰 결정을 내릴 때는 마찬가지겠지만, 저도 공정하고 가장 좋은 방법을 찾고자 했고, 결국 제가 옳다고 믿는 대로 했습니다. 그러기까지 시간이 꽤 걸렸죠. 가볍게 결정 내릴 수 있는 사안이 아니니까요. 그다음에 그 선수도 제 의사를 충분히 이해하고 변함없는 플레이를 보여줄 수 있게 하려면 어떤 방법을 사용해야 할지 생각했습니다." 글렌 호들은 상당히 세세하게 준비를 하는 편이다. "저는 역할극과 시각화 방법을 사용하는 데 아주 효과가 좋습니다. 하지만 상대가 사람이기 때문에 예상치 못했던 반응이 나오기도 합니다. 그래서 그런 부분까지 준비해둬야 하죠."

하워드 윌킨슨의 직선적인 스타일은 힘든 대화를 나누는 데 도움이 된다. 리즈 감독 시절, 그는 선수들이 감독 또는 동료들과 솔직하게 대화를 나눌 수 있는 분위기를 만들었다. 1992년 봄 디비전 원Division 1(프리미어 리그가 생기기 이전 잉글랜드 최상위 리그)의 우승 향방은 안개에 싸여 있었다. 윌킨슨이 이끄는 리즈는 맨체스터 시티와의 경기에서 네 골을 내주고 패하면서 맨체스터 유나이티드보다 승점에서 뒤진 상태로 우승의 기회가 멀어진 듯 보였다. "월요일에 출근해서 선수들에게 말했죠. '마지막 남은 다섯 경기에 대한 계획을 알려주겠다. 네 경기에서는 우리가 이길 수 있고, 리버풀 원정에서는 비겨야 한다. 시즌 마지막 두 번째 경기에서 우리는 셰필드 유나이티드와 오전에 맞붙고, 맨체스터 유나이티드는 오후에 리버풀로 가야 한다. 내 계획대로만 된다면 맨체스터 유나이티드도 그날 어떻게든 이겨야 한다는 부담감을 느낄 거다. 하지만 그 경기에서 맨체스터 유나이티드가 이길 확률은 별로 없어 보인다. 자, 이제부터는 부상 선수가 발생하지 않는 한 매주 똑같은 선수들이 경기에 출전한다. 단 리버풀 원정에서만 라인업에 한 가지 변화를 줄 것이다.' 다음 날 아침에 주장을 맡던 고든 스트라칸$^{Gordon Strachan}$이 저를 찾아와서 그러더군요. '감독님이 곤란해할 것 같아서 제가 구해드리러 왔습니다. 리버풀전에서 저를 빼달라는 말씀을 드리는 겁니다. 마지막 홈경기를 위해 저를 아껴두고 싶다거나 하는 말 같지도 않은 말은 하지 마십시오. 승점 1점이 필요한 상황에서 제가 가장 적합한 선수는 아니라는 감독님 생각이 옳습니다.'" 윌킨슨은 선수들을 솔직하게 대했고, 스트라칸도 감독을 솔직하게 대했다. 이런 솔직함이 선수들의 의욕을 고취시켰고, 리즈 팀 전체에 퍼져나갔다. 스트라칸이 벤치를 지킨 리즈는 리버풀전에서 비겼고, 그해 리그 우승을 차지했다.

어떤 이유에서든 곤란한 대화라고 해서 회피한다면 상황은 순식간에 걷잡을 수 없을 정도로 흘러가기도 한다. 마틴 욜도 그런 상황을 겪었다. "늘 선수들과 개인적으로 대화를 나누려고 노력합니다. 때로는 마음에 들지 않는 선수도 있긴 해요. 그 선수가 나를 싫어한다는 걸 저도 아니까요. 그래도 사무실로 불러서 대화를 나누려고 합니다. 이런 선수가 있었어요.

나: 내 사무실로 좀 와.

선수: 사무실로 가기 싫은데요.

나: 얘기할 게 있어.

선수: 얘기하기 싫은데요.

사람들과 대화 자체를 끊어버린 선수였죠. 사람들과 대화를 나누지 않는 선수는 제 팀에서 뛸 수 없습니다."

어떤 상황에서 솔직담백한 피드백을 주는 행동은 힘든 대화를 가볍게 풀어가는 방법이 될 수 있다. 상처가 곪아 수술을 해야만 하는 상황을 미연에 방지해준다. 윌킨슨은 뛰어난 골잡이였던 리 채프먼 Lee Chapman이 자신의 일을 풀어가는 방식을 좋아했다. "저는 피드백할 때 통계를 사용했어요. 채프먼은 영리한 선수였죠. 자기가 골 하나를 넣기 위해서는 크로스가 몇 개 올라와야 하는지 알고 있었으니까. 어느 날 채프먼이 엄청 흥분했어요. 하프타임 때 들어와서는 동료에게 말하는 겁니다. '아까 나한테 올려줬어야지. 그랬으면 골을 넣을 수 있었잖아. 난 골을 더 넣어야 해.' 이런 말이 라커룸에 있던 선수들 사이에 서로 믿는 분위기를 조성했죠. 동료 선수는 '아까 크로스를 올릴 수가 없었어'라고 하면서 이유를 설명하거나 '네 말이 맞아. 미안'이라고 합니다. 좋아요. 갈등 끝입니다. 두 사람 모두 상대방의 말을 받아들이는 겁니다. 서로 다른 의견을 해결하려면 그 정도 솔직함을 갖춰야죠. 그렇지 않으면 상처는 더 깊어지는 겁니다. 제가 봤을 때 채프먼은 자기 일에 대한 책임을 느끼고 '이건 내 일이야. 난 내가 뭘 해야 하는지도 알지만 다른 사람들이 뭘 해야 하는지도 알아'라는 뜻으로 말한 거죠. 그리고 동료들도 마찬가지로 '내가 뭘 해야 하는지 알지만 골잡이인 네가 뭘 해야 하는지도 이해해'라는 뜻을 보인 겁니다. 이런 식의 살아 있는 피드백은 팀을 위해 매우 소중한 역할을 해줍니다."

감독은 피드백의 핵심이 피드백을 전달하는 이유에 있다는 사실을 늘 기억해야 한다. 다리오 그라디^{Dario Gradi}는 선수의 성장을 무엇보다 중요하게 생각하며 피드백을 주는 이유도 이를 위해서라고 한다. "감독은 선수들과 대화를 나눌 때 기분이 좋아져야 하는 주체가 감독이 아니라 선수여야 한다는 점을 명심해야 합니다. 감독이 마음에 담아뒀던 얘기를 털어내고 속이 후련하다고 느낄 때 선수는 자기가 비난받았다고 생각하고 기분이 더 나빠질 수도 있거든요. 감독이 선수의 이름을 소리쳐 부르고 선수가 거기에 반응할 때 그 선수는 '제가 어떻게 하면 될지 알려줄 건가요?'라고 묻는 겁니다. 감독이 이름을 부른 이유는 그 선수가 경기장 위쪽으로 너무 많이 올라가 있다거나 더 빨리 움직이라는 뜻일 수 있겠지요. 그때 선수에게 '왜 그따위 플레이를 하는 거야? 상대 팀 좋은 일만 시켰잖아'라고 해선 안 되지요. 그 선수도 자기가 실수했다는 것을 알고 있는데, 감독이 소리 지른다고 도움이 되진 않습니다."

"거기에 핵심이 있는 겁니다. 감독이 선수에게 도움을 줄 수 있는 말을 해줄 수 있느냐 하는 거죠. 굉장히 힘든 일입니다. 경기는 한창 열기를 더해가는데, 감독이 사이드라인 밖에서 종종거리며 뛰어다닌다고 선수들에게 도움이 되지는 않을 겁니다. 해설자는 '와, 감독이 대단히 열정적이군요. 선수들이 감명받은 것 같습니다'라고 하죠. 하지만 실제로 선수들은 감독이 밖에서 소리 질러도 못 들은 척하는 경우가 많아요. 저한테도 그랬고요. 제 말을 듣고 싶지 않은 겁니다. 경기가 끝나고 선수들에게 그 일에 대해서 얘기하긴 했지만 그다음엔 전혀 신경 쓰지 않았죠. 이제는 선수들 대부분이 당시에 제가 도와주기 위해 그랬다는 걸 알고 고맙게 생각합니다. 여전히 우리 모두 서로를 잘못 이해하는 경우가 발생하기도 합니다. 하지만 그런 행동이 최선이 아니라는 사실을 인식하고 있다면 뭔가 달라지는 게 있겠죠."

탄탄한 라커룸 분위기를 구축하라

피드백은 라커룸 분위기를 살리는 데 도움이 된다. 라커룸이란 선수들이 집처럼 편하게 느끼는 곳, 솔직하게 얘기를 터놓을 수 있는 곳, 두려움을 느끼지 않는 곳, 패배가 존재하지 않는 곳이다.

벵거는 좋은 라커룸 분위기를 조성하기 위해 힘쓴다. 그리고 팀의 주장을 통해 이를 실행한다. "주장은 기본적으로 감독의 전령입니다. 주장과 감독의 관계가 탄탄하면 팀도 더 강해지고 감독도 더 강해진다는 생각을 늘 합니다. 이 관계가 삐걱대면 클럽 전체가 흔들리죠. 두 명의 지도자에게서 두 개의 다른 명령이 떨어지는 것보다 나쁜 상황은 없을 테니까요. 그래서 전 감독이 주장과 함께할 수 있는 시간을 만드는 게 중요하다고 믿습니다. 만나면 팀에 필요한 게 뭔지, 특별히 힘든 사항은 없는지에 대해 얘기합니다. 주장이 모든 얘기를 다하는 건 아닙니다. 라커룸 밖으로 새 나가면 안 되는 선수들만의 얘기도 있을 테니까요. 그런 점은 존중해줘야죠. 그래도 서로를 믿어야 하고, 시즌을 함께하다보면 믿음이 쌓여갑니다. 연속 6연패를 당하는 팀과 두세 경기 정도만 지는 팀의 차이는 관계가 어떤지를 보면 알 수 있습니다. 결속력만 있으면 하나가 돼서 언제든 역전해버리는 거죠."

데이비드 모예스는 에버턴 주장이었던 필 네빌$^{Phil Neville}$이 보여준 강력한 지도력에 고마움을 표한다. "네빌이 선수들 뒤에서 중요한 역할을 해내는 대단한 지도자라는 점을 봤습니다. 제가 대화를 나눌 수 있는 사람이 네빌이죠. 돌아가는 상황에 대해 어떻게 생각하는지도 묻고, 우리 팀이 어떻게 하고 있는지 개인적으로도 물어봅니다. 하지만 더 중요한 사실은 그가 선수들을 일사분란하게 이끌고 나갔다는 점입니다. 훈련 시작할 때부터 앞에서 이끄는 선수가 네빌입니다. 매일 훈련할 때마다 최선을 다하죠. 그러니 어린 선수들이 보고 배우는 겁니다. 훈련은 어떻게 해야 하고, 외국에 나가서 플레이 하려면 어느 정도의 프로 의식을 갖춰야 하는지 보고 배우죠. 오랫동안 살아남고 싶다면 자기 몸을 돌봐야 한다는 것과 올바른 훈련을 해야 한다는 것도 들으면서 배우고요."

마틴 욜은 팀의 중심이 되는 선수를 정하는 방법으로 라커룸의 분위기를 강하게 만든다. "골키퍼도 될 수 있고…… 포지션은 관계 없습니다. 신체의 척추처럼 항상 뒤에서 중심을 잡고 똑바로 설 수 있는 선수가 필요하죠. 저는 그런 선수로 강하고 경험 많은 선수들을 선택하려고 합니다. 그런 주축 선수들과는 3, 4주에 한 번씩 만나서 대화를 하는 편입니다. (작년엔 딱 두 번!) 물론 주장도 당연히 중요하죠. 감독이 마음대로 주장을 뽑을 수 있는 건 아닙니다. 독일에서는 그랬는데, 토트넘에는 레들리 킹 Ledley King 이 이미 주장 완장을 찼더군요. 아주 좋은 선수라 저도 주장을 바꿀 이유가 전혀 없었죠. 하지만 만약에 기존의 주장이 전 감독의 열혈 팬이라면 그때는 감독이 원하는 새로운 축구 문화를 만들어가는 데 문제가 생길 수도 있겠죠."

가이드

무대 뒤에서는 많은 작업이 이뤄지지만 눈에 보이는 부분은 극히 일부에 불과하다. 복합 조직과 마찬가지로 사람도 눈에 보이는 것보다는 더 복잡한 존재다. 그렇다면 지도자는 이렇게 복잡한 특성을 지닌 사람들과 어떻게 생산적으로 일을 해나가야 하나? 벵거는 이 질문에 명확하고 간단하게 답을 내놓는다. "제가 생각하는 감독은 가이드입니다. 가이드는 사람들을 어딘가로 이끄는 사람이죠. 이는 곧 가이드가 자신이 원하는 바를 확실하게 정하고 다른 사람에게도 그곳이 우리가 함께 가야 할 길임을 납득시킨 다음 개개인을 최대한 활용할 수 있도록 노력해야 한다는 뜻이기도 합니다. 가이드가 되고 싶다면 자신이 사람들의 최대 능력을 이끌어낼 수 있는 사람인지 스스로 물어보고 확신할 수 있어야 합니다." 눈에는 결과물만 보이겠지만, 가이드는 그 결과물을 얻어내기 위해 시간을 들여 생각하고 모든 단계에서 준비를 갖춘다. 축구계에서 가이드 역할을 하는 감독들은 다음과 같은 가르침을 전한다.

1. 행동 자체가 아니라 근본 원인에 대해 먼저 생각하라

어떤 행동(특히 분열을 불러오는)을 마주할 때 눈에 보이는 상대방의 행동에만 맞서기가 쉽다. 하지만 그보다 중요한 일은 수면 아래 가려져 보이지 않는 빙산을 파헤치는 것이다.

2. 사람들의 감정을 작업하라

벵거는 이렇게 얘기한다. "말이 중요하지 않을 때도 있다. 춤출 때처럼." 감정에 호소하는 것은 시간 낭비일 뿐 아무 효과도 없다고 일축해버리는 지도자들이 너무나 많다. 하지만 감정은 행동을 움직이는 힘이다. 감정을 이해하는 지도자는 상대방의 만족감과 자부심을 불러일으키고 기세를 드높여주기도 한다.

3. 자신만의 가치를 정립하라

초기 단계에서부터 강력한 원칙을 분명히 표현하고 실행에 옮기는 지도자는 그 원칙에 담긴 명확성과 중요성이 퍼져나가며 조직 안으로 스며드는 걸 보게 될 것이다. 사람들은 우리가 생각하는 것보다 더 강력한 레이더로 가치를 포착해낸다. 지도자가 내세우는 가치를 접하는 순간 따를 것인지 말 것인지를 직감적으로 알아챈다.

4. 자신의 동기부여 요소가 무엇인지 알아내고 다른 사람에게서도 같은 것을 구하라

벵거는 축구라는 경기 자체와 최고를 추구하는 마음에서 의욕을 얻는다. 그는 다른 사람들에게서도 자기와 같은 모습을 찾기 때문에 결국 같은 믿음을 지닌 사람들이 그의 곁으로 모인다. 어쩌면 모두가 같은 동기부여 요소를 공유한다는 점이 아스널의 성공에 가장 중추적인 역할을 했을 수도 있다.

5. 깊이 숨겨진 욕구에 정면으로 대처하라

사람들과 일하면서 소속감과 성취감을 심어줄 수 있는 지도자는 사람들의 가장 깊숙한 내면에 영향을 끼치고 사람들을 최대한 활용하며 사람들의 절대적인 충성심을 이끌어낸다.

6. 한계를 명확히 정하고 그 안에 있는 사람들에게 자율성을 부여하라

빙산의 맨 꼭대기로 다시 올라가서 지도자는 사람들이 명확하게 이해하고 주인 의식을 느낄 수 있도록 가이드라인을 설치한다. 호프 파월은 말한다. "나는 선수들의 어머니가 될 수는 없다!"

7. 껄끄러운 대화도 하라

가치를 존중하지 않고 행동을 제어하지 못하면 조직은 무너질

위기에 놓이게 된다. 안내자 역할을 하는 지도자는 말하기 힘든 일에 대해서도 대화를 나눠야 상황을 개선하고 팀을 다시 바른길로 돌아오게 할 수 있다.

샘 앨러다이스

Sam
Allardyce

제 — 4 — 장

뛰어난 실력과
최고의 기량을
갖춘 팀
구축하기

사업이나 국가 운영에서 중요한 과제는 어차피 사람들로 구성된 팀의 몫이다. 이와 마찬가지로 사람들로 구성된 팀을 이끌고 일을 해야 하는 축구 지도자의 자리는 그리 간단하지 않다. 현대 축구는 끊임없이 변화한다. 신체적, 정신적, 그리고 감정적인 면에서 팀과 선수 개개인이 느끼는 부담이 그 어느 때보다 더 크다.

오늘날 비즈니스에서는 이미 존재하는 (또는 심지어 줄어드는) 자원에서 점점 더 많은 것을 요구한다. 그리고 큰 경제적 어려움에 처하게 되면 평소 하는 일에 변화의 필요성이 대두된다.

이때 실력 있는 프로들은 혼자 일하지 않는다. 이들은 리더십 팀을 구성하고, 향상시키고, 양성하고, 유지한다. 그리고 그 팀이 일을 해결하기 위해 조직을 이끈다. 그 팀이 축구팀이든 다국적 기업이든 지도자의 핵심 업무는 똑같다.

샘 앨러다이스 감독

샘 앨러다이스는 1973년 볼턴 원더러스에 입단해 수비수로 프로 축구 선수 생활을 시작했다. 그리고 나중에는 팀의 감독으로서 볼턴에 다시 돌아와 1999년부터 2007년까지 여덟 시즌을 보냈다. 그의 지휘봉 아래서 볼턴은 유럽의 강호들과 어깨를 겨루는 작지만 당당한 팀으로 변모했다. 국가대표 선수로 출전해 월드컵 우승을 거머쥔 유리 조르카에프Youri Djorkaeff, 레알 마드리드 Real Madrid 의 주장이었던 이반 캄포 Iván Campo, 뛰어난 실력의 제이 제이 오코차Jay-Jay Okocha 같은 선수들이 활약을 펼치며 강팀과의 대결에서도 승리를 거둔 볼턴은 프리미어 리그 2004~2005 시즌에 6위를 기록했고, 라파 베니테스Rafa Benitez가 이끌던 리버풀과 UEFA 컵에도 출전했다. 볼턴에서 물러난 뒤 앨러다이스는 뉴캐슬에 잠깐 몸담았다 블랙번 로버스에서 세 시즌을 보냈으며 2011년 이후로 웨스트햄West Ham 지휘봉을 잡고 있다. 그는 웨스트햄의 업턴 파크Upton Park 스타디움에 온 첫해 플레이오프 결승에서 블랙풀을 격파하고 팀을 프리미어 리그로 승격시켰다.

앨러다이스의 철학

빅 샘Big Sam이란 별명이 말해주듯 앨러다이스는 여러 면에서 큰 사람의 면모를 보여준다. 큰 골격은 물론이고, 큰 심장, 큰 비전, 큰 생각을 갖췄다. 그는 놀라울 정도로 겸손한 태도를 지녔지만 자신의 생각에는 전혀 흔들림이 없다. 클럽이 나아가야 할 방향을 알고 있으며 구단의 지지가 사라지지 않는 한 열정과 결단력으로 자신의 비전을 밀어붙일 사람이다. 그의 장점 중에서도 가장 뛰어난 점을 들자면 아마도 변화를 받아들이는 그의 자세인 듯하다. 신기술에서 새로운 심리학에 이르기까지 앨러다이스는 최첨단을 추구한다. 게다가 리더십 팀의 성장에 대해 혼자 걱정하기보다는 각 분야의 전문가들과 함께 열심히 일을 풀어나간다.

전투

감독에게는 하루하루가 큰 전투나 다름없다. 상대 팀 전술, 언론의 질문, 팬들의 기대, 훈련 문제, 빡빡한 일정, 불확실성, 불안, 부상, 탈진 상태에 맞서 사투를 벌여야 한다. 그렇다면 이런 질문이 가능하다. 왜 이 모든 것을 혼자 해결하기 위해 애써야 하는가?

앨러다이스는 감독으로서의 업무 수행이 전쟁과 같다고 보고 자신이 의지할 수 있는 긴밀하게 조직된 리더십 팀을 즉각 만들었다. 볼턴 감독 시절에는 워 룸^{war room}이라고 부르던 장소를 활용했다. "우리에겐 꿈이 있었고, 작전 회의실인 워 룸이 있었죠. 모두가 우리를 막으려는 상황 속에서 우승을 이루겠다는 목표로 강한 정신력을 키웠습니다. 우리는 우리의 어려움을 장점으로 돌려놓았고, 팀의 자신감은 더욱 높아졌죠." 앨러다이스는 정상급 기량을 펼치는 팀을 만들기 위해 정상급 실력을 갖춘 리더십 팀을 조직했다.

앨러다이스처럼 토니 풀리스도 자신을 지원해줄 수 있는 동료들을 통해 주위에서 쏟아지는 엄청난 기대의 부담감을 해결할 수 있으리라 생각한다. 그는 스토크 시절에 대해 이렇게 얘기한다. "당시 몇 년 동안 그런 코칭스태프와 함께 일할 수 있었던 것은 행운이었어요. 전 코치들을 믿었죠. 제가 뭔가 빠뜨리더라도 뒤에서 잊지 않고 챙겨줄 거라고 생각했어요. 경기를 치르는 90분 동안 감정이 아주 격해집니다. 경기 중에 사이드라인에 있는 티브이로 가끔 내 모습이 보일 때면 도대체 내가 뭘 하는 건가 하는 생각이 듭니다. 경기에 너무 몰두해 있는 거죠. 모든 사람들을 위해 경기에서 이겨야 한다는 마음이 간절한데다 스토크 팬들의 기대를 생각하면 어깨가 엄청 무거워지니까요. 때로는 모든 사람이 원하는 결과를 나 혼자 어깨에 짊어지고 있다는 생각을 합니다. 감정을 조절하고 다스려서 집중을 잃지 말아야 하는데, 제 코칭스태프가 큰 힘이 돼주었죠."

축구 감독들은 팀워크가 큰 영향력을 발휘할 수 있는 부분이 복잡성(문제 해결 리더십), 기술 변화(전문가 지도력), 그리고 사람(가치를 기본으로 하는 리더십)이라는 세 가지 핵심 분야라고 말한다.

복잡성

현대 축구는 매우 복잡하다. 과거와 비교해 관리, 관계자들의 이해관계, 사회적 압박 등 모든 면에서 할 일은 많아지고, 일을 풀어나가기는 힘들어졌다. 그리고 감독 업무의 핵심인 경기 자체도 진화하고 있다. 규칙과 태도, 정보의 발전은 주위 세상과 더불어 축구 또한 계속해서 변화하고 있음을 의미한다. 하워드 윌킨슨은 이런 변화에 마음이 들뜬다. "1992~1993 시즌에 프리미어 리그가 탄생한 이후로 축구에 점진적인 변화가 많이 일어났죠. 백 패스 규정을 시작으로 백 태클, 오프사이드 등의 규정이 바뀌었습니다. 그뿐만 아니라 체력 단련이나 준비 상태도 많이 좋아졌고, 선수들의 자질도 향상됐어요. 운동장도 더 커졌잖습니까. 전술적으로도 축구 자체가 더 복잡해졌습니다. 첼시가 결단력이나 탄탄한 조직력, 그리고 대단한 행운

덕분에 2012년 챔피언스 리그 우승을 차지하긴 했지만, 그런 식으로 해서는 한 시즌 전체를 견뎌낼 수 없습니다." 지속적으로 변화하고 복잡해지는 환경에서 진정한 승리를 거두기 위해서는 세계 수준의 팀워크가 필수적이다.

앨러다이스가 뉴캐슬 유나이티드에서 겪었던 경험은 축구의 복잡성을 잘 보여주는 사례다. 볼턴에서 오랫동안 지휘봉을 잡으며 성공을 거둔 앨러다이스는 2007년 5월에 역사와 열정을 지닌 뉴캐슬과 3년 계약에 동의했다. 하지만 좋은 출발에도 약체 팀에게 패하는 등 부진을 거듭하다 8개월 만에 자리에서 물러났다. 그는 당시를 이렇게 회상한다. "제게 뉴캐슬은 적합한 팀이었지만 시기가 맞지 않았어요. 저는 볼턴에서 이뤘던 것들을 뉴캐슬에서도 구축하고 싶었습니다. 장기적인 시각으로 바라봤던 거죠. 하지만 뉴캐슬 팬들은 팀이 더 나아질 거라는 제 말을 믿지 않았고, 저는 팬들을 설득하느라 힘을 다 쏟아야 했어요. 제가 오기 전 시즌에는 14위에 머물렀지만 제가 떠날 때는 5위였습니다. 당시 팀에는 마이클 오언^{Michael Owen}을 비롯해 좋은 선수들이 있었기 때문에 더 좋은 성적을 거둘 수도 있었어요. 그러니까 제가 감독 제의를 수락했죠."

"초반에는 팬들도 저를 인정해줬는데 나중에 힘들어졌습니다. 뉴캐슬은 감독을 데려오면서 늘 후한 대접을 해줬는데, 감독들은 막상 구단의 기대를 충족시켜주지 못했죠. 게다가 의욕이 넘쳐나는 5만 2000명의 팬들 또한 구단에게는 매우 소중했고요. 상당한 어려움이 따르는 일이었죠. 저는 뉴캐슬 축구에 관한 모든 면을 새로이 바꿀 필요가 있다고 생각했습니다. 코칭스태프도 절 잘 따라왔고요. 선수들을 잘 뽑으면 충분한 승산이 있다는 걸 알고 있었죠. 그런 다음 선수를 보강해 기량을 갖춘 팀을 만들어내면서 우리 팀의 기존 장점을 잘 살리면 나아질 수 있었습니다. 그런데 새로운 팀 구축 업무를 시작하면서 구단 주인이 바뀐 겁니다. 그러면서 빚을 갚느라 이적료 예산이 3000만 파운드에서 1400만 파운드로 줄어들었고요. 외국 선수를 뉴캐슬 같은 곳으로 데려오려면 상당히 많은 이적료를 지불해야만 합니다. 외국 선수에게 뉴캐슬이 맨체스터보다 매력적이지 않고, 맨체스터가 런던보다 매력적이진 않잖습니까. 어쨌든 힘든 상황을 맞이했는데, 결국엔 마이크 애슐리Mike Ashley 구단주가 '내가 직접 뽑은 사람이 아니고 내가 원하는 감독도 아니었다'라는 말을 한 겁니다. 그러고는 1월에 모든 것이 다 끝나버린 거죠."

구단의 역사, 치솟는 기대, 구단주 변경, 단기적 이익을 추구하는 사고방식, 거시 경제적 변화, 개인적 친분 관계 등 모든 면에서 앨러다이스가 해결하기엔 문제가 이미 너무 빠르게 커져버린 뒤였다.

기술 변화

요구 사항이 많아짐에 따라 정보와 기술의 활용 또한 늘어났다. 이는 감독에게 매우 유리할 수도 있지만 관리가 필요한 부분이기도 하다. 앨러다이스는 볼턴 재직 당시 겪었던 변화를 정확히 기억한다. "1999년 볼턴에 처음 도착했을 때는 컴퓨터가 두 대 있었죠. 하나는 물리치료용이고 나머지 하나는 비서가 쓰는 거요. 4년쯤 지나서는 기술이 엄청나게 발전했어요. 자료도 많아지고 그 많은 정보를 처리하는 방식도 다양해지고. 이젠 옛날 방식으로 돌아갈 수 없다는 걸 알았죠." 윌킨슨도 축구에서 기술 사용이 증가하는 변화를 관심 있게 지켜본 감독이다. "지난 몇 년간 감독이 활용할 수 있는 자료가 많아졌습니다. 좋은 현상이죠. 사람들은 감독들이 어떻게 좋은 결정, 올바른 결정을 내리는지 묻습니다. 기본적으로 필요한 것이 사실이죠. 객관적인 정보가 가능한 한 많이 필요합니다. 그렇다고 의사 결정 과정이 쉬워지는 건 아니지만 올바른 결정을 내리는 데 도움이 됩니다." 밀려드는 신기술을 활용하기란 그리 쉬운 일이 아니다. 진보적인 사고를 지닌 지도자들은 자신을 위해 신기술을 이용하고 자료를 해석할 수 있는 전문가들을 주위에 배치한다.

사람

윌킨슨은 감독의 업무가 예전과 많이 달라진 건 사실이지만 사람에 초점을 두는 근본 방식에는 변화가 없다고 말한다. "감독의 일이 달라진 건 맞지만 최고의 감독들을 보면 근본적으로 달라지진 않았어요. 일류 감독들은 여전히 지식을 갖추었고 지식에 목말라한다고 생각해요. 시간의 변화에 따라 움직이고 변화할 마음의 준비가 돼 있어요. 하지만 자기가 중요하다고 믿는 것, 선수들에게서 바라는 것은 예전과 같습니다. 어떤 문화권에서 살았고 어떤 배경을 갖추었는지에 관계없이 일류 감독들은 자신을 거쳐간 선수가 더 나은 사람이 돼 있기를 바랍니다. 더 나은 사람이 돼야 더 좋은 선수가 될 수도 있다고 보는 거죠."

어느 비즈니스 조직에서건 모든 조직원의 문제를 혼자 해결하기를 바라는 지도자는 없다. 먼저 인적 자원 전문가들의 조언을 들을 것이고, 그다음에는 가까운 동료들과 중요한 문제에 대해 의논할 것이다. 크리스 휴턴Chris Hughton은 이 점에서 코칭스태프 동료들의 가치를 강조한다. "당연히 감독으로서 사람들이 좋아해주기를 바라죠. 하지만 때론 선수들에게 얼굴을 붉힐 때가 있다는 것도 알고 있습니다. 이때 제 스태프의 조언이 아주 중요하죠. 제가 생각하는 데 자주 도움을 주니까요."

앨러다이스는 사람의 가치가 얼마나 중요한지 미국에서의 사례를 통해 다시 한 번 확신하게 되었다. "기량 분석 매니저 마이크 포드Mike Ford가 미국에 갔다 와서 미식축구 슈퍼볼Superbowl 우승 팀에 관한 아주 멋진 얘기를 들려줬습니다. 마이크가 우승의 핵심 요인이 무엇이었는지 사람들에게 물으니 앨리스 스미스라는 여성이 아주 큰 역할을 했다고 다들 말하더란 겁니다. 슈퍼볼 우승을 위해 다들 자기 부서에서 무슨 일을 했는지 말하면서도 하나같이 앨리스 스미스가 큰 역할을 했다는 점을 인정하더래요. 최고 경영자부터 감독까지 앨리스 스미스라고 하는데, 마이크도 처음에는 누군지 몰랐대요. 나중에 알고 보니 입장권 관리와 여행 계획을 담당하는 여성의 이름이었다는 거죠! 이 여성이 입장권에서 선수 가족까지 모든 일을 아주 깔끔하게 처리해주니까 선수들은 아무 걱정 없이 경기장에서 플레이 할 수 있었던 겁니다. 축구가 여러 면에서 많이 바뀌고 있지만 여전히 리더십에서 가장 중요한 건 사람입니다."

최고 수준의 리더십 팀을 갖추라

주위에 믿을 만한 사람이나 조언과 전문성을 제공해줄 사람이 없는 지도자는 외롭다. 앨러다이스는 주위에 진용을 갖추는 일이 지도자의 핵심 업무라고 확신한다. "일상적인 지도자의 업무는 전방 팀을 받쳐주는 후방 팀을 이끌면서 그 후방 팀이 매일 제 역할을 다할 수 있도록 하는 겁니다. 앞으로 일어날 전쟁 준비를 시키는 것이나 다름없죠. 우리 식으로는 '광기를 관리한다'고 합니다. 광기를 관리하는 최상의 방법이 직원들입니다. 감독과 함께 일하고 자기 부서의 장들과 일하는 직원들이요. 각 부서에서 채용한 직원들은 선수들에게 매우 중요한 역할을 합니다. 직원들에게서 존중심을 얻을 수 있어야죠."

직원들의 진용이 그렇게 중요하다면 어떤 사람을 팀에 들여야 할까? 카를로 안첼로티는 첼시에서 파리 생제르맹으로 옮기면서 폴 클레멘트 Paul Clement 수석 코치를 데려왔다. "선수에 대한 지식, 축구와 훈련에 관한 지식 때문입니다. 경험과 지식이 풍부하고 카리스마에다 인간성까지 갖춘 사람이죠. 장담하건대 아주 훌륭한 감독이 될 겁니다." 위대한 지도자들은 주위 사람들이 자신보다 돋보일까 봐 걱정하지 않는다. 사실은 그와 정반대다. 강력한 지도력을 갖춘 사람들은 가까운 동료로서 자신의 한계를 넓혀줄 사람, 자신이 미비한 점을 보완해줄 사람을 찾기 위해 고심한다. 앨러다이스도 이에 동의한다. "권한을 나눠줄 수 있는 훌륭한 사람들을 모집했습니다. 저는 그 사람들이 저보다 일을 더 잘한다고 믿습니다. 축구계에서 경험도 풍부하고요. 그 사람들이 어떤 일을 하는지 어떻게 하는지 늘 귀담아듣습니다. 저도 나름대로 충분한 경험을 쌓았기 때문에 일이 어떻게 돌아가는지에 대해 어느 정도 지식이 있고 그 사람들 수준에 맞춰서 얘기할 수 있어요. 그 사람들이 사용하는 단어나 생각을 이해할 정도는 되죠."

이 원칙은 필드 위에도 그대로 적용된다. 케빈 키건은 자신이 부족한 분야에 전문성을 갖춘 사람들을 찾는다. "열에 아홉은 수비 코치를 따로 둡니다. 저는 현역 시절 포워드였기 때문에 골을 어떻게 만들어가고 어떻게 넣는지는 보입니다. 하지만 수비수를 해보지 않아서 수비수들의 생각에 대해선 잘 모르죠."

또한 팀은 본질적으로 믿을 수 있는 사람들로 구성해야 한다. 키건은 요즘 선수들이 스태프들과도 쉽게 가까운 사이가 된다고 말한다. "선수들이 좋아하는 재활 치료사가 있어요. 의사와의 관계도 예전과 다릅니다. 제 권한을 나눠주는 거니까 어떤 면에서는 쉽게 가야할 일이 더 어려워질 수도 있는 거죠. 뉴캐슬에서는 제가 팀 운영에 필요하다고 생각했던 인원보다 예닐곱 명이 더 많았던 것 같아요."

동조와 반대

마틴 오닐은 자신이 믿을 수 있는 핵심 인물들로 스태프를 꾸렸다. 문제는 이 팀을 이끌고 새로운 팀으로 옮겼을 때 기존의 팀과 어떻게 화합을 이끌어내고 앞에 놓인 과제에 헌신할 수 있는 리더십 팀을 만들어내느냐다. "저는 그랜섬Grantham에서 감독 생활을 시작했습니다. 정말 해보고 싶은 일이었고, 제가 감독 자질이 있는지도 알고 싶었지요. 처음에는 노팅엄 포리스트에서 함께 뛰었던 존 로버트슨John Robertson에게 연락했습니다. 당시 존은 그라운드를 떠난 상태였지만 제 밑에서 선수 생활을 좀 더 할 수 있지 않을까 싶어서요. 결국 저를 위해 한동안 뛰기도 했지만 감독직에 훨씬 더 흥미를 갖게 됐죠. 그때 서로 어떤 관계를 구축하게 된 겁니다."

"위컴 원더러스Wycombe Wanderers로 가서는 노리치 시티Norwich City에서 함께 선수 생활을 했던 스티브 월포드Steve Walford와 연락이 됐어요. 그래서 스티브는 세미프로 수준의 복스홀 컨퍼런스Vauxhall Conference에 머물러 있는 위컴 팀에 와서 게임을 뛰었죠. 그러면서 스티브와 제가 신뢰를 쌓아간 겁니다. 스티브는 아주 멋진 사람입니다. 과묵한 사나이지만 운동장에만 올라가면 완전히 딴사람이 돼버리죠. 정말, 정말로 좋은 코치예요. 레스터 시티Leicester City, 셀틱Celtic, 애스턴 빌라Aston Villa에서도 함께 일했고 선덜랜드Sunderland에서도 저와 같이 있었습니다. 대단한 사람이에요. 실력은 어느 누구에게도 뒤떨어지지 않지만 절대 잘난 척을 하지 않습니다. 또 시무스 맥도너^{Seamus McDonagh}라는 걸출한 골키퍼 코치는 레스터 시티와 애스턴 빌라에서, 그리고 훌륭한 피트니스 코치 짐 헨리^{Jim Henry}는 셀틱에서 만났죠. 이 정도가 제가 같이 움직이는 팀이라고 할 수 있습니다."

"작은 위기를 겪고 있는 클럽에 갈 때는 이런 사람들과 함께한다는 게 제게는 중요합니다. 그 외에는 다른 변화를 주지 않았습니다. 그뿐만 아니라 그 축구 클럽의 제안이나 생각을 받아들였습니다. 기존 스태프를 해고하고 흩어지게 하는 일은 전혀 하지 않았습니다. 그 사람들과도 함께 일할 수 있기를 바라고 가는 거죠. 전 스태프가 매우, 대단히 중요하다고 생각하기 때문에 오래된 사람들과 그랬듯 새로운 곳의 사람들과도 두터운 신뢰를 쌓을 수 있기를 희망합니다. 가끔은 전 감독과 밀접한 관계를 유지했기 때문에 자발적으로 떠나겠다는 사람도 있고, 전 감독을 따라 다른 팀으로 가겠다는 사람도 있을 수 있습니다. 그 사람들 마음은 충분히 이해합니다."

위대한 지도자들은 리더십 팀을 지지하는 세력은 물론 반대하는 세력도 당연히 있을 거라는 사실을 알고 있다. 오닐은 이렇게 말한다. "한 팀에도 다른 의견이 있을 수 있고, 그건 좋은 현상입니다. 하지만 일단 경기장에 들어서면 모두가 한마음이 돼야 합니다."

권한 위임의 기술

앨러다이스와 마찬가지로 글렌 호들 역시 리더십 팀을 자신의 권한을 위임할 수 있는 가까운 동맹으로 생각한다. "혼자 모든 곳을 살필 수는 없으니 제 대신 일을 맡아서 해줄 수 있는 사람을 주위에 두려는 겁니다. 예를 들어 선수들에게 문제가 생긴 걸 발견하면 제게 보고해줄 수 있는 사람이 필요한 거죠. 저도 출전 선수 명단에서 제외된 후에 혼자라고 생각한 적이 있었습니다. 스무 살 때였는데, 그때는 매주 경기에 뛰어야 한다고 생각했어요. 그러니 화가 났죠. 저는 나름대로 뿌루퉁해 있었는데 감독이 2주 동안이나 제게 신경을 쓰지 않는 겁니다. 지금 생각해보면 그때 하루 정도 지나서 감독이 제게 무슨 말이라도 해줬다면 저도 다시 힘을 내서 팀에 합류할 수도 있었을 겁니다. 신속한 의사소통이 얼마나 중요한지 그때 깨달았습니다. 좋은 스태프라면 선수가 힘을 낼 수 있도록 금방 도움을 줘야죠."

자신의 책임을 나눠 맡기는 게 얼마나 중요한지 안다면 어떤 사람이 필요한지 생각해볼 수 있는 간단한 방법이 있다. 일에 관한 기술과 의지를 보는 것이다. 예를 들어 나는 부엌을 아주 깨끗하게 정리 정돈할 수 있다. 하지만 수천 번 부엌 정리를 하다보니 다시는 하고 싶지 않다. 나는 '높은 기술력'을 갖추었지만 반대로 '낮은 의지력' 때문에 누군가에게 돈을 주고 일을 시키기로 결정할 수도 있다. 돈이 필요했던 그 사람은 즐거운 마음으로 일을 받아들이지만 뭘 어디다 둬야 하는지 도통 알 수 없다. 그는 적어도 한동안 낮은 기술과 높은 의지를 지닌 채 지내야 한다. 이 두 가지는 모두 향상될 수 있다. 기술은 훈련을 통해, 의지는 코칭을 통해. 하지만 결국 지도자가 일을 맡길 때는 높은 기술과 높은 의지를 지닌 사람을 원한다. 이런 사람들에게는 확신을 가지고 일을 맡길 수 있기 때문이다. 권한을 부여한다는 것은 그 일이 다 마무리될 때까지 잊고 지낼 수 있다는 뜻이다. 아니면 격려차 가끔 확인하고 상황 보고만 들어도 충분할 정도는 돼야 한다는 뜻이다.

여느 지도자들과 마찬가지로 오닐도 권한 위임이 말처럼 쉬운 일이 아니라고 인정한다. "주위에서 제가 권한 위임을 잘하는 감독은 아니라고들 합니다. 저는 그게 신뢰의 문제라고 보는데요. 제가 신뢰할 수 있느냐 없느냐는 맡은 일을 해낼 수 있는 그 사람들의 진정한 능력과도 일부 관계가 있는 겁니다. 책임을 나눠준다는 것이 제겐 늘 어려운 일이었습니다만, 시간이 지나면서 스티브, 존, 그리고 스태프 팀 같은 가까운 동료들은 믿을 수 있다는 사실도 깨닫게 됐습니다. 제가 없어도 나중에 만족할 수 있을 만큼 일 처리를 할 수 있다고 믿는 거죠."

지도자들이 권한을 이양하는 부분은 물류 지원, 의료, 분석같이 특별한 분야가 대부분이다. 호프 파월이 깔끔한 설명을 덧붙인다. "그 사람들이 일을 잘할 거라고 믿습니다. 그 사람들 생각을 들어줄 겁니다. 최종 결정은 제가 내리겠지만 그 사람들의 지식을 믿고 의견을 충분히 반영합니다. 트레이너가 어떤 선수는 60분밖에 뛸 수 없다고 말하면 제가 의사가 아닌 이상 그 말을 믿고 따를 수밖에요." 자신의 부족한 면을 팀의 전문성이 보완해줄 것이라는 지도자의 믿음은 리더십 팀의 원활한 운영과 성공적인 의사 결정에 중요한 역할을 한다.

권한 이양과 관련해 명심해야 할 또 다른 점은 이양하지 말아야 할 권한이 무엇인지 아는 것이다. 경제 원칙 중에 지도자들에게 적용할 수 있는 문구가 있다. 지도자는 '자기가 할 수 있는 것만 해야 한다'는 것이다. 다른 말로 하자면, 다른 사람 누구도 할 수 없는 일에 집중하라는 말이다. 앨러다이스는 이 이론에 따라 전문가 팀에게 효율적으로 권한을 위임한다. "제가 코치를 고용하는 건 선수들을 지도하고 훈련시키기 위해서지 볼이나 나르고 유니폼 번호판이나 운동기구를 정리하기 위해서가 아닙니다." 그는 가까운 동료들로 구성된 팀을 이끌고 코치 일에 적절하게 개입하는 것이 자신의 역할이라고 생각한다. "매일 스태프의 여러 사람들과 만나서 결정을 내리고, 그다음엔 나가서 코치들과 함께 일하고, 또 내가 직접 지도하면서 시간을 보냅니다. 과대망상증 환자처럼 내 일도 하고 다른 사람일까지 하고 싶진 않습니다. 그래서 저도 어느 정도 희생을 해서 제가 가장 좋아하는 일, 선수들과 함께 훈련하는 일을 놓아버리는 겁니다. 그렇다고 제가 모든 걸 다 희생하지는 않을 겁니다. 팀과 개인적으로 유대 관계를 유지하는 게 여전히 중요하다고 생각하니까요."

오닐은 결과를 위해 살고 결과를 위해 죽는 게 감독이라고 생각한다. 하지만 선수단을 위해 계속해서 인원을 보강하고 가능성 있는 재목을 찾아내는 일도 그 못지않게 중요하다고 본다. "아카데미를 통해 어린 선수들을 발굴해내는 작업은 3, 4년, 때로는 5년도 걸릴 수 있습니다. 그러는 중에도 팀의 경기력을 향상시킬 수 있는 방법을 찾아내야 합니다. 주위에서 어떤 선수가 좋으니 빨리 행동을 취해야 한다고 아무리 얘기해도 실제 경기에서 그 선수가 뛰는 모습을 제가 직접 보기 전까지는 아무런 결정도 내리지 않습니다." 알렉스 매클리시 또한 선수의 기량을 자기 선수가 아닌 선수까지 포함해서 판단하는 자신의 능력에 자부심을 느끼고 있다. "저는 제 선수들을 알아가는 데 있어서 좀 별나다 싶을 정도였는데, 그래도 잉글랜드에, 더 큰 리그에 와서 코치나 스카우터의 조언을 받아들이는 법을 배웠죠. 하지만 선수를 영입하기 전에 제가 직접 보는 게 여전히 중요하다고 생각합니다. 만약 팀에서 관심 있는 선수가 있는데 제가 믿는 스카우터나 어시스턴트 코치가 와서 그 선수를 데려와야 한다고 하면…… 제가 예전에 그 말을 믿었다가 후회한 적이 있거든요. 지단Zidane처럼 누구나 다 아는 선수가 아니라면 그 선수에 대해 잘 알아봐야만 합니다."

자신의 특성 표현하기

리더십 팀의 업적을 판명하는 기준이 무엇인지에 대해 많은 감독들이 중요한 점을 발견했다. 팀의 운명은 감독에 의해 결정된다는 사실이다. 팀의 모든 중요한 순간마다 감독을 향해 날아드는 언론의 질문과 카메라 세례를 생각해보라. 리더십 팀은 팀의 비전과 목표를 세우는 데 긴밀히 관여한다. 하지만 일단 지도자의 철학이 명확히 밝혀진 후에는 그 철학을 충실하게 전달하고 알려야 한다. 마틴 욜은 이 점에 대해 확고하다. "내 업무의 반은 운동장에서, 그리고 나머지 반은 스태프들과 함께하는 시간으로 나눠집니다. 따라서 스태프들이 제 철학을 이해하는 것이 중요합니다. 저도 스태프 각자가 자기의 전문성을 발휘하기를 원하지만 그 역시 제 철학과 호흡을 같이해야 합니다." 마틴 욜과 과거에 함께 일했던 동료 크리스 휴턴도 이에 동조한다. "코칭스태프가 먼저 솔선수범하는 모습을 보여주고 제 특성과 어울리는 환경을 조성하는 게 정말 중요합니다. 저는 사람들에게 선택권을 주는 스타일입니다. 만약 선수가 운동화 끈도 매지 않고 훈련에 늦게 나타나고 훈련 시작하자마자 화장실에 가겠다고 하면 제가 다른 선수들을 둘러보면서 물어보죠. '어떡할까? 벌금을 매길까 아니면 잘라버릴까?' 우리 모두 프로답게 행동해야 하지만 그런 가운데서도 선수들과 스태프 사이에 따뜻한 분위기를 만들어내야죠."

특별한 주장

주장은 감독이 선임하며 일단 주장이 되면 보통은 한 시즌 이상 그직을 맡는다. 주장에게 어떤 책임을 맡기고 어떤 역할을 기대하는지는 감독마다 다르다. 하지만 모든 감독이 통솔력을 지닌 사람을 주장으로 뽑는다는 사실에는 반론의 여지가 없다. 경기장에서 의사 결정을 내릴 수 있는 선수, 라커룸에서 권위를 세울 수 있는 선수가 주장이 된다. 이런 이유 때문에 일부 감독들은 주장을 리더십 팀의 일원으로 보기도 한다. 로베르토 만치니는 주장이란 "다른 선수들의 존중을 받는 선수, 단체정신을 불어넣는 선수"라 정의한다. 그는 또한 주장의 정신력을 갖춘 여섯 내지 일곱 명의 선수들을 찾는다고 한다. 호들도 만치니의 생각에 전적으로 동의한다. 스윈던Swindon과 첼시에서 선수 겸 감독으로 활약할 때에도 호들은 주장을 임명했다. "제가 원한 건 대여섯 명의 지도력을 갖춘 선수들이었는데, 그중에 한 명이 완장을 차는 거죠. 리더십 팀에게 의견을 전하기 위해서는 주장을 통해야 했기 때문에 주장의 역할은 나머지 선수들에도 중요합니다. 선수 겸 감독이 아니라 순수 감독이 되면 그때는 감독의 연장선상에 서 있는 사람이 주장이 되는 겁니다. 단지 감독이 사이드라인으로 갈 때 주장은 그라운드로 향하는 거죠. 그래도 감독은 자기만의 역할이나 명성을 유지해야죠. 선수들의 존중심을 잃어선 안 되니까요."

해결하기 힘든 도전에 직면한 팀의 감독에게는 뛰어난 실력자들로 뭉친 리더십 팀이 필요하다. 팀은 감독이 잘 알고 믿을 수 있는 사람들로 구성해야 한다. 팀원들은 감독을 지원하고 감독에게 이의를 제기할 수 있어야 한다. 그리고 감독은 이들에게 자신의 책임과 권한을 나눠주는 데 언짢아하지 말아야 한다. 그러면 결국 이들이 감독의 이름을 널리 알려주는 역할을 할 것이다.

환경 구축하기

설립된 리더십 팀은 최상의 기량을 갖춘 선수단을 만들어내야 한다. 앨러다이스가 리더십 팀을 '팀을 받쳐주는 팀'이라 부르는 이유도 이 때문이다. 이들의 일은 예술과 과학의 혼합으로 지시나 규정에 따르는 일도 있고, 직감에 따라 처리하는 일도 있다. 그중에서도 일의 핵심은 모범적인 모습을 보이고 선수단에게 필요한 마음 자세와 행동 요령을 지도하는 것이다. 그러나 리더십 팀이 선수단 작업에 들어가기 전에 해야 할 일이 있다. 먼저 성공을 위한 환경을 구축하는 것이다.

1980년대 중반 잉글랜드 수영 선수 에이드리언 무어하우스[Adrian Moorhouse]는 올림픽을 위해 미국 캘리포니아 버클리에 도착할 즈음 높은 곳에 세워진 커다란 광고판을 보게 된다. 그 광고판에는 이런 문구가 적혀 있었다. "우리는 성공할 수밖에 없는 환경을 제공합니다." 앨러다이스는 이런 환경을 창출해내는 것이 리더십 팀의 역할이라 믿는다. "리더십 팀은 사람들이 일을 즐길 수 있는 분위기, 더 머물고 싶은 마음이 들게 하는 분위기를 만들기 위해 반드시 감독이 지닌 철학을 전달해야 합니다. 선수들이 오래도록 머물고 싶어 하는 환경, 자신을 향상시킬 수 있는 환경을 만들고 싶습니다." 제라르 울리에 역시 이에 동의한다. "감독이 들어가서 일할 환경을 만드는 데 있어 가장 먼저 확인해야 하는 부분이 스태프입니다. 팀을 뒤에서 받쳐주는 팀이 경쟁력이 있는지, 긍정적인 자세를 지녔는지 꼭 확인해야 하죠. 이 팀의 자세가 선수들과 전체적인 분위기에 영향을 주기 때문입니다. 리더십 팀은 자신감, 신뢰, 긍정적 마음을 클럽에 불어넣어야 합니다."

리더십 팀이 선수들에게 용기와 힘을 불어넣는 책임을 다하고자 한다면 먼저 스스로 격려와 용기를 북돋워야 한다. 앨러다이스는 꿈이라는 단어를 통해 자신을 격려한다. "저는 제가 꿈꾸는 삶을 살고 있다고 믿습니다. 목표라는 말은 왠지 꿈의 진정한 의미를 퇴색시키는 것 같아서 사용하기 싫더군요. 누구나 다 자기 꿈을 이루고 살 수는 없습니다. 프로 축구에 몸담은 우리는 행운아죠. 어린 나이부터 경기를 뛸 수 있는 선수는 이미 거창한 꿈을 이루기 시작한 사람입니다. 물론 일이 힘들기도 하지만 그만큼 대가를 받잖습니까. 선수 생활을 그만두고 처음 감독이 됐을 때는 내가 사랑하는 뭔가를 뒤에 남겨두고 온 기분이 들었습니다. 다른 사람들을 위해 꿈을 꾸고 그 사람들이 훌륭한 일들을 성취할 수 있게 격려해주고 싶었습니다. 그 꿈이 실현 가능하도록 만들어야죠. 그리고 그 꿈을 가까운 가족들하고만 나누고 싶습니다. 제겐 볼턴에서 연을 맺은 사람들이 바로 가족입니다."

볼턴 이야기

볼턴의 사령탑에 오른 앨러다이스는 구단주에서 팬에 이르기까지 모든 이들에게 아주 특별한 경험을 선물해주었다. 앨러다이스는 감독이 되자마자 별 볼일 없던 팀을 플레이오프에, 그리고 리그 컵과 FA 컵에도 진출시켰다. 두 번째 시즌을 맞아서는 플레이오프 결승전에서 프레스턴Preston을 3 대 0으로 꺾고 당당히 프리미어 리그로 승격했다. 이로써 1950년대에 냇 로프트하우스Nat Lofthouse 감독 이후 누리지 못했던 볼턴의 황금기를 앨러다이스가 다시 이끌기 시작한 것이었다.

역사가 깊은 팀을 맡아 이끌어야 하는 과제는 쉬운 일이 아니다.

기대치가 터무니없이 높지 않으면('드디어 기다리던 구세주가 왔구나') 맥이 풀릴 정도로 낮다('저 사람이 뭔데? 여태껏 성공한 사람이 없는데'). 볼턴의 홈구장인 리복 경기장^{Reebok Stadium}에 도착한 앨러다이스는 자신에 대한 기대가 이 두 가지 모두라는 사실을 느꼈다. 하지만 실력을 갖춘 리더십 팀이 일선에서 뛰는 선수들의 기량에 얼마나 큰 영향을 끼칠 수 있는지를 여실히 증명해나갔다. "2000년도에 우리에겐 단기적인 꿈과 장기적인 꿈이 있었습니다. 단기적인 꿈은 프리미어 리그로 승격하는 것이었고, 장기적인 꿈은 프리미어 리그에서 성공적인 팀으로 만들어 승리를 위한 환경을 구축한 다음 예전에 한 번도 밟아보지 못했던 곳, 바로 챔피언스 리그에 팀을 진출시키는 것이었죠. 우리는 마이크 포드가 이름 붙인 대로 워 룸을 만들었습니다. 그곳은 우리의, 우리만의 공간이었습니다. 보통은 핵심 스태프들만 사용 가능한 곳인데, 가끔은 장비 담당자까지 모두가 함께 사용하는 공간이기도 했죠. 축구 클럽에서 장비 담당자의 역할이 굉장히 중요하거든요."

"감독을 맡고 3, 4년 정도 지나서 도전해야 할 시기가 됐습니다. '이제 우리에겐 우승이 반드시 필요하다. 과거에 한 번도 해보지 못했던 일을 이제 우리가 달성하고야 말 것이다.' 그리고 칼링 컵^{Carling Cup} 결승에 진출했지만 패했지요. 감독 5년째에는 구단 역사상 한 번도 나가본 적이 없는 유로파 컵^{Europa Cup}에 진출했습니다. 그때 모든 것이 달라졌다는 점을 깨달았습니다. 적들에게 둘러싸여 있다는 강박관념을 더 이상 느낄 필요가 없어진 겁니다. 우리 스태프에게 필요했던 건 우리 자신의 잠재력을 깨닫고, 그 잠재력을 일깨우려면 어떻게 해야 할지를 알아내는 것이었죠. 해외에서 영입한 선수들과 토종 선수들이 잘 어울리면서 당시 선수들 실력이 상당했어요. 선수들의 능력을 극대화시키기 위해서는 우리가 선수들의 기준에 따라 살 수밖에 없을 판이었죠."

"그래서 선수들보다 높게 기준을 세우고 선수들에게 그 기준을 따르도록 했습니다. 당시 팀의 현실과 미래에 대해 많은 생각을 해 봤는데요. 우리 팀 선수들이 전 소속 팀에서 활약하며 들어 올린 우승컵만 해도 서른 개는 됐을 겁니다. 그리고 그런 팀들은 선수들에게 최고의 플레이를 요구했을 거고요. 하지만 볼턴은 그렇게 할 수 없었습니다. 볼턴 홈구장은 2만8000명을 수용합니다. 볼턴도 나름대로 전통을 지니고 있지만, 그렇다고 볼턴이 맨체스터 유나이티드나 아스널은 아닙니다. AC 밀란이나 레알 마드리드, 바이에른 뮌헨Bayern Munchen이 될 수도 없고요. 그러니 구단에서 선수들에게 그리 대단한 걸 요구하지도 않았던 겁니다. 그래서 제가 깨달은 게, 그렇다면 우리가 직접 요구하고 계속 밀어붙여야만 한다는 거였죠. 성공하려면 그 방법밖에 없었으니까요. 그리고 바로 그 부분에서 선수들이, AC 밀란이나 레알 마드리드를 떠나 작고 오래된 도시 볼턴으로 온 선수들이 우리 생각을 존중해주었습니다."

앨러다이스와 그의 팀은 볼턴에서 기적을 이끌어냈다. 지휘봉을 잡은 지 겨우 5년이 지난 2004~2005 시즌에 리버풀과 승점에서 동률을 이루며 UEFA 컵 진출을 확정지었다. "우리가 예상했던 것보다 훨씬 빠른 시기였죠. 저 말고도 네 명의 팀원이 큰 도움을 줬기에 가능한 일이었습니다. 제 어시스턴트 필 브라운, 스포츠 사이언스 및 물리치료 팀장 마크 테일러Mark Taylor, 기량 분석 매니저 마이크 포드, 그리고 구식이긴 하지만 선수 보는 눈 하나는 기가 막힌 스카우터 잭 채프먼입니다. 채프먼이 선수를 보고 나면 우리 모두가 자기 분야에서 스카우트 과정에 참여하는 거죠. 인터뷰 과정 등 진지하게 검토를 하면서 모두가 선수 영입에 힘을 보태는 겁니다."

복잡성

리더십 팀이 팀에 진정으로 도움이 되는지 어떻게 알 수 있을까? 축구에서는 복잡성과 기술 변화, 그리고 사람, 이 세 가지가 맞물리는 부분을 중심으로 돌아간다.

리더십 팀은 매일 선수단을 관리하면서 누구나 만족하는 훈련 일정을 도입해서 복잡할 수 있는 일들을 간단하게 만들어준다. 선덜랜드에서 오닐은 네댓 명의 팀원들과 회의로 하루를 시작하면서 선수들의 건강 보고서를 점검하고 선수들에 대한 새로운 정보를 교환한다. "경기를 준비하는 과정에서 비디오를 보거나 뭔가 새로운 훈련 방법 도입을 검토하기도 합니다." 그러고 나면 선수들이 체육관에서 몸을 풀기 시작한다. "이런 식의 훈련 일정이 도입 된 건 2년 전쯤인데요. 체육관에서 운동한다고 하면 역기를 드는 등의 모습이 떠오르지만 사실은 운동장에 나가서 할 훈련을 앞두고 준비하는 차원에서 민첩성 훈련을 하는 겁니다. 피트니스 코치가 선수들 준비 운동을 아주 잘 시키고 있다는 걸 알기 때문에 저는 크게 신경 쓸 일이 없습니다. 그게 다 끝나면 모두가 운동장으로 나가서 훈련을 시작하는 거죠. 이젠 우리 모두 이렇게 해야 한다는 걸 알고 있어요."

하워드 윌킨슨은 복잡성을 해결하기 위해 리더십 팀을 얼마나 어떻게 활용하는지는 감독마다 다르다고 지적한다. "대부분의 팀에서는 관중석에 사람을 한 명 앉혀놓고 전체적인 흐름을 관찰하게 합니다만 어떤 감독들은 하프타임이 되기도 전에 경기 기록을 보자고 보채기도 하죠. 그러니 의사 결정 과정도 감독마다 다양할 수밖에요. 어떤 감독은 설명을 확실히 하기 위해, 심지어 하프타임에 스

테프를 라커룸에 데려가서 얘기하기도 합니다. 흔한 일은 아닙니다만, 그래도 요즘엔 감독의 역할이 더 유연해진 건 분명해요. 스태프팀을 옆에 두려면 효율적으로 활용할 줄 알아야만 합니다. 결국 메시지의 핵심은 감독 입에서 나오는 것이지만요."

물론 전문성을 갖춘 사람들은 감독이 복잡한 일들을 간단하게 처리하도록 만들어줄 수 있다. 마틴 욜은 풀럼에서 의료팀의 도움을 많이 받는다며 기뻐한다. "우리 의료팀은 잉글랜드에서도 최고라고 확신합니다. 블랙번에서 앨러다이스를 위해 일하면서 아주 훌륭한 방법들을 고안해낸 사람들이죠. 지금은 저와 함께 풀럼에 있지만요. 모두가 시합 전과 후에 의료팀의 지시에 따라 움직입니다. 의사는 아니고 전에 물리치료사를 했던 마크 테일러가 의료팀을 이끌고 있는데, 아주 중요한 역할을 하고 있고 저와도 매일 얘기를 나눕니다."

사람

지도자에게 복잡한 문제 중 하나가 선수 영입이다. 선수의 능력이 조직의 생사를 결정짓는다는 점에서 축구도 일반 사업체와 다를 바 없다. 인재를 구하기 위한 전쟁은 지도자 혼자만의 힘으로는 불가능하다. 20여 년 전 좋은 선수를 찾기 위한 전쟁이 지금보다 치열함에서는 뒤지지 않았지만 그리 복잡하지는 않았다. 케빈 키건은 선수 시절 리버풀의 스카우트 조직을 떠올린다. "선수 보는 눈이 뛰어나다며 생클리 감독이 신임하던 사람이 두 명 있었죠. 그 두 명이 하부 리그에 있는 베리Bury나 스컨소프Scunthorpe 또는 돈커스터Doncaster 경기를 보러 다니면서 저 같은 선수들을 찾아내는 거죠. 그게 다예요. 당시에 과학적인 뭐가 있었던 것도 아니고 아주 간단했어요."

30년이 지나서 앨러다이스가 이끄는 볼턴에서 새로운 바람이 불기 시작했다. "예전처럼 경기를 보고 난 다음에 눈에 띄는 선수에 대한 보고서를 작성했습니다. 나중에 기술이 발달하기 시작하면서 이 자료를 적극 활용할 수 있었죠. 스카우팅 조직에서 구입한 정보를 우리가 만든 스카우트 보고서에 추가했습니다. 그런 방법을 사용해서 돈을 지불할 여력이 되는 선수는 스카우트하고 나중에라도 자금이 준비되면 영입할 선수는 계속 지켜보았던 거죠. 이렇게 할 수 있었던 비밀은 클럽 지도부를 설득해서 대학을 졸업한 똑똑한 젊은이들을 모집했기 때문입니다. IT 기술을 활용할 줄 아는 사람들 말입니다. 축구 선수나 옛날 관계자들은 IT에 별 관심이 없지만 우리가 채용한 젊은이들은 노트북에서 자료를 찾고 연구하는 걸 좋아하는 사람들 아닙니까. 당시에는 중요한 일을 담당하는 스태프가 사소한 일로 시간 낭비하지 않도록 인턴까지 고용했습니다. 인턴들이 수집한 자료로 전문가들이 숫자 놀음을 하는 거죠. 그렇게 자꾸 자료를 활용하다보면 쓸 만한 정보를 얻게 되는 겁니다."

그렇게 해서 앨러다이스는 값진 보석을 발견했다. 그 보석은 1998년 프랑스 월드컵 우승과 유로 2000 우승의 주역, 다름 아닌 유리 조르카에프였다. "프리미어 리그에 올라온 첫해에 능력 있는 공격수가 부족한 상태였어요. 그때 우리가 진행하던 선수 영입 작업이 진전을 보이면서 눈에 띈 선수가 유리였습니다. 유리 영입에도 재밌는 얘기가 많죠. 다들 우리가 유리를 데려오지 못할 거라고 했거든요. 당시 유리는 독일에 있었는데, 거의 시합을 뛰지 못하고 있었습니다. 볼턴 원더러스를 모르는 유럽 사람들이 많다는 걸 알고 있었기 때문에 일단 클럽 소개서를 만들었죠. 그리고 가치가 있는 선수라면 독일이라도 가서 만나보자고 모두가 의견을 모았어요. 축구에서는 남의 동네에 가서 선수를 만나지 않고 자기 동네로 데려와서 보는 게 관행이거든요. 선수가 진심으로 그 팀에서 뛰고 싶다면 자기가 알아서 노력해서 올 거라는 생각이죠. 그렇지만 제 생각은 달랐습니다. '아니야. 이 선수는 유리잖아. 월드컵과 유러피언 챔피언십 우승을 경험하고 AC 밀란에서 활약했던……'"

"2002년 월드컵을 앞두고 1월에 프랑스 국가대표 감독이 유리에게 전화를 해서 리그 경기에서 뛰지 않는 선수를 월드컵에 데려갈 수는 없다고 했다더군요. 그래서 유리를 만난 자리에서 우리가 그랬죠. '유리, 우리는 볼턴에서 왔네. 지금은 하위권을 맴돌면서 치열한 싸움을 벌이고 있지만 볼턴은 훌륭한 클럽이야.' 그러고 나서 비디오를 틀어서 보여줬죠. 리복 경기장, 맨체스터 공항, 런던까지 비행기로 40분 거리, 프리미어 리그 등을 보여주고 설명하면서 얘기했습니다. 우리 팀에 와서 매주 경기에 출전하고 실력 발휘만 한다면 월드컵 출전 선수 명단에 이름을 올릴 수 있을 거라고. 너는 우리를 돕고 우리는 너를 돕겠다는 거였죠. 그게 통했습니다. 유리가 '좋아요. 그 정도면 됐습니다'라고 하더군요. 그다음엔 돈 문제가 좀 있긴 했습니다. 유리가 변호사에 초상권 침해 대행 변호사며 에이전트를 두고 있다는 걸 알고 있었거든요. 하지만 결국엔 우리가 협상에서 우위를 차지했죠. 유리는 월드컵에 출전하려면 경기를 뛰어야 하는데, 당시 소속 팀 카이저슬라우테른Kaiserslautern에서도 버림받고 혼자 연습하던 상황이었으니까요. 서로 얘기가 잘 통했습니다. 팀의 나머지 선수들에 비하면 상당히 비싼 몸값을 치러야 했지만 그때부터 선수 영입의 황금 시기가 시작된 겁니다. 다른 선수들과 클럽에서도 우리가 세계 수준의 선수들을 영입하고 있다는 사실을 깨달았죠."

1983년 플로리다Florida의 탬파 베이 로디스Tampa Bay Rowdies에서 뛰던 아직 젊은 나이의 앨러다이스는 미식축구팀 버커니어스Buccaneers의 선수들을 우연히 만나게 됐다. 그리고 자신의 눈을 의심할 정도로 놀랐다. "쿼터백을 위한 코치가 한 명, 자격증을 갖춘 물리치료사가 네 명 정도, 마사지사가 적어도 열 명, 거기다 영양사에 영양 관리사까지 있더군요. 아침, 점심에는 레스토랑에 음식을 쫙 준비해놓고 영양 보충제까지 제공합니다. 게다가 통계 자료를 담당하는 사람들도 있더군요. 이 사람들이 코치하고 머리를 맞대고 작전을 짭니다." 실력을 갖춘 리더십 팀이 선수들에게 얼마나 지대한 영향을 끼칠 수 있는지를 앨러다이스는 두 눈으로 직접 목격했다. "스포츠 심리학자하고 정신과 의사가 일주일에 한 번씩 선수들과 면담을 하는 겁니다. 스포츠 심리학자는 단체 면담을 진행하고 정신과 의사는 말 그대로 소파에 선수를 앉혀놓고 일대일로 면담을 하고요. 정말 엄청난 조직이었죠."

글렌 호들은 과학적 전문성의 신봉자다. "저는 늘 심리학자를 팀에 둡니다. 선수 때 마음의 장벽을 없애고 순수한 마음으로 경기장에 나가 모두가 하나로 뭉쳐 싸웠던 모습을 기억하거든요. 모든 일이 잘 돌아가고 경기도 잘 풀리면 인생도 즐겁습니다. 일이 엉키기 시작하면 그때 감독에게 어려움이 닥치는 겁니다. 사람들도 서로 등을 돌리고 가슴에 담아뒀던 말을 쏟아내죠. 보이지 않는 벽이 쌓여가는 겁니다. 전문가를 활용하면 유로 2012에서 네덜란드 팀이 겪었던 불화 같은 문제를 예방하는 데 도움이 됩니다."

키건과 그의 팀은 뉴캐슬에 도착한 지 얼마 지나지도 않아 성공을 향한 환경 조성이 무엇인지를 확실하게 보여주며 선수들에게 깊은 영향을 주었다. "토요일 경기를 이기고 나서 모두에게 월요일 휴가를 줬습니다. 그리고 훈련 구장을 소독한 다음 페인트칠을 다 했습니다. 당시에 5000파운드 정도의 비용이 들었는데, 거금이라고는 할 수 없지만 상당히 큰 액수였죠. 화요일에 선수들이 도착해서는 믿을 수 없다는 반응을 보이더군요. 흠집을 다 지우고 페인트칠을 새로 다 했죠. 물리치료실은 먼지 하나 없이 깨끗하게 청소하고 타일도 새로 깔았으니 완전히 딴 곳처럼 보였던 거겠죠. 훈련을 시작하기 전에 선수들에게 이렇게 말했습니다. '나는 이곳에서 많은 것을 바꾸고 싶다. 하지만 여러분의 도움이 반드시 필요하다.'" 자기 팀의 환경을 바로 세우는 지도자는 성공의 탑을 쌓을 수 있는 튼튼한 발판을 제공할 수 있다.

기술 변화

현대 축구에서는 적절한 기술 활용이 팀의 경쟁력을 높일 수 있다는 주장에 대부분 공감한다. 생클리가 리버풀을 이끌던 시절만 해도 전술 자료 활용은 매우 제한적이었다. 키건은 당시를 이렇게 기억한다. "리버풀에는 상대 팀을 정찰하는 사람이 두어 명 정도 있었어요. 제가 처음 리버풀에 갔을 때는 루벤 베넷Reuben Bennett이라는 분이 그 일을 담당하고 있었죠. 부트 룸boot room에도 들어오고 했습니다. 사람들 입에는 별로 오르내리지 않았지만 아주 좋은 분이었고, 또 매우 중요한 역할을 했죠. 장난감에 들어 있는 널빤지로 만든 경기장 위에다 함께 작전 구상을 하곤 했었는데! 지금이야 기술 활용도가 좀 많아졌지만……"

앨러다이스가 탬파에서 보고 느꼈던 선수를 위한 정신 자세와 기술력이 이제는 프리미어 리그에서도 실현되고 있다. 기술력이 복잡한 일들을 용이하게 만들어주긴 하지만 이 역시 감독이 믿을 수 있는 전문가의 도움이 필요하다. 선수 영입과 관련해서 앨러다이스는 가능한 한 모든 기술을 받아들이고자 한다. "저는 스포츠 과학과 스포츠 의학에서 사용하는 언어가 마음에 들더군요. 말 속에 정확성이 들어 있어서 사람들의 생각을 변화시켜주니까요. 전문가들은 그냥 발의 뼈가 부러졌다고 하지 않고 이게 뭐고, 어떤 역할을 하고, 어떻게 작용하는지를 설명해줍니다. 한 단계 더 높은 수준에 오른다고나 할까요." 여기서 말하는 핵심은 어느 지도자에게나 중요한 의미를 던진다. 새로운 언어를 전해주고, 정확한 정보 공유를 위해 그 언어를 사용하는 것도 권한을 위임하는 행동이다.

오닐은 비디오 기술의 등장을 반기면서도 선수들이 스트레스 받지 않도록 정보를 잘 여과해서 사용해야 한다고 지적한다. "노팅엄 포리스트에서 클로프가 감독으로 있을 때만 해도 비디오 기술이 초기 단계였을 뿐만 아니라 실제로 게임을 녹화해서 텔레비전으로 되돌려 보며 상대 팀을 연구한 적은 한 번도 없었던 것 같아요. 요즘에는 선수들이 자신이 어떻게 플레이 했는지, 동료들과 유기적인 플레이가 이루어졌는지를 시합이 끝나면 바로 볼 수 있으니 잘된 일이죠. 저는 게임이 끝나고 하루 이틀 정도 지난 뒤에 비디오를 시청하는 방법을 사용합니다. 선수들의 집중력이 흐트러지기 전에 짧은 시간 동안 경기를 요약해서 볼 수 있고 생각도 충분히 할 수 있으니까요."

"경기를 바로 앞두고는 선수들이 받아들이는 데 한계가 있습니다. 아무리 영리한 선수라도 경기 출전 바로 전에 네댓 가지 지시 사항을 한꺼번에 듣고 다 이해하기는 힘들어요. 경기가 끝난 후에도 한 시간 이상 데리고 있으면서 뭘 진행한다는 것도 역효과만 불러올 뿐이고요. 집중력이 높아진 짧은 시간을 최대한 활용하는 게 감독이 할 일이죠. 그때가 짧지만 굉장히 중요한 순간이에요."

제라르 울리에 역시 기술의 발달을 누구보다 환영하면서도 기술의 활용에 대해서는 흥미로운 경고를 던진다. "프랑스 국립훈련아카데미 클레르퐁텐^{Clairefontaine}에서 경기 분석 시스템을 사용하기 시작한 지도 거의 15년이 되어가는군요. 예전에 일했던 클럽에서는 프로존^{Prozone} 같은 시스템 덕을 많이 봤죠. 선수들이 들이는 노력과 경기에서 펼치는 기술적인 면들을 평가할 수 있게 해주니까요. 하지만 부정적인 면을 집어내기 위해 기술을 활용하지는 않습니다. 선수에게 무엇이 틀렸고, 어느 부분이 잘못됐다는 걸 보여주기 위해 시스템을 사용하는 게 아니라는 말입니다. 그보다는 예전에 이만큼 잘했으니 앞으로도 그만큼 잘할 수 있다는 걸 말해주기 위해서죠. 이미지란 것은 선수의 마음속에 새겨지는 것이기 때문에 아주 중요한 겁니다. 그러니 뭔가를 보여줄 땐 선수에게 긍정적인 마음을 심어줄 수 있는 것이어야죠."

기술을 활용한 선수 영입과 훈련 일과에서부터 개인적인 문제에 이르기까지, 실력을 갖춘 리더십 팀은 최고의 기량을 갖춘 선수단을 탄생시킬 수 있는 환경을 만들어낸다.

최고의 기량을 갖춘 선수단 빚어내기

이상적인 환경 조성은 반드시 필요하지만, 그렇다고 환경 조성만으로는 충분하지 않다. 실력을 갖춘 리더십 팀이 선수들에게 본을 보이고 선수들에게 필요한 행동을 지도해야 모두가 지닌 비전을 달성할 수 있다.

워 룸과 부트 룸
사람들은 다른 사람에게서 말로 들은 내용보다 자신이 직접 본 내용을 모방할 확률이 훨씬 높다. 리더십 팀이 선수들에게 최고의 기량을 기대한다면 먼저 리더십 팀원들 자신이 선수들에게 바라는 행동을 모범적으로 선보이고, 그에 맞는 기준을 설정해야 한다. 앨러다이스는 마이크 포드와 함께 자신이 만든 워 룸에서 선수들에게 바라는 모습의 모델이 돼줄 리더십 팀을 조직했다. 그러면서 앨러다이스는 특히 스포츠 심리학에 대한 포드의 의견에 깜짝 놀랐다. 심리학에 의존하는 사람들은 약자에 불과하다는 당시의 일반적인 믿음과는 다른 소신을 포드가 내세웠기 때문이다. 앨러다이스는 포드에게 리더십 팀을 구축하는 데 모든 신경을 쏟아달라고 부탁했다. "제가 이렇게 말했어요. '당신이 선수들과 직접 대면할 일은 거의 없을 겁니다. 오히려 팀원들에게 신경을 써주세요. 모두가 달성하기를 열망하는 그런 목표와 꿈을 만들어내고 싶어요.' 각 부서에 인원을 늘려가면서 우리는 계속 계획을 짰습니다. 그래서 모든 사람들이 개인적으로나 팀 전체로 5년 후에 자기가 도착하려는 목적지가 어디인지, 자기가 무엇이 되고 싶은지 이해하게 됐지요." 리더십 팀은 선수단을 위한 계획뿐만 아니라 자신을 위한 개선과 학습에도 신경을 썼다. "팀원들이 자기 계발에도 관심을 가졌다는 점이 중요합니다. 축구계에서는 선수단을 위해 일하는 사람들이 자기 업무 향상에는 소홀할 수밖에 없는 위치에 있는 경우가 너무 많거든요. 저는 팀원들이 리더십이나 다른 분야에 대해 배울 수 있는 충분한 시간을 줬습니다. 하루 24시간, 일주일 내내 일에 파묻혀 있기보다 밖에서 새로운 지식을 배우고 오면 사람들이 생기가 돌고 활력이 넘치거든요. 늘 선수단 돌보느라 자기 자신을 돌보지 못하는 사람들은 자기 계발에 투자할 여력이 없는 경우가 많습니다."

여러 면에서 앨러다이스의 워 룸은 그 유명한 리버풀의 부트 룸을 따라 한 흔적이 보인다. 부트 룸은 안필드^{Anfield}의 주인으로 대대적인 성공을 거두었던 감독들의 따스함과 신비로움이 묻어나는 곳이었다. 리버풀 감독들은 이곳에서 일류로 올라선다는 것이 무엇인지 몸소 보여주며 최고의 기량을 펼칠 수 있는 환경을 준비했고, 이 전통은 약 25년간 이어졌다. 키건은 부트 룸에 대해 이렇게 기억한다. "부트 룸은 선수들과는 관련이 없었습니다. 그곳은 섕클리와 페이즐리^{Paisley} 같은 감독들을 위한 공간이었죠. 누군가에게 들은 내용인데, 그 방에 책이 한 권 있었답니다. 매일, 매주, 게임 전 훈련 내용과 모든 경기 결과를 기록한 책이라고 하더군요. 어쨌든 만약 팀이 내리 2연패를 당하면 그 책을 다시 보면서 작전을 연구했다는군요. 전 그 책을 한 번도 본 적이 없지만 그런 책이 진짜 있다고 믿습니다. 그 책에 관한 얘기는 극비에 부쳐져 있죠."

그렇다. 부트 룸에는 신비감이 서려 있다. 하지만 전설적인 부트 룸의 핵심은 본보기를 보여준다는 것과 인간적인 관계를 나누는 데 있다. 리버풀의 섕클리, 페이즐리, 페이건^{Fagan}을 비롯해 여러 훌륭한 클럽의 위대한 감독들이 일련의 핵심 원칙을 고수하며 팀을 이끌었다. 핵심 원칙의 확정 답안은 없지만 많은 사람들이 말하는 일곱 가지 원칙은 다음과 같다.

1. 집단적 신념

'매그파이스^{Magpies}'라는 애칭으로 유명한 뉴캐슬 유나이티드는 키건이 지휘봉을 잡은 1992년 잉글랜드 2부 리그에서도 하위권에 머물면서 예전 명성과 위엄에 걸맞지 않은 모습을 보여주고 있었다. 위험할 정도로 곤두박질치던 당시 상황을 그는 이렇게 묘사한다. "선수들이 정문으로 당당히 들어가지 못하고 차를 뒷마당에 세운 채 뒷문으로 출입할 정도였습니다. 그래서 하나부터 열까지 제가 싹 다 바꿔야만 했죠. 축구 클럽은 일이 잘 안 돌아가면 으레 서로를 탓하기 시작합니다. 예를 들어 선수들이 원정 경기 하루 전날 이동해서 호텔에서 묵어야 하는 것 아니냐고 하면 구단에서는 호텔 같은 곳에서 잘 자격이 없으니 경기 당일에 서너 시간 이동하면 그만이라고 하고, 장비가 더럽다고 하면 집에 가져가서 씻어서 쓰라고 하는 등 사소한 말다툼이 끊이지 않았죠. 이런 분열이 바로 뉴캐슬이 안고 있는 가장 큰 문제였습니다. 같은 팀인데도 서로 색깔이 다른 유니폼을 입고 뛰는 형국이었으니까요. 클럽 경영진이 생각하기엔 성과도 없는 선수들은 지원할 필요도 없다는 뜻이었겠죠." 집단적 신념은 자취를 감추었고, 부정적 인식이 팽배해 있었다.

안드레 빌라스 보아스는 팀에서 각 개인의 가치가 동등하다는 점을 강조함으로써 집단적 신념을 쌓으려고 노력한다. "저는 유럽의 축구 풍토 속에서 모든 선수를 똑같이 대해야 한다고 배웠습니다. 선수나 직원 개인보다 팀이 항상 더 중요하기 때문이죠. 사실상 유럽에서는 구단 이사회가 훈련장에도 찾아옵니다. 감독과 같이 클럽을 대표한다고 생각하기 때문이에요. 저는 팀을 이끌 때 언제나 개인적 가치보다 집단적 가치에 중점을 둡니다. 첼시나 토트넘에서 감독직을 수행할 때도 제가 팀 전체를 격려하는 이유가 선수 개인을 칭찬하는 게 싫어서가 아니라는 점을 선수들에게 이해시키려 노력했습니다. 팀이 개인보다 먼저라는 사실을 선수들이 이해하기를 원했기 때문이죠. 저는 골을 터트려서 경기를 승리로 이끈 선수뿐만 아니라 출전하지 못하고 벤치에 앉아 있는 후보 골키퍼 또한 그만큼 소중하다고 지금껏 배워왔고, 이런 가치관이 제 머릿속에 뿌리 깊게 자리 잡고 있습니다. 자기가 속한 팀을 위해 최선을 다하면 팀

또한 최고로 보답할 것이라는 말입니다."

2. 욕심 버리기

뛰어난 성적을 거두는 팀을 들여다보면 선수들이 서로를 배려하며 경기를 한다. 이에 대해 키건은 이렇게 설명한다. "일단 개인적인 욕심을 버려야 해요. 아무리 뛰어난 선수들도 자기 혼자의 힘만으로는 올해의 선수에 선정될 수 없다고 말합니다. 옆에서 도와줄 동료가 적어도 대여섯 명, 어떤 때는 일곱 명까지 필요하다고 하죠. 결코 과장이 아닙니다. 득점 찬스를 만들어준 동료에게 진심으로 고마워하지 않을 수 없어요. 동료의 성공을 위해 서로 돕고 배려하는 겁니다."

알렉스 퍼거슨 경은 팀을 위해 수고를 아끼지 않는 이런 마음가짐이 성공의 비결이라고 말한다. "좋은 팀이 되기 위해서는 서로의 장점뿐만 아니라 단점까지도 파악하고 있어야 한다는 점을 명심해야 합니다. 시합 당일에 선수들 중 여덟 명 정도가 컨디션이 괜찮다면 경기를 이길 가능성은 아주 높다고 봅니다. 한두 명의 선수는 팀전체의 분위기를 위해 경기에 출전시키기도 합니다. 현대 축구에서 한 시즌에 쉰 경기를 치르는 선수에게 매번 최고의 결과를 거두기를 바랄 수는 없잖습니까. 어쩔 수 없이 경기에서 빠지는 날이나 컨디션이 좋지 않은 날도 있기 마련이니까요. 이런 상황에서 하나로 뭉치는 것이 팀워크의 본질이죠."

팀워크는 제라르 울리에가 제시한 네 가지 기본 가치 중 하나이기도 하다. 그는 선수들이 서로 가까워지고 클럽에 소속감을 느끼게 하는 방법을 사용해 팀워크를 강조한다. "무엇보다도 팀을 먼저 생각해야 합니다. 축구는 단체경기이므로 개인보다 팀이 더 중요하죠. 다른 무엇보다 팀이 중요합니다. 이는 곧 '팀을 위해서 내가 무엇을 할 수 있나? 팀을 위해 어떻게 하면 더 잘할 수 있나?'를 생각해야 한다는 뜻입니다." 이는 앨러다이스가 첫 번째로 꼽는 덕목이기도 하다. 그는 팀워크를 성공의 일등 공신으로 인정하는 데 주저하지 않는다. "경기를 통해 이름을 날리고 경력을 쌓기 위해선 결과가 가장 중요합니다. 돈을 많이 버는 일과는 별개의 문제죠. 결과가 좋지 않으면 아무도 지지해주지 않고, 팬들이 등을 돌리면 감독은 설 자리를 잃게 됩니다. 따라서 모든 것은 선수들에게, 선수들이 하나의 팀으로 어떤 경기를 펼치느냐에 달려 있는 겁니다. 제가 선수들에게 전하고자 하는 가장 큰 가치는 모두가 함께 어우러져 하나의 팀으로 경기를 즐기면서 압박감을 떨쳐내야 한다는 것입니다. 그것만이 모두가 원하는 바를 달성할 수 있는 방법이니까요."

3. 탁월함

키건이 함부르크^{Hamburg}에서 선수로 뛸 당시의 출발은 그리 순조롭지 않았다. 하지만 구단의 높은 기대에 감명을 받고 열심히 뛰었다. "그때 제가 스물일곱 살이었고, 그저 모험을 즐기고 싶다는 생각에 뛰어들었죠. 하지만 제가 감당하기엔 부담이 상당히 컸습니다. 나중에야 제가 잘해냈다고 다들 얘기하지만 처음 6개월은 정말 끔찍했거든요. 초반에 팀 동료들은 제게 관심조차 없는 듯 보였어요. 저도 독일어를 못했으니까 물어볼 수도 없고, 왜 그런지 이유도 알 도리가 없었죠. 구단에서 영어를 할 줄 아는 코치를 데려왔는데, 선수들이 그 코치를 싫어했어요. 그리고 그것도 제 탓이라고 하더군요. 저는 프리 시즌 친선 경기에서 상대 팀 선수를 때리는 바람에 퇴장과 함께 여섯 경기 출전 정지 징계를 받았고, 그 선수에게 가서 사과까지 해야 했습니다. 게다가 제가 다른 선수들에 비해 연봉을 많이 받았는데, 구단주가 신문에 그 내용을 밝히면서 저를 함부르크를 구할 선수라고 소개했어요. 저에 대한 구단의 기대가 좀 벅찰 정도였습니다. 다른 선수들은 얼마나 잘하나 한번 보자라는 식이었죠."

"쉽지는 않았습니다. 하지만 전 할 수 있다고 믿었습니다. 일단 주위의 선입견만 없어진다면 잘 헤쳐나갈 수 있을 거라 믿었죠. 그렇게 생각을 바꾸고 어려움을 헤쳐나오니 딴 세상이 기다리고 있더군요. 그다음부터는 거칠 것이 없었습니다. 적극적으로 독일어를 배워서 동료들과 얘기도 나누고 웃으며 장난도 칠 수 있게 됐고요. 심지어 욕도 할 수 있을 정도로요. 그러면서, 믿기 힘들겠지만, 놀랍게도 리버풀보다 독일 축구가 프로 정신이 훨씬 투철하다는 사실도 알게 됐습니다. 함부르크 선수들은 어떤 일도 마다하지 않았죠. 리버풀의 토미 스미스Tommy Smith가 거기에 있었으면 선수를 죽이려고 작정했느냐며 따졌을 정도로 강도 높은 훈련도 자주 실시했거든요. 그런데 독일 선수들은 묵묵히 따르더군요. 훈련이 잘돼 있었어요. 마치 개인이란 말이 존재하지 않는 사람들처럼 코치가 시키면 벽돌도 뚫고 달릴 기세였습니다. 코치의 말은 무조건 옳다고 받아들입니다. 저도 점차 그곳 생활에 잘 적응해나갔고 결국엔 우승을 차지했죠."

4. 동기부여

감독과 팀에게 최고가 되겠다는 마음은 그 자체로 동기부여가 된다. 제라르 울리에는 탁월함을 추구하는 감독으로 유명하다. "이기려는 마음 자세를 갖춘 사람이라면 일단 한번 성공을 맛본 뒤에는 마치 마약에 중독된 듯 끊임없이 승리를 갈망하게 됩니다. 내가 리옹Lyon을 맡고 있을 때는 시즌 중반쯤에 이미 우승을 결정지은 적도 있죠. 프랑스 리그 컵에서 80점이 넘는 승점으로 우승을 획득한 팀은 여태껏 우리밖에 없습니다. 우리 팀은 2회 연속 리그 컵 정상에도 올랐고요."

울리에의 지휘 아래 리옹은 동기를 부여받은 팀이 얼마나 훌륭한 기량을 펼치고 큰 성과를 거둘 수 있는지 여실히 보여주었다. "상승세에 있는 팀에서는 열심히 노력하고, 자기 일을 즐기며, 서로를 위해 애쓰는 분위기가 조성되죠. 정말 짜릿한 경험이 아닐 수 없어요. 단순히 함께 일한다는 개념을 뛰어넘어서 진정으로 서로를 위해 헌신하는 겁니다." 동기부여와 이타심은 함께 모습을 드러낸다.

5. 개인의 헌신

높은 성과를 거두는 팀에서는 팀을 위한 개인의 헌신도가 아주 높다. 키건은 개인의 헌신을 성공의 중요한 척도로 본다. "헌신이란 무엇인가? 선수들은 여기에 팀의 이익을 위해 왔는가 아니면 그냥 여행 삼아 왔는가? 이곳에 돈 때문에 있는가 아니면 진심으로 승리하기를 원하고 있는가?" 뛰어난 기량을 펼치는 팀에서는 말이 아니라 행동으로 헌신적인 모습을 보여준다. "처음엔 별로 열심히 하지 않는 것처럼 보이는 선수가 있습니다. 그런데 3개월 정도 지나서 보니 아주 헌신적인 선수였다는 걸 알게 되는 경우가 있죠. 그동안 그런 모습을 보여주지 않았던 겁니다. 특히 우수한 팀의 선수들을 보면 자기가 왜 그 팀에 있어야 하는지, 왜 자기가 반드시 경기에 출전해야만 하는지를 일반 선수들보다 더 잘 보여주잖습니까."

앨러다이스 감독도 개인적 헌신의 중요성에 대해 목소리를 높인다. "리더십 팀은 자기 팀의 코치들과 선수들이 어떤 모습인지를 자문해보고 주시해야 합니다. 팀 내에는 '선도자' 역할을 하는 선수가 여럿 있습니다. 리더십을 발휘해서 주도적으로 다른 사람들을 이끄는 선수들이죠. 한편 기꺼이 팀에 헌신하고 이끄는 선수들을 따라가는 '추종자' 선수들도 존재합니다. 반면에 '방해자'들도 몇몇 있을 수 있는데, 이들을 경계해야 하죠. 잘못하면 추종자 선수를 꼬드겨서 문제를 일으키니까요. 보통 저는 이런 부류에게 직설적이고 냉담하게 대응합니다. 만약 다른 선수를 꼬드기는 선수가 보이면 다시 마음을 돌려놓기 위해 노력합니다. 약간의 문제는 있지만 그리 나쁜 선수가 아닌 경우가 대부분이니까요. 어떨 때는 그 선수를 잠시 격리시키거나 계약을 파기해야 할 때도 있죠. 혹시나 혼자 힘으로 문제를 해결하지 못하면 가능한 한 빨리 이사회에 알려서 그를 팀에서 내보내야 합니다. 감독의 입장에선 그를 되돌릴 수만 있다면 더할 나위 없겠지만요." 모든 구성원이 헌신하는 분위기를 조성함으로써 분열을 꾀하는 움직임을 미연에 방지할 수 있다.

6. 명확성

훌륭한 팀은 각자의 역할과 과정이 명확하다. 이와 관련해 키건은 이렇게 언급한다. "모든 사람들은 팀이 자신에게 무엇을 기대하는지, 자기가 어느 선까지 해야 하고 해야 할 임무가 무엇인지를 알아야 한다. 리버풀에서는 그냥 넘어갈 수 있는 것과 그렇지 않은 것을 분명히 알려주었기에 일하기가 쉬웠다. 자신의 임무가 무엇이고 체력을 어떻게 유지해야 하는지 선수들이 정확히 인식하고 있었다."

책임 면에서도 명확해야 한다. 마틴 욜은 잉글랜드에서 지낼 때 겪었던 흥미로운 일화를 소개한다. "한번은 내가 오른발잡이 선수(R 선수)에게 왼쪽에서, 왼발잡이 선수(L 선수)에게는 미드필드 중앙에서 플레이 하라고 주문했습니다. L 선수는 안쪽에서 왼발을 잘 사용할 수 있고, R 선수는 오른쪽으로 플레이를 바꿀 수 있다는 계산에서 나온 전술이었어요. 그런데도 선수들이 처음부터 자기 멋대로 포지션을 바꿔서 플레이 하는 겁니다. R 선수는 오른쪽에서 뛰고 L 선수는 왼쪽에서 뛰는 식으로요. 선수들이 도대체 무슨 정신으로 저러나 하는 생각이 들었죠. 가만 내버려두면 남은 시즌 내내 자기들 맘대로 할 게 불 보듯 뻔했어요. 그래서 하프타임을 기다렸다가 선수들에게 말했죠. '두 번 다시 그렇게 하지 마. 알겠나? 내가 왼쪽에서 뛰라고 하면 왼쪽에서 뛰란 말이야. 절대 바꾸면 안 돼.' 그러니까 '하지만 R 선수는 오른쪽에서 플레이 하는 걸 좋아하는데요!'라는 대답이 나오더군요. 그래서 제가 그랬죠. '내가 그런 지시를 내린 데는 다 이유가 있어. 내가 상대 팀을 연구한 후에 자네들에게 포지션을 바꿔 뛰라는 것이니 그대로 따르도록 해. 알겠지? 서로 어땠는지 경기 후에 얘기해보고 아니다 싶으면 다음번 경기에서 다시 바꾸면 돼. 그러니 자네가 맘대로 결정해서 행동하면 안 돼.' 선수들이 자기 맘대로 결정을 내리게 해서는 안 됩니다. 선수들은 보통 이거 아니면 저거라는 식의 흑백논리를 가지고 있거든요. 감독이 충분한 설명 없이 지시만 내리면 선수들은 자기 하고 싶은 대로 해도 괜찮다고 생각하는 경향이 있습니다. 그러면 그다음부터는 감독이 원하는 결과를 얻을 수 없어요." 강한 지도자라면 명확하고 확실하게 자신의 메시지를 전달하고 따르게 해야 한다.

7. 스트레스에 대한 긍정적 대처

위대한 팀은 모두 하나로 뭉쳐 압박감에 대응한다. 글렌 호들은 1981년 FA 컵 결승전에서 토트넘이 맨체스터 시티와 재경기 접전까지 갔던 상황을 떠올려본다. "첫 경기를 치르고 나서 교훈을 얻었습니다. 우리는 뭔가 변화가 필요하다고 생각했어요. 그래서 서로 탁 터놓고 얘기를 나눴고, 한 사람씩 돌아가며 모두 의견을 내놓았죠. 우리가 바라던 꿈이었기 때문에. 그런데 그 꿈에 집착하게 된 것 같아요. 모두가 너무 간절히 원하다보니 거기에 매달리게 된 겁니다. 그동안 하나로 뭉쳤기 때문에 결승전까지 진출할 수 있었고, 개인이 아닌 팀으로 좋은 플레이를 펼쳐왔는데, 막상 결승전이라는 큰 경기에서 분열이 일어났죠. 누구나 그날 경기에서 영웅이 되고 싶어

했지만 단체 스포츠인 축구에서 이기심은 허용될 수 없는 것이었죠." 결국 토트넘은 한마음으로 어려움을 극복하고 재경기에서 3 대 2로 승리하며 우승을 차지했다.

이제까지 축구계에서 높은 성과를 일궈내는 팀이 되기 위해 필요한 일곱 가지 정신 자세와 행동을 살펴보았다. 하지만 이 일곱 가지 덕목을 갖추고 좋은 성적을 거두기를 바라는 팀이라면 리더십 팀이 몸소 행동으로 보여주고 선수들을 지도해야 한다.

높은 성과를 낳는 지도자

복잡하고 빠르게 변하는 환경에서 성공을 거두는 지도자가 되기 위해서는 직접적인 방법과 간접적인 방법을 모두 사용해 영감을 불러일으켜야 한다. 감독은 복잡성, 기술 혁신, 사회 변화를 비판할 수도 있고 받아들일 수도 있다. 스태프의 규모에 눌려 제대로 기를 펴지 못할 수도 있고 감독 스스로 팀을 꾸려 신뢰를 쌓으며 목표를 향해 나아갈 수도 있다. 이렇게 하면 팀에 자기만의 특성을 심어 넣을 수 있을 뿐만 아니라 떠오르는 난제들을 보다 성공적으로 헤쳐나갈 수 있게 된다.

다른 분야와 마찬가지로 축구계에서도 성공한 지도자는 성공한 팀을 만들어낸다. 우선순위가 다를 수는 있겠지만, 지도자들 대부분이 중점을 두는 사항은 다음 네 가지로 압축할 수 있다.

1. 싸움의 성격과 동맹 관계의 필요성을 인식하라

전쟁의 기술을 즉각적으로 활용하는 감독들도 있지만, 성공한 지도자는 자기 임무가 막중함을 절감하고 다른 사람의 도움을 구하는 일도 마다하지 않는다. 이런 약해 보이는 모습 안에 성공을 안겨줄 강한 힘이 숨어 있다.

2. 실력을 갖춘 리더십 조직을 만들라

여덟 명에서 열 명 정도의 인원으로, 지도자가 신임하는 인물들로 끈끈하게 뭉친 리더십 팀을 말한다. 지도자는 이들이 자신을 옆에서 보좌하면서 도전 의식을 북돋아줄 거라 믿고 팀원들에게 권한을 위임해 제각기 전문 분야에서 책임을 다하도록 한다. 이들은 감독의 신임과 권한을 지닌 사람들이므로 감독은 리더십 팀을 통해 자신의 특성을 표현해야 한다. 그리고 감독의 지도 철학을 선수들에게 제대로 전달할 수 있는 감독 대행으로서의 리더십 조직을 필요로 할 수도 있다.

3. 성공하기 좋은 환경을 조성하라

리더십 팀은 성공할 수밖에 없는 환경을 만들 때 진정한 가치를 더한다. 그러기 위해선 떠오르는 시급한 문제들을 적절하게 처리해야 한다. 이런 문제들을 축구계에서는 복잡성, 기술, 사람과 관련돼 있다고 보고, 비즈니스에서는 이 세 가지를 전략, 운영, IT와 인사관리로 표현하기도 한다.

4. 뛰어난 기량을 갖춘 선수단을 만들라

결론적으로 지도자는 일선에서 활동하는 사람들에게 초점을 맞춰야만 한다. 리더십 팀은 워 룸이나 부트 룸 또는 중역 회의실에서 조직원에게 바라는 중요 행동 지침이나 정신 자세의 틀을 짜고 지도한다. 축구에 있어 중요한 일곱 가지 원리를 되짚어보자면 집단적 신념, 이타심, 탁월함, 동기부여, 개인의 헌신, 명확성, 스트레스에 대한 긍정적인 대처다.

　다른 리더십 영역과 마찬가지로 축구의 리더십도 매우 복잡해지고 있다. 그렇지만 복잡함 속에서 단순함을 찾아내는 능력자를 가까이 두면서 활용할 수 있는 지도자가 진정한 승리를 맛보게 된다.

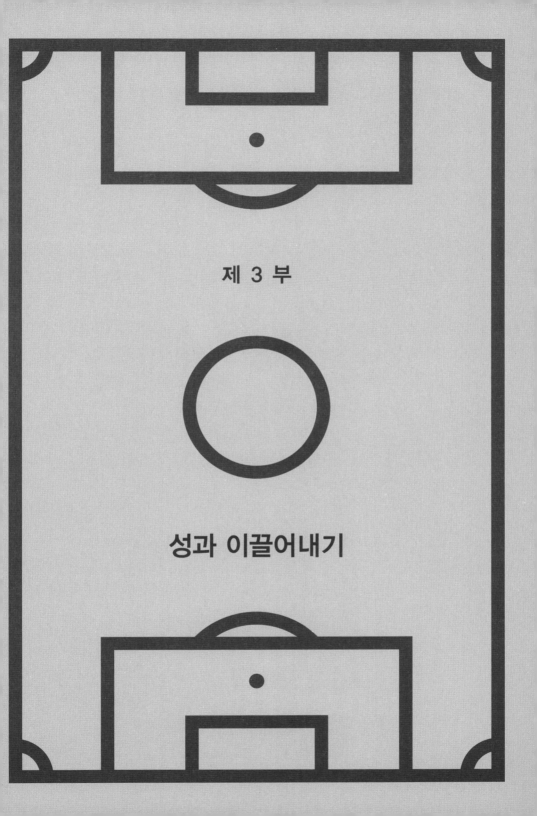

제 3 부

성과 이끌어내기

로베르토 만치니

Roberto Mancini

제 — 5 — 장 훌륭한 선수의
조건

지도자는 자기 생각이나 신념, 말이나 행동을 통해 조직 내 위치를 확고히 한다. 사람들의 행동과 성과를 이끌어내고, 뚜렷한 족적을 남기기 위해 자신만의 특성과 밀접하게 연관된 특정 요소를 전파시킨다. 시대를 막론하고 거의 모든 사회가 그렇다. 16세기 잉글랜드 하면 해상무역이나 상업의 번성, 종교개혁 등이 떠오른다. 이 모든 일들은 엘리자베스 여왕Queen Elizabeth이라는 지도자의 특성에 의해 추진됐고, 이에 따라 자연스럽게 이 시대를 엘리자베스 여왕 시대라고 부른다. 그렇다고 해서 여왕 혼자서 모든 일을 다 해낸 것은 아니다.

  지도자는 어떤 조직을 맡건 구성원의 성과에 의해 평가받는다. 군대 대장이나 학교 교장을 비롯해 모든 지도자들이 자신과 조직의 목표를 달성하기 위해서는 일선에 있는 조직원들이 성과를 내주어야 한다. 프로 축구에서 팀의 결과만큼 사람들의 관심을 많이 받고 중요한 것은 없다. 전략적 측면이나 작전 회의는 물론이고, 경기 분석이나 훈련 과정에 이르기까지 모든 부분이 결과에 중요한 영향을 끼친다. 그렇다면 지도자들은 팀원들이 경기장에서 세계 최고 수준의 기량을 펼치도록 하기 위해 어떻게 용기와 격려를 불어넣어줄까?

로베르토 만치니 감독

로베르토 만치니는 열일곱 살에 삼프도리아^{Sampdoria}의 공격수로서 팀이 이탈리아 내 각종 대회를 휩쓸고 클럽 최초로 유러피언 컵 결승에 진출하는 데 견인차 역할을 하며 존재감을 드러냈다. 15년 후 스벤 예란 에릭손^{Sven Göran Eriksson} 감독이 이끄는 라치오^{Lazio}로 이적한 그는 또다시 국내는 물론 유럽에서도 팀의 우승을 이끌었다. 하지만 골 감각이 떨어지기 시작하자 은퇴를 발표하고 곧바로 에릭슨 감독을 도와 코치직을 수행했다.

만치니는 피오렌티나^{Fiorentina}, 그리고 자신이 예전에 몸담았던 라치오에서 수많은 세계적인 선수들을 지휘해서 팀을 승리로 이끌며 곧바로 일류 감독의 자리에 올랐다. 인테르 밀란으로 자리를 옮기고 나서는 5년에 걸쳐 네라주리^{Nerazzurri}의 예전 명성을 되찾고자 노력하면서 팀이 3회 연속 이탈리아 리그 우승이라는 전무후무한 기록을 세우고 AC 밀란의 어두운 그늘에서 벗어나는 데 앞장섰다.

2009년 말 그는 아부다비의 셰이크 만수르가 구단주로 있는 맨체스터 시티의 재건이라는 엄청난 임무를 받아들인다. 감독을 맡은 첫 정규 시즌에 팀을 FA 컵 우승으로 이끌며 35년간 이어진 우승 트로피 가뭄을 끝냈고, 처음으로 챔피언스 리그에까지 진출하게 되었다. 두 번째 시즌을 맞은 만치니는 더 좋은 성적을 거뒀고, 마지막 경기에서 극적인 승리를 거두며 44년이나 기다려온 프리미어 리그 우승 타이틀을 차지했다.

만치니의 철학

로베르토 만치니는 강철 심장을 가진 매력적인 감독이다. 그의 축구 철학은 아주 간단명료하다. 훌륭한 선수들을 모아서 피땀 어린 노력을 기울여라. 그에게 '훌륭한 선수'란 주어진 과제 해결에 필요한 기술과 사고방식을 모두 지닌 선수를 말한다. "내가 훌륭한 선수를 데려오는 이유는 그들 없이는 우승할 수 없기 때문이죠. 사람들 눈에는 모두가 훌륭한 선수처럼 보일지 모르겠지만 제가 보기엔 사고방식을 개선해야 할 선수들이 있습니다. 겉으로는 좋은 선수처럼 보여도 최상위 리그에서 우승을 향해 달리기에는 정신력이 부족한 선수들이 있기 때문입니다." 또한 피땀 어린 노력을 기울인다는 말은 최고를 향해 끊임없이 정진한다는 뜻이다. 과거 삼프도리아에서 그와 같이 뛴 경력이 있는 맨체스터 시티의 코치 데이비드 플랫David Platt은 다음과 같이 회상한다. "리그 우승을 해도 달라지는 게 없었죠. 잠시 쉬고 나선 다시 훈련장으로 향하더군요."

과업을 위한 두 가지 차원: 기술과 사고방식

2009년 맨체스터 시티는 토니 풀리스가 사령탑으로 있는 스토크 시티와 복싱 데이Boxing Day 경기를 앞두고 있었다. 그리고 그 시점에

로베르토 만치니를 감독으로 선임한다. 그는 이 경기에서 침착하고 완벽하게 팀을 지휘하며 2 대 0으로 상대를 제압하고 성공으로 향하는 발판을 마련했다. 하지만 모든 길이 순탄치만은 않았다. 무엇보다 그에게는 팀 운영에 대한 확고한 원칙이 있었다. "감독이 되면 내 생각, 내 사고방식을 받아들일 수 있는 마음 자세가 돼 있는 좋은 선수들과 함께하고 싶었습니다." '적당히'라는 말을 경계하는 외골수적인 그의 성향을 옆에서 지켜본 데이비드 플랫은 다음과 같이 말했다. "만치니는 아주 강한 직업의식을 가지고 있습니다. 전문적이면서 강인하고 온 힘을 다해 힘든 일에 임하는 이탈리아인들의 방식을 고수하지요. 맨체스터 시티에 처음 도착할 때도 돌아가는 상황을 보면서 하나씩 고쳐가겠다는 말은 없었습니다. 대신 '일을 시작하면 모두 내 방식대로 할 것이다. 그게 바로 우리가 나아가야 할 길이고 더 이상의 말은 필요 없다. 어차피 결과에 대한 모든 책임은 내가 질 테니까'라고 했죠."

만치니는 자신이 잉글랜드 축구에 대해 잘 모른다고 생각했을지 모른다. 하지만 시험대가 될지도 모르는 제의를 곧바로 받아들였다. "잉글랜드 리그나 잉글랜드 선수에 대해 잘 몰랐죠. 아는 사람이라고 해봐야 베컴밖에 없었어요. 이탈리아와는 상황이 달랐습니다. 나는 잉글랜드 문화에 적응해야 했죠. 어려운 순간도 많았어요. 특히 훈련 과정과 방법을 바꾸느라 처음 6개월이 쉽지 않았는데, 처음 몇 달간은 선수들도 힘들어 했고요. 그렇지만 이 6개월 동안 우리 팀은 기량이 많이 향상됐고, 결국 챔피언스 리그 진출을 두고 토트넘과 마지막까지 겨루기도 했죠."

만치니는 부임 첫해에 맨체스터 시티를 5위로 끌어올리며 순조로운 출발을 했다. 그러나 처음 맞는 정규 시즌이 되자 자신이 생각한 대로 팀을 만드는 일에 주력했다. "그해 여름 선수들을 바꾸고 제가 보기에 좋다고 생각되는 선수들을 새로 영입한 다음 무엇보다 먼저 정신력을 무장하고 자세를 바로잡는 데 초점을 맞췄습니다." 정신력이란 헌신적인 마음가짐과 노력을 의미한다. 그는 자신이 소규모 축구 클럽 출신이었기에 이와 같은 부분을 중요시하게 됐다고 말한다. "선수 때부터 그랬지만 저는 언제나 이기려는 마음가짐으로 경기에 임했습니다. 동료들에게도 역시 그런 자세를 기대했고요. 그래야만 목표를 이룰 수 있기 때문이죠. 제가 늘 일류 팀에서만 뛴 건 아니고 제 의지에 따라 삼프도리아에서 15년, 그 후 라치오에서 3년 있었습니다. 어렸을 적에 볼로냐^{Bologna}에서 맨 처음 선수 생활을 시작한 이래로 줄곧 작은 팀에만 있었는데, 한 번도 이겨본 적 없었던 이런 팀들이 나중에는 모두 우승했어요. 이를 통해 배운 점은 약체 팀에 속해 있어도 이기려는 의지를 갖고 열심히 노력하면 승리할 수 있다는 사실입니다. 최고의 팀에서 뛰지 않는 선수일수록 더 강한 정신력을 갖춰야 합니다. 그리고 주위 동료들도 이기고 싶은 마음, 더 노력해서 나아지고자 하는 마음으로 함께해야 합니다."

그의 노력은 결실을 맺었다. 그는 선수단의 정신 자세를 바꿔놓았고, 트로피 가뭄은 FA 컵 우승과 함께 끝났다. 만치니는 이 상황을 전환점으로 보았다. "FA 컵을 들어 올린 다음부터 우리 팀의 정신 상태가 달라졌다는 걸 느꼈죠. 자신감이 생긴 겁니다. 승리해본 적이 없는 팀은 한 번이라도 우승 달성이라는 경험이 필요해요. FA 컵이든 칼링 컵이든 타이틀에 상관없이 첫 물꼬를 텄다는 점에 의의가 있습니다. 일단 이기기 시작하면 정신 자세가 변하죠. 선수도 사람인지라 날마다 열심히 노력했는데, 몇 년이 지나도 목표를 이루지 못하면 낙담할 수밖에 없어요. 반대로 열심히 노력한 결과 우승컵을 따내면 그때부터 일이 쉬워집니다. 이렇게 되기까지 절대 쉽지만은 않아요. 이겼을 때는 주위에 많은 사람들이 함께 있어주지만, 졌을 때는 혼자 남겨지게 되죠."

만사는 준비하기 나름

축구 경기는 감독과 스태프, 선수들이 몇 주 혹은 몇 달 동안 함께 훈련해온 내용을 최선을 다해 발휘하는 순간이다. 따라서 그날 경기에 맞춰 페이스를 조절하는 일이 무엇보다 중요하다. 이를 위해 만치니는 훈련량을 균등하게 맞춰나갔다. "경기를 준비하는 동안 우리는 같이 시간을 많이 보냅니다. 경기 당일에는 선수들이 압박감을 느끼기 때문에 평상시에 훈련을 통해 경기에 대비해야 합니다. 경기 당일에는 보통 킥오프 직전에 10분, 그리고 가끔은 탈의실에서도 5분 정도 선수들과 얘기를 나눕니다. 정작 경기 당일에는 많은 대화가 필요하지 않죠. 좋은 감독이라면 훈련 기간에 운동장에서 모든 사항을 미리 다 설명해놓을 테니까요."

시합 준비 과정에서 감독이 해야 할 일은 선수들이 최고의 기량을 펼칠 수 있도록 마음을 다잡게 도와주는 것이다. 준비하는 과정은 개인마다 다르다. 글렌 호들 감독은 선수였을 때 혼자 음악을 들으며 마음속으로 생각하는 스타일이었다. 경기장에 도착하면 어떻게 경기를 펼칠지 머릿속에서 그려보았다. 감독도 두 가지 면에서 그에게 큰 도움을 주었다. 팀에서 그의 전술적 역할에 대해 알려주고, 그가 긍정적인 태도를 유지하도록 힘을 실어주었다. "저 같은 경우는 경기를 앞두고 예전에 좋았던 일들을 생각해봅니다. 물론 잘못했던 일을 통해서도 배울 수는 있어요. 하지만 사람들은 긍정적인 일에서도 배울 점이 많다는 사실을 간과하는 것 같아요. 선수뿐만 아니라 일반 사람들도 일이 잘 안 되고 상황이 좋지 않으면 항상 원인에 대해 분석하곤 하죠. 반면에 일이 잘 풀릴 때에는 당연히 여기기만 하고 분석을 게을리하더라고요. 저는 어렸을 때 느꼈던 두려움과 불안을 다스리는 법을 경험을 통해 배웠기 때문에 코치가 돼서는 선수들이 그 방법을 일찍 터득할 수 있도록 도와주고자 했습니다. 지난번에 좋은 경기를 펼치지 못한 것 같아도 감독이 저를 다시 경기에 출전시킨다는 건 내가 잘한 점이 하나라도 있었다는 말이잖아요. 그러니 경기 시작 한 시간 전에는 자신이 지닌 강점에 집중하면서 좋았던 플레이, 잘했던 플레이를 생각해봅니다. 그걸 잘 기억했다가 심기일전해서 경기장에서 실력 발휘를 하면 되는 거죠."

호프 파월은 긍정적인 마음 자세를 중요시하는 호들의 생각과 경기 전 철저한 준비를 앞세우는 만치니의 자세에 자신의 의견을 더한다. 그녀는 주인 의식이 중요하다고 말한다. "매일 선수들과 회의를 하며 주인 의식을 불어넣습니다. 선수들과 다양한 집단 활동을 함께하면서 어떤 상황이 벌어지고 어떻게 대처해야 하는지 미리 예상해보는 거죠. 또한 수비진과 골키퍼, 미드필더와 공격진 등 각 역할별 모임을 갖고 전체적인 안목에서 각자의 역할이 무엇인지 물어봅니다. 그런 다음 이 사항을 다 같이 얘기하게 해요. 내가 더욱 신경 쓰는 부분은 각자가 할 일을 감독에게 돌리지 않고 스스로 책임지게 만드는 일이죠. 어차피 경기의 주인은 선수들이에요. 경기장으로 향하는 길에서는 훈련 과정 내내 강조해왔던 팀의 임무, 강점, 자신감, 각자의 역할과 책임 등을 가볍게 상기시키기만 하면 됩니다."

감독들 대부분이 공통적으로 지적하는 점은 큰 시합이라고 특별히 강조하면서 선수들에게 부담을 주지 말아야 한다는 사실이다. 모든 준비는 이미 끝났다. 준비가 잘된 팀은 어떤 상황이 닥치든 잘 이겨낼 능력이 있다는 자신감으로 무장한 채 경기장에 들어선다. 이런 팀은 경기 전 열띤 독려나 파이팅이 없어도 흔들리지 않는다. 이들은 나가서 자신의 모든 능력을 쏟아붓기 위해 최선을 다하는 프로다.

훈련장

훈련은 단순히 축구 기술의 연마만을 뜻하지는 않는다. 카를로 안첼로티 감독은 훈련장 분위기를 통해 선수들과 돈독한 유대 관계를 형성한다. "환상적인 팀을 만났다고 생각했기 때문에 제 경험을 비롯한 모든 것을 선수들에게 전해주고 싶었습니다. 잉글랜드 선수들은 팀의 상징입니다. 조 콜$^{Joe Cole}$, 애슐리 콜, 램파드, 테리 등은 모두 정말 훌륭한 프로 선수들이죠. 잉글랜드 선수들이 투철한 프로 정신으로 경기하는 모습을 보면 감탄이 절로 나옵니다. 경기장 밖에서는 어떨지 모르겠지만, 경기장 안에서만큼은 프랑스 선수나 이탈리아 선수 등과는 비교도 안 될 정도로 뛰어나죠. 프랑스 선수들은 열심히 하라고 떠밀어야 하거든요. 이탈리아 선수들도 마찬가지고요. 하지만 잉글랜드 선수들은 오히려 그만하라고 말려야 할 정도입니다. 선수들이 아주 마음에 들었고, 서로 좋은 관계를 유지했습니다."

브렌던 로저스 감독은 잉글랜드 선수들에 대한 칭찬을 인정하며 자신의 훈련장에도 이런 태도를 심으려 한다. "잉글랜드 선수들이 축구에 자신들의 모든 자질을 쏟아붓는 의지력은 내 축구 철학과도 일맥상통합니다. 그들은 판단력도 매우 뛰어나지요. 난 이들이 지닌 의사 결정 능력을 우리 선수들에게도 심어주려 합니다. 그래서 이 부분에 집중해서 훈련하죠. 타고난 전투력과 의지를 갖춘 선수가 영리함까지 갖춘다면 굉장한 선수로 성장하리라 장담합니다."

훈련장은 감독이 선수들 개개인의 특성과 상태를 파악하고 팀을 구성해나가는 데 이상적인 장소다. 훈련장에서는 다양한 문제점들이 거론되기도 하고 공통된 의견을 조성하기도 한다. 하워드 윌킨슨 감독은 선수들이 잘못된 행동을 하면 회피하지 말고 지적해야 한다고 주장한다. "훈련 과정 내내 세트 플레이 연습을 싫어하는 선수가 한 명 있었어요. 세트 플레이 연습을 할 때마다 혼자 빈둥거리기만 하더군요. 그래서 제가 공에다 그 선수 이름을 적었습니다. 그리고 그에게 공을 가지고 가서 말했죠. '자, 여기 자네만의 공이 있으니 이 공으로 혼자 연습하게나. 우린 다른 공으로 할 테니!' 부드럽게 말은 했지만 제 뜻을 확실히 전했다고 생각합니다. 자기가 하는 일이 다른 모든 사람들의 희생으로 이루어진다는 점을 깨우치게 하려는 뜻이었어요. 자기는 세트 플레이 연습이 웃기는 일이라고 느낄지 모르지만 사실은 모두에게 무례한 행동을 저지르고 있다는 점을요. 우리가 하는 일과 절차는 우리 모두가 정한 공통된 목표와 방법대로 따라야 한다는 것과 그러기 위해 모두가 노력하고 있다는 것을 말한 겁니다. 모두가 최선이라고 합의하고 따르는 방법을 혼자 따르지 않는다는 것은 동료를 무시하는 처사라는 점을 알려주고 싶었습니다." 이 방식이 효과가 있었을까? "그렇다고도 볼 수 있죠. 처음에는 자신이 원하던 바를 얻어서 좋아하는 듯 보였지만 팀에는 도움이 되질 않았죠. 자기만의 방식대로 하고 싶으면서도 팀과 함께하고 싶어 하는 마음이었어요. 어쨌든 모두들 많이 배우는 계기가 됐죠."

샘 앨러다이스 감독은 훈련장에서 항상 선수들에게 긍정적인 믿음을 심어주고자 한다. "힘든 상황이 닥치면 예전에 나를 지도했던 감독님들이 했던 식으로 선수의 어깨에 손을 올리고 대화를 나누죠. 그러고는 이 얘기를 빼놓지 않고 합니다. '자네는 정말로 잘하고 있으니 훈련을 게을리하면 안 돼! 상황이 나빠져서 자네를 만나는 일이 없었으면 하네.' 저는 너무 늦어버린 경우에는 훈련을 시작하지 말라고 선수들에게 말합니다. 선수들은 대부분 컨디션이 안 좋으면 연습을 하려 합니다. 그러나 연습은 컨디션이 좋을 때 계속해서 좋은 컨디션을 유지해야죠. 그편이 훨씬 쉽지 않겠습니까."

훈련은 모든 상황에 대한 준비 과정으로 기술과 정신 자세 두 가지 모두를 평가하고 해결할 수 있는 기회다. 닐 워녹 감독은 팀에서 불안한 위치에 있었지만 정신력만큼은 훌륭했던 한 선수를 처음 만났던 순간을 생생하게 기억한다. "스카버러 감독으로 부임하니까 크레이그 쇼트Craig Short라는 선수가 있더군요. 은행에서 적은 월급을 받으며 일했다던데 아주 올바른 태도를 지닌 선수였습니다. 당시에는 저도 햇병아리 감독이었지요. 크레이그의 포지션이 라이트 윙어라고 하기에 여러 자리에서 뛸 기회를 줬습니다. 그런데 윙어는 물론이고, 미드필더나 골잡이로도 제 역할을 못하더군요. 어느 날 제가 크레이그에게 다른 포지션에서는 다 뛰어봤으니 오늘은 수비 위치에서 한번 뛰어보라고 했죠. 그리고 그 경기에서 버밍엄Birmingham 2군에 잠시 내려와 있던 최고 공격수 피터 위드Peter Withe를 전담 수비하게 했습니다. 크레이그에게 피터가 어디를 가든 무조건 따라다니라고 주문했습니다. 피터가 교체돼서 라커룸으로 들어가면 그곳에도 따라 들어간다는 각오로 수비하라고 했죠. 크레이그는 피터를 그림자처럼 따라다니며 밀착 방어했고, 20분쯤 지나자 피터가 벤치로 오더니 저 이상한 놈을 어떻게 떼어버릴 수 없느냐며 짜증내더군요. 크레이그는 그 경기를 시작으로 수비수로서 성공적인 경력을 쌓았지요. 이런 선수들을 만나고 그들이 커가는 모습을 보면 자부심을 느낍니다." 이처럼 워녹은 정신 자세가 올바른 선수를 알아보고, 곁에 머물면서 지도하고, 기술적인 부분을 키워나갔다.

감독들은 훈련장에서 살다시피 한다. 그들의 열정을 쉽게 짐작할 수 있다. 선수로서도 훈련장에 익숙했던 감독들에게는 특히 훈련장이 두 번째 집이나 다름없다. 위대한 감독은 훈련장에서 자기 자신과 팀을 독려하고 단체정신과 올바른 품성, 이기려는 마음 자세가 모두에게 깃들도록 만든다.

선수 선발

안첼로티는 AC 밀란에서 선수로 뛸 당시 자신을 팀에서 제외시킨 파비오 카펠로 감독에게 반감을 가졌다. "감독이 저를 버렸다고 생각했어요. 경기에 나가고 싶었던 저는 감독에게 너무 화가 나서 저를 제외시킨 이유를 들어보려고도 하지 않았고, 연습에도 참가하지 않았죠. 그러자 감독이 저를 이렇게 타이르더군요. '언젠가는 자네도 이해할걸세. 자네도 감독이 될 테니까.' 막상 감독이 되고 나니 그때 감독님이 얼마나 힘들었을지 저도 이해가 되더군요."

선발 출전, 벤치 대기, 명단 제외로 선수를 선별하는 작업은 감독의 업무 중 가장 힘든 일 중 하나다. 만만한 일이 하나도 없다. 만치니에게도 어렵긴 마찬가지였다. "감독이 만약 한 선수에게 이번엔 다른 작전으로 경기를 풀어나가야겠다고 말하면 그 선수는 자기를 선발 명단에서 제외한다는 소리로 받아들이기 때문에 그런 말을 전하기가 어려울 수밖에 없습니다. 이 순간이 감독에겐 제일 곤혹스러운데, 이런 말을 들은 선수의 참담한 기분을 저도 잘 알기 때문입니다. 저도 이 상황을 바꾸고 싶지만, 축구 규정이 변경돼 주선 선수 인원이 열네 명이나 열다섯 명으로 늘어나지 않는 이상 선발된 열한 명은 기쁠 테고 나머지 선수들은 실망할 수밖에 없습니다. 일류급 선수들이 스무 명이 넘는 잘나가는 팀이라면 당연히 라인업을 정하기가 더 까다로울 수밖에 없겠죠." 만치니는 선수 선발 작업이 예민한 사안이라고 생각한다. 데이비드 플랫은 2012년 우승을 차지한 맨시티가 당시 주전 멤버 열한 명으로 여섯 경기 연승 행진을 이어갔던 상황을 기억한다. 겉으로는 승리의 기쁨을 만끽하는 듯 보였지만 감독은 가슴앓이를 해야 했던 순간이었다. "만치니는 선수들을 경기에서 제외시키는 일을 좋아하지 않았어요. 경기에서 연거푸 이기다보면 나머지 좋은 선수들이 계속 출전 기회를 잃게 돼서 감독으로서는 큰 고민거리가 아닐 수 없었죠." 하지만 만치니는 승리를 향한 마음 자세를 갖춘 선수 위주로 선발 명단을 꾸려가면서 마음의 불편함을 어느 정도 덜 수 있었다. 맨체스터 시티의 수비수 콜로투레Kolo Touré는 처음에는 만치니 감독의 눈에 띄지 않던 선수였다. 하지만 투레는 실망하지 않고 꾸준히 승부 정신을 키워나갔던 그때를 다음과 같이 회상한다. "감독에게 선택되지 않으면 기분이 아주 참담해요. 하지만 제가 먼저 꾸준히 노력하고 최선을 다하는 모습을 보이면 감독도 '출전 기회를 줘야겠구나' 하고 부담감을 느끼겠죠."

사실 진정한 프로 선수에게 시합이라는 큰 무대에서 자신의 기술과 능력, 재능을 펼쳐 보이는 일보다 더 큰 자극제는 없다. 그래서 많은 선수들이 이런 부분을 돈보다도 민감하게 받아들인다는 사실을 감독들도 인정한다. 무엇보다도 만치니가 팀 전원에게 바라는 것이 바로 이런 마음 자세다. 그는 선수에게서 출전하고 싶다는 열망, 이겨야만 한다는 열정을 보고 싶어 한다. 주전 명단에서 빠졌다는 사실을 안 선수가 일시적이나마 잠적한다고 해도 그리 놀랄 만한 일은 아니다. 열한 개의 주전 자리를 놓고 스무 명 이상의 선수들이 경쟁을 벌이는 팀의 감독에게는 선수 선발이 지도력을 가늠하는 시험대가 될 수밖에 없다. 그렇다면 감독들은 어떻게 이 문제를 해결해나가는가?

거의 모든 축구 감독들은 다음 세 가지 전략을 쓴다. 첫째, 팀 사기를 해치지 않는 선에서 최대한 솔직하고 명확하게 개인적으로 말을 전한다. 믹 매카시 감독은 개별적으로 얘기하되 신중하게 적절한 시기를 노린다. "저는 선수를 주전에서 뺄 때 그 선수에게 직접 얘기합니다. 팀 게시판에 명단을 올리거나 하는 방법은 절대 사용하지 않습니다. 그건 선수들에게 너무 가혹하다고 생각해요. 직접 알려주는 방법이 선수들에 대한 최소한의 예의를 지키는 길이라고 봅니다. 선수들도 감독에게 직접 듣기를 원해요. 저는 이제껏 그렇게 했고요. 문제를 회피하고 싶지는 않습니다. 하지만 후보 선수 명단에서 제외시킬 경우에는 주로 경기 시작 직전에 알려주는 편이죠. 후보 선수 명단에서도 제외한다는 소식을 미리 알려주면 선수들에게 악영향을 끼칠 수 있으니까요. 스무 명의 선수 모두에게 자기가 시합에 나갈 기회가 있다는 희망을 주어야 합니다. 선발 명단은 목요일이나 금요일에 알려주기 때문에 명단에 들지 못한 일부 선수들은 실망할 수도 있습니다. 하지만 후보로조차 출전 가능성이 없다고 통보하면 팀 전체가 흔들리는 문제가 생길 수도 있다. 가끔 소문으로 알게 되는 경우도 있지만 비밀에 부치는 것이 원칙입니다. 감독은 선수 모두의 참여를 이끌어내야 하니까요."

알렉스 매클리시 감독은 요즘 프로 선수들을 대할 때 특히 신중해야 한다고 덧붙인다. "애버딘에 선수로 있을 당시 시합 전에 선수들이 같이 앉아 식사를 하면서 '풋볼 포커스Football Focus'를 시청하고 있으면 아치 녹스Archie Knox 코치가 와서 선수 어깨를 툭 치면서 말하죠. '감독님이 좀 보자는데.' 경기장에 들어서기 한 시간 전에 그런 말을 들으면 그 선수는 자기가 명단에서 빠졌다는 걸 눈치채는 거죠. 선수들도 그런 식으로 통보받는 걸 싫어하지 않았어요. 알렉스 퍼거슨 감독이 아주 잘했고요. 하지만 신세대 선수들은 몹시 예민하기 때문에 그런 방법을 사용하기 곤란할 때가 있습니다. 버밍엄 감독으로 있을 때는 아무 때나 알려줘도 좋으니 동료들 앞에서 어깨는 치지 말아달라고 부탁하는 선수도 한두 명 있더군요. 심지어 일대일 면담 방식이 당황스럽다고 하는 선수도 있었고요. 제 딴엔 선수를 존중하는 마음으로 시도한 방법이었습니다만. 그래서 지금은 어깨를 치는 행동은 작전 변경 같은 걸 할 때나 사용하죠. 주전 선발 시에는 정신 바짝 차리라는 의미에서 가끔씩만 사용합니다."

둘째, 선수들에게 납득할 만한 이유를 설명한다. 이는 결정을 내리는 데 선수의 합의를 이끌어내기 위해서도, 감독이 자신을 정당화시키기 위해서도 아니다. 단지 선수들을 성인으로 대우해주고 감독의 생각을 전달해서 이해시킨다는 뜻이다. 선수들처럼 감독도 경험을 쌓아가며 모자란 부분을 배운다. 글렌 호들은 다음과 같이 회상한다. "선수였을 당시 이유도 듣지 못하고 출전 선수 명단에서 빠져야 한다는 게 무척 싫었죠. 그런 식으로 회피하는 감독들이 너무나 많습니다. 그래서 저는 감독이 된 이후로 지금까지 비록 짧게라도 항상 선수들에게 이유를 설명해줍니다. 그러고는 또 한마디 하죠. '자네가 혹시 얘기를 더 하고 싶으면 경기가 끝난 다음 월요일에 여기로 오게.' 그러면 많은 선수들이 찾아옵니다. 사실 오지 않는 선수가 오히려 이상한 거죠." 요컨대 감독은 선수들에게 솔직해야 한다. 감독 스스로 진실하다면 솔직히 말하는 것을 두려워할 필요가 없다. 호들은 선수들에게 '반박할 근거를 찾아내라'고 주문함으로써 존경과 신임을 받게 되었다.

셋째, 선발에서 제외된 선수들을 관리한다. 호들은 경기장에서 뛰는 선수들보다 뛰지 않는 선수들을 관리하는 일이 더 중요할 때가 있다고 믿는다. "선수들에게 경기를 시작하는 팀과 끝내는 팀 중에 어느 팀이 더 중요한지를 물어보곤 했습니다. 경기는 교체 선수들에 의해서 이길 수도 있고 질 수도 있으므로 이들 또한 매우 중요한 존재일 수밖에 없습니다. 또한 주전에서 밀려난 선수들은 팀워크에 결정적인 역할을 할 뿐만 아니라 다음에 언제든지 주전으로 선택될 가능성을 충분히 지니고 있거든요. 프랑스 월드컵 당시 우리는 선발되지 않은 선수들도 한 팀이라는 소속감을 느끼게 하려고 최선을 다했습니다. 그들도 언제든 교체돼 들어가서 뛸 수 있고, 월드컵에서 팀 승리에 기여하고 있다는 믿음을 주려 했죠."

경기에 출전할 열한 명을 고르는 일은 기술과 지식을 필요로 한다. 감독은 자신이 생각하는 바를 확실히 이해하고, 자신의 선택을 선수들에게 전달해 이해시키며, 출전 명단에 들어가지 못한 나머지 선수들도 날마다 혼신의 힘을 쏟을 수 있게 용기를 주고 격려해야 한다. 이야말로 지도자의 자질을 판단하는 척도가 된다.

하프타임 작전 회의

하프타임 작전 회의는 경기의 판도를 뒤집을 수 있는 잠재력을 지닌 축구에 있어서 기적의 시간이다. 팬들은 응원하는 팀이 하프타임 후에 엄청난 반전을 보여주거나 후반전에 역전을 당할지도 모른다는 추측을 할 수 있다. 하지만 하프타임이라는 그 결정적인 몇 분 동안 어떤 일이 벌어지는지는 아무도 모른다.

목소리가 높아지는 경우도 있긴 하지만 하프타임은 감독에게 유용한 시간이다. 이후 벌어질 45분간의 전투를 앞두고 선수들과 명확하게 의사소통할 수 있는 자리이기 때문이다. 만치니는 그때그때 대화의 내용이 다르다고 솔직하게 말한다. "득점 상황이나 경기 내용, 실수의 정도, 경기에 대해 제가 느끼는 자신감 등에 따라 상황이 달라지기 때문입니다." 하프타임 대화 내용에 관계없이 선수들은 정해진 패턴을 인지하고 있어야 한다. "선수들이 많은 에너지를 썼기에 하프타임 첫 10분 동안은 휴식과 회복에 힘쓰는 게 중요합니다. 그다음 5분 동안 후반전을 대비해서 세부 사항이나 전술에 관한 이야기를 주고받습니다." 만치니가 선수들의 이야기를 들어주고 휴식을 취할 수 있게 배려하는 등 선수의 입장에서 관심을 기울인다는 사실이 그리 놀랍지는 않지만 흥미롭게 들린다.

감독들은 대부분 하프타임에 팀 전체, 그리고 개개인의 사기를 진작시키려고 애쓴다. 호들은 선수들이 긍정적인 마음 자세로 하나가 돼서 힘든 시기를 거치며 여기까지 왔다는 점을 확인시키면서 항상 희망적인 말로 마무리한다. 호들은 솔직히 인정한다. "축구 선수들이라 그런지 어떤 때는 얘기를 듣는 둥 마는 둥 하지만 제가 계속 강조해온 긍정의 메시지는 아마도 마지막까지 기억할 겁니다." 믹 매카시도 이 말에 동의한다. "때로는 하프타임에 선수들을 격려하는 말만 합니다. 제가 얼마나 선수들을 사랑하는지 보여줄 수 있는 그런 말들로요. 그게 우리가 하는 일이죠. 그래야만 하고요. 제 철학이라면 팀을 위해 노력하는 선수들의 모습을 사랑하고, 노력해서 더 나은 선수를 만들고, 훈련시켜야 한다는 겁니다. 하지만 사실은 선수들이 지니고 있는 면을 보고 관심과 사랑을 보여야지 선수들의 부족한 면을 보고 미워해서는 안 된다는 것이죠."

물론 엄한 사랑이 필요한 때도 있다. 어떤 선수는 강경한 말투에 더 잘 반응한다. 마틴 욜은 상황에 따라 '독재자' 감독이 되기도 한다고 인정한다. "토트넘에 있을 때 미들스브로에게 2 대 0인가 3 대 0으로 뒤진 채 전반전을 마치고 탈의실에서 불같이 화를 낸 적이 있습니다. 그 덕분인지 후반전에는 경기력이 살아나서 3 대 3 동점으로 경기를 끝냈지요. 그렇다고 날마다 그렇게 화를 내면 선수들에게 미치는 영향력은 줄어들겠죠."

알렉스 매클리시는 1983년 애버딘의 선수로 활약했다. 그는 유러피언 컵 위너스 컵European Cup-Winners' Cup을 놓고 결승전에서 레알 마드리드를 상대로 싸울 당시 감독이었던 알렉스 퍼거슨과 하프타임에 있었던 일을 아직도 생생하게 기억하고 있다. "전반전은 1 대 1로 비겼는데, 문제는 제가 우리 팀 득점뿐만 아니라 상대편의 득점도 도왔다는 거죠. 초반에는 1 대 0으로 우리 팀이 경기를 잘 이끌어가고 있었어요. 경기 전에 몸 풀면서 운동장 상태도 꼼꼼하게 확인했지요. 운동장은 폭우로 인해 흠뻑 젖어 있었어요. 그래서 제가 시합 직전 탈의실에서 동료들에게 말했죠. '땅이 젖어서 공이 잘 안 나가니까 패스할 때 보낼 곳을 잘 봐서 좀 높이 차야 할 거야.' 그러다 경기 중에 어느 순간 내 쪽으로 공이 왔습니다. 제 양쪽에 있던 수비수 윌리 밀러Willie Miller, 골키퍼 짐 레이턴Jim Leighton과 서로 사인을 주고받고 제가 공을 패스했는데, 그만 실수를 저지르고 말았습니다. 너무 긴장한 나머지 골키퍼에게 안전하게 전해준다고 패스한 공이 고인 빗물에 걸려서 제대로 전달이 안 된 거죠. 당시에는 수비수가 백 패스한 공을 골키퍼가 손으로 잡을 수 있었거든요. 평상시 같으면 안전한 패스였는데. 이런 말은 좀 뭐하지만, 골키퍼 짐이 좀 더 일찍 나왔어야 했는데 늦었어요. 당시 유명했던 레알 마드리드의 공격수 카를로스 산틸라나Carlos Santillana가 달려드는 바람에 짐이 급하게 막으려다 결국 페널티킥을 주고 득점을 허용했습니다. 정말 쥐구멍에라도 숨고 싶은 심정이었지요."

하프타임에 매클리시가 탈의실에 들어서자 감독이 이미 기다리고 있었다. "감독이 호통을 치더군요. '이봐, 도대체 생각을 어디다 두고 다니는 거야?' 이게 바로 퍼거슨 감독의 유명한 헤어드라이어 방식이죠. 머리가 휘날릴 정도로 독설을 퍼부으니까요. 저도 질세라 큰소리로 대들었고, 아치 녹스 코치가 말리고 나서야 진정이 됐습니다. 요즘이야 선수들의 실수를 티브이 자료 화면, 슬로 모션, 슈퍼 슬로 모션 등으로 얼마든지 다시 찾아볼 수 있지만 당시엔 득점이나 실점, 실수 같은 모든 상황을 감독이 일일이 다 기억하고 있어야만 했죠. 사람들이 지금처럼 스무 번 넘게 다시 보기 할 수 없기 때문에 코치들이 기록을 꾸며내는 경우도 있었습니다. 어쨌든 당시엔 알렉스 퍼거슨 경이 말하면 우리는 잠자코 따라야만 했습니다. 퍼거슨 감독이 쏟아내는 기운이 엄청났으니까요. 후반전에 들어서자 더 이상 실수하면 안 된다는 걸 알겠더라고요. 감독을 실망시키고 싶지 않았고, 팀 동료들을 낙담시키고 싶지도 않았습니다. 사람이 두려움이나 공포에 휘둘릴 수 있는데, 저는 결정적인 순간에 늘 투지를 불태우는 그런 스타일이죠."

"후반전은 계획대로 풀렸고, 우리가 결국 승리했습니다. 후반전에 정말 좋은 경기를 펼쳤어요. 우승을 차지하니까 저 역시 기쁘기는 했지만 여전히 실수에 대한 생각으로 가슴 한구석이 불편했습니다. 유러피언 컵 위너스 컵의 승자가 됐지만 실수했던 순간이 머릿속에서 가시질 않는 거예요. 혼자 샤워실에서 물을 틀어놓고 내일 신문 기사 내용을 상상하며 자책하고 있었죠. 과잉 반응일 수도 있겠지만 아무리 잊어버리려 해도 마음대로 안 되더라고요. 바로 그때 퍼거슨 감독이 샤워실에 들어왔습니다. 물이 튀어서 감독님 바지가 젖는 걸 보면서 혼자 웃었던 기억이 나는데, 어쨌든 감독님이 제게 이렇게 얘기해줬죠. '자네가 정말 자랑스러워. 오늘 많은 사람이 쓰러지고 무너졌지만 자네는 당당하고 훌륭하게 어려움을 이겨냈어.'" 퍼거슨 경은 선수들에게서 최선을 이끌어내는 법을 알았고, 이 역할을 완벽하게 해내는 뛰어난 리더십을 몸소 보여주었다.

선수들과 그날의 상황에 따라 하프타임 작전 회의는 평상시처럼 갈 수도 있고 다른 방식으로 진행할 수도 있다. 그러나 상황이 어떻든 간에 일방적인 의사 전달보다는 서로 간의 대화가 일반적인 기준이 돼가고 있다. 호프 파월은 하프타임 대화에 경영진은 제외시킨다. 오직 선수와 의료진만 5분 정도 진솔한 대화를 나눌 수 있도록 한다. 그러고 나서 경기 동영상 자료를 가지고 들어간다. "들어가면 먼저 선수들에게 '좋았어. 자, 이제 어떻게 하면 될까?'라고 첫마디를 던지고는 선수들이 말을 하게끔 유도합니다. 그런 다음 동영상을 보면서 선수들의 얘기와 내 생각을 확인하고 적절하게 접목시킬 방법에 대해 얘기하죠. 시각적 자료로 피드백을 주는 겁니다. 선수들이 잘 받아들인다는 점에서 하프타임은 굉장히 유용한 시간이죠."

호들은 대화라는 주제에 대해 자신의 의견을 덧붙인다. "가끔 탈의실에서 선수들끼리 충돌하는 것도 괜찮다고 봅니다. 물리적인 싸움이 아닌 견해 차이에 의한 언쟁은 선수들이 경기를 그만큼 신경 쓰고 있다는 의미니까 저도 말리지 않는 편이죠." 이런 측면에서 탈의실은 특별한 장소다. 스포츠 세계를 제외하고는 자유주의 국가의 군대에서만 이와 같은 정면충돌을 허용하지 않을까. 어쨌든 호들은 언쟁을 좋은 쪽으로 활용한다. "전 항상 이렇게 말해요. '그래, 좋아. 여러분 의견이 뭔지 말해보게. 자네들이 꺼낸 문제를 우리가 같이 풀어나갈 길을 찾아보자고.' 어린 선수들은 말없이 듣기만 하려고도 하는데, 그럴 때는 주장이나 몇몇 고참 선수들에게 먼저 의견을 얘기하게 합니다. 그러면 어린 선수들도 따라서 자기 생각을 말하게 되거든요." 그러나 대화에 정통한 사람도 위기 상황에는 일방적인 의사 전달을 할 수 밖에 없다고 주장한다. 파월도 이 부분을 인정한다. "만약 심각한 이야기를 하고 있거나 선수들이 할 일을 제대로 못하고 있을 때는 어떤 자료도 보여주지 않아요. 일단 5분 정도 서로 얘기할 시간을 줬는데도 침묵만 흐를 뿐 선수들이 어떻게 할지 모른다고 느껴지면 그때는 내가 '자, 각자 맡아야 할 일과 방법에 대해 얘기해주겠네'라고 할 수밖에 없죠."

전투의 열기가 한창 고조된 상황에서는 감독이 선수들의 사기를 진작시키는 방법을 조심스럽게 선택해야 한다. 침묵, 경청, 질문, 지시, 호통 같은 여러 방법들을 사용할 수 있으며, 때로는 침착하게 문제점을 짚어보거나 감정에 호소하는 전략을 쓰기도 한다. 딱 정해진 해법은 없지만 진정한 지도자라면 특정 상황에서 가장 잘 통할 수 있는 방법이 무엇인지를 알게 될 것이다.

결과에 대한 대응

90분간의 경기가 끝난 후 감독의 일차 과제는 다음 경기를 위해 팀 전열을 가다듬는 것이다. 승패에 따라 희비가 교차하겠지만 그와 상관없이 결과를 통해 배울 점을 받아들이고 그날 배운 내용을 다음 경기에 활용해야 한다. 만치니가 이끄는 맨체스터 시티가 시즌 여섯 경기를 남겨둔 시점에서 아스널에게 패하자 호사가들은 맨체스터 시티의 우승 가능성이 희미해졌다고 입방아를 찧었다. 맨체스터 유나이티드가 승점에서 8점이나 앞서고 있었기 때문이다. 만치니는 지난 패배에 연연하지 않고 앞으로 남은 경기에 온전히 전념하자고 마음먹었다. "그때 압박감이 대단했습니다. 선수들을 짓누르는 엄청난 심리적 부담감을 덜어주는 일이 가장 시급하다는 게 코칭스태프의 결론이었지요. 저는 선수들에게 이제까지 잘해왔다는 말과 함께 최정상 팀으로서 이제 앞으로 남은 경기를 멋지게 끝내야 한다고 격려했습니다. 만약 나머지 경기를 다 이기면 2위에 오를 수 있다고요." 많은 사람들이 맨체스터 시티의 프리미어 리그 우승은 불가능하다고 떠들어댔지만 만치니는 우승이 힘들긴 해도 불가능하지는 않다고 생각했다. 만치니의 생각과 말은 긍정적인 효과를 불러왔다. "일단 부담감을 떨쳐버리자 선수들이 침착하게 플레이 하면서 주도권을 쥐고 경기에서 승리하기 시작했습니다."

만치니가 차분하고 냉담한 성격인 반면 퍼거슨은 직설적이고 시원시원한 편이다. 그럼에도 둘 사이에는 비슷한 점이 있다. 알렉스 퍼거슨 경은 이렇게 말한다. "저는 어떤 상황에서든 확실히 하는 게 좋다고 생각해요. 선수들이 실수를 저지르면 단도직입적으로 말해버립니다. 숨기지 않아요. 하지만 일단 경기가 끝나면 그 문제에 대해 왈가왈부하지 않습니다. 토요일 경기 후에 하고 싶은 얘기를 전하면 그것으로 끝입니다. 두 번 다시 같은 문제에 대해 거론하지 않죠. 다시 검토할 시간적 여유도 없고, 그럴 바엔 다음 경기를 준비하는 편이 나으니까요." 바로 이 부분이 퍼거슨 감독의 핵심 철학이다. "지난 일을 다시 얘기해봐야 아무 의미가 없어요. 생각해보세요. 토요일 경기가 끝나면 선수들에게 일요일 하루 휴가를 줍니다. 그럼 월요일 아침에 훈련을 시작하는데, 만약 수요일에 경기가 있으면 다음 경기까지 이틀밖에 안 남은 겁니다. 지난 경기를 들추어낼 이유가 없어요. 또 하나 중요한 점은 선수들에게 항상 사실대로 말해야 한다는 겁니다. 명명백백하게 드러내야 해요. 어떤 선수는 좀 부드럽게 대해야 한다거나 그런 건 없습니다. 선수들도 분명하다는 게 뭔지 이해해야 하고, 내가 어떤 사람인지 이해해야죠. 선수들이 이런 부분을 일단 받아들이기만 하면 아무런 문제도 생기지 않습니다."

앞으로 나아가야 한다는 요구가 시급한 만큼 지도자들도 성격이나 상황에 따라 정도의 차이는 있지만, 나름대로 감정을 배출한다. 믹 매카시는 탈의실에서 소리치는 스타일은 아니지만 때때로 감정을 주체하지 못하는 경우도 있다고 고백한다. "울브스^{Wolves}에서 감독 마지막 해에 두 번 그런 적이 있습니다. 한번은 맨체스터 유나이티드와의 경기에서 2 대 1로 졌을 때인데요. 경기 시간이 93분 지난 상황이었습니다. 우리가 볼을 소유하고 있었으니까 구석에서 볼을 돌리면서 시간이나 좀 끌면 비길 수 있는 경기였단 말입니다. 올드 트래퍼드에서 비기기만 해도 할 일은 다 한 건데. 그런데 안쪽으로 파고들다 패스를 잘못하는 바람에 골을 허용하고 패하고 말았죠. 얼마나 화가 났는지 주위에 있는 물건을 차고 집어 던지고 했죠. 볼을 뺏긴 선수를 한 대 쥐어박고 싶은 걸 간신히 참았죠."

"또 다른 사건은 볼턴과의 경기 때문이었어요. 경기가 94분 경과한 시점에서 점수는 0 대 0이었습니다. 우리가 스로인 공격을 하게 됐죠. 공을 던지고 뒤로 백 패스, 그런데 패스한 공이 스터리지^{Sturridge}에게 가면서 점수 헌납. 제가 한 행동에 대해 나중에 사과했습니다. 하지만 고의가 아니었고, 특정 선수를 비난할 생각은 없었어요. 선수들이 들어오기를 기다리다가 분을 이기지 못해 물건들을 집어던진 겁니다. 특별히 바보 같은 행동을 하진 않았어요. 어쨌든 제가 그러는 모습을 선수들이 보았던 게 오히려 득이 되었다고 봅니다. 평상시에는 차분한 감독이 '경기에 패한 게 얼마나 괴로웠으면 저럴까' 하고 생각할 기회를 준 거니까요. 저는 경기가 끝나면 선수들과 앉아서 대화를 나누는 편입니다. '자, 여러분. 이거 한번 분석해봅시다. 이건 이랬고 저건 저랬고 이런 상황에서는 이렇게 했으면 더 좋았을 텐데.' 그렇게 충분히 대화를 하고 나서 다음 경기로 넘어갑니다. 선수가 잘못한 부분이 있으면 지적을 하고 우리가 나눈 대화를 중심으로 전술적인 면 네댓 가지를 설명하는 거죠. 그렇게 대화를 끝냅니다."

푸근한 인상의 안첼로티가 불같이 화를 낼 때는 선수들이 나쁜 행동을 하는 경우에 한한다. 그리고 그렇게 하는 데는 다 계산된 의도가 숨어 있다. "잘 싸웠는데도 한 사람의 실수로 패했을 때는 뭐라고 하지 않습니다. 하지만 얼마 전에 선수들이 공을 패스하려고 하지 않고 자기가 직접 골을 넣으려는 이기적인 행동을 해서 경기가 무승부로 끝난 적이 있는데, 그때는 3일 동안이나 선수들을 꾸짖었죠." 안첼로티는 이 방법이 효과가 있었다고 장담한다. "시합이 끝나자마자 제가 이탈리아어로 떠들어댔죠. 보통 소리칠 일이 생기면 이탈리아어가 튀어나와요. 이탈리아어가 더 유창하기 때문인가 봅니다. 선수들이 제 말을 전혀 이해하지 못해도 상관없습니다. 의도와 감정만 전달되면 충분하니까. 모국어가 아닌 경우 감정을 표현하기 무척 어려울 때가 있어요. 제 느낌을 그대로 전달해야 하는데, 외국어로는 그게 힘드니 안 좋죠. 가장 힘든 일 중에 하나가 선수들에게 동기부여 하는 겁니다. 정확한 표현을 사용해야만 하거든요. 하지만 외국어로는 적절하게 표현이 잘 안 돼서 마치 컴퓨터처럼 말하기도 한답니다. 이 점이 가장 어려운 사항이에요. 저는 종종 목소리 크기와 몸동작을 사용해서 제 의사를 표현합니다."

마지막으로 경기 후에 하는 일은 각 개인별로 대하는 시간을 갖는 것이다. 앞에 언급한 매클리시와 퍼거슨 감독과의 대면에서도 알 수 있듯이 이 일은 굉장히 중요한 역할을 한다. 안첼로티는 자기 시간을 할애해서 선수들에게 다가간다. "선수가 실수를 저지르면 일단 말을 아끼고 기다려줍니다. 일반적으로 선수들은 스스로 깨닫고 싶어 하죠. '아무 상관 없어'라든가 '앞을 내다보자고' 같은 말로는 충분하지 않습니다. 저는 한 발짝 뒤로 물러서서 기다리는 편이 더 좋다고 생각해요." 키건은 리버풀의 위대한 거장 빌 샹클리와 밥 페이즐리에게서 많은 점을 배웠다. "제가 리즈 유나이티드 공격수인 빌리 브렘너^{Billy Bremner}와 동반 퇴장당하면서 여덟 경기 출전 정지 징계를 받았을 때 필 보어스마^{Phil Boersma}가 제 대신 들어가서 좋은 경기를 펼쳤어요. 저는 부상까지 당해서 후보 선수 명단에도 끼지 못했고요. 나중에 출전이 가능하게 됐지만 감독이 나를 선택하지 않을 거라고 생각했어요. 그런데 예상을 깨고 전 주전 명단에 포함된 반면 보어스마는 교체 선수로 빠져 있었죠. 보어스마에게 미안해하고 있는데 빌 샹클리 감독은 보어스만이 잘해주긴 했지만 제가 주전이니 나가서 열심히 뛰라고 말해주었습니다. 어찌 보면 감독이 현명한 거죠. 주전 선수에게는 웬만하면 출전 명단에서 잠깐이라도 빼겠다는 말을 하지 않아요. 정말 컨디션이 최악이 아닌 경우엔 무조건 출전시킵니다. 감독은 진정한 주전이라고 생각하는 선수는 뺄까 말까 고민도 하지 않습니다. 넌 주전 선수이고 난 널 무조건 믿는다는 스타일이죠. '네가 요즘 부진하지만, 그래도 출전시켜 주지'라고 말하지 않습니다. 대신 '오늘 출전 선수들을 믿는다. 자네들이 오늘 경기에 나가서 뛰어야 할 선수들이야'라고 하죠. 그게 오히려 선수들이 스스로 책임감을 느끼게 하는 말이거든요. 제가 감독에게서 원하는 게 바로 이런 방법입니다."

선수 출신 감독들이 예전에 선수 시절 자신의 감독들과 있었던 일이며 그때 받았던 느낌을 얘기하는 걸 들어보면 흥미롭다. 공감의 힘은 세대를 걸쳐 전해지면서 그 위력을 발휘한다.

경기의 결과를 두고 일어나는 일에서 알 수 있는 사실은 주심이 경기 종료 휘슬을 불었다고 해서 감독의 일이 완전히 끝나지 않았다는 점이다. 한 경기가 끝나고 몇 시간 혹은 며칠 동안 감독이 선수들을 어떻게 대하느냐에 따라 다음 경기에서 선수들의 수행 능력도 달라진다.

해결책: 지휘, 선도, 경영

리더십을 설명하는 글도 많고, 리더십과 경영의 차이점을 둘러싸고도 의견이 분분하다. 리더십하면 잉글랜드 사람들은 축구 감독을 떠올리지만, 잉글랜드를 제외한 나머지 유럽 국가에서는 코치를 가리킨다. 하지만 직함이 리더십을 다 설명해주지는 못한다. 다른 많은 지도자들과 마찬가지로 감독의 일도 각기 다른 접근이 요구되는 세 가지 부문으로 구분된다. 어떤 방법을 적용할지는 각자의 특성과 타고난 성향에 달려 있다.

워릭 대학교Warwick University의 키스 그린트Keith Grint 교수는 리더십과 경영 분야의 전문가로 이 세 가지 범주를 알기 쉽게 정의 내렸다. 첫 번째 방식은 '지휘'다. 군대를 제외하고는 지도자를 지휘관으로 생각하지 않는 게 보통이다. 그러나 사실상 축구 감독들은 지휘의 방식을 많이 사용한다. 감독직은 '책임'을 지고 해결책을 마련해야 하는 자리인 까닭이다. 이 방법은 토론이나 반대 의견이 끼어들 틈을 주지 않으며 위기 시에 효력을 나타낸다. 일이 잘 안 풀리기 시작하면 사람들은 당황하고 자신 없어 한다. 지휘관은 길을 찾기 원하는 사람들에게 확신과 해답을 제시한다.

팀이 위기에 처한 게 아니라면 이런 질문이 나올 수 있다. 혹시 우리가 전에 이런 상황을 겪었고, 그에 대한 확실한 해결책이 있지 않았나? 만약 '예스'라는 답이 나온다면 그동안 충분히 시험을 거쳐 효과가 증명된 방법으로 대처하면 된다. 이는 '익숙한' 문제다. 이것이 '경영'이다. 경영자는 과거에 해봤던 일, 성공 확률이 높은 방법을 펼쳐 보인다. 어떨 때는 문제가 상당히 복잡해서 마치 퍼즐처럼 보이기도 하지만 해결책은 있다. 감독은 문제를 풀기 위해 자신이 익숙한 방식을 사용한다.

만약 과거에 겪어보지 못한 일이고, 명쾌한 해답도 보이지 않는 상황이라면 '리더십'을 따라야 한다. 그린트는 이 난관을 '혹독한 문제'라 칭했다. 축구에 있어서는 개인이 이상행동을 한다든가 클럽이 파산 위기에 놓였다거나 선수가 치명적인 부상을 당했다거나 모든 면에서 한 수 위에 있다고 언론이 추어올리는 적수를 만나는 경우가 이에 해당된다. 이런 상황에 놓이면 지도자는 질문을 던져야 할 필요가 있다. 그리고 이렇게 말하는 자신의 목소리를 들을 수 있을 것이다. "이런 문제는 한 번도 경험해보지 못했어. 함께 이 역경을 헤쳐나갈 수 있는 사람들을 끌어모아야겠어."

만치니는 타고난 지휘관이다. 그는 선수 시절 동료들 사이에서 자기주장이 강한 사람으로 유명했다. 삼프도리아에서 그의 코치였던 스벤 예란 에릭손은 만치니가 리더십을 타고났다고 평가한다. "만치니는 선수였을 때부터 감독이 되고 싶어 했죠. 코치 역할은 물론이고, 장비 담당 직원, 구단 버스 운전사까지 모든 역할을 척척 해냈어요. 또한 훈련 전에 모든 것이 완벽하게 준비돼 있는지 확인하고 싶어 했습니다. 그래서 제가 가끔씩 이런 말을 해야만 했어요. '만치니, 자넨 일요일에 경기를 치러야 해. 모든 걸 혼자 다 하려고 하면 몸이 남아나지 않을 거야.' 그래도 그는 아랑곳하지 않았습니다." 당시 만치니는 이런 생각을 마음속 깊이 간직하고 있었는지도 모른다. "나는 열두 살 때부터 감독이 되고 싶다는 생각을 했다. 축구 선수가 되고 나서도 감독이 되고 싶다는 마음은 수그러들지 않았다. 선수 생활을 그만뒀을 때도 이 생각에는 변함이 없었다."

성공에 목마른 만치니는 맨체스터 시티의 지휘봉을 잡자 타고난 지휘관의 감각으로 당시 상황에 전환점이 필요하다고 생각했다. 그는 무엇을 해야 할지 알고 있었다. 생각한 대로만 해낸다면 팀은 성공을 거둘 것이고, 그렇지 못하면 목표는 좌절되고 우승을 향한 꿈은 점점 멀어져갈 것이다. 그렇지만 만치니의 강력한 리더십은 승리를 가져왔으며, 그가 다른 곳으로 옮겨 간 뒤에도 그를 향한 팬들의 사랑은 이어졌다. 이겼을 때는 주위에 많은 사람들이 함께 있어준다는 그의 예언이 이루어졌다.

재능

최고의 선수들이 경쟁을 펼치는 축구 리그에서 성과를 올리는 일은 누구나 할 수 있는 일이 아니지만 지도력이 무엇인지를 알고 싶은 사람들이라면 감독들의 역할을 통해 흥미로운 교훈을 얻을 수도 있다. 경영인과 마찬가지로 축구 감독들은 과업을 수행하려면 뛰어난 기술과 팀의 올바른 정신 자세가 갖춰져 있어야 한다고 입을 모은다. 준비에서부터 안 좋은 결과의 영향을 최소화하는 일까지 성공을 이어가는 데 필요한 6단계 과정을 다시 한 번 살펴보기로 하자.

1. 준비

자기 일의 근본에 충실하고, 매일 꾸준히 집중력을 유지시킬 수 있다면, 지도자는 경기 직전 선수들에게 특별히 기합을 넣거나 파이팅을 외치지 않아도 된다. 건강한 조직의 팀은 큰 시련이 닥쳐도 '늘 있는 일'이라는 정신 자세로 맞선다.

2. 훈련

축구 감독들은 반복적인 예행연습을 통해 단순한 기술 연마를 넘어서 단체정신과 품성, 이기려는 마음 자세를 심어주려고 노력한다.

3. 선수 선발

과업 달성에 적합한 사람을 선택하는 일은 상당히 중요하다. 반드시 객관적인 시각으로 선택에 임해야 하며 개인적 편견, 선호도, 연줄에 얽매여선 안 된다. 제대로 된 지도자라면 자기가 원하는 것이 무엇인지를 알아내고 논리적으로 따져본 후 자신의 선택을 다른 사람들과 소통해야 한다.

4. 중간 작전 회의

위대한 축구 감독들은 일단 경청한 다음 하고 싶은 말은 나중에 하는 중간 점검 방법을 사용한다. 정해진 공식은 없지만, 전투가 한창 벌어지는 상황에서 지도자는 격려와 용기를 주는 방식을 신중하게 선택한다.

5. 전술 변화

열기가 최고조에 달한 순간에도 뛰어난 지도자들은 머릿속에서 전술 변화에 대한 그림을 확실하게 그릴 수 있다. 누구를 불러들이고 누구를 내보낼지, 어떻게 포지션 변경을 할지, 어떻게 역할 분담을 다시 할지를 생각한다. 예측은 항상 위험 요소를 안고 있다. 경기의 향방은 현실에 과감히 대처할 능력이 있는 지도자의 손에 달려 있다.

6. 결과에 대한 대응

중요한 순간 뒤에 밀려드는 여파를 감독이 어떻게 조절하느냐가 조직의 지속적인 성공 여부에 큰 영향을 미친다. 지도자는 나타난 결과를 전체적인 맥락에서 볼 줄 알아야 한다. 그리고 자신의 감정을 어느 정도까지 표현할지, 그 결과가 얼마나 큰 영향을 끼칠지, 선수들과의 개별 면담은 어떤 식으로 해야 할지 냉철하게 판단해야 한다.

하지만 이 모든 것보다 중요한 것은 문제를 이해하는 일이다. 역경을 헤쳐나가기 위해 경영, 지도, 지휘 중 어떤 덕목이 필요한가? 만치니는 여러 덕목을 두루 갖춘 감독이다. 그는 상황을 호전시키는 지휘관이자 확신을 지닌 지도자다. 다른 사람들의 생각에 구애받지 않으면서도 경기에 출전하지 못하는 선수들의 감정까지 진심으로 신경 쓰는 사람이다. 또한 그는 연승 가도를 달리는 감독이기도 하다.

성공은 사람들에게 용기와 격려를 주고, 사람들은 승리하는 지도자를 따른다. 만치니는 자신이 승리하면 할수록 사람들을 이끌기 쉬워진다는 사실을 아주 잘 알고 있다. 그러나 그는 자신이 선천적인 재능을 가지고 있다는 사실 또한 알고 있다. "최고의 선수가 되기 위해서는 타고난 재능이 있어야 합니다. 저도 아버지에게서 재능을 물려받았습니다. 그리고 그 재능을 바탕으로 땀 흘려 노력했죠." 이 세상에서 가장 성공적인 지도자들은 다른 사람과 구별되는 능력이나 강점, 통찰력 같은 재능을 지니고 있다. 이 점을 인지하고 있는 지도자는 자신의 특성에 겸손의 미덕을 더한다. 그리고 이런 사람이야말로 대중에게 감화를 주는 진정한 지도자라 할 수 있다.

조제 모리뉴

José Mourinho

제 ― 6 ― 장

초특급
선수 다루기

천재는 신비로운 존재다. 다섯 살밖에 안 된 모차르트는 어떻게 작곡을 할 수 있었을까? 알베르트 아인슈타인은 어떻게 당대의 과학 지평 너머를 바라볼 수 있었을까? 타고난 특성, 가정이나 사회 환경, 교육의 영향력 등을 따지며 사람들은 이에 대한 논쟁을 앞으로도 계속하겠지만, 모든 분야에 특출한 인재가 존재한다는 것만큼은 논쟁의 여지가 없다.

어떤 분야든 정상에 있는 지도자라면 천재와 조우하기 마련이다. 시장 원리에 아무런 방해를 받지 않는다면 최고의 인재는 정상에 오르기 마련이다. 천재성을 지닌 이들은 대중을 매료시키고, 거의 매번 대중의 예측을 벗어나는 실력으로 짜릿한 흥분을 선사한다.

천재를 다루는 일은 만만치 않다. 굉장한 능력을 타고난 사람, 특히 혈기 왕성한 젊은 천재가 그 자신과 타인에게 해를 끼치지 않고 그 가능성을 실현하려면 세심하고 사려 깊으면서도 강력한 지도자를 만나야 한다. 그리고 세계 정상급 축구 리그만큼 이 같은 만남이 자주 성사되는 분야도 드물 것이다.

조제 모리뉴 감독

조제 모리뉴가 자신을 세계적으로 가장 뛰어난 축구 감독의 하나로 꼽아도 무리는 없을 듯하다. 동료 감독들 역시 여기에 이견이 없을 것이다. 페프 과르디올라와 디에고 마라도나는 모리뉴를 세계 최고의 감독이라고 표명한 바 있고, 이탈리아의 명장 아리고 사키^{Arrigo} ^{Sacchi} 감독은 그를 가리켜 '경이로운^{phenomenal}' 사람이라고 칭송했다.

'스페셜 원^{Special One}'으로 널리 알려진 모리뉴 감독은 포르투의 수장으로 프리메이라 리가(포르투갈 1부 리그)와 챔피언스 리그를 모두 제패하고 나서 2004년에 로만 아브라모비치의 구단인 첼시를 새로 건축할 임무를 맡아 스탬퍼드 브리지^{Stamford Bridge}로 거처를 옮기며 잉글랜드 대중에게 이름을 알린다. 모리뉴는 첼시의 사령탑을 처음 맡고 두 해 연속 바클레이스 프리미어 리그 우승컵을 차지했고, 세 번째 시즌에는 FA 컵을 거머쥐었다. 하지만 챔피언스 리그 우승컵을 놓치는 바람에 결국 첼시를 떠나 2008년에 인테르 밀란으로 거처를 옮겼다. 모리뉴는 거기서 부임 두 번째 시즌에 그의 두 번째 챔피언스 리그 우승컵을 손에 넣고 여세를 몰아 세리아 아 우승과 수페르코파 우승까지 차지함으로써 트레블(3관왕)이라는 놀라운 위업을 달성했다. 2010년에 모리뉴 감독은 다시 한 번 거처를 옮겼다. 이번에는 레알 마드리드였다. 부임하고 첫 시즌에 모리뉴는 코파 델 레이(국왕 컵) 대회 우승을 차지했고, 두 번째 시즌에는 라 리가(스페인

1부 리그) 우승을 차지했다. 이때 레알 마드리드는 라 리가 역사상 최다 승점인 100점에, 라 리가 역대 최다골인 121골이라는 기록을 세웠다. 2013년 6월, 모리뉴 감독은 또다시 첼시 구단의 사령탑을 맡아 잉글랜드로 돌아왔다.

이론의 여지가 있겠지만 모리뉴 감독은 세계 그 어느 감독보다도 더 다양하게 축구 천재들을 만났으며, 그들을 독려하고 지도한 사람이다. 그는 최고의 인재를 영입해 그들에게 동기를 부여하고 잠재력을 최대로 끌어올렸으며, 세계에서 가장 뛰어난 선수들을 지휘하며 새로운 글로벌 시대를 열어가는 현대 축구사에 커다란 족적을 남겼다.

모리뉴의 철학

뛰어난 지도자가 되려면 무엇보다 방대한 지식이 있어야 한다고 모리뉴 감독은 확신한다. 누군가 그에게 축구계 정상에서 팀을 이끌 수 있는 사람이라면 어느 분야에서든 뛰어난 지도자가 될 수 있다고 칭찬하더라도 잠시 우쭐할지는 몰라도 그 말을 곧이곧대로 믿을 사람은 아니다. 모리뉴는 이런 얘기를 한다. "지도자가 지녀야 할 가장 중요한 자질 중 하나는 자신에게 현재 상황을 풀어갈 방대한 지식이 있음을 팀원들이 인지하도록 만드는 것입니다. 지도자가 되려면 자기가 일하는 분야에 대해 많이 알아야 합니다. 축구에 대해 많이 알기만 하면 축구 감독이 될 수 있다는 말이 아닙니다. 축구에 대한 방대한 지식이 없으면 감독이 될 수 없다는 것이 제 요지입니다." 자기 분야에 대한 지식 못지않게 중요한 자질은 사람들에 대한 깊은 이해다. 모리뉴는 이렇게 덧붙인다. "저는 지금 사람에 대해 얘기하고 있음을 강조하고 싶습니다. 인간이라는 존재, 그러니까 인간을 다루는 과학을 얘기하고 있습니다. 축구는 스포츠 과학인가요? 저는 축구가 스포츠 과학이 아니라 인간 과학이라고 생각합니다."

풀어야 할 숙제

특별한 인재를 지도하는 일은 분명 어려운 과제이지만, 모리뉴 감독은 좋은 일들만 회상한다. "제일 힘든 상황은 그런 인재가 전혀 없는 경우입니다! 특별한 인재와 함께 일하는 것에 문제를 느낀 적은 단한 번도 없었습니다. 한 번도요. 그게 문제라고 말하는 사람들, 특출한 선수가 한 명이면 모를까 두세 명 이상이면 감당하기 어렵다고 말하는 사람들을 저는 이해할 수 없습니다. 저는 열한 명의 선수 모두가 특별했으면 좋겠어요! 그런 점에서 운이 좋았던 적도 있고, 나빴던 적도 있겠지만 특별한 인재 때문에 힘들었던 적은 없습니다."

　모리뉴 감독의 말에는 일리가 있다. 자기 팀에 천재가 '없었으면' 하고 바랄 이유가 뭐란 말인가? 그러나 궁금한 점이 한두 가지가 아니다. 천재 선수는 다루기가 너무 골치 아프지 않을까? 지도자들이 그만한 노력을 쏟을 가치가 있을까? 그런 선수에게 너무 집중하면 나머지 선수들에게 해롭게 작용하지 않을까? 물론 모리뉴 감독은 스타 군단을 지휘하는 데도 일가견이 있다. 이 경우는 재능이 탁월한 선수 한두 명을 다른 선수들과 함께 지도하는 것과는 처한 환경도 다르고, 어려운 대목도 조금씩 다르다. 하지만 모리뉴 감독은 이 기술을 터득했고, 까다로운 스타 선수들을 데리고 여느 축구 감독들처럼 엄청난 성과를 달성했다. 확실히 모리뉴 감독은 스타 선수들을 성공적으로 조련하면서 놀라운 결과를 내고 있으며, 이를 모리뉴의 천재성을 보여주는 지표로 봐도 좋을 듯하다. 그러면 그토록 성공적인 결과를 낼 수 있었던 모리뉴의 지도 방법을 구체적으로 살펴보자.

탁월한 인재들을 지도하는 이들은 모두 그렇지만, 모리뉴 감독 역시 의식적으로든 무의식적으로든 아래의 다섯 가지 과제를 해결해야 한다.

관계의 불균형

천재 선수와 일하는 지도자는 관계의 불균형으로 인한 문제들이 팀을 좀먹을 수 있음을 금방 알게 된다. 스코틀랜드 프로 축구 레인저스 구단의 감독인 월터 스미스는 악동 기질이 다분한 축구 천재 폴 개스코인을 영입했다. 스미스 감독은 폴 개스코인을 아이브록스 Ibrox(레인저스 구단의 홈구장)로 데려오면서 스코틀랜드의 코미디언 빌리 코널리 Billy Connelly가 한 말을 마음에 새겼다. 폴 개스코인의 유명한 옐로카드 사건(심판이 떨어뜨린 옐로카드를 집어 들고 심판을 향해 '경고'를 줌)이 있은 뒤에 빌리 코널리는 한 신문 기사에 이런 말을 했다. "우리가 천재를 감내해야 하는 것이지 천재가 우리를 감내할 필요는 없다."

이런 불균형 외에 스타 선수의 오만한 태도가 초래하는 위험성도 존재한다. 자신감과 오만함은 그 경계를 어떻게 구분하면 좋을까? 포르투갈 팀의 크리스티아누 호날두는 유로 2012에서 동점골을 올린 뒤 혼자 저만큼 뛰어가더니 다른 선수들을 손짓으로 불러 모으며 자신에게 경의를 표하라는 세리모니를 했다. 이는 장난스런 행동일까 아니면 선수 간에 불화를 일으키는 행동일까? 선수단을

제대로 지휘하려면 감독은 경기장 안팎에서 이 같은 관계의 불균형
을 해결할 필요가 있다.

다른 선수들에게 해를 끼칠 가능성

천재적인 선수들의 경우 세심하게 관리하지 않으면 선수들 사이에
순식간에 불평과 분열의 싹이 튼다. AC 밀란에 있다가 첼시로 옮긴
카를로 안첼로티 감독은 천재를 다루는 일이 얼마나 어려운지 누구
보다 잘 알고 있다. "이런 선수들의 행동은 팀에 지대한 영향력을 미
칩니다. 자기만을 생각하지 않고 팀에 헌신하는 인재를 찾아야 합니
다. 이것이 관건인데, 이기적이지 않은 출중한 인재를 찾기가 참 어
렵지요. 감독은 선수와 유대 관계를 구축하고 그의 타고난 재능은
그 자신이 아닌 팀을 위해 중요하다는 사실을 깨우쳐주어야 합니다.
대단히 어려운 일입니다. 나는 재능이 특출하면서도 이기적이지 않
은 선수를 본 적이 거의 없습니다. 아무래도 천재적인 선수들은 이
기적인 성향을 타고나는 모양입니다." 그렇지 않은 선수를 한 명 꼽
는다면 누가 있을까? 안첼로티 감독은 이런 질문을 받았을 때 이렇
게 대답했다. "카카입니다."

자기 자신에게 해를 끼칠 가능성

천재는 정서가 불안정한 경우가 많다. '어딘가 결함이 있는 천재'는
우리에게 익숙한 개념이다. 빈센트 반 고흐 같은 화가나 얼마 전에
요절한 가수인 에이미 와인하우스^{Amy Winehouse}를 비롯해 여러 천재 예
술가들을 보면 그 결함이 때로 어떤 비극을 불러오는지 알 수 있다.
남들보다 잘해야 한다는 부담감 때문이든 일거수일투족을 보도하
는 언론 때문이든 자기와 맞먹는 재능을 지닌 사람이 등장했기 때

문이든 이유가 다양하겠지만, 특출한 재능을 타고난 이들은 자기 자신에게 해를 끼칠 가능성도 다분하다.

알맞은 기대치를 설정하라

사람들은 천재를 보려고 돈을 지불하고 천재성이 발현될 때 짜릿한 흥분을 느낀다. 더비 경기에서 바이시클 킥으로 결승골을 올린 루니Rooney나 아름다운 패스를 주거니 받거니 경기를 풀어가는 사비Xav와 이니에스타Iniesta처럼 천재들의 경기는 우리의 상상을 넘어선다. 감독이 맡은 중대한 임무 가운데 하나는 바로 이런 천재들이 마음껏 활개 칠 수 있는 이상적 환경을 제공하는 것이다. 천재에게 거는 기대치가 너무 높으면 천재라도 무너질 수 있고, 기대치가 너무 낮으면 제 기량을 다하지 않는다.

안정감을 유지하라

지도자라면 누구나 안정감의 가치를 알고 있다. 2002년, 마이클 보이드Michael Boyd가 세계적으로 유명한 로열 셰익스피어 극단Royal Shakespeare Company의 예술 감독으로 부임했을 당시 극단은 고용과 해고를 일상으로 여기고, 스타 배우를 중심으로 돌아가는 문화에 침식당하고 있었다. 마이클 보이드는 배우들이 '서로를 향한 깊은 공감과 인간적인 교류'를 나눴던 모스크바의 극단 시절을 떠올렸다. 그 배경에는 무려 20년간이나 굳건히 자리를 지키며 극단을 이끌었던 한 사람의 예술 감독이 있었다. 우리는 특출한 인재를 어떻게 생각해야 할까? 그가 우리 팀에 꼭 필요한 존재인지 불필요한 존재인지 따져야 할까? 어느 쪽도 올바른 질문은 아닌 듯싶다. 핵심은 특출한 인재가 팀에서 행복감을 느끼고, 팀이 안정감을 유지하도록 만드는 것이다. 이는 결코 만만한 작업이 아니다.

무엇이 불균형한가?

천재 선수들을 다루는 문제에 관해 모리뉴 감독은 그만의 확고한 전략이 있다. 모리뉴 감독이 천재 선수들보다 자신이 부족하다고 여기거나 그런 선수들에게 기가 죽을 일은 없을 것이다. 논리적으로 생각해봐도 모리뉴 감독만 한 능력과 업적을 이룬 사람이 그런 선수들과 건전하고 균형 잡힌 관계를 맺지 못할 까닭이 없다. 모리뉴 감독은 어떤 면에서든 자신이 선수들보다 더 우월한 존재라고 여기지도 않는다. 감독과 선수는 동일한 목적을 위해 함께 일하는 전문가다. 모리뉴 감독은 선수들을 이끄는 역할을 맡고 선수들은 경기장에서 뛰는 역할을 맡는다.

천재 선수를 조련하는 모리뉴 감독의 솜씨는 첼시 구단에 부임한 첫해에 분명하게 드러났다. 모리뉴는 세계 정상급 인재들과 정을 쌓으며 그들을 구단과 단단하게 결속시켰다. 스탬퍼드 브리지의 사령탑을 맡았을 때 모리뉴의 나이는 겨우 마흔한 살이었으니까 선수들과 나이 차이는 그리 크게 나지 않았다. 모리뉴는 이렇게 회상한다. "정신 연령으로 따지면 제가 선수들보다 그렇게 늙은 것도 아닙니다. 저는 젊은 선수들과 얼마든지 눈높이를 맞출 수 있습니다. 상대방을 이해하는 것이 중요하죠. 선수들을 깊이 이해하면 이해할수록 그들을 잘 지도할 수 있습니다. 다들 알다시피 이런 지도자도 있고 저런 지도자도 있지요. 저는 선수들이 '그분이 감독님이야. 그러니까 존경해야'라고 말하는 것은 싫습니다. '그분을 존경해. 그분이 우리 감독님이야'라고 말하는 쪽이 좋습니다. 이 두 가지는 전혀 다릅니다. 선수들은 '감독님이 이렇게 하라고 시켰고, 나는 지시를 따라야만 하니까 따라야지'라고 말할 수도 있고, '감독님을 믿고 신뢰하니까 그분이 시키는 일이라면 무조건 할 거야!'라고 말할 수도 있습니다. 저는 후자가 더 좋습니다. 서로 이렇게 공감하는 관계를 훨씬 더 선호합니다."

감독이 선수들과 친밀하게 지내면 효과적으로 리더십을 행사하는 데 방해가 된다고 생각하는 문화권이 적지 않다. 하지만 모리뉴 감독은 선수들과 친밀한 관계를 맺는 특징이 있다. "감독은 선수들과 친구가 될 수 없다고 말하는 사람들이 물론 많습니다. 하지만 저는 그 반대로 해야 한다고 생각합니다. 선수들과 친구가 되지 않는다면 팀이 잠재력을 최대로 발휘하기 어렵습니다. 감독은 선수들과 친구가 돼야 합니다. 하지만 그 친구 사이라는 것은 서로 듣고 싶은 말만 주고받는 관계는 아닙니다. 선수들은 이 점을 이해해야 하고, 감독은 선수들과 친구가 돼야 합니다. 저로서는 선수들과 친구가 되기를 두려워하는 지도자들을 이해하기 어렵네요."

선수들과 친밀한 관계를 맺는다는 것은 곧 선수들을 동료로 여기는 것을 의미한다. 동료란 당신이 하는 일과 똑같이 중요한 일을 하는 사람이다. 감독들 중에는 입으로는 자기 선수들이 소중하다고 말하지만 그렇지 않은 경우도 있다. 모리뉴는 그 같은 발언을 정면으로 뒤집는 상징적인 행위 하나를 예로 들어 설명한다. "지난 얘기를 하나 할까요? 감독이 비행기로 선수들과 함께 이동하는 방법에는 두 가지가 있습니다. 모든 사람이 비즈니스석을 타고 갈 때는 감독도 비즈니스석을 탑니다. 혹시 자리가 부족할 경우에는 선수들이 비즈니스석을 타고 감독은 스태프와 함께 이코노미석을 이용합니다. 그러니까 제가 비즈니스석을 이용한다면 그것은 선수들도 모두 비즈니스석을 이용하는 경우입니다. 자리가 부족한 경우 저는 이코노미석으로 갑니다. 얼마 전에 한 감독이 프리 시즌을 치르기 위해 이동하는데, 맨 처음으로 내린 결정이 감독과 스태프는 비즈니스석을 타고 선수들은 이코노미석을 타게 한 것이더군요. 저는 그 얘기를 듣고 그 팀은 출발부터 틀렸다고 생각했고, 역시 제 짐작이 맞았습니다. 감독은 지도자로서 팀원들이 더 중요하다는 사실을 잊으면 안 됩니다."

선수들을 섬기는 자세로 대하는 지도자가 보이는 겸손에는 힘이 있다. 선수가 우위를 차지하는 관계의 불균형을 전혀 개의치 않는 당당한 지도자가 동시에 겸손할 때 선수들은 큰 자극을 받는다.

월터 스미스 감독과 폴 개스코인

어떤 결정을 내리기 전에 충분히 정보를 습득해야 한다고 믿는 월터 스미스 감독은 이렇게 설명한다. "가령 선수를 영입하기 전에는 그 선수의 장단점을 충분히 검토하면서 선수의 가치를 분석해야 합니다. 예기치 않은 사태를 가능한 한 줄이는 것은 감독이 할 일입니다."

레인저스 구단의 스미스 감독은 한참 동안 경기장에서 모습을 감췄던 가자^{Gazza}(개스코인의 애칭)를 영입하기로 했다. "라치오에서 선수 생활을 하고 있던 개스코인은 거의 2년 반에서 3년 정도를 제대로 뛰지 못했습니다. 주로 부상 때문이었죠. 감독으로서 개스코인이 제 기량을 회복하도록 만드는 것은 쉽지 않은 과제였기 때문에 이 결정은 어찌 보면 모험이었어요. 그는 워낙 잘 알려진 대로 문제가 있는 선수였지만, 어쨌든 그 천재를 제대로 관리하고 이끌어서 그 친구의 기량을 최대한 발휘하도록 만든다면 팀에 유익할 거라 생각했습니다. 팬들도 개스코인을 좋아할 것이 분명했어요. 천재는 사람들의 마음을 사로잡기 마련이니까요."

"저는 제일 먼저 그 선수를 데리고 있었던 보비 로브슨Bobby Robson 감독과 테리 베너블스Terry Venables 감독에게 자문을 구했습니다. 두 분 다 솔직한 분들입니다. 그분들은 '그 친구를 당신 편으로 만들 수만 있다면 기용하는 데 아무런 문제가 없을 거다. 대신 그 친구가 항상 좁은 길로 올곧게 나아가도록 지도해야 한다'고 조언했습니다. 감독 생활을 하면서 이런 일을 처음 경험하는 것도 아니었고, 또 그분들의 조언은 옳았습니다. 필요할 때마다 제가 그를 지원하고 응원했다는 사실을 개스코인도 분명 느꼈으리라고 봅니다. 그는 언제나 저를 위해 뛸 준비가 돼 있었으니까요."

스미스 감독은 개스코인의 타고난 재능에 매료됐다. "기량이 뛰어난 선수들 중에는 선수 생활을 하면서 축구 실력을 쌓아나가는 이들이 무척 많습니다. 폴 개스코인은 선수로 따지면 황혼기에 접어들었는데, 선수 생활을 처음 시작했을 때나 별반 다름이 없었어요. 개스코인은 본능적으로 움직였습니다. 그라운드에 나아가면 경기 흐름을 읽고, 다른 선수들은 생각지도 못한 방법으로 경기를 타개해나가는 천부적인 능력이 있었습니다."

모리뉴 감독과 스미스 감독은 말이 아니라 실질적인 행동으로 특출한 인재들을 다루는 방법을 알고 있다. 천재 선수들을 진심으로 아끼고 후원할 때 관계의 불균형(그것이 어떤 형태이든)은 사라지고 서로 헌신하고 이해하는 관계를 구축할 수 있다.

선수들을 결속하라

지도자가 어떻게 하느냐에 따라 특출한 인재가 팀을 해칠 수도 있고, 그 인재를 중심으로 똘똘 뭉쳐 팀이 승승장구할 수도 있다. 여기에서도 모리뉴 감독의 전략은 단순하다. "첫 번째 목표는 팀이 성공하는 것입니다. 그러려면 특출한 인재의 능력이 꼭 필요하다는 점을 모든 선수가 공감해야 합니다. 또 특출한 인재는 두 가지 사실을 알아야 합니다. 자기보다 팀이 더 중요하다는 점, 그리고 그에게는 팀이 필요하다는 점입니다. 그가 잘되려면 팀도 잘돼야 합니다. 이는 매우 중요한 작업입니다. 저는 팀을 맡으면 자연스럽게 이런 공감대를 끌어냅니다. 이런 작업을 하면서 힘들다고 느낀 적도 없습니다."

인테르 밀란의 사령탑을 맡은 모리뉴 감독

모리뉴 감독이 첼시를 떠나 인테르 밀란에 도착했을 때 그는 한순간 나락으로 떨어질지도 모를 끔찍한 상황을 넘겨받았다. 모리뉴 감독의 말을 들어보자. "무엇보다도 유럽 무대에서 전혀 맥을 추지 못하는 이탈리아의 축구 역사가 문제였고, 다음으로는 함께할 선수들의 상태가 문제였습니다. 당시 인테르 밀란에는 서른두 살이 넘는 선수가 열네 명이었습니다. 선수진의 75퍼센트가 이미 황혼기에 접어든 선수들이었고, 챔피언스 리그에서는 실패한 역사뿐이었어요. 챔피언스 리그 우승이 문제가 아니었습니다. 준결승이나 8강 진출은 고사하고, 16강 본선에 들어가느냐 마느냐를 걱정하는 수준이었죠. 하지만 제가 맡은 팀은 이탈리아 리그에서만큼은 강팀이었고, 서너 차례 연속으로 리그 우승을 차지했던 저력이 있었습니다. 다만 국제 무대에만 서면 부진한 게 문제였죠."

"제가 할 일은 챔피언스 리그에서 우승할 수 있는 팀을 구축하는 것이었습니다. 챔피언스 리그 우승컵을 차지할 정도가 되려면 열세 경기뿐만 아니라 시즌에 치러지는 다른 대회(마흔일곱 경기)에서도 강력한 팀이 돼야 한다는 사실을 선수들이 이해할 필요가 있었습니다. 그러니까 챔피언스 리그 우승컵을 향한 의욕을 북돋는 가장 좋은 방법은 국내 경기에서 계속 승리하는 것이었죠. 국내 리그 성적이 부진해 챔피언스 리그를 두려워하게 된다거나 챔피언스 리그에만 지나치게 집중할 경우 챔피언스 리그에서 우승할 수 없거든요. 그러면 이탈리아 컵도 놓치고, 이탈리아 리그도 놓치게 됩니다. 위업을 달성하려다가 전보다 못한 상황에 처하게 되는 거죠. 제가 선수들과 함께 바라볼 곳은 오직 하나, 전진하는 길만이 있었을 뿐입니다. 황혼기에 접어든 선수들의 경우 그들의 기량을 향상시키기는 좀체 어렵습니다. 따라서 개인 기량보다는 팀이 얼마나 성장할 수 있는지 팀의 질적 향상에 초점을 맞춰야 합니다."

모리뉴 감독은 천재적인 선수들을 조련해 원대한 목표를 향해 한 몸처럼 달려가게 만들었다. 그리고 그가 제시한 목표는 꿈이 아니라 실현 가능한 목표였다. 두 번째 시즌에 인테르 밀란은 UEFA 챔피언스 리그 결승에서 바이에른 뮌헨을 2 대 0으로 꺾고 우승컵을 들어 올렸다. 이어 이탈리아 정규 리그와 FA 컵에서도 우승함으로써 이탈리아 구단 사상 최초로 트레블을 달성했다.

글렌 호들과 루드 굴리트

글렌 호들 역시 자타가 공인하는 천부적인 선수였다. 글렌 호들은 1993년에 선수 겸 감독으로 첼시 구단에 부임했다. 아브라모비치가 첼시 구단을 인수한 것은 이로부터 10년 뒤의 일이므로 당시 첼시는 유럽 무대는 물론 국내 리그에서도 호화 명문 구단과는 거리가 멀었다. 호들 감독은 첼시를 맡고 나서 특별한 인재를 끌어들여 적극적으로 변화를 도모했다. 그의 말을 들어보자. "루드 굴리트^{Ruud Gullit}는 제가 첼시로 데려오기 3년 전에 '월드 사커^{World Soccer}'에서 선정한 올해의 선수로 뽑힌 적도 있고, AC 밀란에서 뛰고 있었습니다. 우리는 첼시였고요! 그땐 돈 한 푼 없었으니 오늘날의 첼시와는 전혀 다른 팀이었습니다."

"스탬퍼드 브리지 경기장에는 커다란 육상 트랙이 있었습니다. 축구장다운 멋은 없었죠. 그래서 저는 영입 전에 루드가 경기장이나 훈련장 근처에는 얼씬도 못하게 했어요. 솔직히 말해 당시 그 친구가 첼시 구장을 봤으면 계약서에 서명하지 않았을 겁니다. 루드는 끝내주는 선수였고, 저는 그 친구를 데려오고 싶어서 그가 개인적으로 무엇을 좋아하는지 알아내려고 공을 들였습니다. 그 친구와 얘기하고 싶었고, 그 친구가 지닌 재능과 그간 이룩한 성과를 높이 평가하고 있음을 보여주고 싶었습니다. 하지만 그에게 특별 대우를 해줄 수는 없음을 명백히 밝혔습니다. 제 요지는 이런 것이었죠. '그라운드에서는 가능한 한 네가 지닌 최고 기량을 발휘하기를 원한다. 하지만 언제나 팀 정신을 우선시해야 한다.' 다행히 루드는 정말 믿음직한 친구였어요. 그는 자기에게 특별한 재능이 있음을 모르지 않았어요. 자신이 세계 정상급 선수라는 자부심도 있었죠. 처음에는 잘 몰랐는데, 알고 보니 루드의 진짜 능력은 자기 명성쯤은 우습게 여길 줄 안다는 것이었어요. 그래서 말도 잘 통하고, 함께 일하기도 무척 편했어요. 저는 훈련에 들어가면 그 친구를 다른 선수들과 똑같이 대했습니다. 그 친구가 못하는 게 있으면 그 자리에서 바로 얘기하는 편이었죠. 우리 팀을 위해 그가 해야 할 일들을 주로 주문했는데, 일급 선수가 틀림없었어요. 정말 뛰어난 선수였습니다."

　호들 감독은 자신이 기용하는 스타 선수가 어떤 사람인지 알기 위해 시간을 많이 투자했고, 그런 다음 그 선수가 팀과 하나로 되도록 만들었다. 이 같은 전략은 효과가 좋았다. "스타 선수가 오만한 경우에는 다른 선수들과 큰 문제를 일으킬 수도 있습니다. 저 같은 경우는 이럴 때 일대일로 접근하면 늘 결과가 좋았습니다. 저는 특출한 재능을 지닌 선수들을 영입했고, 그들이 제 기대를 저버리지 않으리라는 것을 알았습니다. 하지만 감독은 그 선수들이 팀이라는 큰 틀 안에서 경기하도록 만들어야 합니다. 스타 선수들이 팀과 조화를 이루게 만드는 유일한 길은 그 친구의 성격을 파악하고, 그를 더 깊이 알아가기 위해 시간을 투자하는 방법뿐입니다. 그러다보면 서로 얘기가 통하고 결국에는 서로에게 마음을 열게 돼 그 선수도 감독의 뜻을 존중하게 됩니다. 그중에 경마에 푹 빠져 있던 몇몇 선수가 기억나네요. 저는 경마에 문외한이었지만 경마를 구경하면서 말들을 화제 삼아 조금씩 얘기를 꺼냈어요. 그러자 어느새 벽이 허물어지더군요. 축구 이외에 또 다른 얘깃거리를 찾은 셈이죠. 그 후로 저를 대하는 선수들의 태도가 달라졌습니다."

닐 워녹과 아델 타랍

닐 워녹 감독은 예순둘에 처음으로 천부적인 선수를 만났다고 말한다. 잉글랜드 2부 리그 팀인 퀸스 파크 레인저스에 부임했을 때의 일이다. 워녹은 그 선수를 두고 '감독 생활 최대의 플러스 요인'이었다고 묘사한다.

　"팀을 맡고 처음으로 훈련을 실시하는 날이었습니다. 전임 코치진에 속했던 스태프가 저에게 선수들에 대해 알려주었습니다. 아델 타랍^{Adel Taarabt}을 가리키면서 이렇게 말하더군요. '이 모로코 출신의 임대 선수 때문에 감독님이 옷을 벗게 될지도 모릅니다. 전임 감독 두 명은 저 친구가 제시간에 훈련에 들어오는 법이 없어 집으로 돌려보냈어요. 안 그러면 팀이 엉망이 되니까 감독님도 결국 그렇게 해야 할 거예요. 저 친구는 비싼 장식품이에요.' 저는 그날 연습 경기를 지켜보면서 타랍이 어떤 재능을 지녔는지 알 수 있었어요. 비록 우리 팀이 득점을 올리지는 못했지만 타랍에게는 득점을 올릴 만한 역량이 있었습니다. 2부 리그에 잔류하려면 남은 열두 경기 안에 안정권에 들어야만 했지요. 경기가 끝나고 곧장 그를 불렀어요. 이런 대화를 나눴던 것 같아요.

워녹: 자네를 뛰게 해주면 내 목이 달아나는 건가? 다들 자네가 악몽 같은 존재라던데……

타랍: 아뇨. 그렇지 않습니다.

워녹: 자네가 훈련을 하지 않고 문제를 일으켜 전임 감독 두 명이 모두 나갔다고 들었네.

타랍: 아뇨. 저는 훈련했습니다!

워녹: 좋아. 이번 시즌이 끝날 때까지 모든 경기에 자넬 출전시킬 생각이야. 자네가 형편없는 실력을 보여주더라도 다음 경기에 뛰게 할 것이고, 더 형편없는 실력을 보여주어도 다음 경기에 뛰게 만들 생각이야. 자네는 내게 보석 같은 선수가 되는 거야. 알겠나?

타랍: 아뇨. 무슨 말인지 모르겠습니다.

워녹: 나는 자네를 선수로 만들 생각이야.

타랍: 왜요?

자넬 믿기 때문이지. 잘해낼 수 있을 거야.

"저는 그대로 했고 타랍은 제게 보답했습니다. 우리 팀은 2부 리그에 잔류했고, 저는 토트넘과 정식 계약을 맺고 타랍을 데려왔습니다."

타랍은 2010~2011 시즌에 퀸스 파크 레인저스 선수로 눈부신 활약을 펼쳤고, 챔피언십에서 선정한 올해의 선수가 되었다. 워녹 감독은 미드필더인 타랍의 역량을 최대한 발휘하도록 만들려는 계산으로 그를 주장에 임명하기도 했다. 워녹은 이렇게 회상한다. "제가 해결해야 할 과제는 타랍이 때로는 전혀 노력도 안 하고 무책임한 선수처럼 보일지 모르지만 우리 팀에 승리를 안겨줄 뛰어난 선수라는 사실을 다른 선수들에게 납득시키는 것이었습니다. 타랍이 우리 팀을 1부 리그로 승격시켜줄 것이고, 이는 우리 모두에게 유익한 결과이니 제 말을 믿어달라고 선수들에게 부탁했습니다. 저는 타랍이 무엇을 할 수 있는지 알았고, 선수들은 제 말을 믿고 따랐습니다. 주장 후보였던 다섯 명의 선수들에게 저는 이렇게 말했어요. '너희들 모두 주장을 맡을 자격이 충분하다. 하지만 타랍에게 주장을 맡기려는 내 결정을 너희들이 따라준다면, 나는 타랍이 지금보다 20퍼센트 더 열심히 뛰도록 만들 수 있고, 그 20퍼센트면 우리가 승격할 수 있다'고 강조했지요."

타랍이 주장을 맡은 퀸스 파크 레인저스는 2부 리그에서 우승을 차지했다. 유감스러운 점이 없지는 않았지만, 어쨌든 워녹은 행복했다. "타랍은 간혹 비싼 장식품에 지나지 않았기 때문에 제 축구 철학을 바꿔야 했어요. 예순이 넘은 나이였지만, 그래도 바꿀 건 바꿔야 했죠. 경기마다 100퍼센트 전력을 다하지 않는 선수를 기용할 일이 생길 줄은 몰랐어요. 매 경기 최선을 다하는 것이 제가 생각하는 축구였거든요. 하지만 그 친구에게는 특별한 것이 있었어요. 잉글랜드식으로 본다면야 100퍼센트를 다한다고 볼 수 없었지만, 타랍은 자신만의 방식으로 100퍼센트를 다하고 있었어요. 그 친구는 그렇게 태어난 거예요. 시합에 나가서도 어려서 축구공을 갖고 놀던 것처럼 경기를 하고 싶어 했어요. 가장 힘들었던 과제는 역시 그에게 팀의 주장을 맡기는 것이었습니다. 우리 선수들 대부분이 바라지 않았던 일이었거든요."

천부적인 선수를 팀에 융합시키는 문제는 어떻게 해결했을까? "선수들은 누구나 그라운드에서 동료 선수가 다음에 어떻게 경기를 풀어나갈지 알고 싶어 합니다. 그래야 모든 선수가 톱니바퀴처럼 맞물려 돌아가죠. 그런데 타랍은 일관성이 없었습니다. 우리 선수가 우리 진영에서 그에게 패스하면 타랍은 상대 선수 다리 사이로 공을 흘려보내 재주를 부리다가 공을 빼앗기곤 했어요. 그래서 우리는 그에게 제약을 가했습니다. 저는 모든 선수에게 우리 진영에서 타랍에게 패스를 하지 못하게 지시했고, 이를 어기면 벌금을 물렸습니다! 이 방법은 효과가 좋았죠. 타랍이 올해의 선수상을 차지한 것은 그런 과정을 거치고 얻은 큰 보상입니다."

워녹 감독은 호들, 스미스, 모리뉴와 마찬가지로 특별한 인재를 알아보고, 그를 포용한 덕분에 막대한 보상을 받았다. 천부적인 선수를 발굴하고, 그 능력을 간파해 확신을 가지고 그를 후원하고 그 선수로 하여금 빛나는 성과를 내도록 독려하는 것은 뛰어난 지도자들의 특성 가운데 하나다. 심지어 이를 위해 개인적인 희생도 마다하지 않는다. 인재를 발굴한 다음에 축구 지도자들은 다른 선수들도 그를 포용할 수 있도록 팀을 결속하는 작업에 착수한다. 그러려면 감독과 선수 사이의 경계, 태도, 헌신에 대해 서로 간에 분명한 이해가 수반돼야 한다. 감독에게는 그 선수가 경기장 안팎에서 자신을 실망시키지 않으리라고 믿는 용기가 필요하고, 또 선수단은 개인이 아무리 재능이 뛰어나도 항상 팀이 더 우선한다는 확고한 신념을 지녀야 한다.

천재를 꽃피우는 지도자

뛰어난 인재에게는 무대가 필요하다. 지도자가 그런 무대를 마련하는 데 힘을 쓴다면 인재는 자기 기량을 마음껏 펼칠 가능성이 크다. 반대로 자신이 설 무대가 없으면 인재는 스스로 무너질 가능성이 다분하다.

모리뉴 감독이 첼시 지휘봉을 잡았을 때 그는 뛰어난 재능을 지닌 선수들을 도발하는 전략이 필요하다고 생각했다. 그의 말을 들어보자. "당시 선수들에게는 그들을 자극할 줄 아는 지도자가 필요했어요. 이외에 다른 지도 방식은 어울리지 않았죠. 그들이 품고 있는 동기나 야망을 매일 채워주는 지도자가 필요했어요. 두세 경기에 이기는 것으로는 성에 차지 않았습니다. 계속해서 이기고 싶었어요. 지도자라는 사실에는 변함이 없지만 그 역할은 얼마든지 달라질 수 있다고 생각합니다. 저는 상황에 따라 지도 방식에 변화를 주는데, 첼시에서는 선수들을 도발하는 지도자였어요. 당시 첼시에는 그런 지도자가 필요하다고 판단했거든요."

"정확히 뭐라고 했는지 기억나지는 않지만, 프랭크 램파드에게 이런 얘기를 했습니다. '자넨 세계 최고의 선수 중 하나인데, 알아주는 사람이 없어.' 한번은 프랭크가 '발롱도르'상을 수상할 최종 후보에 올랐다가 수상에 실패한 적이 있어요. 챔피언스 리그 우승 경력이 없었기 때문이라고 생각합니다. 2004년부터 2007년까지 프랭크는 확실히 세계 최고 수준이었어요. 그래서 저는 선수들에게 개인목표를 제시하고 앞으로 나아가도록 독려했고, 프랭크에게는 발롱도르를 목표로 제시했어요. 프랭크 역시 기꺼이 이 도전을 받아들였습니다. 2004년부터 2007년까지 첼시는 눈부신 시간을 보냈어요. 저는 선수들과 함께하며 많은 것을 배웠고, 선수들 역시 제게서 많은 것을 배웠으리라고 생각합니다. 첼시는 2012년에 챔피언스 리그 챔피언이 되는데, 그전에 우승을 했더라면 아마 프랭크가 최고의 선수상을 수상했을 겁니다. 사실 첼시는 2004년과 2008년에 더 강했습니다. 하지만 그게 축구의 묘미니까요."

선수 개개인의 목표와 팀의 전체 목표를 통합해 이를 향해 나아가도록 동기를 부여하고 선수들의 자세를 교정하는 것은 모리뉴 감독이 가장 잘하는 분야 가운데 하나다. 그는 이렇게 말한다. "새로운 선수가 구단에 들어오면 그를 팀에 융합시켜야 합니다. 우리가 시간, 전술, 일정 등 모든 면에서 체계가 잡혀 있는 조직임을 그에게 이해시키고 그가 우리를 따라오도록 만드는 거죠. 새로 들어온 선수는 기존 체계에 따르며 거기에 적응해야만 합니다. 우리 팀이 그 선수에 맞춰 바뀌는 일은 없습니다. 그 친구가 바뀌어야 하는 거죠. 물론 그가 특별한 인재임에는 틀림없습니다. 하지만 특별한 선수 위에 특별한 팀이 있다는 사실을 그가 알아야 합니다. 이 특별한 팀은 앞으로 더욱 발전해야 하고 바로 그 목적을 위해 특별한 인재가 필요한 겁니다." 천재적인 선수와 탁월한 팀은 서로를 보완한다는 사실을 구성원들이 올바로 이해하는 것이 곧 성공 공식이다.

하워드 윌킨슨과 에리크 칸토나

하워드 윌킨슨은 프리미어 리그가 출범하기 전인 1991년에 리즈 유나이티드 수장으로 1부 리그 우승컵을 차지했다. 아직까지는 잉글랜드 출신 감독으로 1부 리그 우승을 차지한 마지막 감독으로 축구 역사에 남아 있다. 윌킨슨 감독은 다혈질의 축구 천재인 에리크 칸토나^{Eric Cantona}를 잉글랜드 무대에 소개할 즈음에 이미 독보적인 팀을 창출한 지도자였다. 칸토나가 잉글랜드에 진출한 얘기는 그리 간단치 않다. 윌킨슨 감독의 말을 들어보자. "제가 임대 형식으로 그 친구를 리즈 유나이티드에 데려왔을 때, 그는 셰필드 웬즈데이에서 입단 테스트를 받고 거절당한 뒤였습니다. 프랑스 열 개 구단에서도 그의 특별한 재능을 알아봤지만 저도 마찬가지였습니다. 프랑스에서 선수 생활을 시작한 에리크는 여러 구단을 돌아다니며 임대 생활을 했어요. 어쩌면 '파란만장한' 경험을 했다고 봐도 무방할 겁니다."

"마르세유 팀과 맺은 임대 계약이 끝나가고 있었기 때문에 챔피언십 시즌 막바지에 우리는 에리크를 프랑스로 돌려보낼지 아니면 220만 파운드를 지불하고 영입할 것인지를 결정해야 했어요. 그런데 공교롭게도 그 결정을 내리기 전에 토요일 경기에서 에리크가 엘런드 로드^{Elland Road}(리즈 유나이티드의 홈구장)에서 경이로운 골을 넣은 거예요. 홈 팬들은 열광했어요. 자기 주머니에서 돈을 지불해야 하는 회장과 감독인 저는 이 문제로 장시간에 걸쳐 논의를 했어요. 에리크의 이후 행보를 보면 큰 모험이었지만, 우리 구단에서는 모범적인 편이어서 계약을 성사시키기로 했죠. 하지만 다음 시즌에는 시작부터 성적이 아주 형편없었어요. 원정 경기에서는 한 경기도 이기지 못했고요. 퀸스 파크 레인저스에서 원정 경기가 있던 토요일 아침에 저는 에리크를 팀에서 내보내기로 결정하고, 점심 전에 미리

그 이야기를 전했어요. 얘기를 듣고 에리크는 한 시경에 호텔을 떠났습니다. 우리는 그가 어디로 사라졌는지 몰랐어요. 나중에 알고 보니 프랑스로 돌아갔더군요. 저는 그의 변호사로부터 이적 요구서를 전달받았습니다. 에리크가 리즈 유나이티드를 떠나고 싶어 하며, 맨체스터 유나이티드나 아스널 혹은 리버풀로 이적하고 싶다는 내용이었죠."

"결과를 놓고 보면 그가 리즈를 떠났던 것이 서로에게 여러 모로 옳은 결정이었죠. 맨체스터 유나이티드에서 에리크는 다른 환경, 다른 문화, 다른 선수들, 다른 감독을 만났습니다. 그리고 마음의 고향을 찾았어요. 나중에 에리크는 맨체스터 유나이티드를 상징하는 아이콘이자 전설이 되었죠. 천재는 자기 기량을 마음껏 펼칠 수 있는 알맞은 환경이 필요하고, 에리크에게는 맨체스터 유나이티드가 그런 환경이었어요. 이와 비슷한 경우가 1989년에 퍼거슨 감독에게서 데려온 고든 스트라칸 선수입니다. 고든은 리즈 유나이티드를 상징하는 아이콘이 되었어요. 에리크와 마찬가지로 고든은 맨체스터 유나이티드를 떠나 제가 이끄는 리즈에 와서 마음의 고향을 발견했습니다. 이런 게 축구의 속성이죠."

올드 트래퍼드 구장을 건너다보면서 퍼거슨 감독은 아버지의 심정으로 칸토나를 떠올린다. "에리크는 존재감이 있는 선수였어요. 우리 구단이 축구 인생의 고향이 될 거라는 사실을 에리크도 알았습니다. 계약서에 서명하면서 저는 그의 과거 행적에 관한 얘기는 모두 잊고, 그 친구를 둘러싼 모든 제약을 풀어주기로 결심했어요. 정말로 그가 원한 것은 사랑받는 것이었죠. 그는 자기 스타일에 맞는 구단에 오고 싶어 했고, 우리 구단이라면 그게 가능하다고 생각했습니다. 에리크는 환상적인 선수였어요. 브라몰 레인^{Bramall Lane} 구장에서 홈 팀 셰필드 유나이티드를 상대로 치렀던 FA 컵 경기가 생각나네요. 그곳 홈 팬들이 에리크를 향해 야유를 보냈지요. 에리크는 그날 골키퍼 키를 넘기는 칩 슛으로 골을 넣은 뒤 그 팬들을 향해 '이걸 교훈으로 삼도록 해'라고 말했어요."

앞서 우리는 천부적인 선수가 다른 선수들에게 해를 끼칠 가능성을 줄이려면 감독이 시간을 투자해 그 선수를 알아가고 또 그를 팀에 융합시켜야 한다고 말했다. 천부적인 선수가 이따금 자기 파괴적인 행보를 보이는 문제에 대해서도 비슷한 해결책을 제시할 수 있겠다. 천재는 안정된 팀 환경에서 꽃을 피울 수 있다. 이는 지도자 쪽에서 상당한 노력이 필요한 일이다. 지도자는 필요에 따라 천재를 도발하고, 양육하고, 그 진가를 인정하고, 격려하고, 그에게 도전 과제를 제시한다. 천재를 앞에서 이끄는 지도자에게는 또 다른 차원의 어려운 과제가 놓여 있는 것이다. 물론 타고난 재능을 가진 모든 선수들이 여기에 기꺼이 헌신하라는 법은 없다. 좋은 성과를 내려면 당연히 선수들도 상당한 노력을 기울여야 한다. 아무리 뛰어난 인재라도 열심히 노력해야 하고, 자기 재능을 팀을 위해 쓸 줄 알아야 한다. 하지만 안첼로티 감독이 앞서 말했듯이 천부적이면서도 이타적인 선수는 그리 흔치 않다.

기대치를 수용하라

조제·모리뉴 감독이 가는 곳에는 항상 사람들의 기대가 따른다. 세상은 모리뉴와 그의 선수들을 보면서 기대감에 부푼다. 그와 선수들 역시 서로에게 기대하는 바가 크다. 이런 기대감은 모리뉴 감독에게는 에너지의 원천이다. 또 이는 모리뉴가 가장 좋아하는 잉글랜드 축구의 특징 중 하나다. "바클레이스 프리미어 리그는 굉장한 리그입니다. 저는 지금까지 스페인과 이탈리아, 잉글랜드, 포르투갈, 이렇게 네 개 나라에서 일을 했으니 축구 감독으로서 참 운이 좋았다고 생각합니다. 각국 리그의 다양한 정서와 경험을 비교해볼 수 있었거든요. 각국의 축구 수준에 대해서는 비교하고 토론하는 것이 가능할지 몰라도 잉글랜드 축구 특유의 분위기나 정서는 비교 대상이 될 수 없습니다. 잉글랜드 사람들의 축구에 대한 열정은 워낙 격렬하고 특별하거든요. 저처럼 축구에 푹 빠진 사람들에게는 이곳이야말로 축구를 가장 재미나게 즐길 수 있는 곳입니다."

2004년 잉글랜드에 도착한 모리뉴는 그때의 모든 조건이 거대한 기회의 물결이 되는 것을 목격했다. 모리뉴는 이렇게 돌아본다. "첼시는 제 감독 생활에 결정적 순간이었습니다. 저를 향한 기대감이 알맞게 무르익은 때였죠. 선수들에게도 결정적 순간이었다고 생각해요. 서로가 각자 경력에 있어 결정적인 순간에 만난 거지요. 저는 포르투에서 리그 우승은 물론 챔피언스 리그까지 제패하고 첼시에 왔습니다. 하지만 잉글랜드 팬들은 그 이상의 성과를 원했습니다. 그들은 이렇게 요구했습니다. '거기서의 성과는 의미가 없다! 이곳에서 성과를 보여라. 잉글랜드는 축구의 종주국이다. 당신이 챔피언스 리그에 우승했는가? 좋다. 그 트로피는 당신이 가져라. 하지만 여기에 왔으니 이곳에서 다시 유럽 무대를 제패해야 한다.'"

"그러니까 저는 절호의 순간에 첼시에 있었습니다. 선수들에 대해 말하자면, 우리가 프리미어 리그에서 우승하고 나서는 그들을 세계 최고라고 평가했지만, 제가 처음 감독으로 왔을 때만 해도 그렇지 않았어요. 램파드도 좋은 선수이고, 테리도 좋은 선수이고, 또 누구누구도 좋은 선수다. 하지만 그뿐이지 해외 무대에서는 전혀 힘을 쓰지 못한다고 팬들은 평가했어요. 그 전까지 우승한 전력이 없었기 때문입니다. 첼시 팬들도 그렇고, 선수들도 그렇고, 중요한 순간순간이 맞부딪치는 시기에 제가 첼시를 맡은 것이죠. 저는 한번 해보자는 도전적인 자세가 필요하다고 판단했습니다. 선수들은 자신들의 가능성을 현실의 영역으로 끌어올릴 도약의 계기가 절실하게 필요했어요. 바로 저 같은 지도자가 필요하다고 생각했습니다. 저는 그런 유형을 호전적인 지도자라고 부릅니다. 안에서만이 아니라 밖에서도 싸움을 거는 거죠. 우리는 스스로에게, 또 경쟁 팀들에게 싸움을 걸었습니다. 축구는 어느 팀이 최고인지 어느 팀이 승자인지 가리기 위해 싸움을 거는 스포츠입니다. 우리는 스스로 최고라고 말하기를 두려워하지 않았고, 우리가 이길 것이라고 또 우리가 특별한 팀이라고 서슴없이 공표했습니다. 우리가 그런 존재임을 입증할 작정이었고, 말 그대로 증명해 보였습니다. 모든 조건이 완벽했어요. 결과적으로 2004~2005 시즌에 선수들은 '우리가 이 나라에서 최고'라고 말할 수 있었고, 저 역시 '포르투갈에서만 뛰어난 감독이 아니라 잉글랜드에서도 뛰어난 감독'이라고 내세울 수 있었습니다. 마치 화산이 폭발하듯이 선수와 감독 모두 성취욕이 타올랐던 시간이었습니다."

모리뉴는 사람들의 기대를 그저 수용하는 데 그치지 않고 의식적으로 기대감을 조성한다. 그는 호전적인 리더십을 발휘해 재능 있는 선수들이 국내 리그에서만이 아니라 유럽 무대에서도 최고의 자리를 노리도록 승부욕을 부추겼다. 특출한 인재라면 거절하지 못할 도전이었다.

정상급 구단을 거치며 쓴맛 단맛을 모두 맛보았던 모리뉴는 계속 경험을 쌓으면서 전략을 수정해가고 있다. "처음 첼시를 맡았을 때 주로 배운 점은 (승부 욕구를 자극함으로써) 선수단에 동기를 부여하는 개념이었습니다. 첼시에 있을 때는 그러지 않았는데 후에 인테르 밀란을 지휘하면서는 저도 다른 감독들이 흔히 저지르는 실수를 저지르곤 했습니다. 무슨 말인가 하면 최고참 선수들이 감독을 무슨 저승사자처럼 여기고 자기 경력이 여기서 끝나지 않을까 두려워하게 만들면 안 된다는 것입니다. 감독은 그들이 선수 생활을 마치는 순간까지 팀에 충분히 공헌할 수 있다고 느끼도록 만들어야 합니다. 선수로서 황혼기에 접어든 그들이 팀에 제공할 수 있는 역할은 그들이 전성기 때 제공했던 역할과는 다르겠지요. 그건 당연합니다. 하지만 최고참 선수들이 자기가 팀에서 무척 중요한 역할을 할 수 있다고 믿지 못한다면 문제가 생깁니다. 그래서 감독은 선수들이 겪는 좌절감, 야망, 자기 능력에 대한 의구심 등 선수들의 모든 측면을 이해해야 합니다. 선수들과 함께 일하려면 그들을 속속들이 알아야 하는 것이죠."

알렉스 매클리시와 프랑크 소제

알렉스 매클리시와 프랑스 출신의 스위퍼 프랑크 소제Franck Sauzée의 이야기는 걸출한 인재를 포용하는 전략과 그에 알맞은 기대치를 설정하는 전략이 성공적으로 적용된 사례다. 스코틀랜드 프리미어 리그 하이버니언Hibernian 구단의 매클리시 감독은 팬들에게 사랑받는 팀, 그의 말에 따르면 '전광석화처럼 공격해 들어가는 윙어들이 포진한 흥미로운 팀'을 구축하고 싶었다. 소제는 마르세유 구단에서 활약하며 1993년에 챔피언스 리그 우승컵을 들어 올린 선수로 접촉 당시에는 몽펠리에Montpellier 팀에서 뛰고 있었다. 매클리시 감독은 소제가 이스터 로드^{Easter Road}(하이버니언의 홈구장)를 환하게 밝혀줄 재능을 두루 갖추었다고 믿고 그에게 구애를 보냈다. 매클리시 감독은 그 과정에서 소제에게 거는 기대치를 분명하게 밝혔다. "프랑크는 발 빠른 선수는 아니지만 지능적으로 경기를 풀어가는 명석한 선수였어요. 대기석에 앉아 있는 감독보다 먼저 전체 경기 상황을 머릿속에 그릴 줄 아는 선수였죠. 50미터 넘게 떨어진 곳에 놓인 50펜스짜리 동전 위에 공이 정확하게 안착하도록 패스할 수 있는 대단한 선수였어요. 저는 소제가 몽펠리에 감독의 총애를 잃어가고 있음을 언급하면서 이렇게 말했죠. '이보게, 프랑크. 나는 자네의 선수 생활을 훤히 알고 있네. 이탈리아의 아탈란타^{Atalanta}에서도 뛴 적이 있지 않은가? 스코틀랜드와 프랑스가 파리에서 겨룰 때 우리는 서로 맞붙은 적도 있었지. 자넨 뛰어난 선수야. 나는 재능 있는 선수들을 우리 구단에 데려오고 싶네. 나는 자네가 우리 구단에서 걸출한 경기력을 보일 뿐만 아니라 다른 선수들에게 영감을 주기를 바라네. 다른 선수들이 자네를 보면서 경기력이 향상될 수 있지 않겠나?' 다른 팀은 몰라도 셀틱 선수들을 그가 상대하려면 아마도 속도에서 조금 밀릴 것이라는 생각도 했어요. 하지만 그에게 공을 주면 뭔가 해낼 거라는 믿음이 있었죠. 그래서 우리는 수비수 세 명을 배치하는 진영을 채택하고 중앙에 프랑크를 두었습니다. 프랑크는 경기 중에 자신이 간파한 모든 정보를 제대로 활용할 줄 아는 친구였고, 거기서부터 경기를 풀어나갔어요. 우리는 소제와 함께 놀라운 시즌을 보냈습니다. 비록 셀틱에게는 졌지만 결승까지 진출했죠. 영입 당시 우리는 이런 대화를 나눴어요.

> 나: 나는 자네와 매일 친구처럼 의견을 나누고 싶네. 많은 대화를 주
> 고받으며 서로 존중하는 관계를 만들고 싶어.
>
> 프랑크: 굉장히 달콤한 제안이네요. 다른 감독님은 지적할 때가 아니
> 면 저한테 말을 걸지 않았거든요.
>
> 나: 프랑크, 얘기를 나눠보니 정말로 함께 일하고 싶네.
>
> 프랑크: 그렇다면 저도 함께 일하고 싶습니다.

"우리는 지금도 서로 연락하는 사이입니다. 프랑크는 하이버니언 팬들에게는 전설적인 선수입니다. 팬들은 그를 전폭적으로 사랑했고 프랑크를 영입함으로써 하이버니언도 출중한 팀이 될 수 있었죠."

출중한 인재를 데려와 기대치를 알맞게 설정하고 동기를 부여한다면 이는 팀이 도약하는 연료로 쓰일 수 있다. 소제에게는 열광하는 팬들을 위해 자신의 기량을 보여주는 것이 최고의 기쁨이었다. 모리뉴와 그의 선수들은 그들에게 특별한 것이 있음을 세상에 보여줄 기회를 간절히 붙잡았다. 이와 같이 승리를 갈구하는 마음 자세에는 강력한 힘이 있다. 이런 마음 자세를 지닌 사람은 자기 능력에 자부심이 있으면서도 함부로 오만하게 굴지 않는다.

인재의 마음을 사로잡으라

로열 셰익스피어 극단의 마이클 보이드 예술 감독은 이렇게 말한다. "무작정 처음부터 단원을 결속시키기가 쉬운 일은 아니죠. 비결이 있다면 사람들을 한데 모아두는 겁니다. 보통 극단에는 영화나 텔레비전에서 일하고 싶어 하는 배우도 있고, 그보다는 단기적으로 계약

을 맺고 싶어 하는 배우도 있을 겁니다. 또 비중 있는 역할을 맡아 작은 연못에서 큰 물고기가 되고 싶어서 극단에 온 배우도 있을 겁니다."

그러면 지도자는 이렇게 모인 인재들을 어떻게 사로잡아야 하는 가? 보이드는 이렇게 설명한다. "작품이 좋고 자신이 극단에서 성장한다고 느끼는 한, 또 극단 안에서 자기 개성이 균질화되는 일 없이 자기 경력에 도움이 된다고 느끼는 한 극단을 떠나지 않을 겁니다."

의욕이 넘치는 팀이 곧 안정된 팀이라고 전제하는 모리뉴 감독은 개인의 의욕과 열정을 강조한다. 그의 말을 들어보자. "팀을 이끌려면 반드시 의욕을 불어넣어야 합니다. 팀원들에게 의욕을 불어넣으려면 지도자가 먼저 의욕을 품어야 합니다. 저는 제가 의욕을 보임으로써 선수들을 자극합니다. 지도자가 강한 의욕을 품고, 선수들에게 열정을 보인다면 선수들도 그 모습을 보고 의욕을 품게 됩니다. 감독 자신이 의욕도 열정도 없는 사람이라면 어떻게 다른 사람에게 축구에 대한 열정을 불어넣겠습니까. 그다음에는 경험을 통해 배워나가면 됩니다. 특히 첼시처럼 특별한 인재들이 포진한 축구팀에서는 모든 선수들을 각자 개성을 지닌 하나의 인격으로 인정할 때 더 좋은 지도자가 될 수 있습니다."

인재에게 동기를 부여하는 과정에서 지도자의 카리스마는 무척 큰 역할을 한다. 천재를 사로잡고 싶다면 인간적인 차원에서 관계를 맺어야만 한다. 맨체스터 시티의 만치니 감독은 개성이 전혀 다른 이질적인 인재들과 함께 일했지만, 그들 모두를 축구를 향한 열정과 기술을 매개로 하나로 묶었다. 만치니 감독은 이렇게 말한다. "세계 최정상급 구단을 지휘하는 감독은 사고방식도 다르고, 출신지도 다르고, 문화권도 사뭇 다른 스물네다섯 명의 선수를 관리해야 합니다. 이렇게 서로 다른 선수들을 관리하려면 어려움이 있습니다. 우선 감독은 선수들을 똑같이 대해야만 합니다. 때로는 힘들 수도 있습니다. 하지만 저는 제 역할을 알고 있고, 또 제 곁에는 훌륭한 스태프가 있기 때문에 그들과 함께 선수들을 잘 관리할 수 있습니다. 제가 이끄는 맨체스터 시티에는 마리오 발로텔리^{Mario Balotelli}가 있고, 세르히오 아게로^{Sergio Aguero}가 있고, 카를로스 테베스가 있습니다! 천재적인 감독이 이런 천재적인 선수와 함께한다면 굉장한 일을 이룰 수 있을 겁니다. 물론 끔찍한 일이 벌어질 수도 있겠지요. 감독과 스태프는(스태프의 역할은 매우 중요합니다) 때로 서로 어긋나기도 하고, 실수도 저지릅니다. 모든 것을 잘할 수는 없지요. 우리는 완벽한 존재가 아니니까요. 하지만 실수가 유익할 때도 있습니다. 실수를 통해서도 배우기 때문이죠. 선수만 실수를 저지르는 것이 아닙니다. 감독이지만 제가 실수를 저지르면 저는 선수들에게 사과합니다. 이는 매우 중요합니다."

2012년 봄, 아르헨티나에 있던 테베스가 맨체스터 시티로 돌아온 뒤 그에게 의욕을 다시 불어넣기 위해 만치니 감독이 내린 조치는 분명 옳았다. 그는 같은 아르헨티나 출신의 세르히오 아게로를 테베스와 함께 배치해 두 명의 천재가 의욕을 불태우게 했고, 그 결과 우승컵을 들어올렸다. 만치니는 이렇게 말한다. "문화적으로 아르헨티나와 우루과이 사람들은 유사한 측면이 있습니다. 이 지역 출신 선수들은 강인합니다. 아마도 역사적으로 고난의 세월을 겪었기 때문이 아닌가 싶은데, 그들은 우승 기회가 눈앞에 보이거나 가족을 위해 더 큰돈을 벌 수 있는 기회가 오면 정신력이 강해지는 듯합니다." 시즌을 시작하면서 테베스는 언론에서 공식적으로 이렇게 말했다. "만치니 감독과의 불화는 오히려 제게 유익한 일이었습니다. 저는 다시 축구를 즐기게 되었고, 이는 제가 바라던 바입니다. 우승을 향한 갈증을 느끼는 지금이 행복합니다. 저는 전에 없는 흥분을 느끼며 프리 시즌을 보냈습니다. 열심히 훈련했고, 경기장에 서면 기분이 좋고, 몸이 가볍고, 강하고, 빨랐어요." 테베스는 다시금 열정에 불타올랐던 것이다.

유능한 지도자

그렇다면 걸출한 인재를 다루는 공식이 있을까? 놀랍게도 있다. 다른 분야는 모르겠지만 프로 축구 세계에서는 몇 가지 확실한 원칙이 있다. 이 공식만 있으면 만사 해결이라는 말은 아니다. 하지만 아래의 다섯 가지 원칙은 우리가 눈여겨볼 만한 원칙임은 틀림없다.

1. 인재를 포용하라

만치니 감독의 말을 기억하자. "뛰어난 성과를 얻은 것은 뛰어난 선수들이 있었기 때문이다." 모리뉴 감독 같은 경우는 천재와 함께 일할 기회를 즐기지 못하는 지도자들을 도무지 납득할 수 없다고 한다. 탁월한 인재는 기회를 창출하기 마련이다. 진취적인 지도자라면 마땅히 그런 기회를 반겨야 한다.

2. 자신의 직무와 선수들을 알라

지식을 대체할 수 있는 것은 없다. 호들 감독은 자기 선수를 이해하려고 시간을 투자했고 깊이 있는 이해를 바탕으로 선수들의 의욕을 고취할 수 있었다. 모리뉴 감독은 시간을 투자해 생리학을 공부했고, 그 결과 선수들과 부상 문제를 깊이 있게 논의할 수 있었으며,

선수들로부터 신뢰와 존경, 흠모를 받았다. 선수들은 감독인 당신이 다른 누구보다 한발 앞서 나아가고 있음을 알아야 한다. 모리뉴 감독은 이렇게 말한다. "저는 경기를 치르면서 선수들과 함께 경기 상황을 예측하곤 합니다. 그 예측이 그대로 들어맞은 것은 몇 번이나 될까요? 굉장히 많습니다. 그 때문에 저는 선수들에게 신뢰를 얻었고, 선수들을 잘 통솔할 수 있었습니다. 가령 전반전에 제가 이렇게 예측을 했다고 칩시다. '제군들, 이번 경기에 우리가 동점 상황을 유지한 채 종료 15분 전까지 잘 버티면 저쪽에서 위험을 무릅쓰고 무리하게 공격할 테고, 그러면 우리가 경기에 이길 것이다.' 제 예측대로 경기가 진행되면 선수들은 우리 감독이 최고라고 외칩니다!"

3. 우정을 나누라

모든 선수와 친구가 되기는 어렵다. 하지만 선수들과 친하게 지내는 모리뉴 감독의 방식, 즉 재능 있는 선수들을 자신의 동생처럼 아끼는 태도는 그에게 몇 번이나 달콤한 성공을 안겨주었다.

4. 팀에 초점을 맞추라

팀 내에 건전한 역학 관계를 유지하는 일은 대단히 중요하다. 지도자가 팀의 필요에 초점을 맞추고, 간판스타 선수들도 팀의 필요를 우선시하도록 통솔할 때 구심점은 개인에서 팀으로 옮겨 갈 것이다.

5. 겸손하게 행동하라

거듭 강조하지만, 성공한 지도자는 겸손하다. 예순둘의 워녹 감독이 나이 어린 아델 타랍의 재능을 수용하기 위해 기꺼이 자신의 철학을 바꾼 것이나 만치니 감독이 자신의 실수를 선수들에게 기꺼이 사과한 태도나 모리뉴 감독이 절대 선수들보다 등급이 높은 좌석을 이용하지 않을 정도로 선수들을 자신과 동등하게 대하는 태도에서도 잘 나타난다.

제 4 부

그들만의 리더십

브렌던 로저스

Brendan
Rodgers

제 — 7 — 장

압박에
굴복하지 않고
지도자로
살아가는 법

그가 지도하는 선수와 마찬가지로 감독 역시 경력을 쌓아가는 한 사람이다. 지도자 자리에 있는 사람은 대개 경력을 많이 쌓을수록 더 큰 압박감에 직면하기 마련이다. 사람들의 기대치는 갈수록 올라가고, 요구 사항은 점점 늘어나고, 자신이 최종적으로 책임을 져야 할 부분도 많아진다. 압박감이 거셀 때면 자신의 전략을 전폭적으로 수정하고 싶은 유혹에 시달리는 지도자들이 있다. 여태껏 자신이 내린 판단이 모두 잘못된 것은 아닌지 두려움이 솟구치는 것이다. 그런가 하면 자기 앞에 놓인 상황을 무시하고 현실에 적응하기를 거부하는 지도자도 있다. 무슨 일이 있어도 원칙을 고수하겠노라고 밀어붙이는 유형이다.

유명한 축구 감독들은 이런 압박감의 세계를 생생하게 드러내는 사례다. 바클레이스 프리미어 리그 감독의 경우 언론에서는 그 일거수일투족을 현미경 들여다보듯 한다. 축구 팬들은 내가 해도 저것보다는 잘하겠다고 비판을 하고, 축구 전문가나 비평가는 연일 이런저런 논평을 쏟아낸다. 여기에 감독의 임기가 보장돼 있지 않고, 그가 맡은 팀의 단기적 성과에 따라 향후 계약 여부가 결정되는 환경도 압박감을 더하고 있다는 의견이다.

어려운 시기에는 팀이 성공을 거두는 데 있어 지도자의 역할이 더욱 중요해진다. 그 순간의 압박 속에서 지도자가 대응하는 방식에 따라 그 조직의 모든 사람은 좋은 쪽으로든 나쁜 쪽으로든 영향을 받을 수밖에 없다. 또한 그의 대응 방식에 따라 그 일이 자신의 경력에 명예로 남을지 오점으로 남을지 결정될 것이다.

브렌던 로저스 감독

2010년 브렌던 로저스가 스완지 시티의 감독으로 부임했을 때 그가 이 팀을 1부 리그에 승격시키리라 예견한 사람은 많지 않았다. 로저스 감독은 그다음 시즌에 11위라는 성적으로 팀을 1부 리그에 잔류시켰으며 매력적인 축구까지 선보였다. 2011~2012 시즌이 끝나고 몇 주 후에 로저스 감독은 케니 달글리시Kenny Dalglish의 뒤를 이어 리버풀 감독으로 취임한다. 이 같은 위업이 특히 더 놀라운 이유는 로저스가 젊은 편이고 1군 감독으로서 경력이 무척 짧기 때문이다. 스완지 시티를 맡기 전에 그는 왓퍼드Watford와 레딩에서 고작 11개월간 감독 생활을 한 게 전부였다. 프로 선수 생활도 부상 때문에 스무 살에 접고 말았던 그가 서른아홉이라는 젊은 나이에 리버풀 감독이 된 것이다.

로저스의 철학

로저스 감독의 철학은 크게 두 가지 원칙에 기초한다. 첫째, 그는 아름답고 정교한 패스 게임을 지향한다. 이를 위해서는 브라질이나 스페인 출신만이 아니라 잉글랜드 토박이 선수들도 얼마든지 그런 경기를 할 수 있다는 신념을 선수들에게 심어주는 작업이 필요하다. 두 번째, 단순한 축구 클럽 이상의 가치를 지향한다. 다시 말해 구단은 지역공동체를 이롭게 하고 지역 주민들이 믿고 따를 수 있는 신념과 가치를 제공할 수 있어야 한다. 그의 말을 들어보자. "제가 팀과 함께 일할 때 그것은 우리의 대의를 지키는 일이며, 우리의 신조를 수호하는 일이고, 우리가 지향하는 경기 방식을 고수하는 일입니다. 제 축구 철학의 핵심은 전술 훈련에 따라 창의적인 공격 축구를 하며 승리를 일구는 것입니다. 잉글랜드에서는 지난 오랜 세월 우리 선수들, 특히 잉글랜드 출신 선수들은 이런 스타일의 축구를 할 수 있는 역량이 없다는 말들이 많았습니다. 제가 지향하는 축구는 잉글랜드와 유럽의 축구 스타일과 전술, 정신을 융합한 형태입니다. 저는 지금까지 우리 선수들에게 이 같은 축구 신념을 수호하는 원칙 아래 동기를 부여하고 지도하고 있습니다."

풀어야 할 숙제

모든 지도자들은 압박감에서 자유롭지 않다. 축구 감독 역시 다르지 않다. 특히 축구 감독의 일거수일투족을 취재하려는 언론의 열기와 대중의 관심은 엄청나다. 국내나 국제 정세를 좌지우지하는 고위급

정치인들은 이런 사정을 어느 정도 이해하지 않을까 싶다. 물론 그만큼 보상이 따르는 것도 사실이다. 엄청난 규모의 인기와 금전적 대가를 누리는 축구 감독도 적지 않다. 하지만 감독들이 느끼는 압박감도 만만치 않다. 외적으로든 내적으로든 그 압박감은 십중팔구 감독 생활에 영향을 미친다.

현실에서 느끼는 압박감

지도자가 압박감에서 자유로운 시간은 없다. 지금 당장 뭔가를 보여줘야 하고, 단기적으로 또 장기적으로 그에 걸맞은 성과를 내야 한다. 장기적으로 일류 감독들은 우수한 팀을 구축해 위업을 쌓고, 유산을 남겨야 한다는 압박을 받는다. 단기적으로는 의사 결정을 잘 내려야 하고, 당장 어떤 성과를 내야 한다는 압박을 받는다. 어떤 선수를 출전시킬 것인지 말 것인지, 계약을 갱신할 것인지 말 것인지, 무슨 경기에 어떤 포메이션을 쓸 것인지 말 것인지, 하프타임에 작전을 수정할 것인지 원래 계획대로 밀고 나갈 것인지, 가능성 있는 인재를 영입할 것인지 말 것인지, 징계 조치를 취할 것인지 말 것인지, 기자들의 질문에 속내를 드러낼 것인지 말 것인지 등등 감독은 이 모든 상황에서 의사 결정을 내려야 한다. 감독이 결정해야 하는 사항을 열거하자면 끝이 없다. 한번 결정한 것으로 끝나지도 않는다. 게다가 주의를 산만하게 하는 일도 많다. 가령 최근에 패배한 경기나 승리한 경기, 주주들의 요구 사항, 선수들과 이사진, 대중, 언론 등에서 요구하는 사항이 끊임없이 머릿속을 파고든다. 당장의 성과 때문에 받는 압박은 코앞에 경기나 시험을 앞둔 육상 선수라든가 학생의 입장에서 생각하면 이해가 쉽다. 감독들은 중대한 시합을 앞두고 좋은 성적을 내야 한다는 압박을 받는다. 잘하고 있는 건지, 잘

못하고 있는 건지 의구심이 생기고 또 지금이 아니면 영원히 기회가 없을 것 같은 불안에 사로잡힌다. 이 모든 압박감은 곧 '내가 할 수 있을까'라는 질문에서 온다.

내 안의 목소리

현실에서 부닥치는 문제 말고 머릿속에서 부닥치는 문제도 있다. 대다수 지도자(와 선수들)는 '내 안의 목소리'와 갈등을 겪는다. 잉글랜드 출신의 올림픽 메달리스트인 샐리 거넬Sally Gunnell은 질병을 극복하고 1993년 슈투트가르트 세계육상대회에 출전해 400미터 허들에서 세계 신기록을 달성했다. 그녀는 결과가 도무지 믿기지 않았다. 그녀는 바르셀로나 올림픽 금메달에 이어 세계육상대회 금메달을 추가했다. 하지만 그 과정에서 그녀가 홀로 넘어야 했던 장애물은 트랙에서 넘어야 하는 장애물보다 훨씬 더 극복하기 어려운 것이었다. 두 해 전에 그녀가 대면한 가장 큰 적은 다름 아닌 그녀 자신의 목소리였다. 거넬을 지도하던 감독은 이 목소리를 '어깨 위에 놓인 오리'라고 불렀다. 그녀는 엄청난 잠재력을 지닌 뛰어난 육상 선수였음에도 이렇게 고백한다. "그 목소리는 끊임없이 나 자신에 대한 의구심을 불러일으키고 부정적인 생각을 심었어요."

어느 분야든 간에 지도자들은 마음 한편으로는 자신이 부족하다는 자책을 한다. 최고 경영자들이 인정한 첫째가는 두려움은 자신의 부족함이 만인에게 공개되는 것이다. 나는 정말로 필요한 요건을 갖추었을까? 우리는 거울을 바라보며 자기 안에 엄청난 잠재력이 숨어 있음을 확인하지만, 돌아서는 순간 부정적인 생각이 피어난다. '정말 그렇다면, 어째서 아직까지…… 못한 거지? 왜 나는…… 할 수 없는 거지?' 그리고 자신을 정죄하는 목소리가 이어진다. 사람들은 보통 지도자라고 하면 다음과 같은 고민을 할 것이라고 짐작하기 마련이다. '어떻게 선수들에게서 최선의 결과를 끌어내야 할까? 만약 내가 뛰어난 성과를 지속적으로 달성하는 팀을 창출해낸다면 우리 모두(선수들과 나, 이사진, 이해 당사자)가 행복할 것이다.' 하지만 지도자가 직면하는 어려움은 사실 그 자신의 내면에서부터 시작된다.

브렌던 로저스는 왓퍼드 감독을 맡고 자신이 매일 책임져야 하는 일의 무게를 처음으로 직면하게 됐을 때 불안감에 시달렸다고 한다. 그는 이렇게 말한다. "코치로 지낼 때는 배후에 있었지만, 그때부터는 총책임자의 위치에 있었거든요. 하지만 때로 두려움은 우리를 이끄는 힘이 됩니다. 저는 지금도 그래요. 실패에 대한 두려움, 사람들을 실망시키는 것에 대한 두려움이 저를 앞으로 나아가게 만드는 동력이 된다고 생각해요. 그래도 두려움보다는 설렜던 적이 많아요. 물론 초기에는 불안하고 초조했죠. 여느 지도자들과 마찬가지로 준비 과정은 마쳤지만 신출내기에 불과했으니까요." 그도 어둠의 목소리를 들었을까? "그럼요. 어떤 상황이든 컵에 물이 절반밖에 남지 않았다는 부정적인 목소리가 들립니다. 하지만 어딘가에는 분명 긍정적인 면도 있기 마련이죠. 그래서 저는 부정적인 생각이 들면 왜 그런지 이유를 생각해본 다음 긍정적인 요소를 살핍니다. 운동선수라면 누구나 그런 부정적인 내면의 목소리를 들을 거라고 생각합니다. 하지만 저는 그럴 때마다 생각을 다시 고쳐먹고 긍정적인 면을 보려고 노력해요."

월터 스미스 감독은 그가 실수를 할 때마다 내면의 부정적인 목소리가 튀어나온다고 한다. 그럴 때 스미스 감독은 합리적이고 솔직하게 반응한다. "지도자의 자리에 있는 사람이 가장 먼저 깨달아야 할 사실은 실수는 불가피하다는 것입니다. 결정을 내려야 하는 위치에 있으면 실수를 하게 될 겁니다. 팀을 지도하면서 100퍼센트 흠이 없는 결정을 내리는 사람은 없을 겁니다. 인간은 완벽할 수 없어요. 다만 재임 기간 내내 중요한 결정에 대해서는 십중팔구 올바르게 결정하려고 노력하고 있습니다. 저는 스스로에게 정직해야 한다는 소신을 가지고 있습니다. 그래서 감독으로서 저 자신의 성과를 객관적으로 평가하려고 노력합니다. 감독을 하는 사람들은 이 점에 있어 철저하게 정직한 자세가 필요합니다."

알렉스 매클리시 감독도 솔직하게 고백한다. "저는 아직도 이따금 나쁜 앵무새가 등장합니다. 부정적인 말을 하는 이 앵무새가 나타나면 나쁜 쪽으로 앞날을 생각하게 됩니다. 하지만 경력을 쌓으면서 이런 생각들을 확실히 많이 떨쳐버릴 수 있었습니다." 작가이자 전 프로 테니스 선수인 팀 골웨이Tim Gallwey는 이 목소리를 간섭이라고 부른다. 거넬에게는 오리이고, 매클리시에게는 앵무새다. 이름이야 어찌 됐든 이 목소리는 지도자의 잠재력을 위축시키고 효율을 떨어뜨린다. 지도자라면 누구나 이 문제를 해결해야 한다. 그렇지 않으면 그 불안한 목소리가 사방팔방에서 압박감을 증폭시킬 것이다.

그들이 쓰는 이야기

우리는 혼자 살아가지 않는다. 우리가 무슨 말을 하고, 무슨 행동을 하는지, 우리가 어떻게 시간과 에너지를 쓰는지, 이 모든 것들은 우리가 나아가는 여정을 결정할 뿐만 아니라 우리 주변 사람들에게도 영향을 미친다. 뛰어난 지도자는 뛰어난 이야기를 들려준다. 하나로 결합되는 그들의 이야기에는 그들이 이끄는 사람들이 등장하고, 사람들의 시선을 사로잡는 흥미진진한 드라마가 펼쳐진다. 지도자들은 매 경기, 매 시즌 눈에 보이는 성과를 내야 하는 고도의 압박감에 시달린다. 하지만 지도자들이 써나가는 이야기는 그 자체로 그 자신이 압박에 굴하지 않고 앞으로 나아갈 수 있는 동력이 된다. 이야기가 전개될 때 그 이야기에는 지도자가 자기 경력을 쌓아가는 과정뿐만 아니라 다른 사람들에게 가치와 의미를 제공하는 과정이 펼쳐진다.

정해진 공식은 아니지만, 뛰어난 지도자가 쓰는 이야기에는 세가지 기본 요소가 있다. 그에게 영감을 주는 원천, 그가 지나온 궤적, 그리고 종착지로써의 목표가 그것이다. 또 확고한 자기 철학과 배우고 성장하는 능력, 이 두 가지도 빠질 수 없는 기본 요소다. 이들 다섯 가지 요소가 지도자의 이야기를 구성한다. 그리고 이 이야기는 다른 사람들에게 영향을 미칠 뿐만 아니라 그 자신이 극심한 압박감 속에서 앞으로 나아가게 만드는 힘을 제공한다.

이야기의 시작: 영감의 원천

모든 뛰어난 이야기에는 시작이 있다. 뛰어난 사람을 만나면 우리는 그가 어디에서 왔는지, 무엇이 그 사람을 현재의 모습으로 빚어냈는지 알고 싶어진다. 그를 빚어낸 원천을 알면 우리도 그렇게 될 수 있는지 궁금하기 때문이다. 강인한 지도자들은 자신들이 어디에서 영감을 얻는지 잘 알고 있다. 여기서 영감의 원천이란 이해할 수 없는 힘든 일이 닥쳤을 때 그것을 바라보면서 여기까지 왔노라고 공개적으로 인정할 수 있는 어떤 사람이나 대상을 일컫는다.

다른 분야도 그렇겠지만 축구에서도 이 영감의 원천은 지도자마다 다르다. 하지만 대다수 축구 감독은 자신들이 몸담은 분야에서 변함없이 귀감이 되고 있는 어떤 인물을 본보기로 제시하는 경우가 많다.

브렌던 로저스

로저스 감독의 이야기는 그가 열세 살 소년이었던 시절 인연을 맺은 레딩 구단에서 시작된다. 그때 축구 선수를 시작한 이유도 있지만 그보다는 로저스가 흠모했던 한 남자의 영향이 더 컸다. 그는 이렇게 말한다. "저는 열세 살에 첫 경기를 치렀어요. 그리고 여러 구단을 돌아다니다가 열여섯 살에 레딩에 입단했죠. 당시 1군을 맡고 있던 이언 브래드퍼드Ian Bradford 감독은 제게 엄청난 영향을 미친 분입니다. 저를 선수로서만이 아니라 한 인간으로 보살펴주신다는 느낌을 받았어요. 저는 그 기분 때문에 감독님에게 반했어요. 그분은 저를 중요한 사람으로 느끼게 해주었어요." 로저스는 이때 배운 브래드퍼드 감독의 철학을 자신이 감독이 된 이후로 줄곧 지키고 있다. 무엇보다 이언 브래드퍼드 감독은 로저스에게 감독이 되고 싶은 마음을 불어넣은 사람이었다. 로저스는 이렇게 돌아본다. "그분이 제게 어떻게 하셨는지 요즘도 생각합니다. 1군 감독인데도 그분은 공항에서부터 저를 차에 태우고 집까지 바래다주곤 하셨어요. 제가 북아일랜드 국가대표팀 경기 때문에 떠나 있을 때마다 제게 연락을 주셨어요. 그분에게 제가 소중한 사람이라고 느끼게 만드셨죠. 그분이 이렇게 사소한 것들을 챙겨줄 때마다 저는 중요하고 특별한 존재라는 느낌을 받았어요. 그분의 진짜 역량과 힘이 무엇인지 실감했어요. 선수 생활 초기에 그분이 얼마나 열심히 일을 하는지도 지켜봤습니다. 정말 근면한 분이었어요. 감독이었지만 일과가 끝나면 문단속까지 했죠."

조제 모리뉴

브렌던 로저스의 이야기에는 훗날 모리뉴 감독도 중요 인물로 등장하게 된다. 그럼 모리뉴 감독에게 크게 영감을 준 사람은 누구일까? 모리뉴가 잉글랜드에 각별한 애정을 품게 된 이유를 설명해줄 수 있는 감독이 있다. 모리뉴의 말을 들어보자. "저는 운이 좋은 사람입니다. 축구 일을 하면서 절호의 기회를 여러 차례 만났거든요. 로브슨 경과 함께 일할 기회를 얻은 것도 그중 하나입니다." 모리뉴가 1990년대 초에 포르투갈의 스포르팅 리스본에서 보비 로브슨 감독을 만났고, 그의 통역관으로 일했다는 이야기는 널리 알려져 있다. 모리뉴는 감독으로 데뷔하기 전에 보비 로브슨 감독과 포르투에서도 함께 일했고, 바르셀로나에서도 함께했다. 모리뉴는 이렇게 덧붙인다. "그분은 뛰어난 감독이기 이전에 훌륭한 사람입니다. 누구라도 그분을 만나 잠시라도 함께 일할 기회를 얻는다면, 제 경우에는 몇 년간 함께했습니다만, 그야말로 특전을 누린다는 생각이 들 겁니다. 저는 그분과 함께하며 많은 것을 경험하고 배웠습니다. 시합에 지고 나서 제가 화가 나 있으면 그분은 잔잔한 미소를 지으며 늘 이렇게 말했어요. '다른 쪽 라커룸에서는 누군가 기뻐서 뛰고 있을 테니 그리 슬퍼하지 말게.' 그래서 저는 그분을 생각하면 항상 좋은 기억이 떠올라요. 그 시절은 매 순간이 좋은 시간이었습니다."

안드레 빌라스 보아스

빌라스 보아스가 축구계에 몸담기로 마음먹게 된 것도 보비 로브슨 감독 때문이었다. 보비 로브슨 감독은 모리뉴뿐만 아니라 빌라스 보아스에게도 위대한 영감의 원천이다. 빌라스 보아스는 이렇게 말한다. "저는 포르투 팬이었어요. 보비 로브슨 감독님이 부임했는데, 그분이 제가 살던 아파트 단지에 살게 된 거예요! 그런데 어느 날 난데없이, 제가 물어보지도 않았는데, 그분이 저를 차에 태우고 훈련 시간에 데려가기 시작했어요. 일반인은 감히 접근하지 못하는 특별한 기회를 허락받았다는 생각이 들었어요. 그분은 저를 훈련장에 데려갔고, 또 훈련 계획까지 얘기해주셨거든요! 진짜 신나는 일이었어요. 사내아이들은 누구나 축구 선수가 되려고 하지만 모든 아이가 그런 재능을 타고난 것은 아니죠. 저는 축구 선수가 될 재능은 없었지만, 축구와 관련한 일을 하고 싶었어요. 날마다 로브슨 감독님과 함께 있으면서 감독 일에 흥미가 생겼거든요. 그래서 축구 지도자 과정을 밟았고, 포르투에서 감독 생활을 시작할 기회를 얻었습니다."

크리스 휴턴

휴턴 감독은 자신에게 영감을 주었던 동시대 감독으로 두 사람을 거명한다. 글렌 호들과 마틴 욜이다. 휴턴은 14년 가까이 토트넘에서 보좌관으로 일하면서 열 명가량의 감독과 함께했지만 그에게는 이 두 사람이 단연 돋보였다. 휴턴 감독의 말을 들어보자. "글렌 호들 감독은 다변가였어요. 우리가 무엇을 하든 늘 적극적으로 개입하고 즐거워했죠. 우리는 주로 라커룸이나 사무실에서 얘기를 나누곤 했어요. 영입하고 싶은 선수들에 대해 또 그 선수들을 투입하고 싶은 포지션 등에 대해 얘기를 나눴어요. 그분은 선수들에 대해 또 자신이 하는 일에 대해 열정이 넘치는 분이었어요. 마틴 욜 감독은 자신의 업무에 저를 가장 많이 참여시킨 분이었어요. 덕분에 그 기간에 가장 많이 배웠죠. 그분은 훌륭한 감독이었고 또 훌륭한 사람이었습니다."

본보기가 주는 효과

축구 감독에게는 저마다 자신이 본보기로 삼는 인물이 있다. 케빈 키건이 빌 섕클리와 밥 페이즐리에게 빚졌듯이 카를로 안첼로티는 그가 닐스 리드홀름Nils Liedholm에게 빚진 것이 얼마나 많은지 알고 있다. 고도의 압박감을 견뎌야 하는 이 특별한 직업을 누군가 자기 소명으로 삼았다면 이는 분명 축구계에서 존경하고 흠모하던 어떤 사람 때문일 것이다. 그들이 흠모하는 대상은 곧 그들이 평생 바라보며 자신을 채찍질할 수 있는 하나의 준거점을 제공한다. 빌라스 보아스와 보비 로브슨 감독의 이야기를 보면 이 점이 잘 나타난다. 빌라스 보아스는 이렇게 술회한다. "저와 이야기를 나누면서 그분은 틀림없이 감독이 되고 싶은 의욕과 의지가 충만한 젊은이를 보셨을 겁니다. 축구든 사업이든 성취 의욕으로 무장한 사람은 그가 좋아하는 일을 하면서 자기 한계를 뛰어넘을 수 있습니다. 자기 한계를 초월할 수 있다면 달성하기 어려운 과업을 실현할 수 있지요. 기어코 감독이 돼야겠다는 의욕을 품은 저를 보고 보비 로브슨 감독님은 제가 나이가 어린데도 함께 일할 사람으로 선택해주었습니다." 힘든 고비가 닥쳤을 때, 그러니까 자신의 이야기가 불안하게 전개될 때 빌라스 보아스는 로브슨 감독이 그의 잠재력을 믿었다는 사실을 되새긴다. 어떤 압박이 밀려와 자신이 쓰는 이야기를 위협해도 빌라스 보아스에게 영감을 주는 원천은 변함없이 그에게 힘을 주었다.

이야기 전개: 자신의 여정을 이해하라

사람은 누구나 한 장씩 자신의 이야기를 써나간다. 때로 삶은 우리 뜻대로 진행되기도 하고, 그렇지 않을 때도 있다. 본격적으로 자기 길을 걷기 시작하면, 지도자는 현재 자신이 무엇을 하고 있는지 점검하면서 올바른 경로를 선택할 줄 알아야 한다. 지도자들이 들려주는 이야기에는 몇몇 결정적 순간이 있다. 일을 처음 시작한 계기와 순간, 처음 기회를 잡은 순간, 새로운 단계로 도약한 순간, 어려운 결단을 내렸던 순간. 지도자는 이런 순간들을 성찰해야 하고, 이런 순간들이 모여 어떤 이야기가 쓰이고 있는지 맥락을 살펴야 한다.

출발점에 서다

따져보면 브렌던 로저스가 성인 축구단에서 선수로 활약한 시간은 부상 때문에 고작 4년밖에 되지 않는다. 잦은 부상은 대체로 선수들을 의기소침하게 만들지만 그에게는 또 다른 재미난 일에 발길을 옮길 수 있는 자극제가 되었다. 로저스는 이렇게 술회한다. "레딩에서 보낸 마지막 해에는 자주 부상을 입었지만 그 덕분에 성찰하는 시간을 얻었습니다. 저는 진짜로 특급 선수가 되고 싶었고, 할 수 있는 한 최고 수준의 기량을 펼치고 싶었어요. 하지만 제 무릎 상태 때문에 제가 원하는 수준의 선수는 결코 될 수 없다는 사실을 깨달았어요. 그때가 스무 살이었습니다. 기술도 좋고, 재능은 있지만, 저는 평범한 선수밖에 될 수 없었어요. 저는 축구가 어떤 게임인지 알았으니까요. 아마추어 축구를 소화할 수는 있겠지만 제가 원하는 수준의 축구를 할 수 있는 몸 상태가 아니었어요. 아마도 그랬기 때문에 다른 사람들보다 훨씬 빨리 결론을 내릴 수 있었던 것 같아요. 최고 수준의 축구 선수가 될 수 없다면 언젠가 최고 수준의 감독이 돼야겠다고 다짐했습니다." 그러니까 로저스가 감독직을 맡기까지는 복잡한 사정이 있었고, 자신감을 회복하고 과단성을 발휘하는 과정이 있었다. 과거를 되돌아보면서 로저스는 낙담할 만한 상황을 극복하는 능력, 과단성, 회복력 같은 자질의 가치를 이해했다.

많은 지도자들이 처음 그 일을 시작한 계기를 돌아보며 힘을 얻는다. 하워드 윌킨슨은 우연히 축구 감독 일을 접하게 됐는데, 일찌감치 그 일이 자기 적성에 맞는다는 사실을 깨달았다. 윌킨슨의 말을 들어보자. "그것은 마치 사도 바울이 다마스쿠스로 가던 길에 신을 만난 사건 같았어요. 1966년에 저는 브라이턴Brighton에 있었죠. 브라이턴 앤 호브 앨비언Brighton&Hove Albion 소속의 스물두 살 선수였어요. 하숙집을 오가며 별 재미없는 나날을 보내고 있었죠. 한번은 프리 시즌 기간에 체육관에 갔다가 지도자 육성 과정 광고를 우연히 봤어요. 한번 해볼까 하는 생각이 들더군요. 평일 저녁에 한 번, 그리고 일요일 아침에 한 번이었으니까 강의를 들을 만하더군요. 수업을 두 번 듣고 알았어요. 이 일이 제가 하고 싶었던 일이라는 것을요. 가게에 들어가 저한테 딱 맞는 양복을 발견한 기분이었어요." 물론 지도자 과정을 거저 통과하지는 않았다. 윌킨슨은 지도자 자격증을 딸 때까지 공부를 계속했고, 스물일곱 살에 결단을 내렸다. 윌킨슨은 이렇게 술회한다. "브라이턴에서 선수 생활을 계속할지 감독 일과 관련된 일을 해야 할지 고민했어요. 잉글랜드 축구협회 감독 양성 과정 이사인 앨런 웨이드Alan Wade에게 자문을 구했습니다. 체육학학위를 따면 많은 것을 배울 수 있다고 하더군요. 그래서 저는 코치겸 선수로 보스턴 유나이티드로 갔어요. 짐 스미스Jim Smith 감독 밑에서 일을 하며 동시에 체육학 과정을 들었습니다. 스미스 감독이 1년이 채 안 돼 팀을 떠나자 보스턴 구단주는 제게 감독 자리를 맡아달라고 부탁했죠. 당시 저는 스물여덟 살의 나이로 팀을 맡았습니다." 윌킨슨은 이때부터 감독으로서의 삶을 경주했다.

기회를 포착하라

더러는 전혀 예상치 못한 순간에 도약할 수 있는 기회를 맞는다. 레딩 유소년팀에서 변화를 일으키던 브렌던 로저스의 평판은 첼시의 유소년팀 코치였던 스티브 클라크Steve Clark의 관심을 끌었다. 로저스는 당시 일을 이렇게 회상한다. "저는 레딩에서 코치로 10년간 생활하며 많은 것을 배웠습니다. 레딩에서의 시절은 흡사 마법 융단을 타고 날아다니듯이 멋진 시간이었습니다. 제 일을 사랑했고, 제 삶을 사랑했어요. 하지만 그즈음 제 아이디어를 시험해볼 때가 왔다는 생각이 들었어요. '내가 이 구단에서 일하면서 효과를 봤던 아이디어를 유럽의 강팀에도 적용할 수 있을까?' 모리뉴 감독이 2004년 6월에 첼시의 사령탑을 맡았을 때 스티브 클라크 코치는 모리뉴 감독과 함께 프리 시즌을 진행했습니다. 그래서 모리뉴 감독이 첼시 유소년팀을 어떻게 운영하고 싶은지 알게 됐지요. 물론 스티브는 우리 팀과 늘 싸우면서 제가 레딩 유소년팀을 어떻게 운영하는지도 잘 알고 있었죠. 첼시는 유소년팀을 재건하는 중이었어요. 유소년 아카데미 이사로 닐 바스Neil Bath를 임명하고 전면적인 개혁 작업에 들어갔습니다. 그리고 유소년팀을 재건하는 데 도움을 달라고 9월에 제게 연락을 했습니다. 이 작업은 모리뉴 감독이 위에서 지원한 일이기도 합니다. 제가 그간에 생각한 노선과 같은 축구 철학을 가르쳐달라는 요청을 받은 것입니다." 로저스는 자신이 이미 한 단계 상승할 준비를 마쳤음을 알지 못했다. 그저 자신이 하고 있는 일을 즐길 뿐이었다. 그러나 첼시로부터 요청이 들어왔을 때 로저스는 그것이 자신을 위한 기회임을 알아차렸다. 뛰어난 지도자가 되고 싶은 이들에게 꼭 필요한 자질 중 하나는 기회가 왔을 때 이를 알아보는 능력이다. 그리고 기회라는 것은 과감한 선택, 그리고 그것을 행동에 옮길 용기를 필요로 하는 때가 많다.

호프 파월도 로저스처럼 자기 일에 흡족한 나날을 보내고 있던 중에 축구협회의 부름을 받았다. 당시 그녀는 서른 살의 나이로 현역 축구 선수로 활약하고 있었다. 그녀는 이렇게 술회한다. "처음에 연락을 받았을 때 여자 청소년팀에 협력해달라는 부탁인 줄 알았는데 성인팀 감독직을 제안하더군요. 깜짝 놀랐어요. 저는 온갖 질문을 퍼부으며 그 문제를 논의했어요. 확신이 서지 않았거든요. 급기야 누군가 제게 이런 말을 하더군요. '그 자리를 맡지 않는다면 나중에 라커룸에 앉아서 그 자리를 맡았어야 했다고 후회하게 될 거예요.' 가족과 친구들도 그 자리를 거절하는 것은 바보 같은 짓이라고 했어요! 저는 축구를 사랑하고, 축구 관련 일을 하면서 돈을 벌고 싶었어요. 그런데 갑자기 기회가 온 거예요."

크리스 휴턴은 감독이 되기 전에 토트넘 핫스퍼Tottenham Hotspur에서 코치로 14년을 보냈다. 그러다 뉴캐슬 유나이티드로 옮겨 훗날 감독을 맡을 수 있는 기회를 붙잡았다. 휴턴은 이를 가리켜 '안주하던 상태comfort zone'에서 벗어난 사건으로 묘사하며 이렇게 술회한다. "저는 축구 감독이 제가 원하는 일이라고 확신했습니다. 그러던 차에 케빈 키건 감독에게 전화를 받았죠. 개인적으로 친한 사이는 아니었지만, 예전에 토트넘이 맨체스터 시티와 경기를 치를 때 여러 차례 만나보기는 했어요. 그분은 제가 뉴캐슬에 와서 자기를 도울 의향이 있는지 물었어요. 그때까지 줄곧 런던에서만 지내면서 토트넘에서 일을 했기 때문에 새로운 도전이 필요하던 차에 거절하기에는 너무 달콤한 제안이었죠. 결국 그 선택은 나중에 뉴캐슬 감독 자리로 이어지게 됩니다. 그때까지와는 전혀 다른 환경으로 가는 것이었지만 받아들여야겠다고 생각했어요."

감독들 중에는 불시에 연락을 받고 감독이 된 이들도 있고, 때가 됐음을 깨닫고 감독직을 찾아 나선 이들도 있다. 이들 모두에게 공통으로 보이는 특징은 기회가 왔을 때 그것을 붙잡는 용기를 발휘했다는 것이다.

큰 무대에 서다

실력은 뛰어나도 일류 구단 감독으로 일할 기회를 얻지 못하고 감독 생활을 마감하는 이들이 허다하다. 기회를 얻어 일류 구단을 맡았다면 큰 무대에 하루라도 빨리 적응해야 한다. 통계를 보면 프로 축구 구단 감독이 처한 냉혹한 현실을 볼 수 있다. 잉글랜드 프로 축구 감독의 평균 임기는 16개월이고, 처음 축구 감독으로 일했던 사람의 55퍼센트는 두 번째 기회를 얻지 못한다.

2007년 모리뉴가 첼시를 떠났다. 브렌던 로저스는 그 시기를 '경영 일선에 참여하는 전 세계에서 가장 뛰어난 축구 감독과 함께 일했던 3년'이라고 묘사한다. 로저스는 모리뉴 감독이 팀에서 물러나게 된 상황을 일에 차질이 생긴 것으로 보지 않고 더 높이 도약할 수 있는 기회로 여겼다. 로저스는 이렇게 말한다. "모리뉴 감독이 떠나고, 저는 1년간 저를 시험하며 경험을 쌓았습니다. 그렇게 혼자 일하다 보니 다음에 무슨 일이 오든 감당할 수 있겠다는 자신감이 생기더군요. 여덟아홉 살의 어린 선수들부터 정상급 기량을 갖춘 선수들까지 다양하게 지도 경험을 쌓았고, 코치로서뿐만 아니라 한 인간으로서 선수들로부터 존경과 신뢰를 얻게 됐습니다. 만약 앞으로 큰 기회가 온다면 그 기회를 잡아 도전해봐도 좋겠다는 생각이 들었지요."

2008년, 그러니까 코칭스태프로 생활한 지 15년이 지나 로저스는 마침내 1군 감독직을 맡을 기회를 얻었다. 젊은 감독에게 자주 기회를 준다고 알려진 왓퍼드 구단이었다. 로저스는 이렇게 술회한다. "제게 기회를 준 왓퍼드에 항상 감사한 마음입니다. 부임 첫날 조명을 받으며 비커리지 로드 Vicarage Road 경기장으로 들어설 때는 아무것도 준비되지 않은 사람처럼 불안한 마음뿐이었어요!" 하지만 그 같은 불안은 기우에 불과했다. "얼마 지나지 않아 깨달았어요. 그동안 경험하며 배운 모든 것들이 제 안에 고스란히 남아 있었고, 그것은 황금처럼 변하지 않는다는 것을요. 제가 쌓은 기반 지식은 감독 생활 내내 큰 도움이 됐습니다. 왓퍼드에서 저는 한 조직을 책임 져도 되겠다는 확신이 들었어요. 스완지 시티에서는 수많은 지지자들이 생겨났을 뿐만 아니라 도시 전체가 저를 지켜보고 있었습니다. 그들에게서 기운을 얻으면서 도전 욕구를 불태웠지요."

극도의 압박감 속에서 지내는 지도자들의 놀라운 특징은 그런 상황에서 오히려 도전 욕구를 불태운다는 점이다. 전방에서 작전을 짜는 스완지 시티 코치진과 그라운드에서 전투를 치르는 스완지 시티 선수들은 1부 리그 승격이라는 위업을 달성했으며, 프리미어 리그라는 큰 무대에 빠르게 적응해갔다. 큰 도전을 반기는 사람들은 이미 목표에 성큼 다가선 것이나 다름없다. 지도자라면 누구나 압박감을 즐길 줄 알아야 한다.

지도자는 때로 힘든 결정을 내려야 한다

지도자로서 좋은 성과를 내면 점점 많은 기회가 주어진다. 큰 무대에 성공적으로 적응한 지도자라면 조만간 힘든 결정을 내려야 하는 상황에 직면하기 마련이다. 로저스의 경우에는 새 구단을 맡은 지 7개월여 후에 중대한 기로에 섰다. 예전 선수 생활을 하던 구단으로부터 구애를 받은 것이다. 그의 말을 들어보자. "상당히 이른 시점에 제안이 들어왔어요. 왓퍼드를 떠날 마음은 전혀 없었어요. 4, 5년 정도는 왓퍼드에서 일할 계획이었어요. 제게 기회를 주었으니 상당한 기간 머물면서 성공과 실패도 경험하고, 또 그 은혜에 보답하고 싶었거든요. 하지만 감정이 이성을 이겼습니다. 다른 구단이라면 왓퍼드를 절대 떠나지 않았겠지만, 레딩은 제게 고향과도 같은 팀이었어요. 열여섯 살에 계약을 맺고 처음 입단한 팀이라서 제가 잘 아는 친구 같아요. 레딩은 프리미어 리그에 있다가 강등됐고, 제가 연락을 받기 얼마 전에 승격 기회를 놓친 상황이었어요. 제게는 큰 도전이었지요. 하지만 뭐니 뭐니 해도 가장 큰 이유는 레딩 회장님 때문이었어요. 감독 생활 초창기에 참 유용한 조언을 들었는데, 그것은 젊은 감독들은 구단을 따지기보다는 회장이 어떤 사람인지 따지라는 것이었어요. 왓퍼드로 간 것도 그런 경우에 해당하죠. 그곳 회장님이 젊은 감독에게 기회를 준 것이니까요. 그리고 레딩에 돌아가는 것 역시 좋은 회장님과 일할 수 있는 기회였죠. 레딩 회장님과 저는 친분이 두터웠습니다. 다시 돌아가기로 한 것은 확실히 머리보다는 가슴을 따른 결정이었습니다. 이상적인 선택이라고는 볼 수 없지만, 일단 결정을 내리고 나자 마음은 편했습니다."

로저스 감독은 성격상 자신의 진로를 결정하는 데 머리보다는 가슴을 따르는 경향이 있다. 물론 이와 전혀 다르게 대처하는 감독도 있다. 예컨대 호프 파월은 처음 큰 기회를 만났을 때도 쉬이 의심을 풀지 않았다. 그녀는 이렇게 말한다. "까놓고 말해 저는 그 감독 제의가 그냥 상징적인 제스처라고 생각했어요. 여성, 흑인이라는 항목에 체크 표시를 해야 하는데 거기에 제가 선택된 것이죠. 저는 그런 상징적 표시가 되고 싶은 마음은 없었어요. 일례로 잉글랜드 여자 대표팀 주장 선수도 그렇고, 남녀 선수들 중에 경기력으로 보면 저보다 경험이 더 풍부한 이들이 많거든요. 그런데도 대외적으로 필요한 조건 때문에 저한테 밀렸다는 생각이 들어서 축구협회에 반문했어요. '왜 다른 사람들이 아니라 제가 선택된 거죠?' 여기에 그분들은 제 역량과 평판(선수 생활을 통틀어 딱 한 번밖에 경고를 받지 않은 점 등)을 고려한 판단이었고, 저를 뛰어난 선수로 평가하고 있다면서 저를 설득시켰습니다. 그들이 제 역량을 믿고 팀을 맡기는 게 아니라면 저는 그 일을 하고 싶지 않았어요. 일단 감독을 맡고 나서 보니 절대 실패해서는 안 된다는 생각이 들더군요. 실패했다가는 사람들이 '여자를 저런 자리에 앉히더니 결국 실패했네. 여자들이 감당할 일이 아니지'라는 말들을 할 테니까요. 저는 그런 소리는 듣고 싶지 않았어요."

자기 이해와 자기 확신의 위력

시간을 내서 자신의 여정을 돌아보는 지도자, 곧 어떻게 감독이 되었는지, 기회가 어떤 식으로 주어졌는지, 그들이 어떻게 새로운 위치에 적응했고, 또 어떤 결정을 내렸는지를 돌아보고 이해하는 사람들은 자기 이해력이 있는 사람들이다.

축구 지도자로 30년 넘게 살고 있는 닐 워녹은 자신의 강점과 약점을 잘 알고 있다. 그는 이렇게 말한다. "스무 살 무렵부터 자연스럽게 지도자의 길로 들어섰어요. 사람들에게 제 생각을 이해시키는 일이 늘 즐거웠습니다. 일류 선수가 되기에는 부족했지만, 일류 구단을 만드는 감독이 되고 싶었어요. 지금 와서 보니 저는 챔피언십 소속 팀을 이끄는 데 강점이 있습니다. 프리미어 리그에는 제가 즐길 수 없는 요소가 많습니다. 금전 문제, 선수들이 받는 연봉, 프리미어 리그만의 훈육 방법이나 도덕성 문제 등이 탐탁지 않아요. 물론 셰필드 유나이티드와 퀸스 파크 레인저스를 프리미어 리그로 승격시킨 것은 자랑스럽게 여깁니다. 하지만 저는 챔피언십 감독이 적성에 맞아요. 동료들과 활발하게 의견을 교환하는 게 즐겁습니다. 그리고 저는 무엇보다 팀을 승격시키는 데 일가견이 있습니다. 지금까지 일곱 차례 1부 리그로 팀을 승격시켰는데, 또 성공해서 기록을 세우고 싶어요."

자기 이해는 자기 확신으로 나아가는 중요한 단계다. 스포츠 심리학자 그레이엄 존스Graham Jones 교수는 자기 이해를 자신에게 요구되는 일을 수행하는 자기 능력에 대한 객관적 이해라고 규정한다. 자기 이해력은 매일 신속하게 어려운 결단을 내려야 하는 임무를 수행하는 이들에게 매우 유용한 도구이며, 그 순간의 압박감을 풀 수 있는 최고의 해독제다. 사람들의 기대치가 치솟으면 지도자는 극도의 긴장감 속에서 균형을 잃기 십상이다. 자기 확신이 있는 지도자는 선수들이 필요로 하는 지도자, 즉 강인하고 침착하며 자신감에 넘치는 모습을 유지할 수 있다.

자신의 업무 수행 능력을 신뢰하는 감독은 고도의 긴장감 속에서도 흔들리지 않는 자아가 자기 안에 있음을 안다. 로저스의 경우에 그 자신감은 책임 의식으로 나타났다. 로저스는 이렇게 말한다. "저는 모든 것을 제 책임으로 여깁니다. 물론 수많은 사람들이 저를 지원하고 돕습니다. 제가 늘 감사하게 여기는 부분이죠. 하지만 제가 지금 여기까지 오게 된 것은 누군가 저를 지원해주거나 전화 한 통 해주기를 기다리기보다는 제가 책임을 지겠다는 자세로 일을 했기 때문입니다. 저 자신의 능력을 알았기 때문에 경기장 안팎에서 힘들었을 때도 버틸 수 있었습니다. 부모님이 어려서 돌아가셨기 때문에 공적으로나 사적으로 어려운 점이 많았습니다. 그 과정에서 단련된 내면의 힘과 의지, 인내심은 레딩에서 감독 생활을 시작한 이래로 줄곧 저를 지탱하는 뿌리였습니다. 제 안에는 그런 힘이 있습니다." 이 같은 덕목은 극도의 압박감 속에서 일해야 하는 지도자에게 필요한 자질이다. 성공은 내면의 힘과 인내심에 따라 좌우되는 경우가 많고, 이 같은 덕목은 주로 역경을 통해서 단련되고 쌓이는 법이다.

카를로 안첼로티의 경우 자기 확신은 다른 사람이 그를 나약하게 여기는 것에 아랑곳하지 않고 자신의 신념을 고수할 수 있는 버팀목이었다. 그는 이렇게 말한다. "AC 밀란에 있을 때 이따금 문제가 생기면, '자네는 너무 나긋나긋해. 선수들에게 고함도 치고 다그쳐야 할 게 아닌가'라고 구단주가 충고를 했어요. 성격상 제가 나긋나긋한 편입니다. 제 철학은 이렇습니다. 말에게 점프하는 기술을 가르칠 경우 방법은 두 가지 있습니다. 말 뒤에 채찍을 들고 서 있을 수도 있고, 당근을 들고 서 있을 수도 있습니다. 결과는 동일할지 모르지만 채찍을 이용할 경우에는 말에게 차일 수도 있다는 것입니다! 거기다 제가 말을 가르치고 있는 것도 아니잖아요. 선수들은 전문가이고 다 큰 어른입니다. 선수들은 가족, 자녀, 고액 연봉 등 막중한 책임을 지고 있어요. 그만큼 목표 의식을 갖고 전문가답게 행동할 책임이 있습니다." 안첼로티 감독의 철학을 비판적으로 보는 시각도 있을 것이다. 하지만 안첼로티 감독은 그에게 효과적인 방법론을 알고 있고, 자기 능력을 확신한다. 언젠가 그가 자신의 방법론을 수정할지도 모를 일이다. 하지만 자기 자신에 대한 확신을 보건대 그 자신의 정체성을 수정하지는 않을 듯하다.

자기 이해와 자기 확신이 있는 사람은 내면의 힘이 강하고 타당한 목표를 향해 정진할 수 있다. 또한 이는 부정적인 목소리에 대적하는 뛰어난 무기다. 부정적인 목소리를 퇴치하기 위해 알렉스 매클리시가 제시하는 방법은 훌륭하다. "제가 어떻게 앵무새를 쏴 죽일까요? 저는 과거 경험에 의지합니다. 그런 목소리가 들리면 이렇게 생각합니다. '잠시 기다려봐. 나는 축구계에서 인정받고 있어. 지금까지 성과도 좋았어. 지금까지 많은 문제를 해결했으니까 또 해결할 수 있어.' 그러면 조바심이 사라집니다. 제 주변에는 '저 팀이 내일 이기고 우리가 지면 어떡하지요?'라고 말하는 코치나 동료들이 있어요. 이들은 모두 텔레비전 앞에 앉아서 경기 결과를 지켜봅니다. 저는 제가 통제할 수 있는 일이 아니면 그냥 관심을 꺼버려요. 외적인 것들은 차단하고 우리 팀이 할 수 있는 일에 집중하려고 합니다." 독일의 신학자 라인홀드 니부어Reinhold Niebuhr는 이렇게 말했다. "하나님은 제가 바꾸지 못할 것은 그대로 수용할 수 있는 평정심을 주셨고, 바꿀 수 있는 것은 과감히 바꾸는 용기를 주셨고, 그 차이를 분별할 수 있는 지혜를 주셨다." 믹 매카시는 그 말을 이렇게 인용한다. "그 잠언은 저를 위한 것이었어요. 울버햄턴 원더러스(이하 울브스)에서 일어났던 일을 제가 바꿀 수는 없는 노릇이지요. 저는 거기서 5년 반 정도 일할 기회를 얻었고, 좋은 시간을 보냈습니다. 지금 와서 돌이켜보면 그 시간이 참 만족스럽습니다. 100만 파운드의 자금과 새로 영입한 열 명의 선수들과 함께 울브스에서 제가 일궈낸 성과가 자랑스럽습니다. 울브스 시절을 돌아보며 십중팔구는 '너 참 잘했다'고 칭찬해줄 수 있습니다."

이야기가 전개되는 방향: 목표를 유념하라

지도자의 길을 걷는 축구 감독들은 일정 시점에 이르면 자기 생각을 파악하는 것이 얼마나 중요한지 깨닫는다. 그러면 이런 물음들을 자신에게 던지기 시작한다. 이렇게 노력해서 내가 정말로 얻고자 하는 바가 무엇인가? 무슨 가치를 옹호할 것인가? 무엇으로 유명해지기를 바라는가? 지도자는 그렇게 자기 이해와 자기 믿음을 깊이 다졌을 테지만, 미래는 여전히 사람을 불안하게 만들 것이다.

로저스 감독은 레딩에서 성장하는 동안 그런 물음들에 대해 자신이 생각한 답변들이 점점 분명해지는 것을 느꼈다. "제 목표는 간단명료합니다. 변화를 일구는 것입니다. 만약 최정상 리그에서 팀을 지도하고 싶다면 사람들에게 영향력을 미칠 수 있어야 합니다. 저는 어릴 때부터 축구와 관련해 이런저런 영향을 많이 받았습니다. 아버지와 할아버지는 1970년대와 1980년대에 리버풀과 브라질 국가대표팀의 열혈 팬이었습니다. 두 분은 그들의 천부적인 발재간과 창의적 플레이를 좋아하셨어요. 저도 자연스레 그런 생각을 품게 됐죠. 당시에는 잉글랜드 선수들이 기술적으로나 전술적으로 유럽 선수들보다 떨어진다는 소리를 많이 들었어요. '잉글랜드 선수는 저런 기술은 못 써'라는 식이었죠. 그래서인지 선수 시절에도 공을 갖고 운동장에서 보내는 시간보다 잉글랜드 축구를 생각하는 시간이 더 많았어요. 시간이 갈수록 제가 선수로서 최고가 돼 변화를 일구기는 어렵지만 감독으로서는 그렇게 할 수 있겠다는 자각이 들기 시작했습니다. 어린 선수들에게 세계 최정상에 오를 수 있는 색다른 길을 제시하고, 또 언젠가 선수들이 따라올 수 있는 선명한 족적을 남길 수도 있지 않을까? 처음에는 단순한 목표로 시작했어요. 그저 빨리 달리며 공을 다룰 줄은 알지만 기술이 떨어진다고 평가받는 어린 선수들에게 변화를 줄 수 있을까? 선수들에게 정교한 기술 축구를 가르쳐서 잉글랜드인 특유의 투지라든가 자질과 결합할 수 있을까? 이런 생각으로 시작했습니다." 로저스는 자기 자신을 이해하기 시작했고, 감독으로서 이루고 싶은 목표를 구체적으로 그려나갔다.

그로부터 20여 년이 흐른 뒤 로저스는 확고한 철학을 지닌 지도자로서 선수들에게 목적의식과 비전을 품게 하는 사려 깊고 낙천적인 지도자로 성장했다. 그의 말을 들어보자. "저는 어려운 목표에 도전할 때 신이 납니다. 그런 흥분이 좋아요. 지도자 역할을 맡으면 항상 마음이 편했습니다. 선수로도 활동했고, 또 보좌관으로서 충실하게 여러 역할도 수행했지만, 한 팀을 이끄는 수장일 때 가장 마음이 편했습니다. 제가 지도할 사람들, 특히 축구 선수들을 만날 때 저는 그들이 애써 손에 넣고 싶은 타당한 목표 혹은 더 나은 목표를 찾는 일부터 시작합니다. 저는 올바른 대의를 위해서라면 사람들은 자신을 던질 수도 있다고 생각합니다. 그래서 저는 팀원들이 기꺼이 동참할 만한 목표를 찾으려고 합니다. 그런 뒤에 그 대의를 수호할 수 있는 경로와 비전을 제공합니다. 스완지에 도착하자마자 저는 그곳 주민들의 열정에 동화됐습니다. 제 사명은 사람들에게 도전 욕구를 불러일으키는 것이었고, 우리는 정말로 의지를 불태웠습니다. 스완지에서의 일이야말로 제가 모든 사람들과 함께 떠나기를 바라는 여행입니다." 리버티 스타디움(스완지 시티의 홈구장) 밖에서 한 택시 기사는 자신도 모르는 사이에 로저스 감독이 내게 한 말의 요지를 입증해주었다. 그는 이렇게 말했다. "브렌던 로저스 감독을 참 좋아합니다. 그분은 우리가 굳게 믿어야 할 신념을 제시했어요. 저는 우리 팀이 구사하는 축구 스타일이 마음에 들어요."

알렉스 퍼거슨 감독은 일흔이 넘은 나이에도 맨체스터 유나이티드의 수장으로 승리를 연이으려는 굳은 의지를 내비침으로써 많은 사람들에게 영감을 주었다. 그는 칠순을 목전에 앞두고 "은퇴하기에는 너무 늙었다"고 말하기도 했다. 조제 모리뉴 감독은 자신의 또 다른 영감의 원천인 퍼거슨 감독이 한 이 말을 두고 이렇게 말했다. "퍼거슨 감독님의 말씀을 듣고 무척 웃었습니다. 딱 그분다운 말씀이지요. 그분은 유머 감각이 뛰어나거든요. 또 상식이 풍부하고, 매우 명석한 분입니다. 그분을 보면 그저 놀라울 따름입니다. 제가 2004년에 만났던 그 모습 그대로예요. 저는 흰 머리도 늘고 주름살도 늘었는데, 그분은 하나도 변하지 않았어요. 저도 나이가 쉰이 넘고 예순이 넘어도 지금과 같은 야망과 꿈을 안고 축구계에 있을 생각입니다. 퍼거슨 감독이 계속 팀을 이끌고 싶어 했던 마음을 저는 이해합니다. 로브슨 감독님도 마찬가지였지요. 저 역시도 오랜 세월 계속 이 자리를 지킬 겁니다."

분명한 목표의 위력

로저스 감독은 변화를 일구는 것이 목표였다. 퍼거슨 감독은 계속해서 승리하는 것이 목표였다. 모리뉴 감독은 20년 이상 축구계 정상을 지키는 것이 목표다. 위업을 달성한 로저스와 퍼거슨, 모리뉴 감독에게는 모두 확실한 목표와 동기가 있었다. 수평선 위의 한 점이 방위를 계산할 수 있게 해주듯이 분명한 목표를 지닌 지도자는 자신이 나아가는 궤도에서 이탈하지 않을 수 있다.

제1 원칙: 자기 철학에 충실하라

이 세 감독의 이야기에는 성공한 지도자의 이야기를 구성하는 세 가지 기본 요소가 잘 드러난다. 첫째는 하나의 준거점으로서 감독의 길로 들어선 계기를 만들어준 영감의 원천, 둘째는 감독 경력을 쌓게 된 과정과 결정적인 기회가 왔을 때 이에 대처하는 방식(이는 자기 이해와 자기 확신의 토대가 된다), 셋째는 경력의 최종 목표다(이는 목적과 동기를 형성한다). 지도자의 이야기를 구성하는 또 다른 뼈대로 축구 감독들이 열정적으로 언급하는 주제는 자기 철학이다. 이는 사고방식을 가리킨다. 다시 말해 자신의 직무, 자신이 지도하는 선수들, 그리고 축구에 대한 사고방식과 태도를 말한다.

축구 감독의 철학이 왜 중요한지 안첼로티는 한마디로 정리한다. "열한 명의 선수가 그라운드에서 뛸 때 그들이 실현하고 있는 것이 바로 감독의 철학입니다." 모리뉴 감독도 의견을 같이한다. "축구 감독에게는 자신만의 철학을 수립하는 것이 매우 중요합니다. 자신의 팀에 정착시키려고 하는 플레이 스타일, 팀을 이끌어가는 방식, 날마다 일을 처리하는 방식 등 모든 것을 구체적으로 수립해야 합니다. 훌륭한 스승을 마음에 품는다는 것은 그분을 따라 하고 모방한다는 뜻이 아닙니다. 스승은 성장의 기반이자 진화의 토대가 됩니다. 스승의 것을 아무리 따라 하고 모방한다고 해도 오리지널을 넘을 수는 없습니다. 따라서 오랜 연륜을 쌓으면서 성공한 감독들에게서 배우되 항상 자신의 정체성을 잃지 말아야 합니다."

로저스가 레딩의 1군 감독으로 간 선택은 좋은 결과를 낳지 못했다. 기본적으로 잘못된 방향 전환이었다. 로저스는 짧은 임기(7개월) 동안의 고통스러웠던 경험을 성찰하면서 그 모든 일을 자신의 책임으로 돌렸다. "시기를 잘못 잡았어요. 3년에 걸쳐 팀을 새롭게 정비할 계획으로 소강 상태를 가졌거든요. 저는 구단이 무엇을 기대하는지 제대로 이해하지 못했고, 일부 비현실적인 목표를 제시하기도 했습니다." 그의 평가가 옳을지도 모른다. 사고방식이 건전한 지도자들은 책임을 회피하기보다는 순순히 받아들이는 편이다. 하지만 근본 원인을 분석해볼 필요가 있다. 자신에게 쏟아지는 수많은 기대와 더불어 자신의 감독 자질을 비판하는 목소리를 감지한 로저스는 위험한 선택을 하게 된다. 자기 철학에 등을 돌린 것이다. 그는 이렇게 술회한다. "레딩은 계속 패배하고 있었어요. 어쩌다 한 번씩 이기기는 했지만 승리를 맛보기가 힘들었죠. 경기력 자체는 별 문제가 없었어요. 제가 추구하는 축구 철학을 선수들이 잘 따라주고 있었습니다. 하지만 제가 온 뒤에도 여전히 성과는 좋지 못했어요. 로프터스 로드Loftus Road에서 치렀던 홈팀 퀸스 파크 레인저스와의 경기가 최고의 위기였죠. 저는 제 신념을 뒤로하고 더욱 견고하고 안정적인 수비 플레이를 선수들에게 요구했습니다. 그날 일어서서 경기를 지켜보았던 기억이 나네요. 우리 팀은 4 대 1로 패했지만, 선수들의 플레이는 나무랄 데가 없었습니다. 하지만 제가 그동안 꿈꾸던 팀과는 거리가 멀었어요. 저는 그때 제 신념에서 벗어나 있었고, 선수들에게 영감을 불어넣지 못했습니다. 선수들이 바라는 모습과 제가 바라는 모습 사이에는 괴리가 있었고, 감독으로서 저 자신에게 진실하지도 못했습니다."

이 경기를 계기로 로저스 감독은 큰 변화를 맞는다. 만약에 지도자가 자기 철학에서 멀어진다면, 이는 곧 자기다움을 잃는 것이나 마찬가지다. 지도자에게 자기 철학은 그만큼 중요하다. 그토록 바라던 감독직을 맡은 지 채 1년도 안 돼 로저스는 레딩을 떠났다. 여기서 주목할 대목은 그가 배움을 멈추지 않았다는 것이다. 로저스는 이렇게 말한다. "저는 레딩을 떠난 후에 성찰의 시간을 가지며 저 자신을 찾으려고 노력했습니다. 성공을 했든 실패를 했든 제 신념을 되찾아야 했어요. 넘어지더라도 자기 신념을 따르다 넘어지는 것이 옳다고 생각했습니다. 저는 레딩에서 처음으로 원래 목표로 한 궤도에서 이탈했고, 그런 자신을 용납할 수 없었습니다. 그날 이후 저는 한층 성숙해졌습니다."

이는 성찰의 힘을 잘 보여주는 사례다. 로저스는 자기 안의 본래 모습과 비전을 되찾았다. 레딩에서의 감독직은 잃었지만, 그는 다시 스스로에게 진실할 수 있었다. 그리고 이는 성공을 위한 발판이 되었다. 여섯 달 뒤에 그는 스완지 시티 감독직을 제의받는다. 웨일스 구단인 스완지 시티는 당시 구단 역사상 처음으로 프리미어 리그 진입을 노리고 있었다. 그는 몇 가지 소중한 교훈을 새겼다. 로저스는 이렇게 술회한다. "스완지를 맡을 무렵 저는 제 신념을 회복한 상태였습니다. 그리고 스완지 시티에서 제 신념을 더욱 굳게 다졌지요. 의사 결정에 있어서는 여러 차례 시행착오를 거치면서 레딩에서 처리했던 것보다 더 신속하게 결정을 내려야 한다는 결론을 얻었습니다."

자기 철학의 위력

자기 철학에 충실한 지도자, 곧 자신에게 진실한 지도자는 사람들을 움직이는 힘이 있다. 어떤 상황에도 흔들림 없는 그들의 모습 자체가 영감을 주는 것이다.

로저스에게 스완지 시티는 굉장한 기회였다. '지금이 아니면 다시는 오지 않을 기회'라는 절박함도 있었다. 로저스는 이렇게 술회한다. "여러모로 제 입맛에 맞는 제안이었습니다. 스완지 시티는 5, 6년에 걸쳐 팀을 전면적으로 재정비하는 중이었고, 축구 스타일과 운영 방식에 있어서도 이사진에서 요구하는 바가 분명했습니다. 저는 스완지 시티에서 제 진면목을 보여야 한다고 생각했습니다. 제대로 감독을 해보지도 못하고 이대로 끝나는 것은 아닐까, 다시 기회를 얻을 수 있을까 고민이 많았지요. 하지만 레딩에서의 경험으로 이 게임을 어떻게 풀어야 할지, 어떻게 이겨야 할지 알고 있었습니다."

자기 철학을 굽히지 않는 사람은 위력을 발휘한다. 스완지에 있는 동안 로저스 감독은 자기 꿈에 헌신하며 자신을 단련했다. 전임 감독 중에 로베르토 마르티네스^Roberto Martinez 감독이 패싱 게임의 기반을 잘 닦아놓았던 터라 로저스 감독은 이를 더욱 정교하게 가공해 능숙하게 패스 플레이를 구사하는 팀을 구축했다. 로저스 감독은 재임 첫 시즌에 스완지를 플레이오프에 진출시키고, 웸블리 구장에서 레딩을 4 대 2로 격파해 프리미어 리그 승격을 확정지었다. 하지만 그것으로 끝이 아니었다. 도박사들은 즉시 스완지를 강등이 가장 유력한 팀으로 점쳤다. 프리미어 리그에서 승점 10점이나 챙기면 잘하는 것 아니겠냐는 판단이었다. 하지만 다음 시즌에 스완지 시티는 로저스 감독이 구사하는 유연한 패싱 플레이를 고수하면서 프리미어 리그 11위로 시즌을 마감했다. 새로 승격한 세 팀 중에 가장 좋은 성적이었다. 리버풀과는 승점이 고작 7점 차이였다. 맨체스터 시티는 리그 우승을 안심하고 있다가 스완지 시티에 발목을 붙잡히는 바람에 맨체스터 유나이티드에게 잠시 1위 자리를 넘겨주기도 했다.

2011~2012 시즌이 끝나기 몇 주 전부터 여러 구단에서 로저스 감독에게 구애를 했다. 로저스는 차기 행선지로 리버풀을 선택했다. 부임 첫날 로저스는 자신의 철학과 비전을 위해 구단과 도시가 결집해줄 것을 공개적으로 당부했다. "이곳 시민들을 위해 제 인생을 걸고 싸울 것을 약속합니다. 이는 장거리 경주이며, 저는 이 경주를 고대하고 있습니다. 참으로 뿌듯하고, 이 구단을 감독할 수 있는 기회를 얻게 돼 영광입니다. 명문 구단 리버풀의 위대한 선수들과 하루 빨리 함께하고 싶습니다. 제 철학과 플레이 스타일을 구단에 도입하려면 시간이 필요합니다."

제2 원칙: 평생 배우는 자세로

지도자의 이야기를 구성하는 마지막 요소는 끊임없이 배우고 성장하려는 자세다. 뛰어난 지도자는 배움을 멈추지 않는다. 그들의 이야기를 보면 첫 장부터 자기 일을 향한 배움의 욕구가 강렬하게 드러난다. 그들은 경력을 쌓으면서 그 자리에 멈춰 서 있지 않고, 자기를 단련하고 발전시키는 데 전념한다.

기반 지식과 기술을 연마하라

성공한 축구 감독은 경력을 쌓아가는 과정에서 그 시기는 다르지만 누구나 핵심 기술을 갖춘다. 이 핵심 기술이 곧 의사 결정권자로서 구단의 업무를 감당할 수 있는 자격이 있음을 보증하는 감독의 역량이다. 감독의 역량은 기술적 지식, 의사소통 능력, 선수들을 가르치고 관리하는 기술로 구성되는데, 이 같은 역량을 갖춘 지도자는 나이를 불문하고 프로 축구 선수들에게 신임을 얻는다. 샘 앨러다이스는 이렇게 말한다. "감독은 훈련 계획을 수립할 줄 알아야 하고, 훈련 시에는 항상 말이든 행동이든 모범을 보여야 합니다. 감독이 잘못하면 선수들이 그것을 금방 배우거든요!" 일상 업무를 처리할 때는 물론이고, 축구에 대한 해박한 지식은 극도의 압박감을 느끼는 순간에 자신을 지탱하는 버팀목 역할을 한다. 모리뉴 감독은 평소에 자신이 축구와 관련된 모든 분야에 상당한 지식이 있음을 선수들에게 드러낸다. 앨러다이스도 이렇게 말하곤 한다. "이 일은 내가 잘 알아. 나보다 더 잘 아는 사람은 없을 거야."

젊은 날 로저스 감독은 자신의 지식 기반을 견고하게 다지는 데 시간을 투자했다. 그는 레딩에서 코치로 있으면서 한 단계씩 선수들의 연령을 높여가며 10년간 유소년과 청소년을 지도했다. 로저스는 이렇게 술회한다. "그것은 지속적인 성장 과정이었어요. 2, 3년 간격으로 지도하는 선수들의 연령대가 올라갈 때마다 제 역할도 함께 커졌습니다. 시즌마다 한 단계씩 앞으로 나아갔죠. 구단이 성장하고, 선수들이 성장하고, 스태프들이 성장했어요. 물론 저도 그들과 함께 성장했죠. 결정적인 한 번의 순간으로 끝나는 것이 아닙니다. 다양한 분야의 수많은 사람이 힘써 노력한 덕분에 우리만의 플레이 스타일과 팀 운영 방식을 구축하며 발전할 수 있었던 겁니다."

다리오 그라디는 수십 년의 경험을 쌓은 이후에도 배우는 자세를 잃지 않고 살아가는 방법에 대해 명쾌하게 설명한다. "부단히 배워야 합니다. 저는 코치들과 선수들에게 항상 그렇게 말해요. 열두 살 미만 선수들을 지도할 때도 '너희는 여기에 놀러 온 것이 아니다. 배우려고 온 것이지. 그러니까 잘 듣고, 배우고, 연습해야 한다'고 주의를 주었어요. 저는 지금도 배우고 있습니다. 즐기려고만 하지 않아요. 물론 제가 하는 일에서 즐거움을 느끼지요. 저는 선수들에게 이렇게 말합니다. '나는 너희를 가르치려고 온 것이니까 너희가 배우지 않으면 재미가 없다. 너희가 배울 때라야 나는 재미가 있다. 나는 좋은 선생이다. 왜냐면 이미 많은 사람들을 가르쳐 좋은 선수로 만들었거든. 하지만 너희가 배우지 않으면 나는 아무 쓸모가 없어. 그러니까 너희는 너희 할 일을 해야 한다'라고 말이죠."

어디서, 어떻게 배움을 이어왔든 현재 우수한 지도자로 평가받는 이들을 보면 공통적으로 자신의 기술을 연마할 때 근면 성실하고 과감하다는 특징이 있었다. 앨러다이스는 이렇게 말한다. "코치를 하는 데 반드시 자격증이 있어야 하는 것은 아닙니다. 선수 시절 경험과 달성한 업적으로 좋은 평가를 받아 코치로 일을 할 수도 있습니다. 저도 자격증을 굳이 안 따도 지도자로 일할 수 있다고 생각했어요. 선수 시절 경험에 비춰 팀을 어떻게 운영해야 할지 판단할 수 있다고 봤거든요. 하지만 자격증을 취득하는 과정은 지도자로서 성장할 수 있는 좋은 방법입니다. 저는 스물여덟 살 무렵 경영 수업을 받아야 한다는 사실을 깨달았습니다. 알고 보니 세인트 헬렌스^{St. Helens}에 있는 한 경영대학원에서 잉글랜드 축구선수협회^{PFA}가 경영자 과정을 운영하더군요. 수업 과목은 사업 전반에 두루 적용되는 일반 경영이었습니다. 수업 내용이 마음에 들었어요. 일종의 단기 집중 과정이었는데, 현역 축구 선수들은 시간이 별로 없어서 여름 휴식기를 이용해야만 했죠. 일반 경영이었으니까 저는 수업을 하면서 그 내용을 축구 감독에 대입시키면서 공부를 했습니다. 무척 흥미로운 작업이었습니다."

계획을 세우고 오랜 시간에 걸쳐 뭔가를 구축하다보면 어서 권력을 손에 넣고 승부를 보고 싶은 마음에 낙심할 수도 있는데, 로저스는 이런 실수를 범하지 않았다. "아직 젊으니까 괜찮다고 생각했어요. 더 배울 시간이 있으니까요. 저는 배우는 데 늘 갈급해 있었고, 어린 선수들을 향한 신념이 있었습니다. 어린 선수들을 발굴해 그들을 돌보고 그들의 재능을 계발하자는 것이 제 신조였으니까요. 2부 리그 소속 시절에 딱 하나 아쉬운 점이 있었다면, 기술이 뛰어난 최고의 선수들을 마음껏 보강하기 어렵다는 점이었습니다. 하지만 그런 아쉬움이 오히려 성장에 귀중한 밑거름이 되었습니다. 저는 선수들에게 색다른 경기 스타일을 주문했어요. 구단의 고위 관계자들은 늘 의문을 제기했죠. 1군의 플레이 방식과 다르지 않은가, 왜 저런 식으로 플레이 해야 하는가? 하지만 제 스타일을 고수했습니다. 갈등이라기보다는 소중한 교훈을 배우는 과정이었죠. 그 기간에 저는 남들과 다르게 생각한다는 사실에 만족하는 법을 배웠어요. 훈련 방법, 팀 운영 방식, 팀을 준비시키는 방법도 저는 다른 이들과 달랐습니다." 다른 사람들은 난관에 부딪쳤다고 생각할 때에 로저스는 그 난관을 배우는 기회로 여겼다.

데이비드 모예스는 새로운 것을 배우고 자기를 계발하는 일에 항상 열심이었다. 모예스 감독의 말을 들어보자. "직접 해답을 찾아내고 싶은 열정이 있어야 합니다. 책을 읽어도 되고, 강좌를 들어도 되고, 여기저기 정보를 찾아다녀도 되고 방법이야 각기 다르겠지요. 저에게는 이 열정이 있었습니다. 새로운 것을 찾아 길을 떠나고 싶었어요. 코치 자격증은 한창 선수로 뛰고 있을 때 땄는데, 수업을 들은 이유는 더 좋은 선수가 되고 싶어서였어요. 그런데 지도자 수업을 들을수록 축구를 소재로 얘기하는 사람들과 함께하는 게 참 즐겁더군요. 스코틀랜드 감독들과도 함께하면서 축구 얘기를 하고 싶다는 생각이 간절해졌습니다."

모예스는 유럽축구연맹UEFA 지도자 자격증을 잉글랜드에서만 취득한 것이 아니고, 스코틀랜드에서도 취득했다. 그는 이렇게 말한다. "자격증을 어느 나라에서 얻든 일할 때는 상관없어요. 하지만 저는 두 나라에서 자격증을 딸 수 있다는 사실을 보이고 싶었고, 또 두 자격증에 차이가 있는지도 알고 싶었어요. 그런데 차이가 났어요! 저에게 또 한 번의 배움의 기회를 주고 싶었어요. 현역 선수였고, 시즌 내내 경기를 소화해야 했기 때문에 여름에 4~6주 정도 휴식 기간을 얻으면 대부분의 시간을 지도자 수업을 듣는 데 투자해야 했습니다. 하지만 저는 휴가를 즐기는 기분으로 수업을 들었어요. 축구 전문가들 곁에 있으면서 그분들이 하는 말을 듣는 시간을 정말로 즐겼으니까요."

식지 않는 열정과 헌신

모예스가 여름휴가 기간에 지도자 과정을 밟은 것은 평생 배우는 자세를 유지한다는 게 얼마나 큰 헌신을 요구하는지 잘 보여준다. 1998년 선수 겸 코치로서 지도자로 첫발을 내딛은 모예스는 월드컵이 열리는 프랑스로 가서 각 국가대표팀이 시합을 준비하고 훈련하는 과정을 직접 지켜보고 싶은 마음이 굴뚝같았다. 그는 이렇게 술회한다. "그때는 제가 축구 선수로 별로 돈을 벌지 못하던 무렵이었어요. 솔직히 말하면 잉글랜드 축구선수협회에서 지원을 받아 월드컵 경기 입장권을 구입했습니다. 제가 국가대표팀 지도자 과정을 배우고 싶어 한다는 사실을 알고 자금을 지원해주었죠. 하지만 경기 일정에 따라 이동하며 매번 호텔에서 묵을 만큼의 현금은 없었어요. 그래서 차량을 임대해 직접 운전하고 다니며 두세 번은 차 안에서 잠을 자기도 했지요. 그해에 저는 각국 캠프를 찾아다니며 훈련하는 모습을 참관할 수 있는지 물었지만, 국가대표팀 훈련 캠프에 들어가기가 쉽지는 않더군요. 보안을 의식해 경계하는 느낌이었어요. 저보고 들어와서 참관해도 좋다고 말한 사람은 재미있지만, 잉글랜드의 앙숙인 스코틀랜드 대표팀 사령탑이었던 크레이그 브라운^{Craig Brown} 감독뿐이었어요. 폄하하려는 게 아니라 사실 가장 궁금하지 않은 팀이 스코틀랜드였습니다! 스코틀랜드에서 선수 생활을 한 터라 이 친구들이 어떤지 잘 알고 있었거든요. 하지만 스코틀랜드 국가대표팀이 월드컵을 준비하는 모습을 결국 참관하게 됐는데, 아주 귀한 경험이 됐어요!"

모예스 감독은 또한 나이를 먹어도 배움에 대한 의지가 흔들려서는 안 된다고 강조한다. 어떤 환경에 처해도 배우는 자세를 유지하는 것이 중요하다. 모예스는 쉰 살을 코앞에 둔 2012년 여름에도 우크라이나에서 열리는 챔피언스 리그 조별 리그 경기를 참관하러 갔다. 예약이 늦어 호텔을 잡지 못하고 유스호스텔에 묵게 됐지만 개의치 않았다. 그는 이렇게 말한다. "원하던 자리에 앉았다고 곧장 그 자리에 익숙해져서 성공을 맛볼 수 있는 게 아닙니다. 끊임없이 배우고 자기를 계발하는 일이 중요합니다. 저는 수많은 축구 경기를 관람하러 다닙니다. 거기서 배울 점들이 많다는 걸 알기 때문입니다. 일이 없으면 남미에 가서 그쪽 선수들을 지켜봅니다. 어째서 우루과이, 브라질, 아르헨티나 등의 남미 선수들이 유럽 명문 구단이나 챔피언스 리그에서 많이 활약하는지 그 이유를 살펴보는 거죠. 두어 달가량 머물면서 제가 놓치고 있는 것은 없는지, 돌아와서 도입할 만한 것이 있는지 살피는 겁니다."

감독으로 프로 구단을 전담하고 있을 때에는 그런 시간을 내기가 어렵다고 수긍하면서 모예스 감독은 이렇게 말한다. "잉글랜드와 가까운 지역에서도 변화가 일고 있어요. 스페인 선수들의 기량도 부쩍 향상됐고, 독일에서는 우수한 기량의 젊은 선수들을 연이어 배출하고 있습니다. 저는 시간 여유만 있으면 돌아보고 공부하고 싶은 곳이 많습니다. 모든 문제에 대한 완벽한 해답을 얻을 수는 없겠지요. 하지만 시작이 반이라고 다른 나라의 선수들을 지켜보는 것만으로도 얻는 게 많습니다."

배움의 위력

믹 매카시 감독은 배움이 어떻게 효과를 발휘하는지 보여주는 좋은 사례다. 모예스 감독처럼 계획을 세워 배우는 유형은 아니지만, 배움의 가치를 잘 알고 있는 매카시는 이렇게 말한다. "감독으로 그간의 경험을 돌아볼 때도 그렇고, 사람들이 저한테 그간 무엇을 배웠는지 물었을 때도 보통은 모르겠다고 대답합니다. 말로 정리하기는 어려운데, 어떤 상황이 벌어지면 무엇을 배웠는지 알 수 있어요. 그동안의 경험을 토대로 문제를 처리하거든요. 사람들은 대부분 '이것이 제가 일을 처리하는 방식입니다'라고 제시할 수 있는 해법을 갖고 싶어 합니다. 저에게 그렇게 말할 수 있는 해법은 없습니다. 하지만 사람들을 지도하고 어떤 결정을 내리는 문제에 관해서는 제가 얼마나 많이 배웠는지 실감할 때가 많아요."

다른 덕목과 마찬가지로 배우기를 쉬지 않는 자세는 지도자 본인과 그 주변 사람들에게 위력을 발휘한다. 배우는 자세를 지닌 지도자는 주변 사람들을 움직인다. 모예스는 지도자 생활 초창기에 이를 똑똑히 경험했다. 그의 말을 들어보자. "사람들은 제가 매우 적극적인 것을 보고 '열심히 배우려고 하고, 끊임없이 발전하려고 노력하는 사람'이라고 말하더군요. 그리고 기꺼이 도움을 주려고 했어요."

극도로 힘든 시기에도 배움을 멈추지 않는 지도자는 그 과정에서 삶의 균형을 회복하는 확실한 길을 찾는다. 안드레 빌라스 보아스는 첼시 지휘봉을 잡은 지 9개월밖에 지나지 않은 2012년 1월에 첼시를 떠났다. 그는 이렇게 돌아본다. "일을 그만두니 마음이 공허했어요. 그래서 처음에는 가족들을 찾았습니다. 그런 뒤에는 축구에 대해 느끼는 공허함을 채우고 싶어 다시 자기 계발에 나섰습니다. 저를 감독으로 또 한 인간으로 만들어준 원칙들을 점검했지요. 저는 가능한 한 많은 경기를 살펴보며 복귀를 준비했어요. 일하는 동안에는 시간이 없어서 살피지 못했던 선수들을 지켜봤습니다. 저와 일했던 기술 코치를 만나서 우리가 어떻게, 왜 실패했는지를 분석하며 더 나은 미래를 위한 확실한 교훈으로 삼았습니다."

자신에게 진실한 지도자

지도자는 누구나 경력을 쌓다보면 과중한 스트레스에 처하기 마련이다. 뛰어난 지도자들은 이럴 때 변함없이 진실하고 또한 사람들이 납득하고 영감을 받을 수 있는 이야기를 써 내려가려고 노력한다. 요컨대 그들은 거짓됨이 없이 자신의 본모습을 지킨다.

자신의 삶과 일로 다른 이들에게 감화를 주는 이야기를 전하고 싶어 하는 지도자들이 명심해야 할 기본 원칙을 살펴보자.

1. 영감의 원천을 본받으라

대개 그 원천은 본인이 잘 아는 혹은 잘 알았던 사람, 또 그대로 닮기를 열망했던 인물일 것이다. 이 인물이 어떤 사람인지, 또 왜 그 사람에게 감화를 받는지를 아는 것부터 이야기가 시작된다. 또한 훌륭한 본보기는 압박감에 시달릴 때 흔들리지 않게 자신을 붙들어줄 닻과 같다.

2. 경험을 지혜로 숙성시키라

지도자라면 누구나 일을 하면서 수많은 결정을 내리고 그중에는 패전의 기록도 있기 마련이다. 성공한 지도자는 자신이 내린 결정들을 분석하되 후회하지 않으며, 패전의 경험은 성공을 위한 밑거름으로 여긴다. 자신이 내린 결정을 비판적으로 평가하는 작업을 비롯해 개별 사건을 전체 관점에서 해석하는 사람은 자기 이해를 획득하고, 자기 확신을 구축할 수 있다. 자기 이해와 자기 확신을 갖춘 지도자는 더욱 강하고 지혜로운 지도자로 성장한다. 빌라스 보아스는 리스본 대학의 마누엘 세르히오^{Manuel Sergio} 교수가 자신에게 한 말을 마음에 새겼다. "그분이 제게 한마디 했어요. '당신이 되고자 하는 감독보다 당신 자신이 더 중요합니다.' 그러니까 감독이기 이전에 한 인간이라는 뜻이죠. 스스로 아무 감흥도 느끼지 못하는 어떤 일에 전념하는 척 꾸밀 수는 없어요."

3. 목표에 유념하라

승리를 일구는 지도자들은 자신의 목표가 무엇인지 안다. 일하는 방식이나 전략을 중간에 수정하는 일은 있지만, 자신이 이르고자 하는 목표, 자신이 옳다고 믿는 신념을 저버리는 일은 없다.

4. 자기 철학을 고수하라

브렌던 로저스는 진실한 지도자다. 그는 자신이 누구인지 알기 때문에 다른 사람인 척 가장하지 않고, 자기만의 철학을 고수한다. 유연한 패싱 플레이를 지향하는 그의 철학과 구단 및 스완지 팬들이 지향해야 할 가치를 결합한 그는 자신이 한 약속을 온전히 이행할 수 있었다. 한때 그는 자신의 신념에서 벗어났고, 그 실수를 깨달은 순간부터는 겁내지 않고 자기다운 길을 걸었다.

5. 쉬지 않고 배우라

뛰어난 지도자는 배움을 멈추지 않는다. 힘든 시기에도 배움에 대한 열의를 잃지 않고 교훈을 구하는 이들의 자세는 여느 평범한 지도자들과 그들을 차별화한다. 배움을 구하는 겸손함은 그들이 오만해지지 않고, 또 끊임없이 성장할 수 있는 원동력이다. 로저스 감독도 이렇게 말한다. "감독은 최첨단을 걸어야 합니다. 저는 나이가 들지만 선수들은 젊어요. 선수들을 위해서라도 제가 정체돼 있으면 안 될 일이죠." 배움은 지도자가 자신의 이야기를 써나가는 연료 역할을 한다.

해리 레드냅

Harry
Redknapp

제 —8— 장

더 큰 그림을
그려보라

지도자는 자신의 팀원들 때문에 신이 나고 팀 목표에 헌신해야 한다. 그러지 않고서는 사람들을 움직일 수 없다. 하지만 헌신과 집착은 종이 한 장 차이라서 스트레스가 심한 환경에서 그 경계를 구분하기란 불가능에 가깝다. 한 경영자가 위기를 맞아 하루 종일 책상에 앉아 일을 한다고 생각해보자. 그만큼 일에 전념하고 있으니 훌륭한 지도자라고 볼 수도 있을 것이다. 하지만 그렇게 일하는 게 과연 효과적일까? 그와 같은 강도로 얼마나 오래도록 일할 수 있을까?

프로 축구 감독 역시 동일한 덫에 빠지기 십상이다. 연이어 패배하거나 성적이 저조하면, 그것이 두세 경기에 지나지 않은 경우에도 감독은 부담감을 느낀다. 이 같은 상황에서 흔히 감독들은 문제가 해결될 때까지 그 문제만 붙들고 밤낮으로 씨름하는 경우가 많다.

압박감을 느끼는 지도자들 중에는 두려움이 그 사람의 동력인 경우도 많다. 두려움은 현실을 왜곡한다. 그에 대한 반응으로 판단력이 흐려져 형편없는 결정을 내리게 되면 균형 감각을 상실하고 종국에는 일자리를 잃을 위험도 있다. 뛰어난 축구 감독은 두려움을 다룰 줄 알기 때문에 부담감에 짓눌리지 않고, 균형 잡힌 시각을 되찾는다. 이들은 경기력을 향상시킬 수 있는 방법을 찾아 위기를 극복하고 지속적인 성공을 거둘 수 있다.

해리 레드냅 감독

해리 레드냅은 잉글랜드 축구계에서 빼놓을 수 없는 지도자 가운데 한 사람이다. 1960년대 중반과 1970년대 초 웨스트 햄 유나이티드에서 미드필더로서 활약한 레드냅은 당시 제프 허스트^{Geoff Hurst}, 마틴 피터스^{Martin Peters}, 보비 무어^{Bobby Moore} 같은 쟁쟁한 선수들과 어깨를 나란히 했다. 그는 1983년에 본머스^{Bournemouth}에 코치로 들어가면서 프로 축구 지도자 생활을 시작했고, 이곳에서 9년간 선수들을 지도했다. 본머스에서 레드냅은 선수들을 보는 안목이 뛰어나고, 간결하고 효율적으로 일을 처리하는 지도자라는 평판을 얻었다. 그가 감독으로 크게 이름을 날린 것은 1994년에 과거 선수로서도 인연을 맺었던 웨스트 햄의 사령탑을 맡고서부터였다. 당시 웨스트 햄은 레드냅과 함께 몇 년간 프리미어 리그에서 인상적인 성적을 거뒀다. 레드냅은 포츠머스 구단의 명운을 바꾼 감독이라는 평가를 받기도 한다. 2002년에 포츠머스는 레드냅과 함께 구단 역사상 최초로 바클레이스 프리미어 리그에 진출했다. 이후 잠시 잉글랜드 남해안에 위치한 사우샘프턴^{Southampton}을 지휘하다가 다시 포츠머스로 귀환했다. 포츠머스는 레드냅의 지휘 아래 50년 만에 프리미어 리그 최고 성적인

9위를 기록했고, 2008년에는 FA 컵 우승을 차지했다. 레드냅은 2008년에 유능한 선수들이 포진해 있던 토트넘을 맡아 흥미진진한 공격 축구를 구사하며 토트넘 역사상 최초로 UEFA 챔피언스 리그에 진출했다. 챔피언스 리그에서 스퍼스^{Spurs}(토트넘의 별칭)는 AC 밀란을 맞아 손에 땀을 쥐게 하는 두 차례 격돌 끝에 8강에 진출했다. 레드냅은 2012년 11월에 퀸스 파크 레인저스의 감독으로 부임했다.

레드냅의 철학

레드냅은 친절하고 너그러운 성품으로 무엇을 하든 자기 것을 아낌없이 내준다. 그는 축구뿐만 아니라 자기 가족과 조국, 그리고 자기보다 못한 사람들의 삶을 개선하는 일에도 지극한 열정을 품고 있다. 그는 스스로가 종종 구닥다리 가치라고 표현하는 책임감, 의무, 협동심 같은 고상한 가치를 숭상한다. 그는 공격 축구를 지향하고, 관중을 즐겁게 할 줄 아는 팀을 구축하는 데 헌신한다. 그는 복잡하게 생각하는 사람이 아니다. 다만 축구 감독으로서 단순하고 아름다운 게임이라는 축구의 전통적 가치를 훼손하는 방향으로 흐르고 있는 현대 축구계를 안타깝게 생각한다.

균형 잡기의 어려움

사람들의 높은 기대치, 고용의 불안정성, 구단의 이해 당사자들, 천부적인 스타 선수, 승리에 대한 열망, 좌절감 등은 프로 축구 감독이라면 누구나 고통스럽게 직면하는 문제들이다. 방금 열거한 문제들이 단기적으로 해결해야 할 문제라면, 축구 감독이 장기적으로 해결해야 할 문제는 균형 잡힌 시각을 기르고 이를 유지하는 일이다. 균형 잡힌 시각을 갖춘 감독은 좋을 때나 나쁠 때나 평정한 마음으로 사태를 바라볼 수 있고, 언제나 최선의 결정을 내릴 수 있다.

감독이 직면하는 거의 모든 문제는 균형 잡힌 시각을 위협할 가능성이 있다. 감독은 경기장 안팎에서 발생하는 각종 사건 때문에 주의가 산만해지고, 종국에는 자기 철학에서 벗어나는 실수를 범하기도 한다. 레드냅 감독의 경우 이런 사건들은 마음의 균형을 매번 흐트러뜨릴 정도로 커다란 영향을 끼친다. 그의 말을 들어보자. "아침에 출근하면 그날 무슨 일이 닥칠지 예측할 수 없어요. 50여 명의 축구 선수들과 그들의 자녀를 비롯한 온갖 문제를 접하게 됩니다. '감독님, 이 선수에게 문제가 생겼어요. 이 녀석이 여자 친구와 일이 꼬였는데, 그 여자 친구의 전 남자 친구가 그 녀석이 사는 동네에서 꽤 위험한 놈이라네요. 무슨 일이 생길지 모르니 선수 가족을 다른 동네로 이사 보내야겠어요'라고 보고가 올라올지도 모릅니다. 어떤 문제와 맞닥뜨릴지 전혀 알 수 없어요. 누군가 컨디션이 좋지 못하다는 보고는 매일 받습니다. 선수가 아니면 선수의 엄마나 애인이 어디가 안 좋다든지, 자녀가 문제가 있다든지 늘 문제가 일어나지요. 감독에게는 이런 문제도 모두 중요한 일입니다. 감독은 모든 사람을 책임져야 하니까요. 선수가 아니라 코치진에 문제가 있을 수도 있어요. 정말이지 하루도 조용한 날이 없습니다. 요즘에는 휴대전화까지 있어서 아예 도망 갈 길도 없어요. 24시간 내내 연락이 닿으니까요." 레드냅 감독이 겪었던 사건 하나를 예로 들어보자. "제가 웨스트 햄에 있을 때 한 선수가 경찰에 체포됐어요. 에식스Essex 지역에서 벌어진 싸움에 연루됐다더군요. 새벽 3시에 우리 집으로 전화가 왔습니다. 저도 가족이 있으니까 그런 시간에 전화를 받으면 무서운 생각부터 들어요. 끔찍한 일이 일어났을까 봐 겁납니다. 도대체 이 시간에 누가 전화를 거는 걸까? 게다가 전화를 건 사람이 '여기 경찰서'라고 하면 '맙소사 일이 생겼구나' 하게 되지요. 이런 일이 끊이지 않아요. 늘 문제에 부딪칩니다. 감독 일을 하다보면 주변을 차단하고 주의를 집중하기가 얼마나 어려운지 모릅니다."

우리 눈에 보이지 않지만 이보다 더 심각하게 지도자들의 주의를 방해하는 범인이 있는데, 바로 두려움이다. 지도자들이 두려움에 굴복하면 판단력이 흐려지고 그들이 신봉하던 가치와 신념에서 멀어진다. 또 문제 앞에서 승부욕을 발휘하기보다는 압박감을 느끼고 정진하던 방향에서 이탈하게 된다. 이성의 지시가 아닌 두려움에 이끌려 다니는 지도자는 주변 사람 모두에게 피해를 끼칠 수 있다.

두려움이 원동력이 될 때

아르센 벵거 감독에 따르면 많은 지도자들이 겪는 두려움 중에 하나는 '다른 사람들은 어떻게 생각할까?'로 요약할 수 있다. 벵거 감독은 이렇게 말한다. "우리 사회는 수직 사회에서 수평 사회로 이동했습니다. 의사 결정권자가 어떤 결정을 내리면 저마다 자기 의견을 피력하고, 인터넷에서 즉각적으로 자기 의견을 펼칩니다. 의사 결정권자를 특별히 존중해야 하는 사회가 아니거든요. 사람들은 위에서 누군가 결정을 내릴 때마다 의문을 제기합니다. 사정이 이렇다보니 훌륭한 지도자가 갖춰야 할 가장 중요한 덕목 가운데 하나가 스트레스 저항력입니다. 압박감에 쫓기는 감독은 갈수록 위축돼 마땅히 지켜내야 할 자신의 신념까지 저버리는 지경에 처할 수도 있습니다.

이 문제를 과소평가하는 이들이 많은데, 반드시 짚어야 할 문제이지요." 다시 말해 두려움은 지도자의 추진력을 약화시킨다.

퍼거슨 감독 역시 여기에 깊이 공감한다. "감독이 스트레스를 받아 좋은 결과를 내지 못하는 경우를 수없이 지켜봤습니다. 대다수 선수들이 감독의 뜻에 호응하고 최선을 다하는데도 웬일인지 결과가 좋지 않은 거예요. 사실은 실패에 대한 감독의 두려움이 어느새 선수들에게도 스며들어 악영향을 미친 까닭이지요. 이런 일은 비일비재합니다. 일종의 '세뇌 작용'이지요. 조금씩 조금씩 두려움이 스며들어 결국에는 굴복하고 마는 겁니다. 선수들은 감독을 위해 최선을 다하고 싶어 애를 쓰지만 사기가 떨어지는 거예요. 용기를 다시 찾고 두려움에서 벗어나 회복되는 경우도 물론 지켜봤습니다. 하지만 저는 스트레스 상황에서 감독이 두려움에 쫓길 때 그 두려움이 선수들의 사기를 어떻게 저하시키는지 잘 압니다."

지도자들의 마음 깊은 곳에 자리한 두려움 가운데 하나는 실패에 대한 두려움이다. 감독에서 해임될까 봐, 부적격자라는 평을 들을까 봐, 업적을 남기지 못할까 봐 내심 두려워하는 감독들이 많다. 레드냅 감독은 한마디로 이렇게 정리한다. "사람들은 누구나 하는 일마다 성공하기를 바랍니다. 실패하기를 바라는 사람은 아무도 없지요." 바꿔 말하면 시합에서 자기 팀이 패배하는 것을 두려워하는 축구 감독들이 많다는 얘기다. 크리스 휴턴 감독도 이 점을 인정한다. "저는 경기에 지는 게 두렵습니다. 코치나 감독으로 오랜 경험을 쌓았지만 팀이 졌을 때 좀체 마음을 추스르기 어려워요. 아직도 두려움에서 자유롭지 못합니다." 레드냅 감독 역시 두려움을 느낀다. 경기에 지고 나서 보인 반응에는 그의 두려움이 그대로 드러난다. "경기에 졌다는 사실 말고는 아무 생각도 할 수 없었어요. 친구와 함께 집으로 돌아오는 세 시간 내내 아무 말도 건네지 않았어요. 정말 어리석은 짓이었죠. 그런데 한마디도 하고 싶지가 않더군요." 레드냅 감독은 승부에 대한 열정이 강렬한 만큼 두려움도 크다. 경기에 이기는 것이 너무 중요해서 시합에 지면 패배감이 뼈에 사무칠 정도다. 그는 이렇게 말한다. "어려운 문제입니다. 어쩌면 평생을 살아도 풀지 못할 문제이지요. 저 같은 경우 경기가 잘 안 풀리면 기분이 아주 우울해져요. 순위 경쟁이 치열한 크리스마스 시즌에 경기가 안 풀려서 악몽 같은 크리스마스를 여러 차례 보낸 기억이 납니다. 제 기분이 그러니 손주들도 와 있는데 가족한테 아무 쓸모 없는 존재가 됩니다. 애석하고 참담한 일이지요. 그런데 저도 모르게 그렇게 됩니다."

그러나 두려움에는 긍정적 측면도 있다. 두려움을 적절히 제어할 수 있다면, 두려움은 열정을 더욱 부추기고, 좋은 성과를 끌어내고, 언행에 신중을 기하게 만드는 동력이 된다. 휴턴 감독도 이 점에 동의한다. "그렇긴 하지만 두려운 마음이 있어서 경기를 준비하는 과정에 더욱 집중할 수도 있습니다. 재작년보다는 작년, 작년보다는 올해에 더 나은 상태로 경기에 임하기를 바라는 것이죠."

우리는 두려움이라는 울타리 안에 산다. 모한다스 간디 Mohandas Gandhi는 탁월한 통찰력으로 우리에게 이 사실을 알려주었다. 두려움은 우리의 가능성, 즉 새로운 것을 탐구하고 배우며 크나큰 목표를 성취하려는 우리의 능력과 욕구를 위축시킨다. 동그란 원을 그려보고, 우리가 그 안에서 안주하고 있다고 가정해보자. 안주의 울타리 안에 있으면 좋은 점이 많다. 긴장하지 않고 느긋한 속도로 두려움 없이 지낼 수 있다. 하지만 시간이 흐르면 이 상태는 지루하고, 아무 감흥이 없으며, 너무 쉬워서 도전거리가 없는 상태가 된다. 만약 안주하는 상태를 벗어나면 우리는 배우는 상태에 들어서게 된다. 배움의 울타리 안에 들어서면 나쁜 점이 많아 보인다. 무엇보다 불편하고, 긴장되고, 자신이 얼마나 무지한지 쓰라리게 절감한다. 하지만 이곳에서는 흥미롭고, 도전할 거리가 있으며, 신나는 경험을 할 가능성이 크다. 자신이 성장하기를 원한다면 이 상태에 머물러야 한다.

이 울타리를 넘어가면 또 다른 울타리, 즉 두려움이 있다. 두려움의 울타리 안에서는 도전이 스트레스가 되며, 두려움 때문에 새로운 것을 배우기도 힘들다. 이곳에서의 삶은 건전하지도 생산적이지도 않다. 따라서 지도자들은 두려워하는 상태로 넘어가지 않고, 배우는 상태에 머무는 방법을 알아야 한다. 이렇게 자문해야 한다. "어떻게 하면 배움의 울타리를 넓히고, 두려움의 울타리는 축소시켜 두려움 없이 도전에 임할 수 있을까?"

두려움을 차단하라

두려움이 머리를 쳐들 때 재빨리 대처하지 않으면 몸과 마음이 흔들리고 약해진다. 두려움의 형태는 다양하겠지만, 두려움을 느끼기 시작했다면 지도자들은 먼저 자신이 흔들리는 것부터 막아야 한다.

가장 먼저 해야 할 일은 두려움의 정체를 파악하고, 그것을 폭넓은 맥락에서 이해하는 것이다. 역대 최고의 플라이 하프로 평가받는 잉글랜드의 럭비 선수 조니 윌킨슨Jonny Wilkinson은 중요한 시합이 있는 날 아침이면 시합에 대한 부담감으로 복통을 일으켜 아침밥을 먹지 못했다고 한다. 그러면 윌킨슨은 자신의 두려움을 자각하고, 기꺼이 그 두려움을 안고 훈련장에 가서 복통이 사라질 때까지 수십 차례

공을 찬 뒤에 아침밥을 든든하게 먹었다고 한다. 두려움을 차단하는 첫 번째 단계는 그 정체를 파악하는 것이고, 두 번째 단계는 자신이 정한 일련의 대처 방식을 수행하는 것이다.

한 경기에 지고 나면 크리스 휴턴은 자연스레 다음 경기에 또 질 것을 두려워했다. 그는 이렇게 말한다. "가령 토요일 경기에서 졌다면 그날 저녁에 기분이 좋을 리 없겠지요. 결과를 받아들이고 그 기분으로 지냅니다. 제 주변 사람들도 그렇게 하고요. 일요일은 보통 패배의 쓴맛을 되씹는 날이죠. 저는 패배한 이유를 적절한 관점에서 살펴봅니다. 경기에 졌더라도, 예컨대 맨유를 상대로 우리 팀이 잘하다가 1 대 0으로 패배한 경기와 2부 리그 하위 팀을 맞아 홈구장에서 깨진 경기는 실망감에 있어 차이가 크겠지요. 이 같은 분석 작업은 제가 어떤 회복 절차를 마련해야 하는지 알려줍니다. 그리고 월요일 아침부터 다음 시합을 치를 준비에 들어갑니다."

최악의 상황을 그려보라

최근 유럽 경제가 악화되면서 세계대전 당시에 영국인들이 흔히 쓰던 경구가 부활했다. "당황하지 말고 하던 일을 계속하십시오." 현실적으로 무척 쓸모가 있는 조언으로 리더십 원칙으로 삼아도 좋겠다. 믹 매카시 감독은 실제로 이 원칙을 실천하고 있다. 특히 두려움을 이겨내는 자기만의 사고방식이 있다. "솔직히 말씀드리면 절대로 무일푼 거지가 되지는 않을 거라고 생각하는 것이 제 비결입니다. 그동안 잘해왔다는 확신이 있기 때문에 제가 일자리를 잃을 거라고는 생각하지 않아요." 이러한 자기 확신은 두려움에 대처하는 실용적인 처방이다.

월터 스미스 감독 같은 경우는 자신이 처한 상황에 대한 책임 의식이 투철하기 때문에 평정심을 유지할 수 있다. 그의 말을 들어보자. "연봉 값을 제대로 하는 감독이라면 가만히 앉아서 자기는 팀의 패배에 책임이 없다고 자기를 속이지는 않을 겁니다. 감독은 무엇이 잘못됐는지 정직하게 평가해야 합니다. 다른 누구도 아닌 자신이 그런 결정을 내렸고, 그 결정이 당시에는 잘못된 판단이었음을 스스로 인정해야 합니다. 너무 성급하게 결정을 내렸을 수도 있겠지요. 하지만 팀을 제대로 지도하려면, 이따금 잘못된 결정을 내릴 때도 있음을 분명히 알아야 합니다. 그리고 다시 마음을 추스르고 본래 세운 목표를 향해 평소대로 정진할 수 있는 내면의 힘을 길러야 합니다." 스미스 감독은 큰 그림에서 팀의 패배를 다시 해석하고, 원래 정한 목표까지 위협받는 상황이 아닌 한 두려움에 물러서지 않는다.

최선의 상황을 그려보라

긍정적 사고는 소중한 가치다. 강인한 지도자 중에는 낙관주의자들이 많다. 그림의 떡을 바라는 몽상가들이 아니라 현실에 발을 딛고 선 낙관주의자다. 레드냅 감독은 힘든 시기에도 긍정적 태도를 유지해야 한다는 사실을 절감했다. "경기장에 들어가면 낙담해 있거나 불안한 생각을 하는 모습을 선수들에게 보이지 않습니다. 집에 있을 때라든가 차를 몰고 훈련장에 가는 동안 혼자 낙심해 있는 것은 상관없지만, 일단 선수들 앞에 서면 조심해야 합니다. 그 앞에서 풀 죽은 모습을 보이면 우리가 이길 가능성은 없습니다. 감독이 느끼는 심정은 선수들에게 그대로 전달되기 때문에 감독은 절대로 의기소침해 있으면 안 됩니다."

"감독은 날마다 훈련장에 나와 선수들 앞에서 밝고 활기찬 모습으로 선수들에게 기운을 불어넣어야 합니다. 선수들은 감독의 심리에 좌우됩니다. 속임수는 통하지 않아요. 그래서 저는 마음을 굳게 다지고 긍정적인 모습을 보여야 했습니다. 감독은 매주 심기일전해야 합니다. 한 경기가 끝나면 다음 경기가 이어집니다. 좋아. 지난주에 우리는 패배했다. 다시 싸워보자. 이번에는 확실히 이겨보자. 이렇게 마음을 다지고 나서 경기에 이기면 기분이 끝내줍니다! 그런 날은 차를 몰고 혼자 집으로 돌아오는 길에 허공에 대고 주먹을 휘두릅니다. 사람들이 보면 제가 미쳤다고 생각하겠지요! 집으로 가는 내내 스무 번도 더 하는 것 같아요."

알렉스 퍼거슨 감독은 자신이 운이 좋은 사람이라고 생각한다. 2011~2012 시즌 최종전을 며칠 앞두고 그는 이렇게 말했다. "저는 두려워하지 않아요. 두려움 따위는 오래전에 잊어버렸습니다. 하지만 일요일 경기가 무척 신경이 쓰인 것은 사실이에요. 지난주 일요일 경기에 신경을 쓴 까닭은 시즌 중 가장 중요한 기로에 서 있었기 때문입니다. 하지만 일요일에 우리에게 좋은 일이 일어날 것 같다는 낙관적인 기대를 품었어요. 쥐도 궁지에 몰리면 고양이를 문다잖아요? 그런 일이 일어나기만을 바랐어요." 여기서 우리는 퍼거슨 감독의 합리적 낙관주의를 읽는다. 물론 결과는 퍼거슨 감독의 바람과는 반대로 흘러갔다. 그러나 끝까지 포기할 줄 모르는 맨유 선수들의 정신 자세는 인저리 타임에 자주 나오는 결승골만 봐도 확실하게 알 수 있다. 특히 놀라웠던 골은 1999년 캄프 누^{Camp Nou}에서 바이에른 뮌헨을 맞아 인저리 타임에 기적과 같은 결승골을 넣고 유럽 챔피언에 등극했던 일이다.

매카시 감독은 자신을 흔들림이 없는 지도자로 보는 세간의 평가에는 수긍하지 않지만 '상당히 안정감 있는' 인물이라는 평가에는 동의한다. 그의 말을 들어보자. "우리는 2010~2011 시즌 마지막 경기에서 블랙번에 3 대 0으로 지고 있었어요. 다들 미칠 지경이었죠(울브스는 2부 리그로 강등당하지 않으려면 두 골이 필요한 상황이었다). 저는 우리가 골을 넣을 것이라고 말했어요. 우리가 득점을 올린다고요. 그렇게 믿어야 했어요. 제가 믿지 않으면 다른 사람들도 믿지 못합니다. 주심이 경기 종료 휘슬을 불기 전까지는 기회가 있는 겁니다. 저는 좋은 일이 일어날 것이라고 말했습니다. 우리가 골을 넣든지 스퍼스가 골을 넣든지 우리는 1부 리그에 잔류한다고 말했죠. 선수들은 정신 나간 소리를 한다는 표정으로 저를 쳐다보았어요! 하지만 우리 팀은 3분을 남기고 골을 넣었습니다. 남은 시간이 족히 15분은 되는 듯했죠. 그런 모습을 보고 흔들림이 없다고 평가하는 것일까요? 그런 모습이 제 신념을 보여주는 것일까요? 피도 눈물도 없는 사람이라고요? 저는 잘 모르겠습니다. 하지만 어느 팀과 맞붙든지 이길 수 있다고 생각합니다." 낙관적 전망으로 뚝심 있게 밀어붙이는 것이 매카시가 실패에 대한 두려움을 떨쳐내는 방법이다.

두려움은 어디서 고개를 쳐들든지 순탄한 항해를 위협한다. 이때 지도자들은 겁을 내지 말고 두려움의 정체를 파악해서 그것을 적절한 관점에서 해석할 줄 알아야 한다. 또한 최선의 결과를 가져올 수 있다는 자기 확신을 팀원들에게 보여야 한다. 이 같은 태도는 항해를 위협하는 요란한 파도를 잠재우고 새로운 관점을 제시할 것이다.

한발 물러나서 생각하라

장기적 관점에서 균형 감각을 확보하거나 회복하는 것도 중요하지만 지도자는 그에 앞서 시시각각 변화하는 현재 상황을 먼저 진단

해야 한다. 지도자들은 전투 상황을 한눈에 내려다볼 수 있는 발코니가 필요하다. 아른헴^Arnhem 전투를 묘사한 리처드 애튼버러^Richard Attenborough의 영화 「머나먼 다리^A Bridge Too Far」를 보면 연합군 장교 네 명이 임시 지휘 본부 발코니에서 전투 상황을 점검하는 인상적인 장면이 있다. 치열한 전투 끝에 포연이 걷히는 상황을 보고 장교들은 안도한다. 그러니까 적어도 그들은 현재 상황이 어떻게 돌아가는지는 알았다! 하버드 케네디 스쿨^Kennedy School의 리더십 전문가인 론 하이페츠^Ron Heifetz는 『적응 리더십』이라는 자신의 책에서 동일한 명칭의 리더십 개념을 소개한다. 그는 책에서 급변하는 환경에 처한 지도자들이 그 상황을 헤쳐나가는 데 이용할 수 있는 일련의 원칙들을 기술했다. 급변하는 환경이란 지속적인 재평가와 재작업이 요구되는 환경으로 프로 축구 세계도 이에 해당한다. 하이페츠가 제안한 원칙 중 하나는 발코니에 서라는 것과 함께 춤을 추라는 것이다.

우리가 날마다 하는 업무는 무대에서 춤을 추는 것과 비슷할 때가 많다. 큰 무대의 일원으로서 각각의 역할을 맡은 사람들에게 둘러싸여 끊임없이 움직인다는 점이 비슷하다. 한발 물러나서 생각하라는 조언은 춤을 추는 사람들을 발코니에서 내려다보라는 말과 같다. 발코니에 서면 현재 활동에 지속적으로 참여해야 하는 부담감 없이 큰 그림을 바라볼 수 있는 시간과 관점을 확보한다. 좋은 지도자는 발코니에서는 물론이고, 동시에 춤을 추고 있는 현장에서도 상황을 살필 줄 알아야 한다. 지도자가 자기가 이끄는 사람들과 교감을 이루고, 현실 감각을 유지하려면 함께 '춤을 추는 일'은 필수다. 사람들에게 무언가를 요구하려면 지도자는 마땅히 시간을 투자해 그 일을 직접 경험해야 한다. 그리고 일이 돌아가는 형편을 파악해 장단기 관점에서 결정을 내리려면 '발코니'에서 적절한 시야를 확보해야 한다. 비결은 이 두 가지를 동시에 하는 데 있다.

발코니를 확보하면 감독이 하루 종일 축구에 전념하더라도 눈앞의 일에만 집착하지 않고 건전한 시각을 유지할 수 있다고 하워드 윌킨슨은 생각한다. 그는 이렇게 말한다. "공에서 시선을 떼면 안 되지만 동시에 지평선 너머도 놓치면 안 됩니다. (야심만만한) 몇몇 지도자들 중에 이 사실을 모르는 이들이 있습니다. 복합적 사고 능력이 떨어지는 사람들이죠. 그런 사람들은 일차원적 사고에 머물러 있습니다. 반면에 구단에 상주하지 않고 일을 하는 감독들도 있습니다. 학교에서 자녀를 픽업해 온다든가 가족에게 시간을 내는 등 축구 이외의 활동에 시간을 쓰는 것은 아무런 문제가 없습니다. 중요한 것은 축구를 향한 열정과 헌신을 유지하는 것이죠." 그러면 윌킨슨이 최정상을 달리고 있을 때 그는 과연 어떻게 균형 감각을 유지했을까? "하루 종일 축구에 전념한다고 해서 특별히 문제가 된다고 생각지는 않아요. 제 아내는 다르게 생각할지도 모르지만, 이 나라에서 일주일에 두 경기를 치르면서 쳇바퀴 같은 삶에서 벗어나기란 무척 어려운 일이지요. 비결을 말하라면 제 스태프가 적절한 관점을 유지하도록 옆에서 도왔다고 해야겠네요."

그리고 이 원칙은 삶 곳곳에서 영향력을 발휘한다. 뛰어난 지도자들은 '자신의' 발코니에 올라가는 방법을 안다. 다시 말해 자기 자신을 돌아보고, 자신이 어떻게 반응하거나 행동하는지 관찰해 장기적 관점에서 필요한 방법은 물론 현재에 변화를 일으키는 방법을 모색한다. 이는 좀체 쉽지 않은 일이다. 하지만 이 같은 균형 감각을 찾을 수 있는 선수라면 레드카드를 피할 수 있을 테고, 또 감독이라면 사람들로부터 이전에 없던 존중과 권위를 얻을 것이다.

월터 스미스는 꾸준히 좋은 성과를 냈음에도 1998년 감독에서 해임돼 오래 몸담았던 레인저스를 떠났을 때 몹시 힘들었다. 지금 와서 돌아보면 당시 한발 물러나 숙고하면서 시간을 효과적으로 쓰지 못한 것이 아쉽다고 한다. 스미스는 이렇게 술회한다. "레인저스에서 해임을 당해 머리털 나고 처음으로 일자리를 잃어보니 기분이 묘했지요. 저는 글래스고에 살던 노동자 가정 출신이라서 근로 의식이 몸에 배어 있습니다. 일하지 않으면 죄책감이 들어요. 그래서 어떻게 이 상황을 벗어날지 어디서 일자리를 제안받을 수 있을지 고민하면서 그 시간을 헛되게 보냈어요. 그러던 차에 에버턴 감독직을 수락했는데, 돌아보면 여러모로 성급한 결정이 아니었나 싶어요. 에버턴은 훌륭한 팀이고, 유서 깊은 축구 클럽입니다. 팬층도 두텁지요. 하지만 시기가 좋지 않았어요."

스미스는 맡은 바 임무를 잘해냈지만 에버턴 사정은 좋지 않았다. 하지만 스미스는 이 일로 교훈을 얻었고, 3년 뒤 구단을 떠날 때에는 다시 균형 감각을 회복했다. 그는 이렇게 말한다. "너무 성급하게 뛰어들었던 것을 떠올리면서 스스로 다짐했어요. 다시 기회를 얻는다면, 그때에는 신중하게 처리하겠다고요." 한발 물러나 생각하니 일이 풀렸다. 그는 올드 트래퍼드 코치로 들어가 퍼거슨 감독과 시간을 보내며 2004년에 FA 컵을 차지했고, 이후에 스코틀랜드 대표팀 사령탑을 맡았다. 그는 이 결정을 단 한 번도 후회하지 않았다.

폭넓은 관점에서 해석하라

멀리 내다볼 줄 알게 되면 균형 잡힌 시각을 회복할 수 있다. 하지만 두려움이 지극히 사적인 영역에 속하듯이 균형을 회복하는 방법 역시 사적인 영역에 속한다. 뛰어난 지도자들은 누구나 문제 해결을 위한 균형 감각을 회복하는 자기만의 방법이 있는 듯하다. 그리고 이 방법은 사람마다 크게 차이가 날 수도 있다.

> "축구! 몹시 중요한 일이지만 인생의 수많은 작은 일들 가운데 하나 일 뿐이다."
>
> — 카를로 안첼로티

어찌 보면 저 한마디 말에 균형 감각을 찾는 데 필요한 모든 진리가 있다. 이탈리아 출신의 안첼로티 감독은 이 말을 되새기며 문제 해결에 필요한 균형 감각을 유지했다. 이와 비슷한 견해를 지닌 레드냅 감독은 이렇게 말한다. "삶을 돌아보며 생각합니다. '나는 운이 매우 좋은 사람이다. 네 처지를 안타까워하지 말라. 빅토리아 스쿨Victoria School에 가면 휠체어를 탄 수많은 아이들이 있다.' 저는 불행을 당한 사람들을 많이 봅니다. 그런 이들을 생각하면 제가 삶을 한탄할 까닭이 어디 있겠어요? 고작 축구 경기 한 번 진 것뿐이잖아요! 경기에 졌다고 스스로를 가여워 할 일이 아니지요. 빌 섄클리 감독은 축구는 삶과 죽음보다도 더 중요한 문제라고 목소리를 높였지만, 그 말처럼 틀린 말도 없지요."

목표를 기억하라

지도자는 장기 목표를 떠올리며 균형 잡힌 시각을 회복하고, 눈앞에 놓인 과제를 해결한다. 호프 파월은 여자 축구 발전에 이바지하겠다는 원대한 목표를 품고 있다. 그녀의 말을 들어보자. "남자 축구에 견줘 여자 축구의 위상을 살펴보면, 여자 축구는 아직 이류에 머물러 있습니다. 제가 맡은 책임 중 하나는 장기적 관점에서 여자 축구를 발전시키고, 그 위상을 높이는 겁니다. 저뿐만 아니라 어찌 보면 여자 축구계에 종사하는 사람들 모두가 이런 책임을 지고 있습니다. 우리만의 바람일지 모르지만, 축구는 영원할 거라고 생각해요. 그러니까 감독을 제가 하든 다른 선수가 하든 누가 감독을 하는가는 진짜 중요한 문제가 아닙니다. 여자 축구의 위상을 높이는 것이 제게는 더 중요하고 큰 그림입니다."

이 같은 목표 의식은 파월 감독이 균형 감각을 유지하는 데 도움이 된다. 그녀는 축구에 집착하는 것일까? "전혀 그렇지 않아요. 저는 축구에만 매달리지 않아요. 경기를 치를 때나 감독 일을 할 때에는 거기에 매달려 있지만, 집에 들어온 순간부터는 완전히 잊고 지내요." 그녀는 문제 해결에 필요한 균형 감각을 유지하기 위해 세부 목표를 촘촘하게 세우지는 않았다. 그녀는 이렇게 말한다. "여자 축구를 선도하는 나라가 되는 것이 우리나라 여성 축구인의 소망입니다. 그것이 어떤 모습일지, 그렇게 되기까지 얼마나 걸릴지…… 단지 제가 알고 있는 것은 우리가 날마다 조금씩 발전하고, 최고의 팀과 비등하게 경쟁하며 가끔씩 승리를 거두고, 좋은 선수들을 꾸준히 키우는 한 그 목표에 한 걸음 더 가까워진다는 것이죠."

장기 목표를 설정하면 일이 잘못될까 봐 염려해 생기는 두려움을 물리칠 때도 도움을 많이 받는다. 파월은 이렇게 말한다. "저는 결정을 잘 내리는 편이에요. 장기 목표가 있기 때문인 듯싶어요. 의사 결정을 내리면서 어려움을 느낀 적이 없어요. 제 스승은 이렇게 말씀하시더군요. '결정을 내리는 순간에 그것이 올바른 결정이라는 것만 기억해라. 나중에 마음이 바뀌어 다른 결정을 내려도 좋아.' 그래서 저는 즐거운 마음으로 '좋아. 이렇게 하는 거야' 하고 말한 뒤

결과가 좋기를 바랍니다. 만일에 결과가 좋지 않으면, 저는 기꺼이 그 결정을 바꾸고 또 이렇게 말할 거예요. '그 방법은 통하지 않았어. 그럼 이렇게 해보자.' 가령 선수들을 훈련시킨다고 가정해보죠. 제가 수립한 훈련 계획에 따라 선수들을 지도할 테죠. 그런데 훈련을 실제로 해보니 효과적인 방법이 아니라는 것을 알게 됩니다. 그러면 저는 즉시 그 훈련 방법을 중단시킵니다. 그렇게 된 결과는 마음에 들지 않지만, 잠시 시간을 갖고 계획을 수정한 뒤에 다시 훈련을 재개할 거예요. 자신이 택한 방법이 효과가 없으면 솔직히 인정하고 바꿔야 하는데, 이것을 두려워하는 지도자들도 있습니다."

감사하는 마음가짐

문제 해결에 필요한 균형 감각을 유지하는 데 기여하는 가장 중요한 덕목 가운데 하나는 감사하는 마음가짐이다. 감사할 줄 아는 이들은 내면의 회복 탄력성이 무척 뛰어나다. 레드냅은 이렇게 말한다. "저는 잘 살고 있습니다. 처음 어디서 시작했는지, 지금 어떻게 살고 있는지 살펴보면 운이 아주 좋았다는 생각이 들어요. 44년째 화목한 결혼 생활을 하고 있고, 손주도 일곱 명이나 두었습니다. 더할 나위 없이 좋아요. 지금까지 정말 운이 좋았어요. 제가 좋아하는 축구를 하면서 지금까지 좋은 성과를 거둔 것도 운이 좋았기 때문입니다. 경이로운 일이지요."

잉글랜드 대표팀 감독을 지냈던 글렌 호들은 감사하는 마음가짐이 균형 감각을 유지하는 열쇠임을 깨달았다. 호들은 이렇게 술회한다. "국가대표팀을 맡았을 때 부담감이 엄청났습니다. 한 나라를 어깨에 짊어진 기분이었죠. 처음 4, 5주간 제가 느낀 부담감은 총리보다 더하면 더했지 못하지는 않았을 겁니다. 그 양반도 저더러 이기라고 부담을 주었으니까요! 그러니 어느 정도였는지 아시겠지요? 우리 팀은 프랑스로 가기 전에 연대감을 다지는 차원에서 선수들과 부부 동반으로 웨스트엔드West End에 공연을 보러 가기로 했습니다. 그런데 그 얘기가 퍼진 거예요. 극장까지 1마일가량 남았는데 사람들이 거기서부터 인산인해를 이루고 있었어요! 아내와 함께 버스에 앉아 있었는데, 이런 생각이 들더군요. '저 인파를 봐. 월드컵 우승이라도 한 것 같네.' 그때 느낀 중압감은 엄청났어요. 단지 극장에 가고 있었을 뿐인데 말이죠! 저는 그때 사람들이 주는 부담감을 감사하는 마음으로 받아들이면 그 부담감이 그 자리에서 없어진다는 것을 배웠어요. 스무 살 때 이 사실을 배웠다면 얼마나 좋았을까요. 참 놀라운 사실이지요. 아무리 부담이 커도 이를 감사하게 여길 수 있다면, 그 부담감이 눈 녹듯이 사라질 겁니다. 부담감이 사라지니 극장에 가는 대신 당장 경기를 치르고 싶은 마음이 들더군요. 선수들도 저처럼 감사하는 마음으로 부담감을 해결했으면 좋겠어요. 여기서 핵심은 진심으로 감사해야 한다는 겁니다. 일이 잘 풀리면 절로 고마운 마음이 들지만, 압박이 심하고 어찌 될지 모르는 상황에서는 감사하기가 쉽지 않습니다. 하지만 그때가 중요한 순간입니다. 부담감을 느낄 때 관점을 바꿔서 그것을 감사함으로 받아들이면 부담감은 소멸되고 맙니다. 그러지 않으면 부담감이 쌓여서 순식간에 두려움의 울타리에 갇히게 됩니다."

퍼거슨 감독은 유년 시절을 돌아보면 늘 감사한 마음이라고 얘기한다. "제 유년기 환경을 돌아볼 때마다 글래스고에서 자란 시간을 감사하게 생각해요. 저는 그 시절이 힘들었다고 생각지 않아요. 그때도 한 번도 힘들다고 생각해본 적이 없거든요. 오히려 그 시절을 회상하며 기운을 냅니다. 전쟁이 끝나고 아무것도 없던 시절입니다. 전혀 다른 세상이었어요. 자녀가 열일곱이나 되는 가정도 있었는데, 그들이 어떻게 생존했는지 의아할 겁니다. 물론 배급품으로 연명했지요. 저는 지금도 그때가 선명해요. 전후 환경에서 그런 유년기를 보냈다면 누구라도 그 시간을 잊을 수 없지요. 저는 그 시절을 떠올리며 늘 자신을 점검합니다."

감독들이 폭넓은 맥락에서 축구를 해석하고 균형 감각을 유지한다는 것은 어쩌면 당연하다. 우리가 주목할 대목은 뛰어난 지도자들이 균형 감각을 찾을 때 쓰는 구체적인 방법과 그 효과에 대해서다.

심신을 쇄신하는 시간

지도자에게는 심신을 쇄신하는 방법과 장소를 마련하는 것도 중요하다. 장기적 관점에서 지속적으로 성과를 내기 위해서는 쇄신의 시간이 반드시 필요하다. 지도자는 하던 일을 잠시 멈추고 마음을 새롭게 해 앞으로 나아갈 힘을 얻어야 한다. 쇄신에 필요한 장소나 방법은 사람마다 차이가 있다.

글을 쓰는 시간

월터 스미스는 요즘도 글쓰기를 거르지 않는다. "경영자라면 누구나 문제가 있을 때 그것이 어떤 문제든 혼자 시간을 내서 성찰하는 것이 중요합니다. 저 같은 경우는 축구 문제라면 오히려 쉽게 느껴져요. 혼자 책상에 앉아서 지난 경기를 살펴보고, 여러 사항을 짚어보면서 마음을 새롭게 다집니다. 저는 늘 일주일에 며칠 정도는 따로 생각을 정리하는 시간을 가집니다. 주 중에는 틈나는 대로 여러 가지를 기록해요. 그리고 조용한 시간에 기록한 것들을 읽으며 혹시 놓치고 있는 점은 없는지 확인합니다. 업무 상황을 개인적으로 평가하고 점검하는 거지요. 사무실에서 작업할 때도 있지만, 종일 바쁠 때에는 사람들이 끊이지 않고 사무실 문을 두드리기 때문에 생각의 흐름이 방해를 받아요. 그래서 대개는 저녁에 집에서 혼자 작업을 합니다. 한 시간가량 시간을 내요. '그래, 그거야' 하고 혼자 중얼거리며 메모 내용을 정리하고, 앞으로 어떻게 할지 계획을 세웁니다."

브렌던 로저스는 그의 말을 빌리면 '펜으로 생각하기'라는 시간을 즐긴다. 로저스는 이렇게 말한다. "저는 생각이 많고 기록을 많이 합니다. 길게는 아니지만 잠깐이라도 늘 글을 쓰는 시간을 따로 냅니다. 성찰하는 시간은 제게 무척 중요합니다. 그 시간을 추진력 삼아 앞으로 더 빨리 나아갈 수가 있거든요. 큰 경기나 시합이 있을 경우 거기에만 초점을 맞춰 세세하게 분석하지는 않습니다. 먼저 간단하게 참고 사항만 기록하고 나서 제가 쓰고자 하는 큰 틀의 이야기 속에 이식해서 다시 점검합니다."

자기만의 의식

형식은 상관이 없지만, 심신을 이완하고 쇄신하기 위한 일련의 절차를 마련해 규칙적으로 실행하면 균형 감각을 유지하는 데 크게 도움이 된다. 닐 워녹은 셰필드 유나이티드 재임 시절 시합을 치른 날 정리 운동 차원에서 반복하던 의식이 있었다. "홈구장인 브라몰 레인에서 치른 시합 결과가 좋으면 데릭Derek 회장은 물을 가득 채운 욕조에서 차를 한잔 마시며 제가 몸을 풀도록 배려했죠. 그러면 저는 욕조에 누워서 부친과 함께 뛰어다니던 어린 시절을 떠올리거나 시합에 이겨서 얼마나 행복한지 또 우리가 행복하게 만든 수천 명의 사람들을 떠올렸습니다. 그때 기분은 돈 주고도 살 수 없어요. 그리고 저는 집으로 돌아가 잠옷으로 갈아입고 저녁 7시 무렵이면 잠자리에 듭니다. 집에 일찍 가면 사람들이 외출 계획이 있냐고 묻곤 합니다! 하지만 아내는 저를 잘 알아요. 시합을 마친 날은 몸도 마음도 피곤해서 저녁 7시가 되면 완전히 뻗어버린다는 것을요. 집에 들어가서 제일 먼저 하는 일은 위층에 올라가서 잠옷으로 갈아입는 겁니다."

가족과 친구들

당연히 가정을 우선시해야 하지만 이를 실천하기가 말처럼 쉽지만은 않다. 닐 워녹 감독은 힘들게 이 교훈을 터득했다. 워녹은 이렇게 술회한다. "저는 장거리 여행을 많이 다녔어요. 다른 사람에게 일을 맡기지 못하고 선수의 기량을 직접 눈으로 확인해야 직성이 풀렸죠. 그러다보니 하루에 열여덟 시간 일하는 날도 많았어요. 첫 번째 결혼 생활은 파탄이 날 만도 했습니다. 지금은 결혼 생활과 아이들을 지키는 것이 가장 중요한 일입니다. 관점이 완전히 바뀌었지요. 지도자는 좋은 사람들을 고용해 그들을 신뢰하고 일을 맡길 줄 알아야 합니다. 스스로에게 숨 돌릴 시간도 주고 휴식 시간도 줘야 해요. 아침 7시에 출근해서 저녁 7시에 퇴근하는 감독들도 있지만, 저는 아닙니다. 저는 집에서 신문을 읽고 전화 통화도 해요. 아침 10시 전에 훈련장에 들어가는 경우는 극히 드물어요. 저녁 10시까지 일할 때도 있지만 그런 경우는 흔치 않아요. 몇 년 전부터는 오후 4시에 학교에 가서 아들을 데려오고 있습니다. 전에 어느 구단 회장이 저를 고용하기 전에 이런 말을 한 적이 있어요. '부인께서 콘월Cornwall에 산다고 들었습니다. 그래서 말인데 일주일에 최소 5일은 훈련장에 있어야 한다는 조항을 계약서에 명시하고 싶군요.' 그래서 저는 '그

렇다면 사람을 잘못 고르셨습니다. 더 이상 논의를 진행할 이유가
없네요'라고 대답했습니다."

축구를 벗어나 심신을 쇄신하는 시간

레드냅 감독은 시즌이 한창일 때는 심신을 회복할 시간을 갖기가
거의 불가능하다고 한다. 그 와중에도 심신을 충전하는 동료들을 보
면 감탄스럽다며 이렇게 말한다. "론 앳킨슨Ron Atkinson 감독이 셰필드
웬즈데이를 맡고 있을 때의 일이에요. 일요일에 우리 웨스트 햄과
경기가 있어서 텔레비전 인터뷰 차 함께 만났어요. 론 선배는 그 전
날 올드 트래퍼드에서 경기를 치렀어요. 인저리 타임까지도 셰필드
가 이기고 있었는데, 종료 직전에 맨체스터 유나이티드에게 두 골을
먹는 바람에 패했지요. 퍼거슨 감독은 (승리의 기쁨에) 펄쩍펄쩍 뛰었
죠. 빅 론Big Ron(론의 별명) 선배가 제 사무실에 들어오기에 한마디 했
지요. '선배, 어제저녁 좋은 시간 보내셨겠네요?' 당연히 아주 참담
한 심정이었을 것을 알고 한 말이지요. 선배는 이렇게 대답하더군요.
'그럼. 가라오케에 가서 노래도 부르고 중국 요리도 시켜 먹으면서
신나게 놀았어. 덕분에 적지 않은 선수들이 기분이 좋아졌지. 굉장
한 밤이었다네!' 저는 속으로 '나도 저렇게 할 수 있으면 좋겠다'고
생각했어요. 제가 그런 상황이었다면 저는 절대 그렇게 못해요. 저
도 론 선배처럼 지난 일 같은 거 신경 끄고 집에 돌아가서 아무렇지
않게 지낼 수 있으면 좋겠어요. 하지만 저는 절대 그렇게 못해요."

믹 매카시 감독은 '보통 사람처럼 지내는' 방식으로 심신을 충전
한다. "저는 지하철을 타고 런던에 가요. 런던에서는 택시를 탑니다.
오가며 만나는 여러 사람들과 얘기도 합니다. 제 직업과 이력이 특
이하긴 하지만 저 자신을 평범한 사람이라고 생각하는 편이에요. 이

런 직업이 흔치는 않지요. 가령 주점에 들어가 맥주를 마실 때 사람들이 다가와 말을 걸면 그냥 평소대로 보통 사람처럼 행동하려고 합니다. 건강을 유지하려고 골프를 치고, 자전거를 탑니다. 제 옆에는 소중한 가족이 있어요. 피오나와는 32년째 화목한 결혼 생활을 유지하고 있습니다. 아이들 셋도 잘 컸습니다. 행복한 가정을 이루고 있으니 무척 힘이 됩니다. 좋은 친구들도 있어요. 저를 든든하게 받쳐주는 사람들이지요. 피오나는 늘 우리에게는 사랑스러운 지원군이 있다고 말해요."

축구와 함께 심신을 쇄신하는 시간

축구와 함께하면서 심신을 쇄신하는 방법도 있다. 하워드 윌킨슨은 레드냅이 어떻게 기운을 회복하는지 기억한다. 레드냅은 토트넘과의 경기를 마치고 집으로 돌아와서 BBC 방송의 인기 프로그램인 '오늘의 경기 Match of the Day'를 시청했다. 그리고 이튿날 스페인 팔마Palma로 날아가서 레알 마요르카Real Mallorca의 경기를 지켜보고 '오늘의 경기' 방송 시간에 맞춰 집으로 귀가했다! 레드냅은 축구 경기를 시청하면 심신을 회복하는 효과가 있다고 설명한다. "저는 축구 경기를 보는 것을 무척 좋아합니다. 하는 것도 좋아하고, 보는 것도 좋아하는 스포츠 애호가인 셈이죠. 제 부친도 스포츠 광팬이었어요. 축구를 좋아했어요. 멋진 경기는 아마추어 경기라도 좋아했죠. 축구와 권투 말고도 온갖 운동을 사랑했어요. 크리켓도 좋아했습니다. 저도 아버지랑 똑같아요. 저는 올림픽 경기를 좋아합니다. 지난주에는 크리켓을 시청했지요. 그런 경기를 보고 나면 마음이 편안해져요. 하지만 저한테는 축구가 최고예요." 휴식을 취할 때는 잠시 일에서 벗어나는 것이 좋다고 말하는 이들이 많다. 하지만 레드냅은 축구를 너무 사랑한 나머지 쉴 때도 축구를 본다. 이 같은 태도를 위험하게 보는 시선도 있지만 레드냅 감독처럼 확실히 효과를 보는 경우도 있다.

감사할 줄 아는 지도자

지도자는 스트레스와 두려움을 극복해야만 하는데 축구 감독 역시 예외는 아니다. 어떤 일에 성공하면 잠시 안도할 수는 있지만, 성공은 이를 근본적으로 해결하는 치료제는 아니다. 두려움을 극복하기 위해 필요한 것은 균형 감각이다. 즉 나무를 살필 뿐만 아니라 한발 물러나 숲을 볼 수 있는 능력이 필요하다. 앞서 살핀 축구 감독들은 균형 감각에 대해 아래와 같은 교훈을 우리에게 제시한다.

1. 두려움을 차단하라

자신이 두려워하고 있다는 사실을 인정하는 이들은 많지 않지만 상당수 지도자들은 두려움 속에서 살아간다. 두려움이 고개를 쳐들 때 강인한 지도자들은 그 정체를 즉시 파악하고 두려움을 차단하기 위한 조치를 취한다. 일어날 수 있는 최악의 상황과 최선의 상황을 그려보는 것이 좋다.

2. 한발 물러나서 생각하라

발코니는 문제 해결에 필요한 건전한 관점을 제공한다. 특히 지도자에게는 자신만의 발코니에 서서 사태를 전망하는 시간이 필요하다. 발코니에서 생각하는 시간을 가졌던 로저스 감독은 퀸스 파크 레인저스와의 경기에서 자기 철학을 배신했음을 깨달았고, 빌라스 보아스 감독은 첼시를 떠난 뒤에 배움을 통해 자기 철학을 회복했으며, 만치니 감독은 자신의 잘못을 깨닫고 선수들에게 사과했다.

3. 폭넓은 관점에서 해석하라

균형 감각을 지닌 사람은 어떤 상황을 가까이에서 보면 비극이지만, 멀리 떨어져서 보면 희극이라는 사실을 안다. 축구 감독의 경우 자신의 일과 역할이 매우 중요하기는 하지만 그것 역시 인생의 수많은 작은 일 가운데 하나일 뿐임을 기억한다면 삶의 균형을 회복할 수 있다. 원대한 목표를 기억하고, 감사할 줄 아는 자세 역시 균형 감각을 유지하는 데 도움이 된다.

4. 심신을 쇄신할 시간을 가지라

글을 써도 좋고, 자기만의 의식을 거행해도 좋고, 가족이나 친구들과 시간을 보내도 좋다. 자기 일을 벗어나 휴식을 취해도 좋고, 자기 일을 하면서 휴식을 취해도 좋다. 어떤 식으로 심신을 충전하든 이 시간은 지도자가 가장 우선시해야 할 시간이다. 하지만 말처럼 쉽지만은 않다. 한 지도자에게 효과가 있는 방법이 다른 지도자에게 효과가 있으리라는 법도 없다. 론 앳킨슨 감독은 경기에 석패한 뒤에도 선수들과 어울려 기분을 풀지만 레드냅 감독은 그렇게 하지 못한다. 맥 매카시 감독은 일터 밖에서 휴식을 찾지만 레드냅 감독은 일터 안에서 휴식을 찾는다.

요컨대 발코니에 올라 자기가 처한 상황을 점검하고, 또 그런 상황에 감사할 줄 아는 지도자는 불안을 덜어내고, 균형 감각을 회복할 수 있다. 그리고 다시 지도자로서 효과적으로 기능하게 되는 것이다. 두려움을 극복하고 균형 감각을 회복한 지도자는 더 좋은 결정을 내리고 더 좋은 성과를 얻을 것이다. 감사할 줄 아는 지도자는 있지만 두려움이 없는 지도자는 없을 것이다.

제 5 부

위대한 도전

알렉스 퍼거슨

Alex Ferguson

제 — 9 — 장

지속적인 성공을 창출하라

성공의 기쁨은(특히 축구에서는) 순식간에 사라진다. 축구뿐만 아니라 어느 분야에서든 지속적인 성공을 누리는 지도자와 조직은 드물다. 세상에는 뛰어난 조직들이 있다. 잉글랜드 왕조에서 미국 정부에 이르는 탁월한 기관이 있고, 나사^{NASA}에서 키로프 발레단$^{Kirov Ballet}$까지 탁월한 인재들이 포진한 단체도 있다. 이 가운데 많은 조직이 지속적으로 공공의 투자를 받고 있지만, 그럼에도 정체성이 흔들릴 정도로 힘겨운 시기를 견뎌야만 했다. 거센 위기를 극복하는 역량은 그 조직의 정체성을 규정하고 성공적인 미래를 보장하는 발판이 된다.

비즈니스 분야의 지도자에게 가장 큰 도전 과제는 지속적인 성공 기업을 만들어 해당 분야 시장을 장악하는 것이며, 투자자들이 소중히 여기고 경쟁 업체에서는 부러워하는 조직을 구축하는 것이다. 축구 감독이 일상적으로 직면하는 도전 과제는 기업 경영과 다를지 모르지만, 그 속성은 근본적으로 동일하다. 다시 말해 축구 감독은 일상적인 과제를 해결하면서 동시에 지속적인 성공을 창출할 수 있는 계획을 수립해 그것을 실행해야 한다. 오늘의 과제와 내일의 과제를 모두 성공적으로 해결할 수 있는 지도자는 자기 분야에서 뚜렷한 발자취를 남길 수 있다.

알렉스 퍼거슨 감독

알렉스 퍼거슨 감독은 세계 축구사에 길이 남을 명장이다. 그는 40여 년간 축구 감독을 하면서 수많은 기록을 경신했으며, 다른 스포츠 분야의 가장 위대한 업적에도 뒤지지 않을 위업을 달성했다. 1978년부터 1986년까지 스코틀랜드 애버딘의 사령탑을 맡은 그는 유럽 축구계를 깜짝 놀라게 했다. 그는 25년간 한 번도 우승을 맛보지 못한 애버딘 구단에 꾸준히 우승컵을 선사했으며, 1983년에는 레알 마드리드를 꺾는 이변을 연출하며 유러피언 컵 위너스 컵을 거머쥐었다.

1986년에 퍼거슨은 맨체스터 유나이티드의 지휘봉을 잡았다. 부임하자마자 팀을 쇄신할 필요성을 느낀 퍼거슨 감독은 단기적으로는 강도 높은 혁신을 단행하고, 장기적으로는 안정적인 승리 기반을 구축하는 두 가지 정책을 동시에 추진했다. 그는 단기간에 안정된 팀을 구축했지만 네 번째 시즌에는 가시적인 성과가 미미해서 세간에서는 그가 자리를 보존하기 힘들 것이라고 내다보기도 했다. 하지만 1990년에 맨유가 FA 컵 우승컵을 차지함으로써 이 모든 우려를 불식시켰다. 1992~1993 시즌에 맨유는 새롭게 출범하는 프리미어리그에서 챔피언에 등극했다. 리그 우승컵을 들어 올린 것보다 더 중요한 사건은 1992년에 지금은 전설이 된 퍼거슨 감독의 아이들이 FA 유소년 컵에서 우승을 차지했다는 사실이 아닐까 싶다. 퍼거슨 감독은 인재를 수급할 기반을 창출했고, 이는 맨유가 장차 지속적인 성공을 이어가는 원천이 되었다.

퍼거슨은 맨유의 수장으로서 바클레이스 프리미어 리그가 출범한 이후 20년간 열세 번 리그 우승을 차지했고, 어떤 경우에도 3위 아래로 내려가지 않았다. 이 시기에 맨유는 축구 클럽으로서 세계 최고의 브랜드로 우뚝 올라섰다. 같은 시기에 맨유는 두 차례 유럽 챔피언에 등극했으며, 네 차례 FA 컵 우승컵을 차지했고, 1998~1999 시즌에는 유럽 챔피언스 리그와 프리미어 리그, FA 컵을 모두 석권하는 '트레블'의 영예도 얻었다. 그해에 잉글랜드 여왕은 축구계에 기여한 공로를 인정해 퍼거슨 감독에게 명예 기사 작위KBE를 수여했다. 퍼거슨은 2013년 5월에 공식적으로 감독직에서 물러났다.

퍼거슨의 철학

퍼거슨 감독이 지닌 철학은 단순하다. 그 누구도 팀보다 중요하지 않다는 것이다. 축구계에서 자주 인용하는 원칙이지만 퍼거슨 감독만큼 이 원칙을 치열하게 지켜온 이도 드물다. 그리고 맨유의 지속적인 성공에는 여러 배경이 있겠지만 이 같은 퍼거슨 감독의 소신도 한몫을 한다. 다른 구단에서는 스타 선수의 비위를 맞추려고 원칙을 굽히기도 하고, 심지어 원칙을 깨기도 하지만 맨유는 달랐다. 올드 트래퍼드에서 스타 선수가 탄생하기도 하고, 또 스타 선수를 영입하기도 했지만, 이들은 거의 예외 없이 맨유 선수로 더욱 빛을 발했다. 스타 선수들은 영원히 머물지 않는다. 그들은 왔다가 떠났다. 하지만 여러 위업을 달성하면서 구단이 성장해온 지 25년이 지났지만 맨유가 쇠퇴할 기미는 전혀 보이지 않는다. 어찌 보면 맨유를 구현한 사람은 퍼거슨 감독이다. 세계적인 축구 감독으로 추앙받는 퍼거슨이라는 이름은 세계적인 브랜드로 자리매김한 맨유라는 이름과 동의어나 마찬가지다. 사실은 그가 현재의 맨유를 만들었는지 맨유라는 구단이 현재의 그를 만들었는지 분간하기도 쉽지 않다.

맨체스터 유나이티드에서 그가 달성한 업적은 잉글랜드 축구 역사에서 단연 돋보인다. 한 구단에서 가장 오랫동안 지휘봉을 잡은 감독이며, 퍼거슨 감독만큼 지속적으로 뛰어난 성과를 창출한 감독은 지금까지 찾아보기 어렵다. 이처럼 독보적인 성공을 성취할 수 있었던 이유는 유망주를 육성하고 뛰어난 선수단을 구축해 퍼거슨 왕조 시대를 열었기 때문이다.

풀어야 할 숙제

유형이든 무형이든 영속적인 것을 구축하기란 늘 어려운 법이다. 특히나 어디서 위기가 터질지 모르고, 눈앞의 이익을 중시하고, 개인주의가 팽배한 요즘 같은 세상에서는 불가능에 가까운 일로 보인다. 선수들이 세대교체를 여러 차례 거치는 동안에도 지속적으로 좋은 성과를 낸 구단은 극히 소수다. 나아가 강력한 영향력을 행사한 감독이나 선수가 떠나간 후에도 팀 정체성을 유지하며 변함없이 성과를 낼 수 있는 강력한 왕조를 이룩한 구단은 더욱 드물다. 자기들만의 왕조를 유지하려면 구단, 감독, 선수가 삼위일체를 이뤄야 한다.

즉 기술과 인성을 겸비한 선수들이 구단에 헌신하고, 경영진은 재정적으로 든든하게 팀을 지원하고, 감독은 장기적 관점에서 분명한 비전을 제시해야 한다.

잉글랜드에서 유럽 무대를 제패할 정도의 기량을 선보이며 꾸준히 우승을 차지한 극소수 구단에는 리버풀과 맨체스터 유나이티드가 있다. 리버풀은 영향력 있는 몇몇 감독과 함께 잉글랜드와 유럽 축구를 제패하며 30여 년간 굳건하게 자신들의 왕조를 지켜왔다고 말할 수 있다. 반면 맨체스터 유나이티드는 강력하고 유능한 한 명의 감독 아래 수 차례의 세대교체를 거치면서도 끊임없이 스타 선수들을 배출하며 자신들의 왕조를 유지했다. 극히 드물지만 세대교체와 상관없이 한 팀에서 20년 넘게 최고의 기량을 유지하며 현역으로 활약한 선수도 있다. 맨유의 라이언 긱스^{Ryan Giggs}와 AC 밀란의 파올로 말디니^{Paolo Maldini}가 바로 그들이다. 그리고 퍼거슨 감독은 수많은 인재들을 키우고 배출하며 사반세기 동안 맨유를 지휘했다.

현재 프로 축구 감독인 폴 인스^{Paul Ince} 역시 퍼거슨 감독 아래서 성장해 이름을 떨친 선수였다. 폴 인스는 맨유가 하나의 왕조를 이루며 오래도록 번성한 이유는 퍼거슨 감독의 강력한 지도력에 힘입은 바 크다고 설명한다. "사람들은 퍼거슨 감독이 얼마나 많은 팀을 구축했는지 깨닫지 못해요. 과도기를 거치지 않은 것은 아니지만 그분은 1986년 이래로 네다섯 차례나 훌륭한 팀을 꾸렸지요. 축구계에서 그런 일을 할 수 있는 감독은 전무후무하다고 생각합니다."

필자는 지금 알렉스 퍼거슨 감독에게 만병통치약이 있다거나 전설적인 리버풀 감독들의 지혜를 간단히 정리해 어디서든 적용할 수 있다고 말하려는 것이 아니다. 이들이 이룩한 업적과 탁월한 지도력을 다시 한 번 살펴보자는 것이다.

해법 1: 장기적 관점에서 팀을 구축하라

당장의 성과에 열을 올리는 세상이지만 꾸준하게 성과를 내는 지도 자들을 보면 당연하게도 한쪽 눈은 늘 장기적인 지평에 고정하는 사 람들이다. 페테르 슈마이헬Peter Schmeichel이 지켜본 퍼거슨 감독은 항상 4, 5년 주기로 계획을 수립했다. 리버풀 구단은 1960년대, 1970년 대, 1980년대에 장기적 관점에서 팀을 운영하는 특징이 있었다. 이 는 특히 감독과 코치진의 재임 기간에서 잘 드러난다. 1970년대에 리버풀의 성공 시대를 아름답게 수놓은 공격수였던 케빈 키건의 말 을 들어보자. "요즘에는 감독이 나가면 함께하던 스태프도 모두 함 께 떠나더군요. 제가 리버풀 선수로 들어갔을 때는 섕클리 감독이 있었고, 수석 코치 겸 물리치료사로 밥 페이즐리가 있었고(사실 그는 물리치료사 자격증을 다 딴 것도 아니었어요!), 코치진에 조 페이건, 로 니 모런Roni Moran이 있었고, 로이 에번스Roy Evans가 2군 코치로 있었습니 다. 이들은 줄곧 리버풀에 머물며 향후 감독을 역임했지요. 리버풀 의 전설을 함께 일구던 거물급 선수들도 오랫동안 팀에 머물렀습니 다. 론 예이츠Ron Yeats, 이언 세인트 존Ian St. John, 토미 스미스Tommy Smith 선 수는 제가 안필드에 갔을 때도 선수로 뛰고 있었습니다. 사실 선수 로서는 황혼기에 접어들었으니 경기를 많이 뛰지는 않았지만, 다른 팀으로 옮기거나 은퇴하기 전까지 상당한 기간을 리버풀 선수로 팀 을 지켰습니다. 그러니까 리버풀의 부트 룸에서 선배 선수들은 어린 선수들과 교감을 나눴고, 어린 선수들은 선배들에게 배우며 그들의 유산을 이어갔어요. 부트 룸 전통은 무척 강력한 힘을 발휘했죠."

맨유의 퍼거슨 감독, 그리고 리버풀의 빌 섕클리와 그의 정신을 이어받은 위대한 감독들이 달성한 업적을 살펴볼 때 지속적인 성과를 내는 조직을 창출하고 싶은 지도자는 아래 다섯 가지 원칙을 기억해야 한다.

1. 의사 결정은 신속하고 단호해야 한다

퍼거슨은 그의 감독 생활 장수 비결로 결단력을 꼽는다. 그는 서른두 살에 스코틀랜드, 이스트 스털링셔 East Stirlingshire 구단에서 처음으로 감독 생활을 시작했다. 처음 시작하는 대다수 감독이 그렇듯이 그 역시 경력을 어떻게 쌓아갈 것인지 구체적으로 계획해놓은 것은 없었다. 장기적인 관점에서 자신의 목표를 세세하게 세우지도 않았다. 퍼거슨은 이렇게 술회한다. "서른두 살에 감독 생활을 시작했는데, 기나긴 여정을 돌아보면 그때 지도자로서 어떤 자격을 갖췄다고 말하기는 어렵지요. 다만 생각해보면 그때도 결단력만큼은 좋았어요. 맞든 틀리든 과감하게 결단을 내릴 준비는 돼 있었죠. 이 때문에 덕을 많이 봤습니다."

물론 젊은 시절의 퍼거슨 감독이 내렸던 결정과 그가 세계 최고의 구단인 맨유의 감독으로서 내린 결정은 차원이 다르다. 맨유에서는 훨씬 더 복잡한 문제들을 놓고 결정을 내려야 한다. 이를테면 선수들을 어떻게 성장하도록 이끌 것인지, 선수들에게 어떻게 동기를 부여할 것인지, 팀을 어떻게 조련할 것인지, 선발 명단을 뽑을 때 공수 균형을 어떻게 맞출 것인지, 프리미어 리그와 챔피언스 리그를 병행하면서 필요한 자원을 어떻게 안배할 것인지를 비롯해 수많은 문제가 있다. 그는 이렇게 설명한다. "이스트 스털링셔에서 저는 파트타임 계약을 맺고 일을 시작했습니다. 어린 선수들과 자유 계약 선수들을 섞어 열세 명의 선수를 가까스로 모을 수 있었죠. 첫 시합은 케터링 Kettering과의 친선 경기였습니다. 그다음 주에는 스티브 코펠Steve Coppell이 중앙 공격수로 활약하고 있는 트랜미어 로버스Tranmere Rovers(현재 잉글랜드 3부 리그 소속)와 경기를 치렀어요. 참 별난 출발이었죠! 지금 와서 돌아보면 열세 명으로 팀을 운영할 때가 쉬웠어요. 요즘 맨체스터 유나이티드에서 직면하는 복잡한 문제들은 전혀 없었으니까요."

뛰어난 지도자들은 대개 압박이 심한 상황에서도 과감하게 결단을 내리는 특징이 있다. 월터 스미스는 처음에는 스코틀랜드 국가대표팀에서, 그리고 나중에는 맨체스터 유나이티드에서 퍼거슨 감독의 수석 코치로 함께 일했다. 그는 퍼거슨 감독에 대해 이렇게 평한다. "퍼거슨 감독은 어려운 상황에서도 과감한 결단력이 있었어요. 그만큼 강인한 정신력의 소유자라는 증거죠."

퍼거슨 감독은 더 나아가 이렇게 설명한다. "저는 의사 결정하는 과정을 '즐깁니다'. 그런데 요즘에 제가 내린 결정들은 25년 전에 품었던 생각과는 배치될 겁니다. 그때는 제가 무엇이든 다 할 수 있다고 생각했으니까요. 그것이 청춘의 비극이지요. 젊어서는 무엇이든 다 할 수 있다고 생각해요. 살면서 배울 게 참 많습니다. 저는 일흔이 넘은 요즘도 변화를 갈망합니다."

"맨유를 지도하고 좋은 성과를 내는 것이 제 일입니다. 그 점에서는 여느 감독들과 전혀 차이가 없습니다. 만약 성과가 좋지 못했다면 지금과 같은 평가를 받지 못했을 겁니다. 저는 복잡하게 생각하지 않습니다. 흑백으로 분명하게 구분하지요. 축구와 관련해서 어떤 문제가 있는데, 그것이 구단의 발전에 역행한다고 판단이 서면 저는 과감하게 결정을 내립니다. 감독의 위치에서 결정을 내리는 법을 몸에 익혀야 합니다. 제 판단이 틀릴 때도 있지만, 거기에 크게 신경 쓰지는 않습니다. 결단을 내릴 수 있다는 사실이 중요하니까요."

퍼거슨 감독이 장기적 안목으로 팀을 구축하는 능력이 탁월하다고 할 때 이를 가능케 한 것은 무엇보다 그의 과감한 의사 결정 능력으로 단기적 과제를 해결할 수 있었기 때문이다.

2. 관련 지식을 쌓고, 이를 공유하라

퍼거슨 감독은 전문 분야의 해박한 지식을 늘 중요시한다. 현 잉글랜드 대표팀 감독인 로이 호지슨은 이 같은 소신이 퍼거슨 감독의 탁월함을 설명한다고 얘기한다. "그분의 성공 비결을 말하자면, 첫 번째로 축구에 대한 해박한 지식이 있습니다. 그 정도 지식을 얻으려면 엄청난 노력이 뒷받침돼야 합니다. 그분은 선수들에 관해서라면 모르는 게 없었습니다. 또 오늘날의 축구뿐만 아니라 과거의 축구까지 다양한 방면의 축구 지식을 속속들이 꿰고 있습니다. 축구 퀴즈 대회에 나간다면 파트너로서는 가장 이상적인 분이지요!"

제라르 울리에 역시 퍼거슨 감독이 성공한 것은 그의 지식이 탄탄하게 뒷받침됐기 때문이라고 생각한다. "사람들은 그분을 축구 사전이라고 얘기해요. 프랑스 국가대표팀 감독이었던 로랑 블랑Laurent Blanc도 그분께 문의를 합니다. 퍼거슨 감독과 스코틀랜드에서 열린 지도자 연수 프로그램에 몇 차례 참석했던 기억이 납니다. 참석자들은 그분이 무슨 말을 하면 모두 받아 적곤 했어요. 그분이 하는 말씀은 늘 이치에 맞았고, 지식과 경험이 어우러진 것이었죠. 그분은 또 그런 지식을 다른 사람들과 공유하기를 좋아했어요. 그분은 화려한 성공을 거둔 분이지만, 자신이 어떤 지위에 있든 스스럼없이 다가갈 수 있는 분이기도 합니다. 그분이 세계 최고의 자리에 오른 것은 그분의 전문 지식과 일에 임하는 자세, 구단을 향한 충성심과 열정 때문입니다."

해당 분야의 지식 없이 팀을 지도하기는 어렵다. 자기 분야의 핵심을 꿰뚫는 사람이라야 팀원들에게 존경을 받고 정확하게 판단을 내릴 수 있다. 자신이 습득한 해박한 지식을 지도자가 '공유'하는 행위는 자신의 영향력을 이전과는 다른 차원으로 확대하는 효과가 있다. 누군가 장기적인 관점에서 조직을 견실하게 만들기 위해 투자할 것이고, 나아가 구단이 속한 지역공동체를 건전하게 하는 데 투자할 것이다.

우수한 지도자라면 해당 분야에 대한 지식이 해박하다는 특징이 있고, 또 반드시 그래야 한다. 관련 분야의 지식을 대체할 수 있는 것은 없다. 타고난 감에 의지해 한동안은 버틸 수 있을지 몰라도 '모든 사람을 영원히 속일 수는 없다'라는 격언을 잊으면 안 된다.

3. 사람들을 중히 여기되 감상적인 태도는 삼가라

울리에 감독 역시 퍼거슨의 해박한 지식을 높이 평가하면서 여기에 더해 그의 사람 다루는 기술에 주목한다. "그분은 축구 전문가였습니다. 축구를 훤히 꿰뚫고 있었어요. 또한 선수 관리 능력이 탁월했습니다. 선수 장악력이 뛰어났지요. 이는 매우 중요한 자질입니다. 오랜 세월 수많은 선수를 보며 정신 자세나 사고방식이 각양각색이라는 것을 알고, 그에 따라 융통성 있게 운용했습니다. 그분은 의리가 두터운 분입니다. 선수들이나 친구들에게 헌신하는 분입니다. 그분이 축구를 열정적으로 즐기고 있음을 모두가 알았고, 당연히 그분의 열정은 선수들에게도 전염됐을 것입니다."

퍼거슨 감독은 항상 목표를 염두에 둔다. 스코틀랜드 고번^{Govan}에서 노동조합 위원으로 일할 때는 더 나은 근무 환경을 쟁취하는 것이 목표였고, 맨체스터 유나이티드 감독으로 마지막 시즌을 치를 때에는 프리미어 리그에서 또다시 우승을 차지하는 것이 목표였다. 퍼거슨은 고집스럽게 목표를 추구하는 과정에서 자신이 신뢰할 만한 사람을 적재적소에 배치했으며, 팀의 목표를 방해하는 행위는 절대 용납하지 않았다. 퍼거슨은 "고약한 말일지 모르지만 이 자리에 있으면 감상에 젖어 있을 수 없다"고 말한 적이 있다. 퍼거슨 감독은 선수를 기용할 때 그 선수의 유명세에 개의치 않았다. 선수 영입이나 선수 관리에 있어 맺고 끊음이 분명했다. 만약 퍼거슨 감독에게 유망주를 알아보는 선구안이 없었다면 그는 지금의 자리에 서 있지 못했을 것이다. 그는 적시에 새로운 인재를 기용하고, 뛰어난 용병술을 발휘해 성과를 이끌어냈다. 퍼거슨은 이렇게 말한다. "저와 함께하는 선수들을 무척 아낍니다. 그리고 훌륭한 선수들이 저와 오랜 세월을 함께했다는 점에서 저는 아주아주 운이 좋은 감독이지요."

젊은 시절에 애버딘에서 퍼거슨 감독의 조련을 받았던 알렉스 매클리시는 이렇게 말한다. "어릴 때 학교에서 축구 경기를 할 때도 저는 목소리를 높여 제 주장을 펴는 성격이었어요. 홈구장에서 동료들과 경기를 할 때도 소리를 지르며 거칠게 경기하는 편이었어요. 프로 축구 선수가 돼서도 어릴 때 그 기질은 변함이 없었어요. 애버딘 구단에 들어가 저랑 기질이 똑같은 선수들을 만났지요. 윌리 밀러Willie Miller, 스튜어트 케네디Stuart Kennedy, 고든 스트라칸, 마크 맥기Mark McGhee. 정말 기가 센 친구들이었어요. 그러다 우리가 한 감독님을 만났습니다. 이 놀라운 사람은 팀을 정비하고 기가 센 선수들을 장악했습니다. 그리고 마침내 유럽 무대에서 우승컵을 차지하게 만들었지요."

부트 룸으로 대변되는 리버풀의 독특한 전통도 선수들을 존중하면서도 효율적으로 구단을 관리할 수 있음을 보여준 모범적 사례다. 케빈 키건은 떠날 때가 다가온 선수들을 구단이 어떤 식으로 대우했는지 아직도 생생하게 기억한다. "절대 선수들을 매정하게 내치는 법이 없었습니다. 떠날 때가 되면 항상 감독이 그 선수와 함께 앉아 허심탄회하게 할 말을 합니다. 이를테면 이런 식이죠. '이곳에 머물러도 돼. 자넨 좋은 선수이고 사람들도 모두 자네를 좋아하니까. 하지만 자네는 경기를 뛰어야 하고 다른 곳에서는 출전할 기회를 더 많이 얻을 수 있을 거야.' 해당 선수는 감독과 직접 이런 얘기를 합니다. 두세 단계 건너서 다른 사람에게 그 소식을 전해 듣거나 전화로 통보받는 일은 없었습니다. 감독은 선수에게 무척 중요한 존재였어요. 물론 지금도 그렇지요. 감독은 선수와 얼굴을 마주하고 함께 앉아서 자신이 그리는 전체 그림을 선수에게 설명해줄 필요가 있어요. 감독이 그리는 그림대로 미래가 펼쳐지기 때문입니다. 과거 리버풀에서는 선수들과의 의사소통 수준이 오늘날보다 훨씬 높았습니다. 현대를 사는 우리에게는 온갖 의사소통 수단이 있지만 개인 간의 소통은 점점 단절돼가고 있습니다. 선수들은 '떠날 생각 있으면 누구와 이야기해보게'라는 식의 이메일이나 문자를 전달받지요. 요즘은 얼굴을 맞대고 대화하지 않아요."

과업도 중요하고, 팀도 중요하고, 사람도 중요하다. 여기서는 과업 안에서 사람을 다루는 문제를 얘기하고 있다. 퍼거슨 감독은 빌 생클리나 밥 페이즐리 감독과 마찬가지로 선수들을 존중하고 아끼지만 자신이 맡은 과업을 한순간도 잊지 않았다. 다른 무엇보다 중요한 질문은 이것이다. "어느 선수가 이번 시합에서 승리를 가져다줄 것이며, 우리에게 우승컵을 안겨줄 것인가?"

4. 현재의 성공이 미래의 성공을 보장하지 않는다

전설적인 골키퍼였던 페테르 슈마이헬은 맨유가 2011~2012 시즌을 무관으로 마감하기 직전에 BBC 방송과의 인터뷰에서 맨유 감독에 대한 수많은 칭송을 이렇게 요약했다. "알렉스 퍼거슨 감독이 올해 거둔 성과는 최고의 해에 견줘도 뒤지지 않습니다. 어떤 말로 칭송해도 부족합니다. 그분 같은 연배에 시류에 뒤처지지 않고, 젊은 선수들의 심리를 꾸준히 이해한다는 것은 대단히 놀라운 일입니다. 그분은 늘 한 걸음 앞서나갔어요." 슈마이헬은 퍼거슨 감독이 하나의 왕조를 이끄는 지도자가 될 수 있었던 또 다른 중요한 이유를 꼽았다. 그것은 오늘의 성과에 안주하지 않고 늘 새로운 것을 시도하는 혜안을 지녔다는 것이다. 타이거 우즈Tiger Woods는 스물한 살에 처음으로 메이저 대회에서 우승하고, 월계관에 취해 있지 않았다. 그 대신 코치와 함께 기존의 스윙 자세를 해체하고 새로운 자세를 몸에 익혀 더 훌륭하고 강한 샷을 날리기 위해 훈련에 돌입했다. 그는 자신이 비록 세계적인 선수로 평가받고 있지만, 골프계 제왕의 자리를 앞으로도 줄곧 지킬 수 있다고 오판하지 않는 겸손함이 있었다.

1986년 11월 퍼거슨은 마흔다섯의 나이로 맨체스터 유나이티드의 지휘봉을 잡았다. 당시 맨유는 조지 베스트George Best가 활약했던 황금기와 1968년 유러피언 컵(지금의 챔피언스 리그) 우승을 차지한 이래로 변변한 성과를 내지 못하고 있었다. 북서 지역에서 융성하던 리버풀 왕조의 영광에 가려 있던 맨체스터 유나이티드는 꼴찌에서 두 번째라는 매우 초라한 성적으로 그해 시즌을 시작했다. 새로 부임한 퍼거슨은 무엇보다도 선수들의 몸을 만들고 기강을 바로세우는 데 집중했고 시즌이 끝날 무렵 팀을 11위까지 끌어올렸다. 하지만 브렌던 로저스 감독이 이로부터 20여 년 뒤에 레딩을 지휘하면서 아프게 깨달았듯이 단기간에 좋은 성과를 얻기는 쉽지 않은 일이다. 게다가 미래를 생각하며 팀을 전면적으로 정비할 때에는 더욱 그렇다. 1989년 12월에 맨유는 겨우 강등권을 모면했다. 퍼거슨 감독은 나중에 이때를 돌아보며 '축구를 하면서 가장 괴로웠던 암흑기'라고 말했다. 이에 대중과 언론은 그의 해임을 요구했다.

　1990년 새해가 밝았다. 맨유는 FA 컵 3라운드에서 한창 고공비행 중이던 노팅엄 포리스트와의 원정 경기에서 예상 밖으로 1 대 0 승리를 거뒀다. 이 승리를 전환점으로 맨유는 달라졌다. 그 시합은 연승의 불을 지폈고, 상승세를 타던 맨유는 마침내 웸블리에서 FA 컵 결승전을 치르게 된다. 그리고 우승 트로피를 차지했다. 퍼거슨 감독은 팀이 우승하게 된 주된 동력은 그가 수립한 장기 계획을 이사진이 전폭적으로 지원한 덕분이라고 자주 언급했다. 퍼거슨 감독은 부임 초기 여러 가지 어려움에 직면했는데, 그중 하나가 선수들이 '너무 노쇠하다'는 점이었다. 퍼거슨 감독은 이렇게 말했다. "문제는 이런 겁니다. 선수들은 구단에 몸담고 있으면서 점점 나이가 듭니다. 별 성과도 내지 못하고 있는 구단에서 나이 든 선수들이 얼마나 도전적으로 미래에 맞설 수 있을까요? 어려운 일이죠. 따라서 감독은 구단에 몸담고 있는 30대 고참 선수들이 또다시 과업에 도전할 수 있을지를 따져봐야 합니다. 제 말은 리그에서 우승할 수 있는 가능성을 말합니다. 리그는 전쟁입니다. 한두 번 경기를 잘 치른다고 끝나는 것이 아닙니다. 서른여덟 경기를 치러야 결판이 나죠. 당시에는 마흔두 경기였어요. 제가 맨유에 와서 두 번째 시즌에 우리 팀은 리버풀에 이어 2위를 차지했지만, 그 팀으로는 결코 리그에서 우승하지 못할 것을 알았습니다. 그래서 우리는 리그에서 전쟁을 치르는 동안에도 유소년 시스템을 재건축하는 데 힘을 쏟았어요. 제대로 방향을 잡은 것이죠. 유소년 시스템을 통해 좋은 선수가 한두 명씩 올라왔습니다. 리 샤프^{Lee Sharp}와 리 마틴^{Lee Martin}이 1군 선수로 올라왔고, 가끔 활용할 수 있는 자원도 보였습니다. 마크 로빈스^{Mark Robins}는 경기당 득점율이 좋은 편이었습니다. 중요한 경기에서 득점을 올리는 능력이 있었어요. 요컨대 우리가 올바른 방향으로 나아가고 있음을 증명하는 징표들이 보이기 시작했습니다." 포리스트와의 결정적인 시합에서 결승골을 넣은 것도 마크 로빈스였다.

퍼거슨 감독이 첫 우승컵을 차지할 만큼 기반을 다지고 나자 지속적인 성공을 위해 뿌려놓은 씨앗이 꽃을 피우기 시작했다. 그는 이렇게 술회한다. "1992년의 유소년팀이 확실히 돌파구가 됐습니다. 그 선수들은 경이로웠습니다. 정말 폭발적이었죠. 그 팀에서 국가대표 선수가 일곱 명이나 나왔으니까요. 오늘날까지도 그 효과를 보고 있으니 대단한 선수들이죠." 데이비드 베컴, 니키 버트^{Nicky Butt}, 게리 네빌^{Gary Neville}, 라이언 긱스, 로비 새비지^{Robbie Savage}, 키스 길레스피^{Keith Gillespie}, 사이먼 데이비스^{Simon Davies}가 그 일곱 명이다. 이 유소년팀은 1992년에 FA 유소년 컵^{Youth Cup}에서 당당히 우승했고, 폴 스콜스^{Paul Scholes}와 필 네빌이 가세한 이듬해에는 준우승을 차지했다.

퍼거슨 감독은 지도자로서 미래를 내다보며 중차대한 계획을 실행에 옮겼다. 타이거 우즈가 그랬듯이 퍼거슨은 비록 우승은 했지만 당시 시스템의 결함을 간파하고 거기서부터 새 출발을 도모했다. 더 새롭고 좋은 시스템, 즉 지속적인 성공을 유지할 수 있는 시스템을 구축하고자 노력했다.

5. 다음 세대에 투자하라

맨유에는 퍼거슨 감독의 성품이 녹아 있다. 물론 일방적 관계는 아니어서 양자가 서로에게 영향을 주며 닮아갔다. 퍼거슨은 이미 반세기 전에 미래에 투자한 맨유를 칭송해 마지않았다. "이 구단에서는 전통적으로 유소년팀을 운영하는 데 일가견이 있었습니다. 1950년대에 맨유 유소년팀은 5년 연속 유소년 컵을 제패했습니다. 그들이 저 유명한 '버즈비의 아이들^{Busby Babes}'이었죠. 정말 경이로운 팀이었지만 불행히도 1958년에 재난을 당했습니다. 모르긴 해도 그 팀은 오래도록 빛을 발휘했을 것입니다. 한창 나이가 아니었습니까. 겨우 스물한 살 또래의 어린 친구들이었죠. 탁월한 선수들이었지요."

퍼거슨은 자신이 맨유 감독으로 임명된 것은 애버딘에서의 활약 때문이라고 생각한다. 그리고 애버딘에서 성공한 것은 다음 세대의 선수들에게 투자한 덕분이라는 것이 퍼거슨 감독의 설명이다. 그는 이렇게 말한다. "맨유에서 제가 한 일은 애버딘에서 제가 한 일과 똑같은 일이었어요. 조직을 튼튼하게 세운 것이지요. 애버딘의 유소년 시스템은 우수했습니다. 우리는 꾸준히 어린 선수들을 발굴했고, 그것이 구단이 성공하는 데 한몫을 했지요."

유구한 전통을 자랑하되 우승컵에 목말라하던 맨유에 부임하고 나서 퍼거슨은 앞으로 꾸준히 우승을 차지하려면 자신이 과거 애버딘에서 그랬듯이 유소년 시스템을 회복할 필요가 있음을 깨달았다. "부임하고 나서 살펴보니 유소년 시스템이 부실했습니다. 그래서 처음에는 유소년팀에 전념했어요. 유소년 시스템을 새로 꾸리기 시작했죠. 전국에 있는 스카우터들과 회의를 갖고 제가 계획한 일과 그들에게 요구하는 바를 정확하게 밝혔습니다. 스카우터는 코치만큼 중요한 사람입니다. 좋은 스카우터가 있어야 적절한 자질을 지닌 선수들을 구단에 영입할 수 있어요. (수석 코치인) 아치 녹스와 저는 초기에 쉴 새 없이 입단 테스트를 보는 게 일이었습니다. 그 덕분에 코치들은 함께 일할 재목들을 확보했지요. 우리는 전국 각지에서 소년들을 발굴했습니다. 스카우터들은 맡은 임무를 제대로 수행하기 시작했고, 구단 측에서도 이런 노력을 보면서 구단을 견실하게 다지기 위해 제가 수립한 장기 정책이 무엇인지 이해하게 됐습니다. 그 핵심은 어린 선수들을 육성하는 데 있었지요. 각고의 노력 끝에 1990년 무렵부터는 유소년 시스템이 본격적인 궤도에 올랐고, 구단이 역동적으로 앞으로 나아갈 수 있는 기반이 됐습니다."

퍼거슨 감독은 유소년을 육성하는 일이 결코 쉬운 작업은 아니었음을 고백한다. "(전임 감독인) 론 앳킨슨 감독을 비판할 마음은 없습니다. 감독도 직업인이니까요. 예전에도 그랬지만 지금도 마찬가지입니다. 축구가 성과에 좌우되는 비즈니스이니만큼 대다수 감독은 1군에 집중할 수밖에 없어요. 하지만 저는 그런 식으로 운영하지 않았습니다. 물론 1군이 중요합니다. 그라운드에서는 열한 명의 선수가 뛰어야 하고, 대기석에는 다섯 명의 선수가 앉아 있어야 하고, 그날 달성해야 할 임무가 있습니다. 하지만 동시에 감독은 장기적인 관점에서 인재를 운용할 생각을 해야 합니다. 저는 1군의 성적에 대해서는 전혀 걱정하지 않았어요. 항상 구단의 근간을 걱정했지요. 축구팀 하나를 세우는 문제가 아니라 구단 전체를 바로 세우는 문제라고 생각했습니다. 어린 선수들을 확보해 구단의 근간을 다질 필요가 있었어요. 지금 우리가 아주아주 뛰어나다고 평가하는 일군의 현역 선수들을 길러내기까지 오랜 시간이 걸렸습니다. 우리 팀에서 뛰는 선수들도 있고, 다른 팀에서 뛰는 선수들도 있습니다. 후자의 경우에는 스코틀랜드와 잉글랜드 곳곳에서 활약하고 있습니다. 우리가 데리고 있는 선수들만큼 우수하지 않거나 우리 팀 포지션에 더 잘 맞는 선수가 있는 경우이지요."

퍼거슨 감독의 장기 계획을 이사진이 열렬하게 지지한 것은 틀림없다. "특히 보비 찰턴Bobby Charlton은 든든한 지지자였어요. 우리가 열네 살 소년인 라이언 긱스를 발굴했을 때 저는 보비에게 놀라운 녀석이 있으니 한번 와서 보라고 말했습니다. 하루는 보비가 리틀턴 로드Littleton Road 훈련장까지 찾아왔어요. 저는 그때 운동장에서 경기를 지켜보고 있었죠. 보비가 임시 건물에서 나와 제가 있는 쪽으로 한참을 걸어오는 중에 라이언은 스무 번 정도 공을 만졌어요. 보비는 저에게 와서는 '저기 저 녀석이 틀림없겠군!' 하는 겁니다. 바람에 날리는 은박지를 쫓는 테리어처럼 머리를 곧게 세우고 마치 물 위를 떠다니듯 운동장을 이리저리 질주하는 라이언을 한눈에 알아본 것이죠. 굉장했지요. 보비와 (당시 회장인) 마틴 에드워즈는 제가 진행하는 유소년 시스템 사업이라면 모두 지원해주었어요."

맨유의 유소년 시스템은 구단이 지속적으로 성공할 수 있는 핵심 동력이 됐으며 퍼거슨이 이룩한 맨유 왕조를 상징한다. 퍼거슨 감독의 선수 관리 능력이 요구되는 일이지만, 그가 모든 일을 직접 처리하지는 않았다. 그의 비전을 실행에 옮기는 데에는 아카데미 전담팀의 손길이 필요했다. 퍼거슨은 이렇게 돌아본다. "아카데미 전담팀은 어린 선수들이 도착한 순간부터 그들이 일정한 수준의 자기 확신과 실력을 갖추도록 육성합니다. 아카데미에서는 선수들의 행동 양식을 개조합니다. 만약 한 선수가 그 과정을 거쳐 나를 감당할 수 있을 만큼 강해졌다면, 그에게는 기회가 주어집니다. 그들이 제게 왔을 때에는 소년이 아니라 틀림없이 남자가 돼 있어야 합니다." 여기에서도 사람을 중히 여기되 감상적인 태도를 지양하는 퍼거슨 감독의 특징이 드러난다. "우리는 나약한 사람을 1군에 받아들일 여유가 없습니다. 아카데미 전담팀은 어린 선수에게서 나약한 모습이 보이면 그것을 고칠 때까지 노력합니다. 그 선수는 저만 상대하는 게 아니라 승리를 갈구하는 7만6000명의 팬들을 매주 상대해야 하니까요. 전자와 후자는 차원이 다른 문제입니다. 우리는 어린 선수들이 라커룸의 선임 선수들과 관중석의 군중을 상대할 만큼 강하게 단련시켜야 했습니다. 스타 선수, 팬들의 높은 기대치, 언론 매체 등을 감당하는 일은 하루아침에 완성되는 일이 아닙니다. 배우고 단련하는 과정이 필요한데, 아카데미 전담팀은 그 일을 맡아 능숙하게 처리했습니다."

아카데미 전담팀이 구단의 자랑스러운 전통을 어떻게 재현했는지를 설명하는 퍼거슨 감독의 얼굴에는 자부심이 묻어났다. "그들은 탁월한 어린 선수들을 육성함으로써 맨체스터 유나이티드의 역사를 재창조했습니다. 그들은 어린 재목을 발굴하고, 지도하고, 1군에 올릴 만한 최고의 인재를 선정하는 등 주어진 과제를 제대로 수행한 덕분에 모두에게 만족스러운 결과를 선사했습니다. 요컨대 이 작업을 통해 오늘날의 맨체스터 유나이티드를 지탱하고 있는 기초가 다져진 겁니다. 이것이야말로 우리가 꾸준히 우승할 수 있었던 기반이에요." 그렇다면 퍼거슨 감독에게 우수한 축구 구단을 구축하는 일이란 다음 세대에 투자해 지속적인 성공을 도모한다는 뜻과 같다고 볼 수 있다.

아카데미 전담팀의 손을 거친 선수들은 마지막에 어떻게 완성되는 것일까? 아카데미 전담팀의 손길을 빌렸지만 퍼거슨 감독이 손을 놓고 있는 것은 아니었다. 페테르 슈마이헬은 퍼거슨 감독 재임 말년에 맨유의 훈련 구장을 방문했던 기억을 떠올리며 이렇게 얘기한다. "그분과 함께 캐링턴 훈련장을 둘러보며 아이들이 훈련하는 모습을 지켜봤지요. 그분이 '저기 저 녀석은 열대여섯 달 뒤에는 데뷔하게 될 거야'라고 하더군요. 그런 식으로 늘 계획을 세우고 계셨던 거지요. 그 선수에게는 아무 말도 안 하셨어요. 그냥 다음 경기에 대해서만 말씀하셨습니다."

브렌던 로저스도 퍼거슨 감독처럼 유소년 시스템을 강조했다. 유소년 시스템의 위력을 굳게 믿었던 로저스는 레딩을 맡은 초창기부터 구단의 문화와 가치가 어린 세대에게 전달되도록 노력했다. 로저스는 이렇게 말한다. "어린 선수들 중에는 성장해서 1군으로 들어온 선수도 있고, 그렇지 못한 선수도 있어요. 한 선수를 키우려면 족히 10년은 걸립니다. 처음에는 운동화 끈도 제대로 묶지 못하는 어린 아이들이지만, 이런 아이들이 자신의 가치를 깨닫고, 안정감 속에서 자유롭게 축구를 즐길 수 있도록 배려합니다." 유망주 육성은 건전한 가치관을 기르는 일부터 시작한다. 문화, 철학, 가치, 도덕이라는 단어는 로저스가 유소년팀 감독으로 보낸 10여 년간 그가 중점적으로 가르쳤던 일을 묘사하면서 쓴 단어들이다. 그의 말을 들어보자. "사람들을 대하는 법부터 가르쳤어요. 악수를 하는 방법이나 정중히 부탁하고, 감사 인사하는 법처럼 사소한 것들이죠. 또 어떤 일이 일어나기를 그저 앉아서 기다리지 말고 고된 훈련을 반복하면서 그 일이 일어나도록 만들라고 가르쳤어요. 어린 선수들의 눈높이에 맞추는 것이 중요합니다. 그들이 어떻게 생각할지 떠올리면서 관계를 맺고, 신뢰를 쌓아야 합니다. 그들이 저를 신뢰할 때 단체 의식, 연대감, 자부심 등의 핵심 가치를 심어줄 수 있어요. 어린 선수들의 몸과 마음이 건강하게 자랄 수 있도록 헌신하는 것이지요." 차세대를 육성하는 일은 분야를 막론하고 지도자라면 누구나 수행해야 하는 핵심 과업이다. 축구 감독과 마찬가지로 기업계 지도자들 역시 인재를 적재적소에 지속적으로 투입하려면 유망주를 양성하는 데 에너지와 자원을 투자해야 한다.

유소년 아카데미 과정을 마쳤다고 끝이 아니다. 1군 선수로 올라오려면 상당한 준비 과정이 필요하다. 로저스는 이렇게 말한다. "저는 선수들이 2군과 1군을 오가며 자연스럽게 1군으로 합류하기를 바랍니다. 스완지에 와보니 2군에서 1군으로 선수들을 곧바로 합류시키더군요. 신출내기 선수들에게는 너무 부담스러웠어요. 그래서 저는 마음의 준비를 할 수 있도록 중간 과정을 마련했습니다. 선수들을 육성하면서 가장 중요한 일은 기대치를 조정하는 일입니다. 그들과 함께 걸으며, 그들을 이해하고, 그들에게 맞는 기회를 만들어 줘야 합니다."

다리오 그라디 단장은 1군으로 데뷔하는 젊은 선수들이 받는 '극심한 압박감'에 대해 언급한다. 랍 존스Rob Jones가 스무 살 나이로 리버풀 구단에 영입돼 최고들의 전쟁터로 떠나던 순간을 회상하며 그라디는 이렇게 말했다. "초등학생인 그 친구를 영입할 때 시간을 내서 랍의 집을 찾아갔습니다. 서류를 들고 가서 랍의 부모님께 우리가 잘 돌보겠다고 약속을 했어요. 훗날 리버풀에서 영입 제안을 받고 랍의 어머니에게 전화로 소식을 전했더니 랍에게 좋은 결정이냐고 물어봤어요. 또 예전에 제가 랍을 데려오면서 그에게 좋은 일만 하겠다고 약속한 것을 기억하느냐고도 물었지요. 저는 그분께 말했어요. 아드님이 일요일에 맨체스터 유나이티드를 상대로 경기를 치를 것이고, 라이언 긱스를 상대하게 되는데, 랍에게 정말 좋은 기회라고 말입니다. 랍이 떠날 때 저는 이렇게 말했어요. '일요일에 넌 잘 싸울 거야. 넌 라이언 긱스를 막아낼 수 있어. 그 친구를 막아내지 못하는 경우에는 네가 무엇을 잘못했는지 배우면 돼. 너는 수비하는 법을 알고 있어. 중앙 수비수로서 네가 새로 배워야 하는 것은 없다. 그러니 걱정하지 마라. 잘해낼 수 있어. 만약 공을 잡았을 때 불안한 생각이 들거든 까짓 것 가능한 한 멀리 차버리면 돼. 염려하지 말고, 너무 잘하려고도 하지 마.' 어쨌든 랍은 그날 경기를 잘 소화했습니다. 그다음 주에 (당시 리버풀 감독이었던) 그래엄 수네스Graeme Souness를 만날 일이 있었어요. 랍을 보내면서 제가 무슨 말을 했는지 얘기했더니 수네스 감독이 이렇게 하더군요. '저도 그 녀석한테 똑같은 말을 했습니다. 원하면 경기장 밖으로 공을 차버리라고 말했죠! 그런데 그렇게 하지 않고 수비를 잘해냈어요.' 6개월 후에 랍은 잉글랜드 국가대표팀에 발탁됐답니다. 정말 끝내주는 일이죠."

유망주를 육성하는 데에는 고참 선수들의 역할이 상당히 중요하다고 로저스 감독은 얘기한다. "어린 선수들이 얼마나 잘하느냐 하는 문제는 고참 선수들에게 달렸습니다. 그런 점에서 스완지의 고참 선수들은 훌륭했어요. 자발적으로 후배들을 책임졌으니까요. 그들은 훈련장에서 어린 선수들과 함께 호흡을 맞추며 그들을 격려하고 지원하고 조언을 해줬죠. 중요한 것은 고참들이 어린 선수들과 거리를 두지 않았다는 겁니다. 스완지의 1군 선수들은 스타 의식에 젖어 있지 않았어요. 자신들도 구단의 일부로서 어린 선수들과 함께 목표를 이뤄가는 중이라고 생각했습니다. 선수별로 멘토를 지정해주는 것도 좋은 방법입니다. 제가 첼시에 있을 때 썼던 방법인데, 존 테리나 디디에 드로그바Didier Drogba 같은 선수들은 유소년 아카데미 선수들에게 굉장히 좋은 영향을 끼쳤어요. 선수들 간에 결속력도 훨씬 단단해졌습니다." 유소년 아카데미 선수들에게 구단의 문화를 전달하는 또 하나의 통로였다. 고참 선수들이 이런 방식으로 지도자 역할을 수행할 때 다음 세대에게 구단의 문화와 가치가 전수되는 것은 물론이고, 1군 선수들도 더욱 강력하게 구단의 가치를 수호하게 된다.

크루 알렉산드라 구단의 유소년 아카데미 단장 다리오 그라디는 감독으로 재직한 24년까지 포함해서 근 30년을 한 구단에서 지도자로 일하고 있으니 가장 오랫동안 자리를 지키고 있는 지도자 가운데 한 명이다. 그라디 단장은 축구 유망주를 발굴하고 육성하는 지도자로 정평이 나 있다. 그는 일찌감치 기술 육성을 강조했으며 우수한 선수들을 많이 길러냈다. 데이비드 플랫, 랍 존스, 대니 머피^{Danny} Murphy, 로비 새비지, 닐 레논, 딘 애슈턴^{Dean Ashton}을 비롯한 많은 선수들이 그의 실력을 입증한다. 그라디는 이렇게 말한다. "축구 선수로 대성하려면 반드시 익혀야 하는 핵심 기술들이 있어요. 그런 기술은 어려서 익혀야만 합니다. 저는 열두 살 미만의 선수들을 데리고 훈련할 때 이렇게 말합니다. '우리는 매주 이 훈련을 실시할 것인데, 이 기술은 너희들이 열여덟이나 열아홉이 되면 익힐 수 없다. 상대 선수들에게 둘러싸인 상황에서 뒤쪽에 있는 동료 수비수가 패스한 공을 제대로 받으려면 어려서부터 이 기술을 익혀야 한다. 이런 상황에서는 자주 실수를 범하게 되는데, 이 말은 스크린플레이를 익혀야 한다는 뜻이다. 너희들은 양발을 사용할 줄 알아야 하고, 훈련이 아닌 실제 경기에서도 그렇게 할 수 있어야 한다. 양발을 이용하면서 공을 끌고 다니면 상대 팀 선수를 따돌릴 수 있다. 극히 간단한 기술이고 가르치기도 쉽지만 열다섯이나 열여섯 살이 되도록 익히지 못했다면 앞으로도 익히지 못할 것이다.' 앨런 허드슨^{Alan Hudson}을 데리고 훈련하던 기억이 납니다. 첼시에서 뛸 때 나이가 열일곱인가 열여덟이었는데 양발을 자유자재로 사용하지 못했어요. 우리는 약한 발을 단련하느라 굉장히 노력했지요. 하지만 경기 중에는 한 번도 그 발을 사용하지 않았어요. 너무 늦은 겁니다."

명문 구단의 유소년 아카데미는 어떻게 운영될까? 맨유를 예로 들자면 아이들에게 일관된 교육을 제공하고, 다루기 까다로운 문제를 비롯해 전인 교육의 관점에서 아이들을 보살피는 것이 훌륭한 유소년 시스템의 초석이라는 것이 퍼거슨 감독의 소신이다. 그의 말을 들어보자. "아카데미를 운영하는 이들 중에는 20년이나 우리 구단에 몸담고 있는 사람들도 있습니다. 우리 구단을 지탱하고 있는 인사들이지요. 이렇게 오랜 세월 함께 일함으로써 우리는 경험을 축적하고 선수 육성에 있어 일관성을 유지할 뿐만 아니라 구단의 정체성을 강화합니다. 물론 쉬운 일이 아닙니다. 요즘에는 한 부모 가정에서 자라고 있는 아이들이 많아요. 아버지와 어머니가 헤어져 살기 때문에 부모를 각각 만나서 일을 처리해야 해요. 아이들을 잘 보살피는 일이 가장 중요합니다. 축구도 가르치지만 인성 교육도 빼놓을 수 없습니다. 아이들에게 선수로서 성공하는 일이 결코 쉬운 일이 아니라는 것을 알려주어야 합니다. 우리는 아이들에게 이렇게 얘기해요. '이는 헌신의 문제다. 100퍼센트 전력을 다해야만 한다. 적당히 노력해서 이룰 수 있는 것은 아무것도 없다.' 약물의 위험성이나 재정 문제 등 올바른 가치관을 길러야 하는 부분에 대해서는 모두 가르칩니다. 프로 선수가 되면 모든 게 달라집니다. 라이언 긱스는 열일곱에 프로 선수로 4년짜리 계약을 우리와 맺었어요. 1군 선수들이 받는 금액의 4분의 1에 해당하는 연봉을 받았죠. 정식 계약을 맺자마자 고급 승용차를 끌고 다니는 선수들도 있습니다. 그러면 우리는 즉시 조치를 취합니다. 보험에 돈을 쓰는 것은 어리석은 짓이며 구단 안팎으로 나쁜 영향력을 끼치게 된다고 가르칩니다. 청소년들은 음주 문제도 생길 수 있고, 열여섯에서 열아홉 살이면 여자 친구 문제도 생깁니다. 에이전트에 대해서도 가르쳐야 합니다. 좋은 에이전트도 있지만 나쁜 에이전트도 있거든요. 우리는 선수들이 성장하면서 겪게 되는 모든 문제를 관리하고 지원합니다."

알렉스 퍼거슨 감독이 이렇듯 유망주 육성에 힘쓰는 것을 볼 때 한 가지는 분명하다. 지도자로서 지속적인 성공을 꿈꾼다면, 반드시 차세대 육성에 힘을 써야 한다는 것이다.

해법 2: 자신보다 더 원대한 비전을 구축하라

오랜 세월 탄탄한 왕조를 이끈 지도자가 균형을 유지하기 어려운 부분이 있다. 그것은 자신의 존재감을 얼마나 나타내야 하느냐는 것이다. 지도자가 존재감이 너무 적으면 조직을 쇄신할 만한 힘을 충분히 얻지 못할 테고, 존재감이 너무 크면 조직이 그에게 지나치게 의존하게 된다. 이 해결책에는 세 가지 원칙이 있다.

1. 자신의 개성이 조직 안에 스며들게 하라

퍼거슨 감독이 은퇴했으니 맨체스터 유나이티드가 지금까지 이 한 사람에게 얼마나 많이 의존하고 있었는지 확인할 수 있을 것이다. 하지만 맨유라는 조직과 퍼거슨이라는 인물의 환상적인 조합이 엄청난 성과를 이룩했다는 사실을 부정할 사람은 아무도 없다.

퍼거슨 감독은 자신을 고전적 의미에서의 지도자라고 생각하지 않고, 다른 사람들에게 좋은 방향으로 영향을 미치는 사람이라고 생각한다. 그는 이렇게 말한다. "저 자신을 지도자라고 일컬어본 적이 없습니다. 저는 사람들이 자신감을 회복하도록 돕고, 사람들의 신념에 영향을 미칠 수 있는 기회를 살면서 얻었을 뿐입니다. 감독의 개성이나 자기 확신은 조직에 그대로 전달됩니다. 저는 우리 팀이 저를 닮아간다고 느꼈고, 저와 팀이 하나가 되는 방향으로 나아가는 것이 제가 목표하는 바였습니다."

폴 인스는 오랜 세월 맨체스터 유나이티드가 퍼거슨 감독의 개성을 거의 그대로 구현할 수 있었던 이유를 이렇게 설명한다. "맨체스터 유나이티드에 들어가면 열심히 뛰고 싶어집니다. 저도 그랬어요. 맨유는 세계에서 가장 큰 구단이었으니까요. 맨유에서 1년쯤 지나고 나니 알렉스 퍼거슨 감독을 위해 뛰고 싶은 마음이 들었습니다. 제 눈에는 그분이 곧 맨체스터 유나이티드였습니다. 저는 그분에게 배우고 싶고, 그분을 모방하고 싶고, 그분을 위해 뛰고 싶었어요. 선수들은 그분이 자신에게 무엇을 기대하는지 알 수 있습니다. 자기 팀에 와서 뛰어주기를 그분이 원했다는 사실만으로도 그 선수의 평판은 크게 올라갑니다. 퍼거슨 감독 같은 분이 맨체스터 유나이티드에서 어떤 역할을 감당할 수 있는 선수로 인정했다는 것은 대단한 겁니다. 부임한 지 26년이란 세월이 지난 후에도 여전히 리그 우승을 일굴 수 있는 감독이 이끄는 팀의 일원이 된다는 것은 영예로운 일이지요."

퍼거슨 감독과 동시대에 활동하며 리그 우승을 이끌었던 뛰어난 감독 조지 그레이엄^{George Graham}도 폴 인스의 평가에 동의한다. "뭐니 뭐니 해도 퍼거슨 감독의 가장 큰 장점은 그의 야망입니다. 야망은 나이와 전혀 상관이 없어요. 어려서도 야망을 품지만, 중년이 되고, 또 노년이 되어도 야망을 품을 수 있어요. 퍼거슨 감독은 늘 야망을 품었고 지금도 마찬가지입니다. 그는 사실상 구단의 기반을 처음부터 다시 세우다시피 했고, 맨체스터 유나이티드를 이만큼 성공적으로 끌고 왔습니다. 구단에 자신의 숨결과 개성을 고스란히 반영시켰어요. 그것이 무엇인지 정의하기는 무척 어렵습니다." 다시 말해 알렉스 퍼거슨 감독의 성공 비결을 정리하고 공식으로 만들기는 어렵다. 하지만 한 가지는 분명하다. 장기적 성공을 실현하는 조직을 꿈꾸는 지도자라면 자신의 개성, 곧 자신의 태도와 가치, 신념을 조직 내에 스며들게 해야 한다는 것이다.

빌 생클리 역시 카리스마가 넘치는 감독이었다. 케빈 키건은 그에게 훈련받던 첫날을 절대 잊지 못한다며 이렇게 얘기했다. "첫날 일과가 끝날 무렵이었죠. 당시 저야 뭐 구단에서 선발한 선수 가운데 하나일 뿐이었지요. 그런데 섕클리 감독님이 제게 오더니 '너는 장차 잉글랜드를 대표하게 된다'고 한마디 하고 가더군요. 그 순간 저는 국가대표 선수가 되리라고 확신했습니다." 섕클리 감독은 항상 구단, 특히 서포터들을 향한 깊은 애정을 드러냈고, 선수들에게도 이 사실을 상기시켰다. "섕클리 감독님은 우리에게 '너희들은 이 사람들을 위해 뛸 수 있는 특권을 누리고 있다. 우리가 하는 일은 모두 이 사람들을 위한 것'이라고 자주 말씀하셨어요." 또 그는 선수들과도 친밀하게 지내며 애정을 보였다. "섕클리 감독님은 놀라운 분이었습니다. 모든 선수를 각별하게 대우했어요. 저 같은 경우는 우리가 둘 다 광부의 아들이라는 공통점 때문에 저를 따뜻하게 대한다고 생각했어요. 그런데 다른 선수들과도 그렇게 친밀하게 지냈어요. 전혀 편애하지 않았죠. 섕클리 감독님은 늘 선수들에게 다가가 말을 걸고, 유익한 조언을 들려줬어요. 감독님 말씀을 바로 이해하지 못하는 선수들도 있었어요. 가령 체중이 불어난 선수를 보면 이렇게 얘기하죠. '초콜릿은 전혀 도움이 안 돼.' 사실 이 말은 '체중을 더 줄이고, 몸을 만들어라' 혹은 '더 열심히 훈련해'라는 뜻입니다. 완곡하게 표현하니까 선수들은 그 뜻을 헤아려서 알아들어야 해요."

카리스마 넘치는 지도자란 자신이 최고라고 선언하는 자신만만한 지도자라기보다는 조직 구성원의 이익을 위해 자신의 개성과 장점을 활용할 줄 아는 지도자를 말한다.

2. 사라지지 않을 비전과 가치를 수립하라

폴 인스는 알렉스 퍼거슨 감독의 빛나는 존재감에 경의를 표한다. 그만한 존재감을 형성할 수 있었던 것은 퍼거슨 감독이 강력한 가치를 제안하고, 또 그 가치를 줄곧 고수했기 때문이다. 인스의 말을 들어보자. "그분은 구단과 선수들이 따라야 할 기준을 확립했고, 구단과 선수들은 서로를 존중했습니다. 선수들이 어떻게 행동해야 하는지, 훈련을 어떻게 실시해야 하는지, 또 어떻게 서로를 존중해야 하는지 기준을 제시했죠. 그분을 보면 자연히 경외감이 들기 때문에 그분이 들어오거나 말을 시작하면 다들 입을 다뭅니다. 그 같은 존재감은 보기 드물죠." 물론 퍼거슨 감독을 특별하게 만든 것은 그의 개성도 개성이지만 그보다는 승리를 이끌어내는 감독으로서 그가 갖는 평판이다. 하지만 여러 세대에 걸쳐 변함없이 강력한 지도력을 발휘하려면 공식적이든 비공식적이든 신입 선수들에게 구단의 역사를 안내하는 과정이 필요하다. 구단에 새로 들어오는 선수들은 자기가 특별하고 원대한 비전을 지닌 구단의 일원이 됐음을 보고 느낄 수 있어야 한다. 퍼거슨 감독은 몇 해 전에 이런 작업의 중요성을 깨닫는 계기가 있었다면서 이렇게 말했다. "뮌헨 비행기 참사로 숨진 선수들을 추도하던 순간이었죠. 알고 보니 갓 들어온 외국 선수들 중에 그 사건을 전혀 모르는 이들이 있었던 거예요. 우리는 그 선수들에게 과거 우리 팀의 영상을 보여주었고, 보비 찰턴 경이 그 사건을 설명하는 시간을 가졌습니다. 선수들의 반응은 놀라웠습니다. 참 가슴 뭉클한 시간이었어요. 브라질 같은 다른 나라에서 온 선수들이 보기에도 그 사건은 매우 가슴 아픈 사건이었던 것이죠. 그들은 그 사건이 얼마나 비극적이었으며, 우리 구단이 그 사건 이후로 얼마나 크게 성장했는지를 실감했습니다. 그래서 요즘에는 신입 선수들과 그런 시간을 더 자주 마련하고 있습니다. 새로 들어오는 선수들에게 우리 구단이 어떤 과정을 거쳐 지금과 같은 명문 구단이 됐는지를 자세히 알려줍니다."

퍼거슨 감독이 은퇴한 지금 프리미어 리그에서 가장 오랫동안 감독직을 맡고 있는 사람은 아르센 벵거다. 그는 퍼거슨과 마찬가지로 아스널 구단에 자신의 개성을 불어넣었고, 분명한 신념을 제시하며 팀을 눈에 띄게 발전시켰다. 비전을 중시하는 벵거 감독은 이렇게 말한다. "좋은 지도자라면 세상에 대해 자기 생각과 비전이 있어야 합니다. 세상에 대해 비전을 품으려면 세상에 대한 철학이 있어야 하고, 자신이 중요하게 여기는 가치가 있어야 합니다. 따라서 지도자는 가장 먼저 자신이 무엇을 중요하게 여기고, 무엇을 이루고 싶어 하는지를 분석해야 합니다. 그리고 두 번째, 그 일을 실현해야 합니다. 저는 축구 감독이라는 직업이 참 재미있습니다. 우리가 하는 일은 지적인 영역에만 머물지 않기 때문입니다. 지식인이라 하면 자기 철학을 위해 사는 사람입니다. 축구 감독은 자기 철학이 있어야 할 뿐만 아니라 그 철학이 유효하다는 사실을 보여야 하고, 그것으로 실질적인 효과를 내야 하는 사람입니다. 하루 일과가 끝나면 자기 철학이 얼마나 쓸 만한지 점검할 수 있습니다. 그런 까닭에 이 일이 재미있다는 것입니다. 또한 축구 감독은 지도자로서 다른 이들의 삶을 긍정적인 방향으로 이끌 수 있는 멋진 직업입니다. 그러므로 책임이 막중합니다." 지도자로서 사람들에게 긍정적인 영향을 미칠 때 영원히 사라지지 않을 가치를 창출할 수 있게 된다.

빌 섕클리 감독이 리버풀 재임 시절에 추구했던 가치는 그가 임기를 마친 이후에도 오래도록 지속됐다. 키건은 적절한 예를 하나 들어 설명한다. "그분이 심어놓은 가장 중요한 가치는 솔직한 대화였습니다. 리버풀 선수들은 실수를 할 경우에는 그 실수에 대해 정확한 평가를 듣곤 했습니다. 경기력이 나빴으면 못했다는 소릴 듣고, 경기력이 좋았으면 잘했다는 소릴 들었습니다. 선수들은 항상 솔직한 피드백과 정확한 정보를 받았던 것이죠. 구단 내의 누군가 어떤 선수의 활약에 흡족해했다면 그 선수도 곧 그 사실을 알게 됩니다. 하지만 함부로 말을 하는 사람은 없었어요. 리버풀에서는 다른 사람 앞에서 누군가를 비방하지 않았습니다. 그런 일은 없었어요. 토요일 경기에 대해 논하거나 리버풀 선수로서의 정체성에 대해 주로 얘기를 많이 했지요. 리버풀에서 뛰게 돼서 서로 얼마나 운이 좋은지, 우리 리버풀 선수들은 그런 짓은 하지 않아, 우리 리버풀 선수들은 이렇게 하지, 이런 얘기들이요. 리버풀 선수로서의 자부심이 다들 컸습니다. 리버풀의 유니폼을 입고 저 관중 앞에서 경기를 펼치는 것은 영예로운 일이라는 의식을 함께 공유했지요. 과거에 리버풀 선수들은 그렇게 생각했고, 저는 지금도 그렇다고 생각합니다."

가치를 공유하는 것이 중요하다는 사실은 익히 알고 있다. 그렇다면 지속적인 성공이라는 관점에서 진짜 중요한 질문은 무엇일까? 그것은 조직의 가치가 지도자의 개성과 혼연일체가 되어 영향력을 발휘하는 방법, 그리고 강력한 지도자가 떠난 뒤에도 과거의 가치가 조직의 핵심 가치로서 유지될 수 있는 방법이 무엇이냐는 것이다. 강력한 지도자에 의해 구현된 조직의 핵심 가치는 동일한 열정을 가진 후임자에 의해 계승되어야 한다.

3. 후계자를 육성하라

짐 콜린스Jim Collins는 『좋은 기업을 넘어 위대한 기업으로Good to Great』에서 탁월한 지도자가 지닌 다섯 가지 특징을 설명했다. 그중 하나가 바로 자신의 후계 문제를 확실히 매듭짓는다는 것이다. 1974년 빌 생클리가 리버풀 사령탑을 떠났다. 잉글랜드의 모든 축구 팬들이 그를 사랑했고, 안필드의 충성스러운 팬들이 그를 흠모했으며, 그의 선수들은 그를 깊이 존경했다. 모두가 궁금해하는 문제는 과연 누가 그의 자리를 계승하느냐는 것이었다. 당시 리즈 유나이티드 감독을 맡고 있었고, 나중에 노팅엄 포리스트에서 스타 감독이 된 브라이언 클로프가 후임 감독으로 온다는 소문이 돌았다. 하지만 구단은 내부에서 후임자를 선정할 계획이었다. 마치 왕가의 계승 방식을 연상시키듯 차기 감독직은 샹클리 감독의 수석 코치였던 밥 페이즐리에게 돌아갔다. 키건은 그 시절을 이렇게 돌아본다. "성공적인 승계였지요. 리버풀호는 변함없이 순탄하게 나아갔으니까요. 페이즐리 코치가 그 일을 맡게 됐을 때 제 머리에 가장 먼저 떠오른 생각은 '그분은 단순히 지시 사항을 전달하는 사람이 아니라 우리 팀을 속속들이 잘 알고 있는 분'이라는 사실이었어요."

호감이 가는 인물이고, 관련 지식도 풍부하지만, 과연 그가 리그 우승 팀을 이끌 만한 역량이 있는지 세간에서는 의혹의 눈초리를 보냈다. 키건은 이렇게 말한다. "페이즐리 코치가 팀을 맡고 선수들은 모두 그분이 실패하지 않도록 최선을 다했어요. 그분이 진짜 좋은 분이고, 우리에게 소중한 분이라는 생각이 있었습니다. 페이즐리 감독 재임 시절에 리버풀은 샹클리 감독 때보다 더 훌륭한 성과를 냈습니다. 흔들리지 않고 성장을 거듭했기 때문입니다. 페이즐리 감독과 저는 1년밖에 함께하지 못했지만, 그분 재임 시절에 리버풀은 리그 우승을 휩쓸고 유럽 무대까지 손에 넣었어요. 놀라운 업적이었죠." 샹클리에서 페이즐리로의 승계는 대표적인 성공 사례로 꼽힌다. 성공의 이유를 친화력이 좋은 페이즐리 감독 한 사람만의 공로로 돌리기는 어렵다. 키건은 이렇게 덧붙인다. "만약 페이즐리 감독이 '자의식'을 버리지 않았다면 이것저것 바꾸고 싶어 했을 겁니다. 하지만 그는 이렇게 판단했죠. '이제 나는 일인자가 됐지만 변한 것은 없다. 주전 선수들도 그대로고, 스태프도 그대로다. 빌은 떠났지만 우리는 20년째 함께 일을 해왔다.' 그러고는 그대로 출발한 겁니다! 제가 있던 그해에 바뀐 것은 아무것도 없었어요. 또 제가 알기로 그 후로도 변한 것은 없어요. 리버풀은 동일한 훈련 방식을 사용했고, 프리 시즌에 몸을 만드는 과정도 동일했고, 팀을 보살피는 사람들도 동일했어요. 사람들은 대개 지도자가 되면 자기 흔적을 남기고 싶은 욕심에 섣불리 손을 대기 마련입니다. 하지만 페이즐리 감독은 그렇게 하지 않고 현명한 선택을 했죠. 물론 기존 시스템이 성공적인 경우에는 자기 뜻대로 바꾸고 싶어도 그러지 못하는 경우도 있겠지요. 어쨌거나 지도자의 '자의식'은 가장 큰 장애물입니다."

자기 시대의 성공을 뛰어넘어 강력한 왕조를 구축하기 위해서는 '자의식'을 버리는 일이 필요한 것으로 보인다. 벵거 감독은 지도자가 '자의식'을 버려야 성공적인 승계가 가능하다고 굳게 믿는 사람이다. 그의 말을 들어보자. "구단은 어느 한 개인이 아닌 팬들의 것입니다. 따라서 감독은 자신이 떠난 뒤에도 잘 돌아가는 모델, 탁월한 선수가 떠난 뒤에도 타격이 없는 모델을 구축해야 합니다. 또한 경제적으로도 무리가 없어야 합니다. 제가 가장 중요하게 생각하는 것은 아스널이 앞으로도 계속 성장할 수 있느냐는 겁니다. 제가 떠나는 날 이후로도 아스널이 더욱 높이 도약하고, 더욱 원대하고 강해질 것이라는 확신이 든다면 제 가슴이 벅차오르고 뿌듯할 것입니다."

맨체스터 유나이티드에서도 퍼거슨 감독 후계자 문제로 여러 해 동안 고민을 했다. 위대한 감독이 구단을 떠날 때 누가 그의 자리를 계승할 것인가? 결국 데이비드 모예스가 그 중책을 이어받았지만, 퍼거슨이 떠나도 지속적으로 성장할 수 있는 체제를 이미 퍼거슨 감독이 확립했다는 것이 하워드 윌킨슨의 평가다. 윌킨슨의 말을 들어보자. "퍼거슨 감독은 이미 맨체스터 유나이티드에 필요한 모든 것을 남겼습니다. 더 이상 구단이 그분에게 요구할 수 있는 것은 없습니다. 그분이 맨유에 남긴 유산은 엄청난 것입니다. 앞으로의 변화를 관리하는 것은 이사진의 책임이지요. 그분께 도와달라고 부탁할 수는 있겠지만, 앞으로의 변화를 위한 전략을 마련하는 것은 그들의 몫입니다. 제 부족한 소견으로는 그것이 '제2의 퍼거슨 감독을 찾아야 한다'는 전략은 아닐 것이라고 생각해요. 새로 부임한 선장과 함께 지금까지처럼 순탄하게 항해를 하는 전략이 되지 않을까 싶습니다."

조직의 지도자라면 적절한 승계 작업을 통해 자기 시대의 성공이 지속적으로 이어질 수 있는 기반을 반드시 마련해야 한다.

강력한 왕조를 꿈꾸는 지도자

우리는 지금까지 강력한 왕조를 수립하고 싶은 지도자가 할 일을 두 가지로 살펴보았다.

1. 장기적 관점에서 팀을 구축한다

이를 가능케 하는 지도자는 다음과 같은 특징이 있다. 과감한 결단력이 있고, 관련 지식을 쌓고, 그 지식을 구성원과 공유하며, 팀원을 아낄 줄 안다. 또 필요하다면 전략적으로 조직을 쇄신하고, 인재 발굴 및 육성에 투자한다. 알렉스 퍼거슨 감독이 장기적 관점에서 계획을 수립할 수 있었던 것은 오늘의 과감한 결단력이 뒷받침됐기 때문이다. 퍼거슨 감독은 자신의 방대한 지식을 기꺼이 공유함으로써 존경을 받았고, 그의 영향력은 구단을 넘어 지역공동체에 활력을 불어넣었다. 과업을 중시하면서도 선수들을 아끼는 퍼거슨 감독의 관리 방식은 리버풀의 전설적인 감독인 빌 섕클리를 연상시키는 면이 있다. 퍼거슨 감독이 선수들의 헌신을 끌어낼 수 있었던 것도 이 같은 선수 관리 방식 때문이다. 또한 구단을 전면적으로 쇄신할 필요성을 간파했던 퍼거슨 감독은 성장의 새 지평을 열었고, 차세대 육성에 투자함으로써 25년 넘게 강력한 왕조를 이끌 수 있었다.

2. 자신보다 더 원대한 비전을 품은 구단을 구축한다

퍼거슨 감독과 섕클리 감독은 조직에 자신의 개성을 불어넣었고, 두 사람 모두 조직 내에 사라지지 않을 가치를 수립했다. 특히 빌 섕클리는 훌륭한 기반을 만들어 후임자가 성공적으로 자신의 유산을 계승할 수 있도록 했다. 이는 알렉스 퍼거슨이 감독 생활을 마무리하는 과정에서 마지막으로 직면한 과제이기도 하다.

거듭 말하지만 수많은 과업을 달성하고 지속적인 성공을 소망하면서 탁월한 지도력을 발휘하려면 겸손해야 한다. 섕클리는 알맞은 시기에 기꺼이 후계자를 정함으로써 겸손함을 보여주었다. 강력한 왕조를 꿈꾸는 지도자라면 겸손한 마음을 잃지 말아야 할 것이며, 무엇보다도 자신이 떠난 뒤에도 변함없이 자신이 세운 가치를 구현하며 지속적으로 성과를 낼 수 있는 조직 시스템을 건설해야 할 것이다.

훈태 스미스

Walter Smith

제 — 10 — 장

위기와
회생

위기와 회생은 서로 맞닿아 있다. 실적 반전이 요구되는 곳, 예컨대 실적 악화로 조직이 흔들리고 더 이상 조직이 뜻대로 움직이지 않는다면 방향 전환이 필요하다. 위기란 극단적이고 막다른 상황을 말한다. 위기에 처한 조직이 명운을 뒤바꾸려면 방향 전환, 즉 근본적인 변화를 단행해야 한다.

위기와 회생에 있어 공통된 중요 요소가 두 가지 있다. 첫 번째 요소는 선택이다. 위기는 선택의 기로에 서 있음을 의미한다. 위기에 처한 지도자는 어떻게 대처해야 하는가를 고민한다. 사람들은 대개 위기를 고통스럽고 부정적인 상황으로 여긴다. 물론 실제로 그럴 수도 있지만 위기라는 말은 근본적으로 '중대한 국면' 혹은 '전환점'을 의미한다. 한자로 따져보면 '위험'과 '기회'를 뜻한다. 위기는 당연히 그 해결을 위한 대책을 촉구한다. 그리고 사려 깊은 지도자는 위기 상황에서 '기회는 어디에 있는가?'라고 자문한다.

두 번째 공통 요소는 대책이다. 위기는 대책을 촉구하고, 조직의 구조와 명운을 되돌려 회생에 성공하려면 혁명적인 대책을 세워야 한다. 위기에 처한 지도자들은 압박감을 느낄 테지만 적어도 앞으로 나아갈 만한 추진력은 갖춘 셈이다. 저조한 성과에 익숙해진 조직을 회생시키는 데에도 혁명적인 대책이 필요하며, 지도자에게 이 같은 조직을 회생시키는 과제는 어려운 숙제가 아닐 수 없다.

축구계에서 감독을 새로 임명하는 구단은 거의 대부분 어떤 위기에 처해 있거나 회생이 필요한 상황이기 때문이다. 잉글랜드 네개 축구 리그에 소속된 감독의 98퍼센트는 임기 중에 해임을 당한다. 이는 주주들의 실망감이 반영된 결과이거나 변화가 요구되는 급박한 상황이라는 구단의 의사 표시다. 새로 부임하는 감독은 새로운 희망과 기대감을 한 몸에 받지만, 그를 맞이하는 팀은 위축돼 있고, 재정적으로도 힘든 경우가 대부분이다. 신임 감독의 목표는 위기를 극복하고 장기적인 성공으로 나아가는 정상 궤도에 팀을 올려놓는 것이다.

월터 스미스 감독

글래스고 레인저스 사령탑을 두 차례 역임하며 11년간 스물한 개의 주요 타이틀을 차지한 월터 스미스 감독은 현대 축구계에서 가장 성공한 감독 중의 한 사람이다. 그는 1986년에 그래엄 수네스가 선수 겸 감독으로 레인저스를 지휘하고 있을 때 수석 코치로 들어왔다가 1991년에 수네스 감독이 리버풀로 떠나자 지휘봉을 이어받았다. 1991년부터 1997년까지 스미스 감독은 스코틀랜드 프리미어 리그 타이틀을 일곱 차례 연속으로 차지했고, 스코틀랜드에서 트레블(스코틀랜드 컵, 리그 컵, 리그 타이틀)을 달성했다. 1997년에 레인저스를 떠난 스미스는 에버턴의 사령탑을 맡았지만 4년의 재임 기간 동안 재정난으로 무척 힘든 시기를 보냈다. 이후 그는 스코틀랜드 국가대표팀 감독으로 선임됐다. 국가대표 감독 재임 3년간 스미스는 다시 한 번 파란을 일으키며 스코틀랜드의 피파 랭킹을 무려 70계단이나 끌어올렸다. 그리고 2007년 1월에 또다시 레인저스로 돌아와 부진의 늪에 빠져 있던 구단의 회생을 주도했다. 재임 초기에 레인저스 구단은 스미스에게 상당한 자원을 지원했지만 2009년 들어 재정적 위기에 빠지면서 2년간 어떤 선수도 영입할 수 없었다. 하지만 스미스 감독은 놀랍게도 이같이 불안정한 상황에서도 흔들리지 않고 스코틀랜드의 제왕 자리를 놓치지 않았다. 스미스 감독과 함께 레인저스 구단은 3회 연속 리그 타이틀을 차지했으며, 두 개의 리그 컵과 스코틀랜드 컵을 차지했다. 2013년 5월에 월터 스미스는 레인저스 구단의 비상임 회장으로 취임했다.

스미스의 철학

스미스 감독이 지닌 철학의 핵심은 '우승 DNA'를 선수들에게 불어넣는 것이다. 그는 이렇게 말한다. "감독이 어떠한 상황에 처해 있는지 무슨 어려운 과제에 직면해 있든지 위기를 극복하고 성공하기 위해 필요한 것은 단 하나, 시합에 이기는 것입니다. 따라서 선수들에게 우승 DNA를 심어줘야 합니다." 레인저스를 지휘하던 스미스 감독은 수많은 승리를 성취했고, 그렇게 노력한 결과 적지 않은 타이틀과 우승컵을 차지했다. 하지만 반드시 우승컵을 획득해야만 그가 말하는 우승 DNA를 얻는 것은 아니다. 스미스 감독은 이렇게 술회한다. "데이비드 모예스와 토니 풀리스 같은 감독들은 선수들에게 우승 DNA를 심어주었고, 이는 앞으로 꾸준히 성장할 수 있는 기반이 되기 때문에 그런 점에서 승자라고 할 수 있습니다. 제가 에버턴 감독으로 있을 때 재정난도 심각했고, 곳곳에서 문제가 많았습니다. 하지만 그 힘든 3년 반 동안에도 우리는 프리미어 리그에 잔류할 수 있었고, 경기력도 상당한 수준을 유지했습니다. 우승컵은 따내지 못했지만 제게는 승리나 다름없었습니다. 우리는 우승 DNA를 얻었으니까요."

풀어야 할 숙제: 공중에서 비행기 만들기

공중에서 비행기를 만든다니 생각해보면 터무니없는 짓이다. 그러려면 두 가지 어려운 과제를 동시에 해결해야 한다. 첫째, 매 순간 비행기가 공중에 떠 있도록 만들어야 한다. 둘째, 항법, 통신, 안전과 승객의 편이, 기술과 엔지니어링, 디자인 작업, 부품 제조 및 공급, 중공업 기술, 제조, 테스트 등의 온갖 문제를 동시에 처리해야 한다. 이 두 가지는 도저히 양립할 수 없는 일이다. 하지만 연일 저조한 성적을 내며 침체에 빠진 팀이나 위기에 몰린 구단을 떠맡은 신임 감독은 실제로 이와 같은 과제를 해결해야 하는 셈이다. 신임 감독은 매주 팀을 지도하고, 경기를 분석하고, 알맞은 전략과 선수를 선정하고, 선수들의 사기를 진작해야 한다. 구단주, 서포터, 언론에 이르는 수많은 이해관계자를 상대해야 함은 말할 것도 없고, 일정대로 시합을 준비하고, 시합을 치르고, 그 결과도 감당해야 한다. 이와 동시에 구단을 근본적으로 변혁시킬 업무도 수행해야 한다. 즉 새로운 비전을 제시하고 이를 사람들에게 이해시키는 일, 선수들과 주주들의 공감을 얻고, 새로운 선수를 영입하거나 방출하는 등 선수단을 개편하는 일, 또 팀 내에 팽배한 불안감과 불만을 해소하고, 전체 목표에 비춰 일의 진행 상태를 점검하고 살피는 일이다.

지도자가 위기를 극복하거나 어떤 형태로든 회생에 성공하려면 팀의 당면 과제(비행기를 공중에 띄우는 일)와 미래의 성공을 담보하는 장기 과제(오랜 세월 운행 가능한 튼튼한 비행기를 제조하는 일) 사이에 균형을 잘 유지해야 한다.

위기 대처: 전환점 만들기

글래스고 레인저스는 대단한 역사를 지닌 스코틀랜드의 명문 구단이다. 1986년 여름에 그래엄 수네스는 레인저스의 감독직을 수락하고 경험이 풍부한 월터 스미스를 수석 코치로 데려왔다. 수네스 감독이 도착했을 때 구단은 7년 가까이 주요 대회에서 우승컵을 하나도 차지하지 못한 채 어렵사리 구단을 중건하며 숙적인 셀틱을 상당한 격차를 두고 추격하는 중이었다. 이 같은 상황에 처한 많은 지도자들이 그렇지만, 수네스 감독 역시 여러 가지 어려운 과제에 직면했다. 코치였던 스미스는 당시 상황을 이렇게 기억한다. "우리가 거기 도착했을 때 여느 수많은 기업이나 팀과 마찬가지로 돈이 없어서 투자가 전혀 이루어지지 않은 상태였어요. 당시 우리가 본 선수들의 수준은 오래전의 글래스고 선수들의 수준에도 미치지 못했을 겁니다. 1971년의 아이브록스 경기장 참사가 있은 뒤로 잉글랜드 전역에서 가장 안전하고 가장 훌륭한 경기장을 짓겠다며 자금을 대부분 경기장 건설에 투입하는 바람에 재정적으로 힘들었죠. 우리는 빨리 팀에 적응해 팀을 개선하고, 팀이 성과를 내도록 만들어야 했어요. 1단계는 기본적인 선수 관리에 신경 쓰면서 새 선수를 일부 영입해 변화를 단행하고, 선수들의 구태의연한 사고방식을 뜯어고치는 것이었습니다. 좋은 결과가 나오기만을 바랐는데, 다행히 그렇게 됐어요." 스미스 수석 코치는 수네스 감독이 두 가지 원칙에 따라 구단을 회생시키는 것을 옆에서 지켜보았다. 그 두 가지 원칙이란 초반에 눈에 보이는 성과를 내야 한다는 것과 장기적 관점에서 팀원들의 정신 자세를 개조해야 한다는 것이다. 이 시절의 경험은 스미스가 나중에 감독을 하면서 크게 도움이 되었다.

초반에 좋은 성과를 보이라

샘 앨러다이스는 1999년에 볼턴의 사령탑으로 부임했다. 그의 기억에 따르면 초기에는 적지 않은 선수들이 볼턴을 떠나고 싶어 했다. 그의 말을 들어보자. "다른 구단으로 옮기는 게 선수 경력에도 도움이 되고, 돈도 더 벌 수 있는 길이라고 생각하는 이들이 많았어요. 볼턴이 자금 때문에 허덕이는 걸 다들 알고 있었던 터라 기회가 있다면 빠져나가고 싶어 했죠." 팀이 위기에 처할 때 흔히 나타나는 이 같은 기류는 위험천만한 증상이지만, 으레 그렇듯이 공공연히 드러나지는 않는다. 선수들의 불만은 대개 그 선수의 에이전트가 협상을 진행할 때면 수면 위로 떠오르곤 했다.

이 같은 분위기 속에서 앨러다이스는 두 가지 중대한 조치를 취했다. 첫째로 전임 감독 밑에서 일했던 필 브라운 수석 코치를 그대로 기용한 것이다. 선수들을 잘 알고 있어서 붙들어둬야 할 가치 있는 선수가 누구인지 바로 평가해줄 수 있는 사람이었기 때문이다. 둘째로 초반에 확실한 몇몇 성과를 보였다. 앨러다이스는 이렇게 설명한다. "좋은 성과를 내면 팀을 떠나려고 했던 선수들이 처음에는 난감해합니다. 그러다가 계속해서 좋은 성적을 거두면 선수들은 생각을 달리하기 시작해요. '여기 남는 것도 나쁘지 않겠다'라는 거죠. 그렇게 되면 팀은 상승세를 타기 시작하고, 부정적인 사고의 고리가 끊어지게 됩니다."

마틴 오닐은 초반에 좋은 성과를 내서 팀 분위기를 확실하게 잡는 감독이다. 2011년 12월에 선덜랜드의 사령탑을 맡은 그는 바클레이스 프리미어 리그에서 17위에 머물던 팀을 10위까지 끌어올렸다. 초반에 치른 여섯 경기 성적은 4승 2패, 그것도 두 번째 패배는 리그 우승을 차지하게 되는 맨체스터 시티에게 내준 경기였다. 이는 그가 도착하기 전까지 열여덟 경기에서 승점을 5점밖에 챙기지 못한 팀에 확실한 인상을 남겼다. 그의 비결은 무엇이었을까? "며칠 전부터 상대에 대해 가능한 한 많이 알아내려고 열심히 시합을 준비합니다. 별거 없지요! 그렇게 하면 선수들의 정신 자세에 변화가 생깁니다. 주말에 얼마나 훌륭한 경기를 펼치고 좋은 결과를 얻느냐에 모든 것이 달려 있다는 것을 우리는 모두 잘 알고 있어요. 그래서 우리는 그 시합에 온전히 집중합니다. 어떻게든 좋은 결과를 얻어야 합니다. 그래야 선수들이 시즌을 계속 버텨나갈 자신감을 얻을 수 있어요. 선수들에게 장차 구단을 어떻게 변화시켜나갈 것인지에 대해 맨날 얘기할 수도 있어요. 그것도 좋지요. 하지만 그것은 어디까지나 미래의 얘기이고, 선수들에게는 당장 눈에 보이는 성과가 필요해요. 그런 성과를 낼 수 있는 가장 좋은 방법은 시합에서 이기는 것입니다.”

"처음 치른 블랙번 로버스와의 경기는 정말 좋았어요. 게다가 운도 따라서 후반에 두 골을 넣고 귀중한 승점 3점을 챙겼죠. 그 경기 덕분에 우리 선수들은 사기가 오른 상태로 크리스마스 기간을 맞이했지요. 연이은 부상 선수의 공백도 그럭저럭 잘 메꿨던 것 같아요. 맨체스터 시티와 치른 새해 첫 경기에서는 미드필더들이 중앙 수비를 맡고, 최전방 공격수들이 아래로 내려와 미드필더에서 뛰지 않으면 안 되는 상황이었죠. 하지만 당시에 사기가 오른 선수들은 끝까지 경기를 포기하지 않았고, 종료 직전에 승리를 쟁취했습니다(지동원 선수가 교체돼 들어와 결승골을 넣고 1 대 0으로 승리). 주목할 부분은 며칠 뒤 원정을 가서 홈구장 무패를 달리던 위건을 꺾었다는 겁니다. 그때 '맨체스터 시티에 졌더라면 위건에 이길 수 있었을까' 하고 궁금해하는 사람들이 늘 있습니다. 그런데 조니 자일스^{Jonny Giles}가 이렇게 말하더군요. '만약, 하지만, 어쩌면, 이런 말들을 공식에서 제거하면 좀 더 확실하게 알 수 있다'고요.”

오닐 감독은 분위기 반전이 필요한 상황에서 유익하고 긍정적인 에너지를 팀에 불어넣었다. 그는 사기가 떨어진 팀을 맡게 되는 것을 기피하지 않았으며, 순전히 정신력으로 초기 성과를 달성한 것으로 보인다. 선덜랜드 선수들은 사기가 오르자 좋은 경기력을 보였고, 자신감은 날로 커졌다. 이는 초반에 좋은 성과를 냈기 때문에 가능한 결과였다.

의식을 전환하라

기업 회생을 담당한 여느 지도자들과 마찬가지로 축구 감독들은 그 과정에서 선수들의 가치관을 전환하는 일이 반드시 필요하다고 지적한다. 레인저스 팀에 도착한 그래엄 수네스와 월터 스미스는 변화가 필요한 부분들을 간파했다. 자신들은 기껏해야 이류에 지나지 않는다고 생각하게 된 선수들은 경기장 안팎에서 불량스럽게 행동하기 시작했다. 불평하고, 비난하고, 화내고, 말싸움하고, 낙심하고, 어이없는 실수를 저질렀다. 이 같은 행동은 어느 팀에나 유해한 법이지만, 단기간에 개선이 필요한 명문 구단에는 특히 해로웠다. 제라르 울리에 감독의 원칙 네 번째는 '승자가 돼라'다. 스미스나 만치니 감독을 비롯해 수많은 감독들 역시 우승 DNA를 심는 일과 선수들의 의식 전환을 중요시한다. 그렇다면 수많은 감독들이 강조하는 이 정신 자세는 정확히 무엇일까?

거대한 빙산에 비유하자면, 선수들의 태도를 영구적으로 변화시키고자 한다면 수면 밑에 잠자고 있는 의식을 전환해야만 한다는 얘기다. 감독이 선수에게 그만 불평하라고 충고하면 한동안은 불평을 멈출지도 모르지만 그 행위의 원인이 되는 사고방식, 즉 부당하다는 생각을 바꾸지 않으면 또다시 불평을 일삼게 될 것이다.

수네스 감독과 스미스 수석 코치가 판단하기에 레인저스 선수들이 불량한 행동을 하는 것은 패배 의식에 젖어 있기 때문이었다. 그래서 두 사람은 이 같은 의식을 전면 수정하고 선수들을 변화시키기로 마음먹었다. 스미스는 이렇게 설명한다. "우리가 지도할 선수들은 9년째 스코틀랜드 리그 챔피언십을 차지하지 못한 선수들이었어요. 1960년대, 1970년대, 1980년대 레인저스 역사를 통틀어 이렇게 오래도록 리그 1위를 놓친 적은 없었습니다. 9년 전, 그러니까 이때부터 셀틱이 리그 타이틀을 차지하기 시작했지요. 당시 레인저스 자체는 별 문제 없는 우수한 팀이었어요. 하지만 셀틱이 워낙 뛰어났지요. 족 스타인Jock Stein이라는 환상적인 감독 밑에서 챔피언십 우승을 9회 연속 달성했으니까요. 레인저스는 유럽 대회에서 결승에 오르기도 하고, 대회 우승컵도 차지하는 등 유럽 무대에서는 연이어 좋은 성적을 거뒀습니다. 하지만 국내에서 셀틱에게 밀리고, 재정난까지 겹치자 선수들이 패배주의에 빠지기 시작한 겁니다. 한두 번 우승을 놓치면서 선수들은 아예 패배를 당연한 결과로 받아들이고, 그 벽을 넘을 수 없다고 생각하기 시작했어요. 따라서 우리는 선수들에게 그런 시절은 이제 끝났고, 앞으로 완전히 달라질 것이라는 믿음을 심어줄 필요가 있었습니다."

물론 이는 말처럼 쉬운 일이 아니었다. 스미스에 따르면 수네스 감독은 뜻밖의 전략을 썼다. "우리가 레인저스에 도착했을 때 사람들은 구단이 엄청난 변화를 맞았다고 느꼈어요. 하지만 수네스 감독은 그리 파격적인 변화를 단행하지는 않았습니다. 따지고 보면 크리스 우즈^{Chris Woods}, 테리 버처^{Terry Butcher}, 그리고 그래엄 수네스 감독 본인까지 포함해 새로 들어온 선수는 서너 명에 불과했거든요. 우리는 기존의 선수들을 거의 그대로 활용해서 선발 명단을 꾸렸습니다. 그래서 선수들에게 즉각 좋은 반응을 얻었고, 첫 시즌에 챔피언십 우승과 리그 컵을 차지했지요." 감독과 코치진은 연이은 우승에 감사했다. 그러나 승리에 도취하지는 않았다. 그들은 항상 현실을 직시했다.

영원한 유산을 남기라

2011~2012 시즌 막바지 경기, 맨체스터 유나이티드의 서포터들은 리그 우승을 예감하며 '시티가 무너지네'라며 응원가를 불렀다. 리그 타이틀을 두고 벌이는 경쟁에서 맨유의 우승 DNA가 발동했고, 맨시티는 다시 옛날의 '패배주의'가 고개를 쳐든 모양이었다. 짐 화

이트$^{Jim White}$는「데일리 텔레그래프$^{Daily Telegraph}$」지에서 올드 트래퍼드 라커룸에서 '성공이 대물림'됐다며 이렇게 말했다. "오랜 세월 팀에서 활약하며 우승을 일군 선배들이 이기는 습관을 후배들에게 전수한다."

맨체스터 시티에는 위기랄 게 전혀 없었다. 야심찬 새 구단주가 들어와 막대한 자금을 투자했고, 무한한 기회가 열리는 듯 보였다. 하지만 그 기회를 붙들려면 선수들의 정신 자세가 근본적으로 달라져야 했다. 만치니 감독이 보기에 팀 저변에 흐르는 선수들의 패배주의를 극복하려면 확실한 조치가 필요했다. 만치니가 2010년 12월에 마크 휴스$^{Mark Hughes}$의 뒤를 이어 맨시티 감독으로 부임할 당시 엄밀히 말해 맨시티는 위기와는 거리가 먼 팀이었다. 위기는커녕 사실 리그 4위까지 기대할 수 있는 팀이었다. 그러나 맨시티는 경기력이 들쭉날쭉했고, 다 그렇지는 않았지만 비싼 돈을 들여 영입한 선수들은 활약이 기대에 미치지 못했다. 아부다비 구단주가 투자한 막대한 자금만큼의 결과는 내지 못하고 있었다. 만치니 감독은 예전부터 내려오는 '전형적인 맨시티'의 사고방식에 부딪쳤다. 다시 말해 맨시티는 승리의 문턱에서 번번이 넘어지고 당연히 이길 만한 시합에서도 불안해하고, 늘 맨체스터 유나이티드의 그림자에 거주하는 팀이었다.

그렇다면 만치니 감독은 선수들의 의식을 어떻게 전환시켰을까? 그는 이렇게 말한다. "먼저 시간이 필요합니다. 단기간에 해결하기는 매우 어려운 일이죠. 몇 달 안에 선수들의 정신 자세를 뜯어고치기는 어렵습니다. 운도 따라야 합니다. 1년 정도 시간을 두고 함께 노력을 한 뒤에 우승을 차지할 수 있다면 일이 훨씬 수월해집니다. 선수들이 더욱 적극적으로 따르니까요. 무엇보다 감독과 코치진이 열심히 노력해야 합니다. 우리 코치진은 정말정말 열심히 했어요. 그에 반해 선수들은 지난 2년간 우리가 노력했던 것만큼 열심히 할 자세가 돼 있지는 않았습니다. 하지만 감독이 끝내 선수들을 설복시킨다면 각오를 새롭게 다질 수 있습니다. 그리고 선수들이 각오를 다진다면 정신 자세를 개조할 수 있습니다. 시합에서 뛰는 것만이 아니라 시합에서 이기는 것이 중요하다는 사실을 그들도 알고 있거든요. 선수들도 2인자 자리에 머무는 것으로는 만족할 수 없었습니다. 언제나 이기기 위해서 시합을 뛰어야 합니다. 우리는 훈련을 진행할 때에도 최고가 아니면 안 된다는 자세로 임했습니다. 승리를 염원할 수 있다면 정신 자세도 바꿀 수 있습니다."

너무 일찍 축배를 들지 말라

맨체스터 시티는 자금을 투자한 뒤에 너무 일찍 축배를 들었던 것은 아닐까? 만치니 감독이 부임하기 한 해 전에 쏟아지던 장밋빛 전망 가운데는 언론 매체에 의해 부풀려진 부분도 있겠지만, 호비뉴^{Robinho}로 인한 효과는 예상보다 저조했고, 초기에 왕성하던 추진력도 시들해졌다. 레인저스 구단의 경우 구단이 필요한 지원을 하지 못해 수네스 감독이 첫해에 이룬 엄청난 성과를 초반에 거의 이어가지 못했다. 스미스는 당시 너무 일찍 축배를 들었다면서 이렇게 술회한다. "우리는 두 번째 시즌에 팀을 쇄신해서 더 강해지고 싶었지만 지난 시즌의 성과를 이어갈 수 있는 자금을 충당하지 못했어요. 그래엄 수네스 감독은 선수를 겸하고 있었는데, 첫 시즌에는 환상적이었지만 선수로서는 황혼기에 접어들고 있었죠. 팀의 주장이었던 테리 버처는 다리가 부러지는 부상을 입었고요. 두 번째 시즌에 일찌감치 리그 컵을 따내긴 했지만 부상과 경고 누적으로 발생하는 공백을 메울 만큼 선수층이 탄탄하지는 못했어요. 그래서 시즌 막바지로 갈수록 리그를 치르는 데 어려움이 많았습니다." 다행히도 구단 경영진은 늦게나마 교훈을 얻고 조치를 취했다. "1년 늦었지만 시즌 말에 우리는 어떻게든 대책을 세우고 자금을 집중 투자했습니다. 수준이 한 차원 높은 선수를 새로 영입해 지속적인 성공 기반을 다졌지요." 이를 계기로 글래스고는 당면 과제와 장기 과제를 모두 해결할 수 있었다.

상징적 조치의 위력

지도자의 상징적 행동은 선수들의 의식을 바꾸는 데 가장 강력한 효과를 내는 방법 중 하나다. 레인저스의 경우 구단주가 바뀌며 새 감독이 들어왔고, 새 감독과 더불어 새 선수들이 들어왔다. 스미스는 이처럼 새로운 피를 수혈한 것이 팀 분위기를 반전시켰다고 판단한다. "활기가 넘쳤습니다. 구단에 몸담고 있던 선수들과 스태프는 새 시대와 함께 움트는 생명력을 느꼈지요. 구단주가 라커룸을 직접 방문해 선수들을 설득할 필요도 없었어요. 새 사령탑, 특히 그래엄 수네스 같은 유명 감독을 영입한 것만으로도 새 구단주가 구단 쇄신에 진지한 자세로 임하고 있음을 알 수 있었으니까요. 경영진은 팀이 정체된 상태에 머물기를 바라지 않는다는 뜻을 분명히 했습니다."

"구단에 머물고 싶다면 자신들 앞에 던져진 과제에 응해야 한다는 사실을 선수들은 몸으로 느꼈습니다. 리그 우승컵을 들어본 지 오래된 선수들이 다시 우승을 꿈꾸기 시작했어요. 선수들은 본격적으로 사냥에 나설 준비를 해야 했습니다. 그래엄 감독이 라커룸에서 선수들에게 하는 말이나 행동만큼 구단주의 행동은 상징하는 바가 무척 큽니다." 스미스는 다음과 같이 핵심을 정리한다. "위기를 다루는 일은 한 사람이 처리할 수 있는 문제가 아닙니다. 주요 이해 당사자들이 각자의 역할을 담당해야 합니다. 경영진은 비전을 제시하고 선수들을 지원해야 하고, 선수들은 주인 의식을 갖고 헌신해야 합니다." 또한 레인저스 구단에서는 용납할 수 있는 일과 없는 일을 선수들이 분명하게 알 수 있도록 단호한 조치를 취했다. 맨시티에서는 만치니 감독이 이와 같은 역할을 했다. 훈련 문제에서부터 주요 선수들을 이적시키는 일까지 만치니 감독은 자신이 어떤 의지를 품고 있는지 확고하게 보여주었다.

스토크 시티 감독으로 부임한 토니 풀리스는 일찌감치 강력하고 상징적인 조치를 단행했다. 그가 취한 전략은 극히 실용적이었다. 풀리스는 이렇게 술회한다. "초기에 상황이 무척 어려웠습니다. 스토크 시티는 2부 리그 중하위권 성적에다가 1만1000명의 회원권 수익에 의존해 겨우 지탱하고 있었으니까요. 선수들이 매력을 느끼지 못하니 영입하기가 보통 어려운 게 아니었습니다. 자금이 넉넉한 구단이 아니니까 이적 시장이 열려도 별로 할 일이 없었어요. 다행히 일곱 명까지 선수를 데려올 수 있는 임대 제도가 마련됐습니다. 덕분에 이적 기간이 끝나고 팀을 찾지 못한 프리미어 리그 선수들을 데려올 수 있었어요. 패트릭 버거Patrik Berger와 살리프 디아오Salif Diao 같은 선수들을 임대했는데, 이들 때문에 팀의 사기가 높아졌을 뿐만 아니라 2부 리그 구단에서 실력 좋은 선수들을 끌어들일 수 있게 됐지요. 우리는 형편에 맞는 계획을 세워 그대로 밀고 나갔고, 그렇게 기용한 선수들을 활용해 좋은 성과를 거뒀습니다."

상징적인 조치는 조직 전반에 큰 반향을 일으킨다. 위기에 처한 조직을 회생시키기 위해 지도자가 본격적으로 쇄신을 도모하고 있음을 분명하게 드러내기 때문이다. 이때 팀원들은 지도자의 단호한 의지를 읽게 된다.

변혁적 리더십이란 곧 대인 기술이다

변화change와 변형transformation이라는 말은 혼용되는 경우가 많지만, 사실 이 두 말은 의미가 다르다. 변화는 순간적인 의미를 담을 때가 많다. 감독은 하프타임에 팀의 진형에 변화를 줄 수 있고, 두 골을 앞서나가면 다시 진형에 변화를 줄 수 있다. 이 같은 변화는 영구적인 것이 아니다. 이에 비해 변형은 송충이가 나비로 변하듯 근본적이고, 이전으로 되돌릴 수 없다. 1986년에 레인저스에 필요한 것은 완전한 변형이었다. 그리고 이런 변형을 가능케 하는 지도자는 대인 기술이 뛰어나다는 특징이 있다. 다시 말해 지도자는 사람들과 관계를 맺는 법을 알아야 한다. 월터 스미스는 이렇게 술회한다. "전에는 용납됐던 사항이라도 이제는 더 이상 용납되지 않는다는 사실을 보여줘야 합니다. 그런 점에서 부임 초기에는 말보다는 행동으로 보여주는 것이 효과가 큽니다. 일단 본격적으로 회생 절차에 들어갔다면 자연스럽게 상황이 호전되고 선수들의 사기도 오를 것입니다. 그리고 분위기가 쇄신되면 선수들을 관리하기도 수월해집니다."

수네스 감독이 제일 먼저 수행해야 했던 일은 선수 평가였다. 어느 선수가 어느 포지션에 적합한지 아니면 전혀 맞지 않은지 결정하는 일이다. "이와 같은 작업이 새로 팀을 맡으면 감독으로서 제일 먼저 하는 일입니다. 설령 선수들을 완벽하게 파악하지 못한 상태여도 초기에 이와 같은 평가 작업이 필요한 경우가 많아요. 구단에 들어가보면 생각 외로 실망스러운 선수들도 있고, 뜻밖에 놀라운 선수들도 있어요. 그래서 초기에 어떤 선수들로 팀을 구성할지 결정하는 작업이 무척 중요합니다."

"팀에 잔류한다는 사실을 알게 되는 선수들은 인정을 받았으니 기분이 좋겠지요. 물론 기대감에 부응해야 한다는 부담도 느끼겠지요. 그리고 구단의 옛 명성을 회복하고 한 단계 도약하기 위해 자신이 맡은 바 소임을 다해야 한다는 의식이 생길 것입니다. 이는 팀 내의 모든 선수에게 전달돼야 하는 메시지이기도 하지요. 물론 자기 역할을 다한다는 것이 말처럼 쉽지는 않습니다. 축구 경기에서 선수는 90분을 책임져야 합니다. 때때로 매주 두 차례 90분을 뛰어야 할 때도 있어요. 바로 이 경기장에서 우리는 노력의 결과를 눈으로 확인합니다. 가령 선수들에게 정신 자세를 바꿀 것을 요청했다면 과연 바뀌고 있는지 경기장에서 알 수 있습니다. 물론 팀워크가 형성되기까지는 시간이 걸리지만 그 점을 감안해서 관찰해보면 기존 선수들의 정신 자세가 바뀌었는지 확인할 수 있습니다. 이런저런 평가 과정을 거쳐서 감독이 선수 구성을 마치고 나면, 대개의 경우 선수들이 경기하는 방식에 별 불만이 없어요. 일반적으로 감독의 요구를 잘 따르고 팀에 잔류시켜야겠다고 확신을 가지고 결정한 선수들이니까요."

팀을 맡은 초기에 선수들과 관계를 맺는 일은 늘 만만치 않은 일이고, 대범한 지도력이 필요한 일이다. 데이비드 플랫은 만치니 감독이 맨시티에 부임했을 당시를 떠올리며 이렇게 얘기한다. "감독님은 의견의 충돌이 있을 때면 선수들과 직접 만나 심기가 불편한 얘기를 주고받는 것도 절대 꺼리지 않았어요." 만치니 감독이 맨체스터 시티에서 우승에 집중했듯이 그보다 10년 앞서 레인저스를 맡은 수네스 감독도 리그 우승컵을 차지하는 데 온 신경을 집중했다. "가장 중요한 것은 구단의 사기를 진작시키는 일이었습니다. 경기를 뛰는 모든 선수와 팀을 지원하는 모든 사람, 그리고 우리가 꿈꾸는 새로운 비전에 동참하기를 원하는 모든 서포터들의 사기를 끌어올려야 했어요. 그리고 레인저스가 리그에서 좋은 성과를 내기 시작하자 더 많은 승리와 더 수준 높은 경기력을 요구하는 목소리가 생겨났습니다. 선수들은 장기적인 관점에서 그 같은 기대치에 부응할 수 있음을 보여주어야 했지요."

스미스가 두 번째로 레인저스의 감독으로 재임하던 당시 구단은 심각한 재정난에 빠져 모든 선수를 이적 시장에 내놓지 않을 수 없었다. 웬만큼 대담하고 솔직한 감독이 아니고서는 선수단에게 직접 전하기 어려운 소식이었다. 하지만 스미스 감독은 선수들에게 솔직하게 얘기했고, 뜻밖의 보상을 받았다. 스미스는 이렇게 술회한다. "전혀 생각도 못했는데, 선수들과 코치진 간에 유대감이 돈독해진 겁니다. 모든 선수를 이적 대상으로 올려놨기 때문에 모두가 같은 처지였습니다. 몇 차례 이적 시장이 열렸을 때 몇몇 선수를 이적시키며 선수단 규모를 줄여나갔습니다. 재정적인 관점에서 이사진이 요구한 사항을 모두 반영해 팀을 쇄신했어요. 그렇게 우리는 두 시즌 내내 새로운 선수를 영입하지 않고 남은 선수들로 팀을 운영했습니다. 선수들은 긴밀한 유대감을 형성했고, 위기를 해쳐나가는 데 크게 도움이 됐어요. 우연한 계기로 유대감이 형성됐다고 볼 수 있지만, 경기장 밖에서 재정적으로 어려움을 겪고 있는 상황과는 별개로 팀이 경기장에서 꾸준히 성과를 낼 수 있는 중요한 요인이 됐지요."

사람들과 대화하기

스미스 감독이 2007년에 레인저스에 다시 돌아왔을 때 팀은 저조한 성적을 내며 위기 국면에 접어든 것처럼 보였지만, 그는 2년도 못 되어 완벽하게 위기를 극복했다. 이는 스미스 본인도 예상치 못한 일이었다.

흥미롭게도 스미스 감독은 말보다 행동을 앞세우는 유형이지만, 말이 지닌 힘도 잘 알고 있다. 앞을 내다볼 수 없는 상황에서 그가 가장 중요하게 여긴 것은 팀이었다. 그는 이렇게 말한다. "자금 문제가 있어서 모든 선수를 이적 시장에 내놓아야 한다는 말을 전해 듣자마자 선수들에게 즉시 솔직하게 알리는 것이 좋겠다고 생각했습니다. 그래서 회의를 열고 선수들에게 재정 상태를 설명했고, 모든 선수를 이적이 가능한 상태로 전환하는 길밖에 없다고 밝혔습니다. 당시 저는 선수들과 꽤 자주 모임을 갖고, 세세하게 언급하지는 않았지만 우리가 재정적으로 어떤 상황에 있는지 설명했습니다. 계약 만기일이 다가오는데도 구단에서 재계약 협상을 제의하지 않고 선수들을 그대로 방치하는 이유를 설명했지요. 돌이켜보면 솔직하게 말했던 것은 잘한 일이었습니다."

"스물네 명 정도로 소규모 팀을 유지한 덕분에 늘 사람들과 얘기할 기회가 있었어요. 선수들은 날마다 경기장을 찾았고, 저도 선수들과 늘 가까이 지냈습니다. 회의를 자주 하고 싶은 마음은 없었어요. 그래서 사안이 진짜로 중요하고 꼭 하고 싶은 말이 있을 때만 회의를 열었지요. 꾸준히 성과를 유지하려면 선수들의 상태를 자주 평가해야 합니다. 리그에서 선두를 달리고 있으면 선수들은 자기들이 틀림없이 잘하고 있다고 생각해요. 그럴 때 저는 리그 순위와는 별개로 절대적 기준에서 그들의 기량을 점검하고, 지적하곤 했습니다. 계속 시합에 이긴다고 해서 경기력이 좋다는 뜻은 아닙니다. 기량이 떨어져도 경기에 이길 정도의 수준은 되는 선수들이니까요. 하지만 감독은 선수들이 최고 수준의 기량을 유지하도록 그들의 의욕에 불을 지펴야 합니다. 저는 스케줄을 정해놓고 선수들과 회의를 하지 않고, 언제 효과가 좋을지 직관적으로 판단해서 선수들과 얘기를 합니다. 너무 자주 회의를 해도 효과가 떨어지고, 회의를 너무 안 하면 감독이 관심이 없다고 여기거든요."

위기에 처해 있거나 구단을 회생시켜야 하는 상황에 처한 지도자에게 전하는 스미스 감독의 조언은 주기적으로, 자주, 솔직하게 의사소통을 하라는 것이다. "저는 선수들을 모두 앉혀놓고 상황을 가능한 한 솔직하게 설명합니다. 선수들이 현재 처한 상황을 정확히 인식해야 제가 세운 장단기 목표를 그들이 올바로 이해할 수 있기 때문입니다. 위기가 닥쳐오면 초반에는 이렇게 선수들과 허심탄회하게 소통하는 시간을 꽤 자주 갖습니다. 일단 지도자가 안정을 찾고, 어느 정도 회생의 조짐이 보이더라도 이렇게 소통하는 시간을 계속 가지면서 현재 어떤 상황에 있는지 선수들이 정확히 알아야 합니다. 물론 횟수는 줄어들겠지요. 축구가 다른 분야와 조금 다른 게 있습니다. 구단이 어떤 상황에 있는지 세상 사람들이 다 안다는 거예요. 몇 경기를 이겼고 몇 경기를 패했는지, 또 리그 순위가 몇 위인지 사람들이 다 알아요. 숨길 수가 없어요. 하지만 구단도 위기 상황에서는 초반에 선수들과 숨김없이 모든 상황을 털어놓고 대화를 해야 위기에서 벗어날 수 있습니다." 기업 경영자들은 여기에 동감할 것이다. 위기 상황에서는 예상했던 성과이든 실제 성과이든 성과에 관해 일선 직원들뿐만 아니라 경영진과 이사진, 주주들과도 솔직하게 대화하는 시간이 중요하다.

스미스 감독은 이렇게 말한다. "위기 상황에서 마틴 베인 회장과 저는 산적한 업무를 처리하느라 날마다 분주했습니다. 당시 레인저스와 같은 문제를 안고 있는 감독이라면 구단 내 어떤 사람보다도 회장과의 관계가 중요할 것입니다. 베인 회장은 제가 전반적인 상황을 해결할 수 있도록 기꺼이 협력했습니다. 우리 팀이 경기력을 유지할 수 있도록 필요한 지원을 하면서 구단이 당면한 문제를 해결하고, 동시에 후방에서는 은행 및 금융 기관과 협상을 벌이느라 베인 회장도 힘든 시간을 보냈지요."

주요한 이해 당사자들과 의사를 소통하는 시간은 절대 시간 낭비가 아니다. 2009년 10월 스미스는 시합 후 기자회견에서 레인저스 팀이 재정적으로 얼마나 심한 압박을 받고 있는지에 대해 언급했고, 선수들이 전부 이적 시장에 나가게 된 사정을 설명했다. "모든 이해 당사자에게 전반적인 상황을 설명하는 것이 중요합니다. 어떤 일이 진행되고 있고, 어떤 결정이 내려졌는지 사람들이 알게 되면, 서포터들과 언론 매체에서는 그런 결정을 내린 사람들을 섣부르게 비난하기 십상입니다. 그래도 축구 지도자는 재정적으로 문제가 생길 경우 그 사실을 사람들에게 알려야 해요. 서포터들은 구단을 위해 상당한 돈을 기부하고 있습니다. 따라서 그 돈이 그들이 바라는 방식으로 쓰이지 않고 있다면, 마땅히 그 사실을 알 권리가 있어요."

마틴 오닐 감독 역시 위기 상황에서 전환점을 만들려면 팀원들과 마주하고 얘기를 하는 것이 중요하다고 믿는 사람이다. 그가 감독으로 부임했을 때 애스턴 빌라 구단이 심각한 위기에 처했다고 볼 수는 없었다. 하지만 구단주는 감독을 새로 임명했고, 이는 그가 확실한 성과를 보여주길 바란다는 뜻이었다. 말하자면 소규모 쇄신 작업을 요구받은 셈이다. 오닐 감독은 이렇게 말한다. "프리 시즌에 구단과 계약을 맺은 경우에는 감독이 선수들과 함께할 시간이 충분하겠지만, 그렇지 않은 경우에는 시간이 날 때마다 선수들을 개별적으로 만나는 것이 좋습니다. 애스턴 빌라의 사령탑을 맡았을 때 저에게는 시즌이 시작되기 전에 2주라는 시간이 주어졌어요. 살다보면 2주가 6개월에 맞먹는 가치를 발휘할 때가 있는데 이때가 저에게는 그런 시간이었어요. 일례로 저는 상황이 악화되지 않도록 가레스 배리$^{Gareth Barry}$를 설득해서 팀에 남도록 했어요. 원래는 포츠머스로 이적하고 싶어 했거든요. 가레스 배리는 상당 기간 국가대표 선수로 선발되지 못해 고민이 많았어요. 저는 그를 만나 자주 대화를 나눴어요. 결국 그는 제 실력을 발휘하지요. 물론 그때 나눈 대화가 모든 문제를 해결했다고 생각해본 적은 없습니다. 하지만 그가 꾸준하게 정진할 수 있는 힘을 주었다고 생각합니다. 가레스는 시즌이 시작되고 우리 팀을 위해 훌륭한 경기력을 보여주었을 뿐만 아니라 국가대표 선수로 발탁돼 대표팀에서도 자기 자리를 굳건히 지켰어요. 또 지금은 맨체스터 시티로 이적해 리그 우승 메달까지 땄으니 일이 잘 풀린 것이죠."

항상 최악의 상황을 대비하라

두 번씩이나 위기 상황에서 레인저스 구단을 맡아 조직을 회생시키고 팀을 우승으로 이끈 스미스 감독은 최악의 상황 같은 것은 자기와 상관없는 얘기라고 쉽게 생각할 수도 있었다. 하지만 그는 언제든 최악의 상황이 발생할 수 있음을 알았다. 그는 이렇게 술회한다. "레인저스에서 두 번째 해를 보내면서 다시 고비를 맞았습니다. 첫해에 이룬 성과를 이어가면서 팀을 향상시켜야 했는데, 그러지 못했어요. 팀은 하락세에 접어들었죠. 하지만 그때 우리는 몇몇 선수를 새롭게 들여와 팀을 쇄신하고, 사기를 진작시켰습니다. 그것이 전환점이 돼 레인저스는 이후 9년 동안이나 스코틀랜드 리그를 제패했습니다." 여기서 얻을 수 있는 교훈은 위기를 극복하고 큰 성공을 맛

본 뒤에 찾아오는 슬럼프가 재앙으로 이어지는 것은 아니라는 사실
이다. 또 거듭 강조하건대 지도자는 현실을 똑바로 직시할 줄 알아
야 한다.

스미스 감독은 또 이렇게 말한다. "여러모로 에버턴은 레인저스
보다 제게는 훨씬 더 큰 시험 무대였어요. 레인저스의 경우는 구단
의 적극적인 재정 지원을 비롯해 성공을 거둘 수 있는 여건이 마련
됐어요. 에버턴은 그렇지 않았습니다. 변동이 심해서 즉석에서 처리
해야 할 일이 많았습니다. 위기 상황이었습니다. 극도로 혼란스러운
기간이어서 하루에도 수십 번 넘게 새로 결정을 내려야만 했습니다.
선수들은 물론 은행 지점장과 회장에게서 온갖 질문이 쏟아졌죠. 이
럴 때 감독은 무엇보다도 자신이 주도적으로 팀을 이끌고 있고, 경
기장 밖에서 벌어지는 사건에 어떠한 영향도 받지 않는다는 사실을
선수단에게 보여줘야 합니다. 이는 위기 상황에서 감독에게 요구되
는 중요한 자질입니다. 반드시 난관을 통과할 것이며, 팀원들을 모
두 위기에서 건져낼 것이라는 자신감을 보여줘야 합니다. 이것이 위
기에 처한 지도자로서 제가 감당해야 하는 가장 큰 도전 과제였습
니다." 위기에 처한 지도자는 평정심을 유지하면서 자신감 있는 모
습을 보여야 한다. 스미스 감독은 두 번째로 레인저스 구단을 맡았
을 때 이 같은 자질을 여실히 증명했다.

전장의 사령관처럼

문제에 대처하는 지도자의 행동 유형을 세 가지(명령하기, 안내하기,
관리하기)로 구분한 키스 그린트 교수에 따르면 위기 상황에서 이상

적인 유형은 명령하는 지도자다. 그린트 교수는 이렇게 설명한다. "위급한 문제, 곧 '위기'에 봉착하면 의사 결정을 내리고 대책을 강구할 시간이 극히 짧기 때문에 권위주의적인 태도가 필요하다. 다른 건 몰라도 지도자가 여기서 취할 행동이 무엇인가에 대해서는 전혀 이견의 여지가 없다. 꼭 필요한 일을 과감하게 밀고 나가야 한다는 것이다. 말하자면 문제의 '해답'을 제공하는 것이 그의 역할이지, 천천히 과정을 밟아가거나(관리하기) 팀원들이 해답을 찾도록 질문을 던지는 것(안내하기)은 적절하지 않다."

요즘에는 새로 부임하자마자 위기나 다름없는 상황에 봉착하는 지도자들이 많다. 축구계에서는 오늘도 어디선가 자기 의사와 상관없이 해임당하는 지도자가 있을 것이고, 그것 자체가 심각하지는 않아도 하나의 위기를 초래한다. 스미스 감독은 2009년에 여느 때보다 훨씬 심각한 위기에 직면했고, (비록 상황은 서로 다르지만) 맨시티에 부임한 만치니 감독도 구단을 회생시켜야 할 필요성에 직면했다. 두 사람은 모두 쓸데없이 당황하거나 두려워하는 모습을 보이지 않고 필요한 명령을 내리며 상황을 장악했다. 위기를 맞은 두 사령관은 아래와 같은 세 가지 특징을 보였다.

1. 해답을 알았다

두 사람은 모두 무엇을 해야 하는지 알았고, 그대로 실행에 옮겼다. 구단을 회생시키기 위해 자신들의 전략에 따라 자신감 있게 일을 추진했다.

2. 과감하게 대응했다

두 사람은 모두 신속하게 선수진에 변화를 줬고, 훈련 방법을 변경했으며, 백해무익한 정신 자세를 개조했다.

3. 침착하게 대응했다

맨시티 선수들 사이에 예전의 패배주의가 다시 고개를 쳐든 것 처럼 보였을 때 만치니 감독은 침착하게 대응했다. 팀을 떠난 수네 스 감독의 뒤를 이어 감독으로 부임했던 1991년, 그리고 레인저스 가 위기를 맞아 선수들을 모두 이적 시장에 내놓아야 했던 2009년 이후 스미스 감독의 행보 역시 그러했다. 우리 눈에는 보이지 않았 지만 닫힌 문 뒤에서 벌어지는 셀 수 없이 많은 상황 속에서도 스미 스 감독은 침착함을 잃지 않았을 것이다.

위기에 처한 조직을 회생시키려면 두 가지 차원에서 접근해야 한다. 첫 번째, 당면 과제를 해결해야 한다. 이를테면 조직이 흔들리 지 않고 항해를 계속할 수 있어야 한다. 위급한 상황에 처했을 때는 더욱 그렇다. 이를테면 사람들이 동요하지 않도록 오닐 감독처럼 초 반에 성과를 보여주는 것이 효과적이다. 지도자에게 주어지는 시간 은 상황에 따라 다르지만 대개는 몇 개월에서, 심하게는 몇 주 정도 다. 몇 년씩 기다려줄 리는 만무하다. 두 번째, 중장기 과제를 해결 해야 한다. 이는 조직이 올바른 방향으로 항해를 계속하는 것을 뜻 한다. 수네스, 스미스, 만치니 같은 감독 스타일로 우승을 일구는 노 력이 필요하다. 이 구간에서는 팀이 궤도를 이탈하지 않고 상승세를 이어간다면 몇 년은 족히 임기를 보장받을 수 있다. 구단을 회생시 킬 책임을 진 지도자가 성과를 내지 못한 상황에서 오랫동안 임기 를 보장받는 일은 있을 수 없다. 수네스, 스미스, 만치니, 오닐 감독 은 모두 임기를 시작하고 나서 곧바로 팀에 연이은 승리를 안겼다. 꼭 그래야 하는 것은 아니지만 무척 바람직한 상황임은 틀림없다. 여느 기업과 마찬가지로 한 번 성공을 안긴 감독이라도 다시 상황이 악화돼 위기를 맞는다면 구단은 지도력에 의문을 품을 것이다. 성공한 지도자는 단기간에 난관을 돌파하고, 장기적 관점에서도 흔들림 없이 상승세를 유지할 수 있는 사람이다. 당연히 이 일을 해낼 수 있는 사람은 극히 소수에 불과하다.

02 매니저

Mick
McCarthy

제 — 11 — 장

승리와
좌절

최상위 리그에서 치르는 축구 경기는 경쟁이 매우 치열해서 어느 팀이건 수많은 승패의 굴곡진 역사를 갖기 마련이다. 축구 지도자에게 성공과 실패는 종이 한 장 차이여서 그것을 분명하게 규정하기란 쉽지 않다. 이는 주식회사의 최고 자리에 앉아 있는 경영자에게도 동일하게 적용된다.

기쁨과 고통은 늘 우리 곁에 함께한다. 특히 중압감이 심한 환경에서는 기쁨과 고통이 빈번하게 자리바꿈한다. 지도자들이 성공의 기쁨과 실패의 고통에 대응하는 모습을 살펴보면 팀원들과 대중의 눈에 그들이 어떠한 지도자로 보였을지 이해할 수 있다.

믹 매카시 감독

믹 매카시 감독은 최상위 리그에서 뛰어난 활약을 보이며 선수 생활과 감독 생활을 했다. 매카시는 아일랜드 국가대표 선수로, 또 감독으로 각각 월드컵 본선에 진출한 이력이 있다. 또한 잉글랜드의 맨체스터 시티, 스코틀랜드의 셀틱, 프랑스의 리옹 구단에서 선수로 활약했다. 가장 뛰어난 성과는 셀틱에 있는 동안 스코틀랜드 프리미어 리그와 스코틀랜드 컵을 차지한 것이다. 밀월에서 뛸 때는 두 번째 시즌인 1992년에 하룻밤 사이에 선수에서 감독으로 역할이 바뀐 적도 있다. 그는 20여 년의 감독 생활 중에 겨우 네 차례 팀을 바꾸었을 뿐이다. 순서대로 말하자면 밀월, 아일랜드 국가대표팀, 선덜랜드, 그리고 울브스 감독을 역임했으며, 각각 4~6년 정도 임기를 채웠다. 그가 이끈 선덜랜드는 2004~2005 시즌에 2부 리그 우승을 차지했고, 울브스는 2008~2009 시즌에 46주 중 42주간 선두 자리를 지키며 2부 리그 우승을 차지했다. 또한 그는 3회 연속 프리미어 리그에 팀을 잔류시키며 울브스 30년 역사상 가장 성공적인 감독이 됐다. 매카시 감독은 2012년 11월에 입스위치 타운^{Ipswich Town}의 사령탑으로 거처를 옮겼다.

매카시의 철학

과거 미드필더로 활약했던 요크셔 출신의 매카시 감독은 밖에서 지켜보는 대중의 눈에는 만사를 자기 뜻대로 하는 냉혈한 지도자로 비친다. 실제로는 사려 깊은 지도자로 예의 바르고 정직하며, 열정적인 자세로 팀을 이끈다. 그는 자기 처지를 불평하지도 않고 다른 사람들을 비난하지도 않는다. 그는 실패든 성공이든 스스로 책임을 지는 타입이다. 모범이 될 만한 행동 규범을 세워 이를 따르는 것을 중요하게 생각하고, 사람들이 본질적으로 선하다고 믿는 사람이다. 매카시는 책임 의식이 강해서 절대 다른 이들에게 책임을 전가하는 법이 없으며, 팀이 승리할 때나 패배할 때나 평정심을 잃지 않는다.

풀어야 할 숙제

19세기의 저자 러디어드 키플링^{Rudyard Kipling}은 우리가 "승리와 패배를 만나거든 두 놈을 똑같이 다루어야 한다"고 제안했다. 얼마나 많은 사람이 우리 삶과 이력의 부침에 일희일비하는가? 일이 잘 풀리면 우리는 자신을 무적이라고 생각한다. 그러다가 실패하면 한없이 나락으로 떨어져 다시는 회복하지 못할 것처럼 두려워한다. 사람들은 세상을 흑과 백으로 단순하게 구분하지만 그 사이에는 미묘하게 차이가 나는 수없이 많은 색깔이 존재한다. 이 같은 이분법적 사고를 심리학자들은 '왜곡된 사고'라고 부른다.

　이런 식의 사고방식이 초래할 위험을 잠시 생각해보자. 이런 식으로 사고하는 사람들에게 한 번의 우승은 곧 다가올 부귀와 위업을 보장하는 것으로 해석된다. 프리미어 리그의 축구 감독에게는 대단히 위험한 사고방식이 아닐 수 없다. 프로 축구 세계에서는 자기 이익을 챙기려는 수많은 사람이 감독에게 승리를 요구하기 때문에 심한 압박감을 느끼는 경우가 태반이다. 선수들은 자기들을 우승으로 이끌어주기를 감독에게 바라고, 구단주는 막대한 투자금에 대한 보상을 얻기를 바라고, 매주 경기장을 찾는 팬들은 좋은 경기 결과를 감독에게 요구하고 기대한다. 이분법적으로 사고하는 이들은 반대로 예상 밖의 저조한 결과가 잠시만 이어져도 불안해하며 자신의 능력을 의심하게 될 것이다.

극도의 압박감에 노출된 지도자들은 쉽게 객관성을 잃고, 두 극단으로 달려 나가 승리에 도취하거나 실패에 좌절하기 십상이다.

승리의 덫

승리를 자축하는 것이 잘못된 일은 전혀 아니다. 지도자가 승리의 성과를 무시하고 잔치를 너무 일찍 파하는 것도 선수들의 불만을 유발할 수 있다. 매카시 감독은 승리의 순간을 즐길 줄 알아야 한다고 확신하는 사람이다. "가장 기뻤던 순간을 꼽으라면 항상 최근에 승리한 경기입니다. 아일랜드를 이끌고 월드컵 본선에 진출했던 것은 꿈만 같은 일이었죠. 제가 바로 아일랜드를 2002년 월드컵 본선에 진출시킨 감독입니다. 우연히 마주친 사람들은 제가 잊고 있던 이 기억을 일깨우곤 합니다! 굉장히 기분 좋은 일이지요. 하지만 선덜랜드를 승격시켰을 때가 더 기뻤고, 울브스를 잘 이끌어 1부 리그에 잔류했을 때가 더 기뻤고, 두 번째 해에도 1부 리그에 잔류한 것이 더 기뻤습니다. 앞으로도 무엇이 됐든지 최근에 이룬 성공이 항상 더 좋은 기억으로 남을 겁니다."

우승 팀이 버스에서 우승컵을 높이 들고 가두 행진을 벌이며 자축하는 일을 누가 반대하겠는가? 닐 워녹 감독은 스카보로Scarborough, 노츠 카운티Notts County, 플리머스에서 2부 리그 우승을 차지해 팀을 승격시켰던 순간과 2010~2011 시즌에 퀸스 파크 레인저스를 승격시켰던 순간을 비교하며 이렇게 말했다. "스카보로를 승격시켰을 때 우리는 지붕 없는 버스를 타고 시내를 행진했는데, 장관이었습니다. 노츠 카운티 때에는 웸블리에서 열린 플레이오프 결승에 두 번 진출했고, 두 번 다 팀을 승격시켰어요. 덕분에 지붕 없는 버스를 타고 행진하는 것도 두 번이나 해봤지요. 깃발을 휘날리며 고속도로를 타고 노팅엄으로 돌아왔죠. 잊지 못할 추억입니다. 플리머스는 제가 부임하기 전까지 웸블리에 진출한 적이 한 번도 없었어요. 우리는 그런 팀으로 1부 리그 승격을 일구었습니다. 그 지역에서는 지금도 웸블리 경기장에서 승리한 뒤 지붕 없는 버스를 타고 고속도로를 타고 내려오던 일을 얘기하는 사람들이 많아요. 당시 마을에 도착해 보니 할아버지와 손자들이 창가에서 혹은 문가에서 깃발을 흔들며 우리를 환영해주었어요. 굉장히 감동적이었어요. 반면 퀸스 파크 레인저스에서는 승점 차감 논란까지 겪으며 승격했습니다. 우여곡절 끝에 2부 리그 우승을 차지하고 1부 리그로 승격했는데, 지붕 없는 버스를 타고 행진하지 못했어요. 승리를 자축하는 의미의 만찬도 없었고, 아무런 축하 행사도 없었습니다. 승리를 만끽할 순간을 상실한 셈이지요. 팬들이 평생 기억할 소중한 순간인데 말이죠."

워녹의 말이 옳다. 위업을 달성했다면 응당 축하를 받아야 한다. 특히 고된 노력을 통해 이룬 승리라면 더더욱 그렇다. 축하 행사는 지도자가 공개적으로 감사의 뜻을 표현할 수 있는 시간을 제공한다. 감독은 선수들을 치하하고, 구단주는 모든 직급의 직원들을 치하하고, 구단은 팬들에게 고마움을 표하는 시간이다. 하지만 성공의 기쁨은 금세 달아난다. 상위 리그에서 활동하는 우수한 프로 축구 감독 누구든 붙잡고 물어보라. 이렇듯 덧없는 승리에 너무 도취한 지도자는 두 가지 지평에서 자신을 위험에 노출시킨다. 먼저 단기적으로 승리의 덫에 빠진 이들은 그 승리와 무관하거나 자기 팀과 상관

없는 장점(우리가 저들보다 공 점유율이 더 높았어)을 자기 것으로 착각할 수 있다. 혹은 한두 번 승리하거나 짧게 연승을 거둔 것을 두고 구단이 완전히 회생한 것으로 오해할 수도 있다. 그러다 팀이 패배하고 감독의 판단이 틀렸음이 입증되면 그는 사람들에게 신용을 잃게 된다. 장기적으로 승리의 덫에 빠진 이들은 훨씬 더 위험하다. 승리에 취한 감독은 의기양양해진다. 게다가 승리에 열광한 사람들이 감독의 위업을 칭송하기 시작하니 자신의 인기를 과신하기 쉽다. 그러다보면 앞에 놓인 위기의 징후를 놓쳐 큰 파국을 불러올 수도 있다. 그리고 오래지 않아(실제로 그렇든 근거 없는 소문이든) 약한 모습이 조금이라도 발견되면, 얼마 전까지도 그를 칭송하던 사람들이 이번에는 죽일 듯이 그를 비난한다.

좌절의 늪

두 번째 위험한 길은 실패에 집착하는 것을 말한다. 자기 팀이 네 번 연속으로 패한다고 무능한 감독이라는 소리는 아니다. 그런데도 이런 경우 처음에는 분노를 느끼다가 곧 좌절의 늪에 빠지는 경우가 많다. 매카시 감독은 이 같은 상황을 감독으로서 경험한 적은 없지만, 맨체스터 시티에서 선수로 활약할 당시에 그런 적이 있다고 고백한다. "지독한 슬럼프를 겪은 적이 있습니다. 다행히 빌리 맥닐Billy McNeill 감독은 팀에서 저를 내보내지 않았습니다. 저를 믿어주신 거예요. 감사한 일이었죠. 저는 그때 일을 생생하게 기억합니다. 한두 달은 정말 힘들었어요. 종일 집 안에만 박혀 있는 날도 있고, 밖으로 나돈 날도 있었지요. 술을 진탕 마시기도 하고, 술을 끊기도 했고, 훈련을 더 열심히 하기도 하고, 게으름을 피우기도 했어요. 상황을 개선하려고 온갖 방법을 썼지요." 매카시는 기질상 다른 데서 원인

을 찾지 않고, 그저 속으로 다짐했다. '그냥 하던 대로 계속 하다보면 다시 좋아질 거야.'

워녹 감독에게 가장 암담했던 순간은 2007년에 찾아왔다. 셰필드 유나이티드가 승격한 지 1년 만에 프리미어 리그에서 강등당한 것이다. 여름 시즌에 팀이 3회 연속 패한 뒤에 극도의 압박감 속에서도 셰필드는 앙숙 관계인 팀들을 상대로 두 차례 아주 좋은 결과를 얻었다. 웨스트 햄을 상대로 홈경기에서 3 대 0으로 이겼고, 찰턴 애슬레틱Charlton Athletic과의 원정 경기에는 1 대 1로 비겼다. 그리고 홈 구장에서 위건 애슬레틱을 상대로 리그 마지막 경기를 치렀다. 그들이 패하지만 않으면 1부 리그에 잔류할 수 있었다. 한편 같은 날 웨스트 햄은 맨체스터 유나이티드의 홈구장에서 경기를 치렀다. 웨스트 햄이 리그에 잔류하려면 최소한 비겨야만 했다. 그런데 웨스트 햄은 올드 트래퍼드 구장에서 극적으로 승리를 차지했고, 셰필드 유나이티드는 브라몰 레인 구장에서 위건에 지고 말았다. 2 대 1로 패한 셰필드 유나이티드는 한 골 차이로 강등당한 것이다. 워녹 감독은 이렇게 술회한다. "우리는 승점 38점을 챙겼습니다. 굉장한 성과였어요. 다른 해 같으면 그 점수로 중위권에도 올랐지요. 하지만 결국 한 골 차이로 강등당했어요. 날아오는 화살에 맞은 것처럼 아주 고통스러웠어요. 감독 생활 중에 최악의 순간이었죠. 가만히 서서 몇 분 동안 쏟아지는 비를 그대로 맞으며 '우리 구단이 강등당했구나' 하고 생각했지요." 하지만 그는 곧 결심을 굳혔다. "무척 억울한 심정이 들었지만 저는 케빈 맥케이브Kevin McCabe 회장에게 제 능력을 다시 한 번 입증하리라고 다짐했어요. 이런 생각도 했지요. 그래, 이제 (해임당한다면) 다른 구단에 가서 다시 실력을 입증하면 되는 거야. 팰리스 같은 팀은 어떨까? 성공하기 어렵겠지? 그러니까 오히려 도전 욕구가 생기네……"

축구는 들이는 노력에 비하면 득점이 적게 나오는 게임이다. 단한 골이면 경기 결과가 뒤바뀔 수 있었다. 그렇다면 운이 나빠서 경기를 망쳤다고 생각할 수도 있지 않을까? 그럴 수도 있다. 괴팍한 운명의 여신을 우리가 어떻게 피하겠는가? 여기서 핵심은 지도자로서 이런 생각을 품을 수 있느냐 없느냐가 아니다. 정말 중요한 것은 그런 생각이 들 때 어떻게 대처하느냐는 것이다.

일이 틀어지고 실패할 때 중심을 잡는 법

탁월한 축구 감독이라면 계획이 틀어졌을 때 대처하는 요령이 있기 마련이다. 그때그때 주먹구구식으로 대처하지 않고 일이 발생했을 때 즉시 자신이 선호하는 전략에 따라 대책을 실행하는 감독이 있는가 하면, 전적으로 주어진 상황에 따라 그때마다 다르게 대처하는 감독도 있다.

주인 의식과 책임 의식을 가지라

일이 잘못돼갈 때 지도자가 빠지기 쉬운 유혹 중 하나는 다른 사람을 탓하는 것이다. 심리학자들은 이를 '외재화(外在化)'라고 한다. 심판 때문이라느니 이사진 때문이라느니 부상 선수들 때문이라고 남을 탓하는 것이다. 남을 탓하는 행위는 두 가지 부정적인 결과를 낳는다. 첫째, 어쩌면 그들에게 받았을 지지와 동정을 받지 못하고, 그들과 관계가 멀어지기 십상이다. 둘째, 변명은 자기 자신을 무력하게 만든다. 자기 잘못이 없다고 스스로 되뇌고 다른 사람들을 설득하려고 애쓰는 한 문제 해결은 뒷전일 수밖에 없다.

정상급 축구 감독들은 책임 의식을 내재화한다. 2012년 2월 매카시는 울브스 팀을 이끌고 런던에 와서 퀸스 파크 레인저스와 경기를 치렀다. 매카시는 울브스의 감독으로서 여섯 번째 시즌을 보내고 있었고, 팀은 2회 연속 프리미어 리그에 성공적으로 안착한 상황이었다. 자원이 넉넉지 않은 팀으로 세계에서 가장 치열한 리그에서 살아남는다는 것은 쉬운 일이 아니다. 매카시 감독은 울브스 구단의 기준에서 볼 때 상당히 안정되게 팀을 운영하고 있었다. 하지만 그 시즌은 경쟁이 워낙 치열해서 울브스는 하위 세 개 팀에 머물며 강등권을 벗어나지 못하고 있었다. 퀸스 파크 레인저스와 경기를 치르기 일주일 전에 리버풀에게 3 대 0으로 패한 직후 울브스의 스티브 모건Steve Morgan 구단주는 나서서 선수들을 나무랐다. 뒤늦게 매카시 감독이 인정했듯이 이는 감독의 지도력을 훼손한 행동이었다. 퀸스 파크 레인저스의 홈구장인 로프터스 로드에서 열린 경기에서 매카시가 교체 투입한 케빈 도일Kevin Doyle은 경기 종료 직전에 결승골을 터뜨려 승리를 쟁취했다. 이로써 울브스는 강등권을 벗어났고 BBC 방송은 이날 경기 결과를 '거대한 승리'라고 평했다. 하지만 8일 후에 사정은 다시 나빠졌다. 울브스는 지역적으로 앙숙 관계인 웨스트 브로미치 앨비언에게, 그것도 홈구장에서 다섯 골이나 허용하고 말았다. 매카시는 이날의 참패에 대해 팬들에게 사죄했고, 하루를 넘기지 못하고 경질됐다.

이 사건을 되돌아보는 매카시에게서는 확실히 중심을 잃지 않는 지도자의 모습이 보였다. 그는 이렇게 술회한다. "물론 슬픈 일이죠. 하지만 저 자신을 돌아보았습니다. 그 같은 결과가 나온 데에는 제 책임이 분명 있으니까요. 저는 선수들이나 구단주, 그 외에 다른 사람에게 책임을 전가하고 싶지 않습니다. 그 선수들을 영입한 사람도 저이고, 그들을 훈련시킨 사람도 접니다. 정상을 참작할 만한 이유야 있겠지만 제 책임이지요. 자초지종은 간단합니다. 우리는 이기기를 간절히 바랐지만 실패한 거예요. 우리 팀 전원이 실패한 거죠. 당시 우리 팀에는 프리미어 리그 승격을 일궈낸 주역이 여덟 명이나 있었어요. 그 선수들은 루턴Luton, 레스터Leicester, 보헤미안스Bohemians, 하츠Hearts에서 제가 영입해 온 선수들이었죠. 사실 울브스는 하위권 여덟 개 팀에 머물러 있었기 때문에 언제라도 강등당할 수 있는 팀이었습니다. 하지만 지난 2년간 성공적으로 프리미어 리그에 잔류했으니까 이번에도 가능하다고 생각했어요. 해임된 일은 안타깝지만, 그렇다고 가슴에 맺힌 것은 없습니다. 제 책임이 있다는 것을 알기 때문에 원망 같은 것은 품지 않습니다. 좋은 마음으로 떠났어요. 이번에만 그런 것이 아니고 어느 구단을 떠나든지 마찬가지입니다."

매카시 감독의 넉넉한 포용력은 시사점이 많다. 일이 그릇되면 남 탓을 쉽게 하는 지도자들이 너무 많다. 이 같은 불평은 세상을 바라보는 자기 관점에도 악영향을 끼치지만 다른 사람들에게도 안 좋은 인상만 심어주기 십상이다. 뛰어난 지도자는 힘든 순간에 책임의식을 발휘하고, 세상은 그런 지도자에게 갈채를 보낸다. 물론 쉽지 않은 일이다. 1999년에 매카시가 이끈 아일랜드 국가대표팀은 마케도니아를 만났다. 이듬해 유럽 챔피언십에 직행하려면 반드시 이겨야만 하는 경기였지만 아일랜드는 93분에 동점골을 허용하고 말았다. 매카시는 이렇게 말한다. "그날 밤 눈을 붙이지 못했습니다. 한숨도 못 잤어요. 정말 참담한 심정이었거든요. 밤새 텔레비전을 보았습니다. 날이 밝으면 기자회견에 가야 했죠. 일어나서 가장 좋은 양복을 차려입고 아래로 내려갔어요. 최고로 멋진 모습을 보이려고 가슴을 펴고 고개를 꼿꼿이 들고 걸었죠. 선수들 눈을 똑바로 바라보면서 '오늘 아침에 기자회견이 있다. 내가 무슨 말을 하는지 보고 싶냐?'라고 물었죠. 그랬더니 전부 '예, 보고 싶어요!' 하고 말하더군요. 그래서 저는 자리를 마련해주고, 기자회견을 하고, 아무렇지 않은 듯 얘기를 하고 회견을 끝냈습니다. 제 속은 참담했지만 선수들은 그 사실을 전혀 몰랐어요. 저는 시선을 회피하지 않았어요. 선수들은 전혀 흐트러지지 않은 제 모습에 놀랐죠. 나중에 '어떻게 그렇게 아무렇지 않을 수 있느냐'고 선수들이 묻더군요. 그래서 그냥 그렇게 됐다고 말했죠. 선수들은 제가 죽을 맛이었다는 사실을 눈치채지 못했어요. 저는 모두에게 웃어주었고, 아무렇지 않은 듯 일을 처리했지요. 선수들과 일일이 악수를 나누었어요. 그날 모든 사람에게 긍정적인 에너지가 전달됐을 것이라고 생각해요."

통제 가능한 것을 통제하고 신속하게 움직이라

책임 의식이 투철한 감독들은 그들이 통제할 수 있는 일에 집중한다는 특징이 있다. 마케도니아전을 치른 뒤 기자회견에서 매카시 감독이 한 말을 보면 그 특징이 잘 드러난다. 그는 이렇게 말했다. "늘 그렇듯이 우리는 이제 플레이오프에 진출해 터키와 맞붙게 됐습니다. 지난밤 경기에 대해서 제가 할 수 있는 것은 아무것도 없습니다. 경기는 끝났고, 앞으로 터키와 시합을 치러야만 합니다. 물론 우리는 지난밤 경기에 당연히 이겼어야 했어요. 동점을 허용한 것은 정말 말이 안 되는 상황이었죠. 하지만 제가 운다고 한들 이미 엎질러진 물을 어쩔 수 있나요? 제가 앞으로 20분간 그 경기에 대해 떠든다고 해서 우리 팀이 유럽 챔피언십에 진출하는 것은 아닙니다. 따라서 저는 곧장 터키로 가서 그들 경기를 지켜보며 시합을 준비하겠습니다. 제가 할 수 있는 일을 처리해야죠."

카를로 안첼로티 감독 역시 매카시 감독처럼 팀이 패할 경우 이를 교훈으로 삼아 그가 할 수 있는 일에 전념한다. 그 일이란 대개 다음 번 시합을 가리킨다. 안첼로티는 이렇게 말했다. "우리에게 문제가 생겼습니다. 지난밤 아주 중요한 시합에 졌거든요. 하지만 지금은 어제 일어난 일을 생각하거나 후회할 때가 아닙니다. 우리는 다음 시합에 집중해야 합니다. 그것이 지금 우리가 할 수 있는 유일한 일입니다."

'과거는 도적이다. 우리의 현재와 미래를 훔쳐 달아난다'는 오래된 격언이 있다. 자신의 실수이든 다른 사람의 실수이든 거기에 너무 오래 머무는 지도자는 정작 소중한 현재를 놓치고 있는 것이다.

매카시는 패배 후에 그것이 아무리 중요한 경기였더라도 고통스러운 기억을 되씹으며 시간을 허비하지 않는다. 그의 말을 들어보자. "일단 월요일에 선수들을 만나 훈련을 마치고 나면 저는 다시 평소대로 돌아옵니다. 주말에 지고 나면 월요일은 모두가 처지기 마련입니다. 선수단 전원이 흠씬 두들겨 맞은 느낌이죠. 하지만 그런 패배감 속에 한 주간을 보낼 수는 없는 일이죠. 저는 보통 아침 일찍 스태프를 소집합니다. 큰 화면으로 경기 영상을 틀어놓고 체력 단련용 자전거에 앉아 운동을 하면서 시합 얘기를 나눕니다. 대개는 네 명이서 하고, 경기 분석관까지 가세하면 다섯 명이 됩니다. 주말에 패배한 것 때문에 월요일 아침에 속이 상하고, 우리 팀이 형편없이 느껴지다가도 이렇게 시합 영상을 보고 생각을 정리하고 나면 긍정적인 요소가 보입니다. 우리가 잘한 부분도 적지 않거든요. 우리는 그런 점들을 분석하고 다음 경기를 준비하기 시작합니다. 이미 지난 경기를 생각하며 괴로워해봐야 아무 소용이 없습니다. 다음 경기에 집중해야죠. 우리가 다음 경기를 준비할 수 있는 유일한 길은 지난 경기를 극복하는 것뿐입니다." 지도자들은 패배주의나 좌절감에 빠지지 않고 자기의 실수에서 교훈을 얻고 앞으로 나아가는 법을 배워야 한다.

믿음의 성벽으로 돌아가라

워녹 감독은 팀이 패한 것을 두고 부당함을 느끼거나 피해 의식을 갖지 않는다. 그는 재빨리 자신을 추스르고, 자기 확신에 시동을 건다. "내가 아직 포기하지 않았다는 사실을 저들에게 보여주고 말겠다"라고 생각하는 것이다. 셰필드에서 자진 사임한 이후에 그가 맡았던 크리스털 팰리스 구단이 파산 신청에 들어갔을 때에도 워녹 감독의 자기 믿음은 흔들림이 없었고, 그는 차기 행선지로 퀸스 파크 레인저스를 선택했다.

자기 믿음은 프로 운동선수에게는 꼭 필요한 자질이며, 이는 지도자에게도 해당한다. 올림픽 금메달을 수상한 수영 선수인 에이드리언 무어하우스와 스포츠 심리학자 그레이엄 존스 교수에 따르면, 자기 믿음은 '시합에서 이길 수 있는 자기 능력에 대한 확고부동한 믿음'이다. 또한 자기 믿음의 핵심은 상대 선수들보다 자신이 더 뛰어날 수 있는 자기만의 능력과 실력을 제대로 이해하는 것이라고 설명한다. 이와 관련해 '믿음의 성벽'이란 개념을 강조하는 스포츠 종사자들이 많다. 이는 자신이 달성한 것이 틀림없는 성과들이 차곡차곡 쌓여 만들어낸 마음속 구조물이다. 예컨대 한 육상 선수는 초반에 상대 선수에게 뒤져져 있더라도 '전에도 이 정도 거리에서 저 녀석들을 모두 이긴 적이 있지'라고 생각할 수 있다. 이런 생각은 그의 안에 믿음의 성벽이 있기 때문에 가능한 것이다. 믿음의 성벽이

견고할수록 자기 믿음은 더욱 강할 것이고, 웬만한 상황에서도 균형을 잃고 동요하지 않을 것이다.

낙관적으로 생각하라

낙관주의는 뛰어난 축구 감독들에게 흔히 볼 수 있는 특징 가운데 하나다. 이는 엘리노 포터가 쓴 소설의 주인공인 폴리애나^Pollyanna처럼 모든 일을 긍정적으로만 생각하며 현실을 거부하라는 말이 아니다. 그보다는 법의학적 증거를 찾는 사람처럼 합리적 방법론에 근거해 최선의 경로를 찾는 것을 말한다. 워녹 감독은 낙관주의를 끈질기게 고수한다. 그 역시 여느 사람들처럼 상처를 입는다고 말한다. 그 역시 지난 일을 잊어버리기가 쉬운 것은 아니다. 하지만 그는 하늘을 올려다보고 이를 악물며 다짐한다. "퀸스 파크 레인저스에서 보낸 시간을 되돌아보니 '내가 원하는 목표에 이르고자 2년간 노력했지만 모두 허사가 됐구나'라는 생각이 들더군요. 경질당한 게 억울한 마음도 들었지만, 한쪽 문이 닫히면 새로운 기회의 문이 열리고 또 새 삶이 시작된다는 것이 제 철학이기도 합니다. 바로 한 발짝만 더 가면 신나는 일이 생길 수도 있습니다. 우울한 기분에 빠져 있으면 그런 기회를 만나기가 더 어려워요. 제가 어디에 소질이 있는지는 저 자신이 잘 압니다. 저는 감독 일이 즐겁고, 사람들을 기쁘게 하는 일을 좋아합니다. 저는 세상을 밝은 눈으로 바라보며 절대 포기하지 않아요."

안첼로티 감독 역시 낙관주의를 지지한다. "저는 삶에 대해 낙관적입니다. 특히 축구에서는 중요한 마음가짐입니다. 아침에 일어나면 좋은 일을 떠올리며 태양을 봅니다. 웃음으로 하루를 시작하는 것이지요. 제가 보기에 사람들은 때로 쓸데없이 문제를 만듭니다."

낙관적인 지도자들은 현실을 무시하지 않는다. 그 대신에 현재 당면한 문제를 과장하지 않고 또 쓸데없이 문제를 더 키우지 않으려고 신중을 기하는 것이다.

승리를 바라보라

공격에 임하는 전략 가운데 가장 강력한 전략은 합기도 기술에서 찾을 수 있다. 무예나 격투기의 핵심 개념은 대개 상대가 가한 공격을 반격의 형식으로 제압하는 것이다. 이것을 협상에 적용해보자. 상대가 맞지 않는 주장을 펼쳤을 때 대개는 "아뇨. 당신이 틀렸습니다. 그게 아니고 이렇게 해야 합니다"라고 공격한다. 하지만 합기도의 철학에 따르면 상대가 날린 주먹을 잡아서 그 힘을 자신에게 혹은 다른 사람에게 이롭게 사용할 수 있다. 이것을 협상에 적용해보면 "당신의 주장은 참 흥미롭군요! 그런데 당신 말대로 하면 일이 어떻게 될까요?"라고 받아치는 것과 같다. 우리는 살면서 화살처럼 날아드는 운명의 공격을 받는다. 합기도 철학을 우리 삶에 적용해보면 고통스럽게 운명에 저항하기보다는 열린 마음으로 받아들여 새로운 기회를 찾는 태도라고 할 수 있다.

생클리, 페이즐리, 페이건, 달글리시로 이어졌던 전설적인 리버풀 왕조를 제외하면 잉글랜드 축구사에서 수석 코치가 감독직을 물려받아 성공한 사례는 그리 많지 않다. 수네스 감독이 스코틀랜드 레인저스를 떠나고 구단주는 수석 코치였던 월터 스미스에게 감독직을 맡겼다. 그리고 유럽축구연맹이 외국인 선수 제한 규정을 새로 마련해 스미스 앞에는 전보다 훨씬 힘든 시즌이 펼쳐질 전망이었다. 하지만 그는 이 같은 상황을 기회로 여겼다. 스미스는 이렇게 돌아본다. "생각해보면 유럽축구연맹이 국제 리그 경기에서 '외국인 선수'를 세 명으로 제한하는 규정을 도입한 것이 도리어 제게는 이롭게 작용했습니다. 우리 팀의 '외국인 선수들'은 대다수가 잉글랜드 출신이었지만, 어쨌든 외국인은 외국인이었으니까요. 선수들을 상당히 많이 교체해야만 했지요. 그렇지 않아도 그레이엄과 저는 여름에 그 작업을 진행할 계획이었고, 구단주로부터 시작해 구단 내 모든 사람도 그 계획을 알고 있었어요. 국내 리그에서는 선수 교체 작업을 완수할 때까지 두 시즌은 여유가 있었지만, 저는 당장 작업에 들어가야 한다고 생각했죠. 물론 유럽 대회 우승 가능성을 염두에 두었기 때문입니다. 두 차례나 리그 타이틀을 차지하고 세 번째 타이틀을 목전에 둔 상황에서 팀에 많은 변화를 주고 싶은 사람은 아마 없을 겁니다. 하지만 그렇게 해야만 한다는 것을 알았어요. 결국 일은 잘 풀렸습니다. 초반에 한두 경기 실망스러운 결과를 얻었지만, 팀에 변화를 주면 흔히 발생하는 현상입니다. 선수들이 적응하는 데는 시간이 걸리니까요. 두세 달은 성적이 들쭉날쭉했지만 결국 안정을 찾았고, 그 후로는 승승장구했습니다." 스미스의 긍정적인 정신 자세는 결국 합기도의 철학을 깔끔하게 구현한 셈이다. 문제를 받아들여 자신에게 이롭게 활용했기 때문이다. 덕분에 그는 자신의 팀이라고 부를 수 있는 자랑스러운 선수진을 꾸렸다.

큰 그림에서 실패를 해석하라

과거가 우리의 소중한 것을 빼앗아 가는 도적이라고 하지만, 어쩌면 이 말은 미래에도 해당한다. 미래에 대한 낙관적인 생각은 매우 강력한 힘을 발휘하지만, 미래를 두려운 마음으로 바라보는 지도자는 자기 앞에 놓인 난제를 극복하는 데 어려움을 느끼기 때문이다. 여기서 관건은 최악을 가정하지 않는 것이다. 최악을 가정한다는 것은 이런 식으로 생각하는 것을 말한다. "이것은 누구에게나 일어날 수 있는 최악의 상황이지만, 앞으로 상황이 더 나빠질 것이고, 내가 손쓸 수 있는 일은 없을 거야." 조제 모리뉴 감독은 패배를 다른 틀에서 바라보는 좋은 방법을 알고 있다. "패배를 불운의 시작점으로 보지 말고, 굉장히 좋았던 시절이 끝났음을 알리는 종점으로 봐야 한다고 저는 늘 강조합니다. 그러니까 팀이 패배하면 이것은 팀이 승승장구하던 좋은 시절의 끝을 알리는 것일 뿐 또 다른 패배를 몰고 오는 불운의 시작이라고 말할 수 없습니다." 이 같은 사고방식은 훌륭한 축구 지도자들 사이에서 거듭 발견하는 특징이다.

매카시는 마지막 사분기를 남겨둔 상황에서 선덜랜드 감독직을 맡았다. 그의 목표는 프리미어 리그에서 강등당하지 않는 것이었다. "선덜랜드에서의 출발은 아주 형편없었지요. 처음에 아홉 경기를 내리 졌습니다. 경기마다 이기려고 공격에 치중했기 때문이에요. 비기는 경기로는 강등을 피할 수 없었거든요. 매 경기에 이겨야만 프리미어 리그 경험이 없는 저를 사람들이 신뢰할 거라고 생각했어요. 사실 우리는 좋은 경기도 많이 펼쳤지만, 잔류하기에는 실력이 모자랐습니다. 설상가상 2부 리그에 떨어져 치른 경기에서도 처음에 두 번이나 패했어요. 노팅엄 포리스트에 2 대 0으로 패하고, 밀월에 1 대 0으로 패했어요. 이렇게 되고 보니 팀을 맡고 초반에 연속으로 열한 경기나 패한 겁니다. 그다음 만난 상대는 홈경기에 강한 면모를 보이는 프레스턴이었습니다. 만약 이번에도 패할 경우에는 최다 연패 기록을 경신할 참이었죠. 다행히 원정 경기에서 훌륭하게 경기를 치르고 2 대 0 승리를 거뒀습니다. 그해에 우리는 리그 3위를 기록했고 플레이오프에서 고배를 마셨습니다." 프레스턴전에서 승리한 덕에 매카시 감독은 본래 긍정적이던 자신의 사고방식을 회복했다.

2011년 8월 벵거 감독이 이끄는 아스널은 맨체스터 유나이티드의 홈구장에 가서 8 대 2라는 놀라운 점수 차이로 대패했다. 이 같은 결과에 벵거 감독 역시 충격을 받았다. "거의 배가 난파하는 충격을 받았습니다. 하지만 곧 배를 정비해 우리가 늘 추구하던 가치와 이상을 향해 다시 항해를 시작했어요. 축구 경기는 본래 아무도 예측할 수 없는 법이니까요. 최근 사례를 하나 들어보지요. 만약 2012년 챔피언스 리그 준결승 이전에 100명의 사람에게 결승에 어느 팀이 올라갈 것 같으냐고 물었다면 그들은 대부분 바르셀로나와 레알 마드리드의 대결이 될 것이라고 답했을 겁니다. 하지만 결과는 바이에른 뮌헨과 첼시가 올라갔죠. 축구는 그처럼 예측 불가능하다는 사실을 보여줍니다. 축구 감독들은 그런 사실을 받아들여야 합니다. 따라서 감독은 어떤 단계에 이르면 경기 점수나 그날의 경기력에 일희일비하지 말고, 자신이 중요하게 여기는 철학과 가치에 근거해서 감독직을 수행해야 합니다. 여건이 힘들어지면 저는 어떻게 하면 경기력을 향상시킬 수 있을지 고민하지만, 함께 고민하는 문제가 또 하나 있습니다. 감독으로서 소중하게 여기는 가치를 일관되게 추구하고 있는지 점검합니다. 경기에 이기는 방법에 대해서도 고민하지만, 이 일을 하면서 제가 중요하게 여기는 가치가 무엇인지도 중요하게 생각합니다. 위기를 극복하고 생존하려면 이런 가치관이 중요합니다."

데이비드 모예스는 에버턴 감독으로 2005~2006년 유러피언 리그(챔피언스 리그와 UEFA 컵)를 치르면서 최악의 상황을 만났다. "우리는 그해 챔피언스 리그 최종 예선에서 비야레알^{Villarreal}에 패하고 UEFA 컵에 참여했어요. 루마니아의 디나모 부쿠레슈티^{Dynamo București}와 경기를 치렀지요. 전반전에 1 대 0으로 뒤지고 있을 때만 해도 크게 잘못하고 있다는 생각은 하지 않았어요. 그런데 5 대 0으로 대패하고 말았습니다. 유럽 무대에 서려고 열심히 훈련했는데, 두 대회 모두 탈락하게 되자 마음이 무척 아팠습니다. 제 능력을 의심하지는 않았지만, 기운을 차리려면 누군가의 도움이 필요했어요. 사람은 누구나 힘들 때 누군가의 도움을 받아 기운을 차릴 때가 있습니다. 한번도 다른 사람의 도움을 받지 않은 사람은 세상에 없을 겁니다."

모예스는 의기소침해 있지 않고 감정을 추슬렀다. 그가 기억하기로 그는 지난 일을 붙들고 다른 가능한 시나리오를 생각하며 시간을 낭비하지 않았고, 자기 운명을 한탄하지도 않았다. 자신을 심하게 힐책하지도 않았으며, 최악의 상황을 가정하지도 않았다. 그 대신에 큰 그림 속에서 사건을 다시 해석했다. 모예스는 이렇게 말한다. "구체적으로 개선이 필요한 부분이 있는 것은 아니었습니다. 우리가 보유한 선수들 수준이면 본선에 진출하기에 충분했으니까요. 챔피언스 리그 본선 진출 문턱에서 좌절한 것은 실망스러운 일이지만, 그날 저녁 선수들은 많은 것을 배웠을 겁니다. 거의 올라갈 뻔했으니까요. 기업을 경영하는 사람들은 잘 알 거예요. 이유는 잘 모르지만 일이 틀어지는 날이 있다는 것을요. 중요한 것은 어떻게 그 실패를 딛고 일어나 정상궤도에 오르느냐는 겁니다."

심신을 충전할 곳으로 돌아가라

마지막으로 지도자는 물리적이든 정신적이든 피난처를 갖는 것이 중요하다. 모예스 감독은 이렇게 말한다. "제 안에는 저를 지탱하는 타고난 힘이 있어요. 일이 잘 안 풀리면 어떻게 해야 하는지 압니다." 모예스 감독에게 그것은 자기를 지탱하는 기반이며 믿음의 성벽인 셈이다. 그는 이렇게 덧붙인다. "스포츠계는 경쟁이 치열해서 여간해서는 다른 지도자에게 심적으로 기대기 힘듭니다. 코치진도 도움이 되지만 결국 제가 다시 훈련장에 돌아가 평상시처럼 일을 계속할 동력을 찾을 곳은 제 안에 있어요. 그날 밤은 또 한 번 저를 시험하는 시간이었죠."

성공과 찬사 속에서 중심을 잃지 말라

실패한 뒤에 자신을 추스르는 일은 당연히 즐겁지도 않고 쉽지 않은 일이나 성공한 뒤에 자신을 진정시키는 일 역시 그 못지않게 어렵다. 세상 사람은 실패와 성공을 대하는 지도자의 반응을 지켜보고, 어느 쪽이든 오만함이 보이면 손가락질한다. 훌륭한 축구 감독들 사이에 공통된 얘기는 승리한 순간을 즐기고, 다시 평소대로 돌아와 당면 과제를 살핀다는 것이다. 글렌 호들은 선수로 또 감독으로 자신이 경험한 바를 들려줬다. "선수 시절에는 승리의 기쁨을 꽤 오래 만끽했어요. 감독이 되고부터는 승리한 날 저녁 정도는 실컷 즐깁니다. 이튿날이 되면 사람들이 저를 알아보고 축하해주곤 하죠. 그리고 한 이틀 더 지나면 그 사건은 기록으로 남을 뿐입니다. 감독이라면 다음 시즌을 준비해야 하고, 선수라면 다음 골을 위해 훈련해야 합니다."

매카시 감독의 반응은 자부심이라는 말로 요약하는 것이 좋을 성싶다. 물론 겸손하기 때문에 오만함과는 거리가 멀다. 매카시는 이렇게 말한다. "축구인으로서 가장 기억에 남는 순간은 아일랜드 국가대표 시절 로마에서 치른 월드컵 8강전입니다. 그때 제가 주장을 맡았어요. 그때의 느낌을 묘사하기에는 말솜씨가 부족합니다만,

환상적이고, 놀랍고, 빛나는 순간이었다고 말하고 싶네요. 아니, 그보다 더 벅찬 감정이었습니다. 자부심이 느껴지고 감정이 북받치는데 등줄기를 타고 전율이 돋았어요. 로마 경기장에 내가 서 있다니. 1990년 월드컵 8강에 이 믹 매카시가 출전하다니! 어쩌다 이 자리에 설 수 있었는지! 사람들은 모두 제가 경기력이 떨어지고, 우수한 선수가 아니라고 평가했지만, 웃기지 말라고 해요! 저는 주장 완장을 차고 대표팀을 이끌었어요. 놀랍고 환상적이었죠. 시합에 져서 눈물을 흘리며 경기장에서 내려왔지만 가슴이 뿌듯했습니다. 프랑코 바레시^{Franco Baresi} 선수가 저에게 와서 유니폼을 교환했어요. 평소 흠모하던 선수였는데, 그가 뛰어와서 저와 유니폼을 바꾼 겁니다!"

알렉스 매클리시 감독은 자신이 이끈 스코틀랜드가 월드컵 예선전에서 프랑스를 상대로 1 대 0 승리를 챙긴 사건을 흡족한 마음으로 회상한다. "우리는 저들이 클로드 마켈렐레^{Claude Makelele}와 파트리크 비에이라^{Patrick Vieira}를 중앙 미드필더로 기용해 4-4-2 전술을 들고 나오리라고 판단했습니다. 우리는 안전하게 4-1-4-1 전술을 들고 나갔죠. 최전방에 제임스 맥파든^{James McFadden}을 두고 뒤에서 대런 플레처^{Darren Fletcher}와 배리 퍼거슨^{Barry Ferguson}이 지원하도록 했어요. 그 전술은 잘 들어맞았지요. 프랑스는 볼 점유율은 높았지만 우리 골문을 거의 위협하지 못했고, 제임스는 멋지게 득점에 성공했어요. 기가 막힌 골이었죠. 잊을 수 없는 기억입니다. 하지만 그날 저녁에 도시를 축제 분위기로 만들지는 못했어요. 우리는 조용히 귀국해서 그냥 해야 할 일을 했지요." 그 경기에는 이겼지만, 최종 결과 스코틀랜드는 월드컵 본선 진출에 실패했기 때문이다.

매클리시 감독은 가장 화려한 성공 뒤에 가슴 아픈 실패를 맛봤다. "잉글랜드에서 생활하면서 가장 화려하게 성공했던 순간은 칼링 컵 결승전일 겁니다(2010~2011 시즌에 버밍엄 감독으로). 칼링 컵에서 우승한 것과 이전 시즌에 리그 9위를 기록한 게 기억에 남네요. 몇몇 친구는 이렇게 충고하더군요. '마지막 몇 경기는 지는 게 더 좋을 거야. 이사들은 다음 시즌에 더 높은 순위를 기대하니까 몇 경기 져두면 나중에 고생을 덜 할 수 있지 않겠나.' 하지만 제 성격상 한두 경기 진다는 것은 있을 수 없는 일입니다! 매 경기에 이겨야 직성이 풀리는 사람이에요. 하지만 칼링 컵을 이긴 뒤에 여러 가지 이유로 우리 팀은 강등당하고 말았어요. 하늘에 올랐다가 땅바닥에 처박힌 셈이지요. 축구는 원래 부침이 심합니다."

데이비드 모예스 감독의 경우 지금까지 가장 좋았던 성적은 2005년에 에버턴의 수장으로 챔피언스 리그에 진출한 것이다. 모예스는 이렇게 술회한다. "중요한 길목에서 맨체스터 유나이티드를 만났습니다. 챔피언스 리그에 진출하려면 그 경기에 이겨야만 했고, 우리가 이겼습니다. 에버턴은 상대하기 껄끄러운 팀으로 알려져 있는데, 그날 경기에서 우리는 그 이미지에 딱 어울리는 경기력을 보여줬습니다. 그날 우리는 에버턴이 상징하는 바와 걸맞은 경기를 했고, 잉글랜드 최고 팀과 맞붙어 좋은 결과를 얻었어요. 그날 저녁은 우리 구단이 상징하는 가치와 정체성을 여실히 보여준 날이었습니다." 그날 모예스 감독과 선수들은 평소와 다른 특별한 마법을 쓰지는 않았다. 단지 그들은 자신들이 지닌 모든 힘을 모아 그들이 믿는 가치를 위해 열정적으로 뛰었을 뿐이다. 그리고 모예스는 이 승리에 도취하지 않았다. 그것은 현명한 처신이었다. 기억에 남을 만한 성적을 낸 것은 사실이지만, 에버턴은 여섯 달 만에 챔피언스 리그 탈락이라는 고배를 맛보았다.

호프 파월의 경우 그녀가 이끈 잉글랜드 여자 축구 국가대표팀이 프랑스를 꺾고 2007년 월드컵에 진출한 저녁을 최고의 순간으로 꼽는다. 그녀는 이렇게 술회한다. "최소한 그 경기에 비겨야 했어요. 우리는 12년간 월드컵 문턱을 넘지 못한 상태였어요. 경기장에는 1만9000명의 관중이 찾아와 홈팀인 프랑스를 응원했지만, 우리가 승리를 쟁취하고 얻어 월드컵에 진출했어요. 굉장했습니다." 그녀는 2011년 월드컵 대회에서도 똑같은 기쁨을 맛보았다. "우리는 조 1위를 차지하고 싶어 전략을 세웠고, 선수들이 그 전략을 잘 따라줬어요. 우리가 일본(최종 우승)을 꺾으리라고는 아무도 예상하지 못했죠. 하지만 우리가 일본에 이긴 거예요. 우리 선수들은 정말 훌륭한 경기력을 보여주었어요. 공을 점유하고(그것이 우리 철학입니다) 선수들에게 제대로 전달했지요."

감독들은 승리의 순간에 하나같이 뜨거운 기쁨을 맛봤다고 고백한다. 하지만 그들은 곧 전체 맥락에서 승리를 살피고, 다음에 해야 할 일을 기억하고, 평소와 다름없이 일상 업무로 돌아갔다. 이것이 바로 축구나 비즈니스계에서 성공한 지도자들에게 우리가 공통적으로 발견하는 중요한 덕목이다.

고통을 전가하지 말라

팀이 패배한 뒤에 상황을 수습하는 데 지도자의 역할은 매우 중요하다. 지도자가 자신이 어떻게 반응하고 있는지 먼저 파악하고 타당한 대책을 선택했다면, 다음 과제는 선수들을 이끌어 실패에 대응하도록 만드는 것이다. 지도력은 이런 상황에서 특히 잘 드러난다. 항해 중에 폭풍을 만나면 선원들은 선장만 믿고 바라본다. 팀이 패배하면, 특히 심리적으로 큰 타격을 입은 경우일수록 선수들은 감독이 확실하게 지도력을 발휘해주기를 기대한다. 그 같은 순간에 감독은 선수들의 심리, 다시 말해 무력감, 후회, 패배감, 체념, 좌절, 분노, 불평에서 기인하는 감정을 어루만지고 해결해야 한다. 문제를 수습하는 과정을 밖에서 지켜보는 대중의 경우, 특히 실망스런 결과에 분노한 팬이라면 감독이 패배를 너무 빨리 씻고 다음 일을 도모한다고 비판하기도 한다. 하지만 감독이 패배의 쓰라림을 쉽게 털어내는 경우는 사실 드물다. 매클리시 감독은 버밍엄 시티를 이끌고 프리미어 리그에 잔류하고자 발버둥 쳤지만 결국 그 싸움은 실패로 돌아갔다. 그때를 돌아보는 매클리시의 말을 듣노라면 그의 고통이 눈에 보이는 듯하다. "강등은 정말 충격이었습니다. 살면서 그렇게 괴로웠던 적은 없었어요. 무섭고 떨렸으니까요."

이때 지도자는 괴로운 심정을 팀원들과 얼마나 공유해야 할까? 정직이라는 덕목에 충실하자면 모든 것을 공유해야 할 것이다. 솔직하게 자신을 내보이는 연약한 모습의 지도자가 지닌 장점도 분명 있다. 이런 유형은 선수들에게 있는 그대로의 자신을 드러내지 않으면 거짓을 행한다고 느낄 수도 있다. 하지만 자신이 고통스러워하는 모습이 선수들에게 악영향만 끼칠 뿐이라면 이를 감추고 혼자서 감정을 다스리는 것이 용기 있는 행동이다.

올드 트래퍼드에서 8 대 2로 패한 벵거 감독은 늘 그랬듯이 장기적인 관점에서 사태를 해석하고 동요하지 않았다. 그리고 선수들과 소통했다. 그는 이렇게 말한다. "참패한 경기 뒤에 선수들을 만나면 먼저 우리가 중요시하는 가치와 구단의 정체성과 문화를 상기시킵니다. 그리고 우리가 잘하는 것과 우리가 소망하는 것을 망각하지 말자고 다짐합니다. 더러는 이렇게 격려하는 것이 다시 정상 궤도에 올라서는 데 힘이 됩니다. 그다음부터는 피하고 싶지만 온갖 부정적 감정을 마주할 차례입니다. 그렇게 경기에 참패하고 나면 당연히 거센 폭풍이 일기 마련이니까요. 언론과 팬들의 비난 여론이 빗발칩니다. 지도자는 그들의 거대한 실망감을 감당해야 합니다. 이때가 지도력을 발휘해야 하는 순간이며, 지도자가 당황하지 않고 강인한 모습을 보여주어야 하는 순간입니다. 그래서 이런 때에는 선수들을 모아놓고 심각한 말은 하지 않아요. 그들은 이미 상처를 받은 상태이고 저도 마찬가지이니까요. 그 순간에 입을 열면 오히려 해로울 수 있어요. 저는 선수들이 기운을 차리도록 놔두고, 개인적으로 선수들과 만나 대화하고, 이틀 휴가를 주고, 월요일에 돌아오면 새롭게 다시 시작합니다." 주말 동안 선수들과 코치진은 마음을 진정하고 장기적인 관점에서 생각하려고 노력한다며 벵거 감독은 이렇게 덧붙인다. "주말을 보내고 돌아와도 패배의 충격은 여전히 남아 있을 테니 굳이 거기에 기름을 부을 필요는 없습니다. 정말 실망스러운 경기였다고 굳이 언급할 필요도 없어요. 다들 아는 사실이니까요. 장기적 관점에서 보면 큰 점수 차이로 이기거나 지는 것이 별로 중요하지 않습니다. 감정적으로야 의미가 크겠지만 기술적으로는 의미가 크지 않습니다. 맨체스터 유나이티드를 상대로 우리는 마지막 20분간 네 골이나 허용했지만, 한 명이 퇴장당해 열 명이 싸웠고, 또 사흘 전에는 우디네세Udinese와 경기를 치른 상태였어요. 물론 사람들은 그런 변명을 듣고 싶어 하지 않지만, 저 자신은 사태를 다시 해석하는 작업이 필요합니다. 우리 팀이 경기 결과가 보여주는 만큼 형편없는 팀은 아니거든요."

매클리시 감독은 고통은 지도자 혼자서 감당해야 한다고 믿는 쪽이다. 그는 이렇게 말한다. "강등당했을 때 정말 참담한 심정이었습니다. 그런 상황에서도 긍정적인 요소를 찾으려고 노력했는데, 긍정적인 점이라고는 1부 리그에 있던 그 어느 팀도 강등당할 팀은 없었다는 사실뿐이었어요. 그나마 다른 팀보다 한수 아래였던 팀이 있었다면 웨스트 햄이었죠. 6점 이상 차이로 강등권이었으니까요. 이럴 때 지도자는 지난 일을 생각하며 자책하기 시작합니다. 하지만 선수들만은 고통을 덜 받게 하려고 최대한 노력했습니다. 감정을 드러내지 않는 선수도 있었지만, 속으로는 패배의 고통을 절감하고 있을 테니까요. 눈물을 보이는 선수들도 있었지요. 선수들에게 '시즌 내내 최선을 다해준 것에 진심으로 고맙다'는 말 외에 무슨 말을 더 하겠습니까."

월터 스미스는 팀을 감독하면서 즐거울 때나 슬플 때나 한결같은 자세를 유지하려고 노력한다. "감독 일을 하다보면 어려운 고비가 있습니다. 정신없이 많은 일이 일어나죠. 저는 그런 경우에도 평소대로 모든 업무를 가능한 한 잘 처리하려고 노력합니다. 이런 상황에서 지도력을 발휘하는 것은 본능적인 감각이라고 봅니다. 감독은 선수들 앞에서 불안한 모습을 보이지 말아야 합니다. 또 선수들의 성장을 가로막는 요소들로부터 선수들을 보호하고, 괴로운 시기에도 선수들이 안정감을 느끼도록 해야 합니다. 감독 업무의 일환이니까 고비를 잘 넘겼다고 크게 칭찬받을 일도 없습니다. 지도자라면 마땅히 해야 할 일이거든요."

속상하고 괴로울 때 매카시 감독은 선수들을 지도하기 전에 자신을 먼저 진정시킨다. "저는 중심을 잃지 않으려고 항상 노력합니다. 지도자가 경기 결과에 일희일비하면 선수들도 감정을 다스리기 어렵습니다. 저는 선수들을 일관된 태도로 대합니다. 전략 역시 달라지지 않습니다. 11연패의 고리를 끊기 위해 프레스턴으로 갈 때에도 여느 시합 때와 똑같은 방식으로 시합을 준비했어요. 이 경기에 꼭 이겨야 한다고 선수들에게 요구하는 것은 올바른 주문이 아닙니다. 그래봐야 부담만 주는 꼴이지요. 선수들은 지도자가 당황해하면 금방 알아차립니다. 감독이 평소와 다르게 어떤 경기를 준비하는 모습이 보이면 선수들은 거기서 지도자의 불안을 읽어냅니다. 이는 선수들에게 전혀 도움이 안 됩니다." 데이비드 모예스 감독도 이말에 동의한다. "(시합에 진 뒤에는) 제 태도와 기분부터 가다듬어야합니다. 자기 자신부터 고쳐야 반대로 선수들의 태도를 교정할 수있고, 그들에게 도움이 될 수 있어요."

글렌 호들 감독은 선수들을 보호하는 것이 지도자의 역할이라는데 동의하지만, 패배한 뒤의 괴로운 감정을 극복하며 교훈을 얻는것 역시 중요한 일이라고 강조한다. "저는 선수들이 시합에 졌을 때화를 내고 슬퍼하기를 바랍니다. 결승에서 지고 우승컵을 뺏겼는데도 2위에 만족하며 기뻐하는 모습은 보고 싶지 않습니다! 선수들은경기에 이기고 모든 게 평탄할 때보다 스트레스를 받는 힘든 상황에 처해 있을 때 자기 자신은 물론 상대방(동료 선수와 스태프)에 대해서 더 많이 배울 수 있습니다." 축구 감독뿐만 아니라 기업 경영자도 사람은 힘든 고비를 넘기면서 더 크게 깨우치고 성장한다는 데이견이 없을 것이다.

기쁜 마음을 표현하라

대다수 감독은 자신의 팀이 승리한 순간에 기꺼이 선수들과 함께뿌듯해하고 즐거워한다. 2002년 월드컵에서 아일랜드 국가대표팀을 맡은 매카시 감독은 선수들이 아일랜드를 대표해 월드컵에 나간다는 사실에 특별한 자부심을 느끼기를 바랐다. 그래서 몇 가지 작은 변화를 줬다. 그의 말을 들어보자. "저는 시합 때 입는 유니폼은 유니폼 이상의 의미를 담아야 한다고 봅니다. 저도 집에 유니폼이 많지만 어느 유니폼이 어떤 사연이 깃든 유니폼인지 구분이 안 돼요. 그래서 우리는 팀 유니폼에 상대 팀 이름과 일시 같은 대회 정보를 인쇄해 넣었어요. 대표팀 유니폼이 선수들에게 좀 더 의미가 있기를 바랐습니다." 매카시 감독은 그다음으로 애국가에 대해서도 변화를 줬다. "오래전부터 아일랜드 대표팀이 전혀 '아일랜드 사람'답지 않다고 비판하는 목소리가 작지 않았고, 또 애국가가 연주될 때 선수들이 따라 부르지 않는다고 지적하는 이들이 있었어요. 애국가 가사를 게일어로 적어 제게 보내주는 사람도 있었지요. 마음에 들더군요. 우리는 모두 그것을 외워서 가슴으로 불렀습니다. 저는 선수들이 자신이 무엇을 대표하는지 알고 자신이 하는 일을 즐기기를 원했어요."

감독은 선수들과 자축하며 즐길 때와 다시 훈련에 매진할 때를 구분해야 한다. 글렌 호들 감독은 선수들이 기쁨을 나눌 때 함께 즐거워한다며 이렇게 말한다. "선수들과 감독이 함께 승리의 기쁨을 나누는 시간은 정말 중요합니다. 오랜 기간 힘들게 수고한 일이 열매를 맺으면 말로 표현하기 힘든 동지애를 느낄 수 있거든요. 즐기는 일이라면 잠시 선수들에게 주도권을 넘겨도 좋아요. 아마 선수들은 승리의 순간을 만끽하고 싶어 할 거예요. 그리고 다음 시즌이나 다음 시합이 생각날 때가 되면 감독이 다시 주도권을 잡고 훈련에 집중하도록 만들어주기를 바랍니다. 물론 감독들은 승리의 기쁨을 즐기면서 거의 동시에 다음 계획을 세우지요."

팀이 승리했을 때 선수들이 충분히 기쁨을 누리도록 격려하면서 선수들이 현실감을 잃지 않게 유지하는 것은 감독의 역량이다. 벵거 감독은 여기에서도 역시 장기적 관점이 중요하다고 강조한다. "역시 구단이 중요시하는 가치를 상기시키는 작업이 필요합니다. 우리 구단처럼 열여덟 나라나 되는 다양한 출신의 선수들을 보유하게 되면 먼저 팀 문화를 만들어야 합니다. 팀 문화란 우리가 팀으로서 느끼는 연대감이며, 다른 구단의 선수들과 우리를 구별해주는 정체성입니다. 또 팀 문화에는 우리가 어떻게 지금까지 모두가 염원하는 가치를 함께 지켜왔는지 그 역사가 담겨 있습니다. 저는 아스널만의 문화, 아스널만의 행동 양식을 수립했습니다. 그러기 위해서 먼저 저는 팀에 중요한 것이 무엇인지 세심히 살폈습니다. 그것이 무엇인지는 명백했지요. 그다음에는 선수들과 함께 앉아 의견을 물어보면서 우리가 추구하는 가치에 맞는 행동 규범이 무엇인지 고민했습니다. 이 같은 행동 규범이 마련돼 있으면 시합에 이겼을 때 어떻게 대처해야 하는지도 알 수 있지요." 벵거 감독은 장기적 관점에서 수립한 목표와 행동 규범에 따라 선수들이 경기에 이기든 지든 올바르게 대처하리라고 믿는다.

한결같은 지도자

오래전부터 중국에서 내려오는 한 농부에 관한 이야기가 있다. 농부가 기르던 하나뿐인 말이 달아나버리자 마을 사람들은 "참 안됐소이다!" 하고 그를 위로했다. 그런데 농부는 "그야 모를 일이죠!" 하고 태연하게 말했다. 이튿날 도망간 말이 야생마를 세 마리나 데려왔다. "이런 경사스런 일이 있나!" 하고 마을 사람들이 그를 축하했다. 하지만 농부는 "'그야 모를 일이죠!" 하고 말했다. 이튿날 농부의 아들이 야생마를 길들이겠다며 말을 타다가 떨어져 다리가 부러졌다. 마을 사람들은 "참 안됐소이다!" 하고 그를 위로했다. 농부는 이때에도 "그야 모를 일이죠!" 하고 아무렇지 않은 듯 대답했다. 이튿날 병사들이 마을에 와서는 젊은 사내들을 끌고 전쟁터로 떠났다. 농부의 아들은 다리가 부러진 탓에 끌려가지 않았다. 마을 사람들은 "얼마나 다행한 일인가!" 하고 그에게 말했다. 그러자 농부는 "그야 모를 일이죠!" 하고 태연하게 대답했다. 그 병사들은 여전히 한 명이 부족하다며 농부의 아들 대신에 사촌 동생을 데려갔다. 마을 사람들은 "참 안됐소이다!" 하고 그를 위로했지만, 농부는 "그야 모를 일이죠!" 하고 대답할 뿐이었다. 그날 밤 산사태가 나서 어느 집을 덮쳤는데, 병사들이 데려가지 않았더라면 그 사촌 동생이 그 집에서 잠을 자다 영락없이 봉변을 당했을 뻔했다. 이를 보고 친구들이 "얼마나 다행한 일인가!" 하고 말했다. 하지만 농부는 "그야 모를 일이죠!" 하고 태연하게 대답했다.

비즈니스도 그렇겠지만, 축구에서는 단 한 골로도 기쁨이나 고통이 갈린다. 그리고 이 기쁨과 고통은 언제라도 자리를 바꾼다. 어떠한 상황에서도 흔들리지 않고 중심을 잡을 줄 아는 한결 같은 지도자는 사람들을 가르치는 힘이 있다. 그 굳건한 모습은 사람들에게 안정감을 주고 사람들은 그를 의지하게 된다. 하지만 매사에 그런 자세를 유지할 수 있는 사람은 소수에 불과하다. 프로 축구계의 거친 경쟁 속에서도 중심을 잃지 않는 지도자는 아래와 같은 특징을 보인다.

1. 뛰어난 지도자는 좌절하기보다 주인 의식을 지니고 책임을 진다

지도자가 자기 외에 다른 사람이나 다른 요인에 책임을 전가하고 비난하는 것보다 선수단에게 실망스러운 광경도 없다. 주인 의식이 핵심이다. 모든 상황을 주도한 사람이 뒤늦게 피해자 행세를 할 수는 없다. 뛰어난 지도자는 싸움에 져도 거기서 교훈을 배우고, 패배의 후유증에서 신속하게 벗어난다. 그는 사실에 근거한 자기 믿음을 지니고 있기 때문에 흔들리지 않으며, 합리적인 판단과 계획에 따라 낙관적 태도를 유지한다. 또 큰 그림 속에서 실패 원인을 다시 분석하고, 위기를 오히려 성장의 밑거름으로 삼는다. 그에게는 심신을 충전시킬 수 있는 고향, 즉 휴식을 취하기 위해 돌아갈 피난처가 있다.

2. 뛰어난 지도자는 승리했을 때 성공을 과장하지 않고, 그대로의 결과에 만족하고, 적절한 맥락에서 성과를 평가한다

모예스 감독은 챔피언스 리그에 진출했을 때도 또 그 여정을 아쉽게 마쳤을 때도 모두 한결같았다.

3. 고통을 나눌 때 뛰어난 지도자는 상황에 따라 알맞은 선택을 한다

상황이 다르면 지도자가 취할 방법론도 달라야 한다. 자신의 연약한 모습을 그대로 보이고, 솔직하게 모든 것을 공유하는 것이 좋을 때도 있지만, 선수들에게 흔들림 없는 강인한 모습을 보이며 변덕스러운 여론으로부터 그들을 보호해야 할 때도 있다. 여기서 핵심은 선수들에게 끼칠 영향을 신중히 판단해서 계획을 세우고, 그에 따라 일관되게 대처해야 한다는 것이다.

4. 기쁨을 나눌 때 뛰어난 지도자는 승리의 순간을 맘껏 즐기면서도 현실 감각을 잃지 않는다

위업을 즐기지 않으면 무정해 보이고, 무정한 모습은 선수들에게 역효과를 낸다. 뛰어난 지도자는 선수들이 단기적 성과에 즐거워하면서도 장기적 목표를 망각하지 않도록 지도한다.

이 장에서 우리가 한 가지 교훈만 새겨야 한다면, 그것은 뛰어난 지도자는 자신이 처한 상황이 아무리 힘들어도 그 상황을 책임진다는 것이다. 믹 매카시 감독은 이렇게 말한다. "물론 정상 참작할 만한 이유야 있겠지요. 나름대로 사정이 있을 테니까요. 그러나 그 선수들을 영입한 사람도 저이고, 그 팀을 구성한 사람도 저입니다." 이같이 진실한 자세로 책임을 지는 지도자를 보면서 사람들은 마음이 움직인다. 그리고 이런 모습이야말로 우리가 바라는 한결같은 지도자다.

후 ——— 기

이 책은 축구계에서 내로라하는 감독들의 업적과 관행, 사상과 감정
에 대한 통찰을 제공한다. 물론 그들의 인생을 여기에 모두 담을 수
는 없다. 그들의 삶에 대해 하지 못한 이야기가 훨씬 많다.

　하지만 이 책은 한 가지 무척 중요한 이야기를 전한다. 거듭 반복
하면서도 또 거듭 망각하는 우리 인간에 관한 이야기다. 내가 만나
본 감독들은 문화나 준거의 틀, 개인적인 통찰력과 전문가적 식견에
서 차이를 보이지만 한 가지 사실에는 모두 동의했다. 즉 개인적인
목표가 무엇이든 원대한 비전이 무엇이든 자기가 이끄는 사람들을
감화하는 능력 없이는 어떠한 지도자도 가치 있는 것을 이루지 못
한다는 점이다.

　뛰어난 축구 감독은 축구 기술과 관련 지식을 잘 알아야 한다. 어
디까지나 그들은 축구를 지도하는 사람이기 때문이다. 하지만 동료
감독들보다 한 차원 높은 지도자가 되게 해주는 것은 선수들과 진

심으로 소통하려는 의욕과 그럴 만한 역량이다. 선수들의 내면을 헤아리는 데 자기 시간과 힘을 쏟는 감독은 동료들이 경쟁에서 떨어져 나갈 때 자기 팀과 함께 승승장구할 것이다. 이런 감독이야말로 영원히 남을 유산을 구단에 남기는 지도자다.

이 책이 축구는 물론이고, 다른 분야에서 활동하는 지도자들에게 또 그가 이끄는 사람들에게도 자신을 이해하고 성장하는 데 밑거름이 되기를 바란다.

승부의 신

1판 1쇄 발행 2014년 2월 10일
1판 2쇄 발행 2014년 3월 17일

지은이 마이크 카슨
옮긴이 김인수, 이주만

발행인 양원석
총편집인 이헌상
편집장 김순미
전산편집 김미선
본문사진 연합뉴스
해외저작권 황지현, 지소연
제작 문태일, 김수진
영업마케팅 김경만, 정재만, 곽희은, 임충진, 김민수, 장현기, 송기현,
우지연, 임우열, 정미진, 윤선미, 이선미, 최경민

펴낸 곳 ㈜알에이치코리아
주소 서울특별시 금천구 가산디지털2로 53, 20층 (가산동, 한라시그마밸리)
편집문의 02-6443-8842 **구입문의** 02-6443-8838
홈페이지 http://rhk.co.kr
등록 2004년 1월 15일 제2-3726호

ISBN 978-89-255-5204-0 (03320)

RHK 는 랜덤하우스코리아의 새 이름입니다.